Les cristaux de pouvoir
La flamme blanche

Julien Delaporte & Grégory Delaporte

Les cristaux de pouvoir

La flamme blanche

Roman

LE LYS BLEU
ÉDITIONS

ISBN : 979-10-422-3099-9

Quand l'humanité devient de plus en plus puissante grâce à la technologie des cristaux de pouvoir, le monde perd espoir et la planète sombre peu à peu dans les ténèbres.

Prologue

Avant, le monde était noir. Il n'y avait pas d'étoiles ni de soleil. Le néant dominait la vie.

Un jour, dans le néant, une comète apparut, envoyée par les dieux. Elle enleva l'obscurité et fit apparaître des étoiles. Une autre lumière apparut peu après. Elle créa une flamme blanche, celle qui mena à la vie dans ce monde, et plus loin encore dans l'univers. Les dieux avaient imposé la vie face au néant dont la domination avait assez duré. La nature s'épanouit peu après l'apparition de l'eau.

Dans ce monde naquit un géant. Le premier être sur Terre. Il se prénommait Assh. Il vivait dans une forêt enchantée du nom d'Elforest.

Assh vit naître des espèces animales dans les forêts et des êtres aquatiques dans les lacs.

Sa vie ne dura pas longtemps, écourtée par une autre forme de vie maléfique : les infaernos qui détruisirent sa race. Ils venaient de contrées obscures dans les montagnes. Ils envahirent la forêt enchantée. C'était un peuple sauvage dont le maître représentait le néant sur Terre. Il se faisait appeler le dieu du mal. Mais il n'était pas le seul dieu.

Face à lui se dressa le dieu de la vie, qui créa les elfes pour lutter contre les infaernos. À ses côtés, d'autres dieux prirent les armes, Phaïtos, le dieu de l'amour, Galatos, le dieu de la musique et d'autres encore.

Le dieu du mal avait un regard noir et de sombres pensées. Son nom était Alzorg. Il détruisait toute vie sur Terre pour satisfaire le Néant et créait des monstres et des créatures maléfiques pour mener son entreprise à bien.

Plus les années passèrent, plus les ténèbres reprirent leur place dans le monde. Les elfes avaient du mal à se défendre. Les dieux, impuissants, regardaient ce désastre s'aggraver. Alzorg donna naissance à un enfant redoutable : Thranis, Seigneur des Ténèbres, en s'accouplant de force avec la déesse de la beauté, Saphyra.

Thranis, fourbe et sans scrupule, rallia peu à peu le peuple maléfique à sa cause, prenant l'ascendant sur Alzorg.

Les âges se succédèrent, le mal et les destructions continuant dans un monde où d'autres créatures apparaissaient sous l'impulsion des deux camps. Des hommes, des nains et d'autres elfes naquirent, qui firent face aux vampires, mais aussi aux arachnores et autres gryppoghores, créatures équines au torse d'homme et à la tête de porcs. Les ténèbres eurent bientôt peur que les dieux reprennent le pouvoir, ce qui amplifia la division entre Alzorg et Thranis.

Une guerre civile éclata entre le seigneur des ténèbres et le dieu du mal. Thranis l'emporta, envoyant son père dans le néant.

Il déclencha un long hiver qui dura des générations.

La lumière disparut dans les nuits éternelles qui suivirent. De nombreuses créatures innocentes périrent de faim et de froid quand d'autres réussirent à se protéger dans les grottes et les mines.

Les dieux envoyèrent des magiciens pour sauver la vie sur Terre. Ils réunirent alors tous les peuples sous la même bannière pour combattre le mal.

Dans l'ouest, un être mi-homme mi-elfe, qui se nommait Azor, réussit à entrer en contact avec le dieu de la vie qui lui insuffla un pouvoir extraordinaire. Cet être puissant donna naissance aux races célestes elfiques.

Il prit la tête de tous les peuples.

Elfes, hommes, magiciens et célestes elfiques marchèrent dans les contrées obscures de la Terre.

La bataille fit rage et provoqua une pluie de météorites et l'entrée en éruption des volcans.

Cette bataille dura une centaine de nuits. Elle vit disparaître des peuples, des sang-mêlé, des enfants vivants dans des forêts enchantées.

Les dieux entrèrent dans la bataille pour vaincre le mal, mais furent tous vaincus dans les dernières nuits, retournant dans les cieux.

Les elfes se retirèrent dans leurs forêts respectives. Mais les hommes, les magiciens et les célestes elfiques demeurèrent.

La dernière nuit, alors que tout espoir était perdu, Azor réussit enfin à faire face à Thranis. Avec son épée auréolée de flammes blanches, il terrassa le seigneur des ténèbres en lui transperçant le flanc. Ce dernier prit la fuite, et son armée se délita en même temps que son pouvoir s'amenuisait.

Cette fin de combat provoqua la dérive des continents que l'on appela Le Grand Blast. Le choc des puissances fit tomber sur Terre des cristaux magiques. Leur pouvoir entraîna des convoitises qui déclenchèrent une fureur entre les hommes, les elfes, les nains et les magiciens.

Pendant la guerre civile, Thranis profita du chaos pour s'enfuir vers les territoires déserts de l'est. Les années se succédèrent sans que l'on retrouve sa trace. Le seigneur des ténèbres fut bientôt oublié, son histoire devenant une légende.

Des décombres de cet ancien monde naquirent neuf royaumes, comme l'Anfraen ou l'Eorfren.

Après le Grand Blast, Azor lui-même disparut. On dit alors qu'après avoir accompli sa tâche, il s'en était allé retrouver les dieux, ne pouvant plus demeurer auprès de ses semblables. Son histoire se perdit à travers les âges.

Mille ans s'écoulèrent. Le monde changea.

Les cristaux avaient fait leur œuvre, apportant la technologie au monde entier. Une avancée technique stupéfiante sortait peu à peu les peuples des âges sombres, leur offrant les moyens de cultiver mieux et plus vite, mais aussi de se déplacer rapidement. Les innovations demandaient une énergie décuplée qui nécessita de puiser dans les ressources terrestres. Les belles contrées verdoyantes furent bientôt saccagées par des populations grandissantes et avides de pouvoir et d'argent pour certains, ou tout simplement d'une vie confortable pour d'autres.

Le royaume des océans fut le premier à souffrir de l'exploitation des ressources terrestres à l'échelle industrielle et se détacha peu à peu des autres royaumes, vivant reclus dans les profondeurs.

Lord Palams, roi d'Anfraen, régnait désormais sur le Monde après que ses prédécesseurs se furent emparés de tous les cristaux. Il dirigeait désormais l'Union des Huit Royaumes dont était exclu le royaume des océans, organisation au sein de laquelle chaque entité restait indépendante et autonome, le règlement des conflits et l'organisation des traités commerciaux revenant au Conseil Suprême présidé par le Roi d'Anfraen lui-même.

Les bibliothèques elfiques et magiques étaient désormais les seules à parler encore des légendes entourant les grandes batailles passées. Un recueil parlait en particulier du célèbre Azor et de ses combats épiques et finissait sur une prophétie indiquant que de nouveaux héros sauveraient un jour le Monde en faisant renaître le pouvoir de la flamme blanche.

Chapitre I
La fin d'un royaume

Brehand, capitale d'Anfraen 1000 après le Grand Blast

Le départ s'annonçait pour la famille royale d'Anfraen. Le roi Arthur Palams avait décidé de déjeuner dans la forêt d'Elforest pour convaincre son peuple qu'il n'existait pas de monstres ni d'êtres maléfiques. La société s'était en effet divisée récemment sur le sujet. Certains ne croyaient pas en l'existence d'étranges créatures que personne n'avait d'ailleurs jamais vues quand d'autres étaient persuadés que ces êtres dont parlaient les légendes existaient bel et bien. Pourtant, de nombreuses disparitions s'étaient produites dans les mois précédents. Sans aucune logique, des enfants, des hommes ou des femmes avaient été enlevés dans cette forêt que les légendes disaient magique. Les recherches n'avaient rien donné et la tension était montée d'un cran lorsque le corps d'une petite fille avait été retrouvé déchiqueté dans un bosquet en lisière de forêt. Des manifestations avaient éclaté dans la capitale, rassemblant des hommes et des femmes effrayés qui réclamaient la justice et le retour à l'ordre. Les autorités étaient jugées impuissantes à résoudre ces meurtres et disparitions et se voyaient de plus en plus contestées.

Les partis d'opposition s'étaient engouffrés dans la brèche pour accuser le roi d'être faible et incapable de dénouer cette crise.

Voyant son pouvoir vaciller, lord Palams avait décidé de sortir en forêt avec toute sa famille, afin de démontrer que toutes les rumeurs sur l'existence de forces obscures n'étaient que pure invention et qu'Elforest demeurait un endroit sûr.

La fille aînée du roi, Gyda, ainsi que son meilleur ami Henry Leacher, héritier du trône de Kursell, avaient bien tenté de le dissuader de sortir en forêt avec la reine et leurs deux cadets.

— Êtes-vous certaine de ne pas vouloir nous accompagner ? demanda le roi Arthur à Gyda.

— J'en suis sûre, père. C'est trop dangereux. Je vous en conjure, n'y allez pas. Si ce ne sont des monstres qui s'en prennent à vous, vous pourriez toutefois être agressés par des opposants. Laissez au moins Lady et Paul avec moi. Ils sont trop jeunes et ont peur de cette sortie en forêt.

— Cela fait trop longtemps que ta mère n'est pas sortie du château. Les rumeurs qui courent au sein du peuple, selon lesquelles une armée des ténèbres se constituerait à l'est, sont pures inventions. Nos opposants essaient de m'affaiblir en recourant aux anciennes légendes pour justifier ces disparitions. Elles entraînent trop de peurs et de craintes et troublent la bonne marche de notre économie. Beaucoup de nos échanges commerciaux ont été interrompus car les marchands ont peur de venir en Anfraen. Les royaumes membres de l'Union commencent à s'agiter. Il faut mettre fin à tout cela. Je me dois de montrer l'exemple en prouvant que ces histoires ne sont que chimères. Je regrette que vous ne nous accompagniez pas. L'unité de la famille royale nous aiderait à apaiser le peuple.

Dans la tour réservée au gouvernement, le Premier ministre, Steven Crosswalk, regardait de son balcon le carrosse de la famille royale s'en aller doucement, accompagné de la garde royale. Le peuple des faubourgs s'était aligné de chaque côté de la route principale allant du château à la sortie de la ville de

Brehand, faisant une haie d'honneur au carrosse et jetant des fleurs au passage du cortège.

Henry Leacher rejoignit le Premier ministre.

— Vous m'avez fait mander, monsieur le Premier ministre ?

— Aujourd'hui est un grand jour, Henry. Notre royaume va enfin connaître la libération tant attendue.

— On ne peut pas les trahir. Arthur est le meilleur ami de mon père. N'y a-t-il pas d'autres moyens ?

— Vous savez bien que non. Vous avez choisi votre camp. Dois-je mettre en doute votre allégeance Henry ?

— Non, bien sûr, Monsieur le Premier Ministre. Mais l'idée de voir la famille royale décimée me met mal à l'aise.

— Je vous rappelle que votre oncle est toujours dans les geôles du château. J'ai accepté sa libération en échange de votre aide dans mes projets pour le royaume. Vous souhaitez bien le revoir n'est-ce pas ?

— Je vous en conjure, libérez mon oncle, implora Henry. Il est trop vieux pour rester enfermé dans ces cachots humides. Il n'a rien fait de ce qu'on lui reproche. Je ferai ce que vous voulez.

— Très bien, Henry. Mais souriez, voyons, c'est un grand jour ! Ne me lancez pas ce regard noir. Cela met en doute votre fidélité. Vous avez fait le bon choix, vous savez. Si votre père apprenait que je détiens son frère dans nos geôles, cela déclencherait un conflit entre nos deux royaumes dont l'Anfraen sortirait vainqueur, sans nul doute. Cela mettrait fin à votre lignée.

— Je le sais, Monsieur le Premier Ministre. Je le sais, répondit Henry, résigné.

— Je voulais également vous parler d'un autre projet, reprit lord Crosswalk. Gyda a refusé de suivre son père et a donc sauvé sa vie par la même occasion. Elle sera la seule descendante du roi Arthur. L'éliminer ici m'exposerait trop. Je pense que si je la prenais pour épouse, cela pourrait consolider ma position de leader auprès du peuple. Qu'en pensez-vous ?

Henry Leacher fut offusqué par ce qu'il venait d'entendre. Tuer le roi et sa famille était une chose, mais se servir de la seule survivante pour asseoir son autorité sur le peuple faisait du Premier ministre un être diabolique et un froid calculateur. Son projet de république apparaissait donc à ce stade comme un leurre qui cachait une véritable soif de tyrannie. Qui plus est, il apparaissait inconcevable au prince de Kursell que cet individu puisse épouser la belle Gyda dont lui-même avait conquis le cœur depuis longtemps. Il garda cependant son calme et montra un visage impassible pour ne pas trahir ses pensées et finir enfermé, voire pire.

— Je suis entièrement à vos côtés, Monsieur le Premier Ministre, répondit-il hypocritement.

— Très bien. Dans ce cas, allez rejoindre ma future épouse et préparez-la doucement à ce qui l'attend. Elle aura besoin de soutien dans les prochaines heures. Vous êtes son plus fidèle ami et bientôt le seul qui lui restera.

En sortant des appartements du Premier ministre, Henry sentit la nausée l'envahir. Comment avait-il pu se laisser entraîner dans ce complot ? S'il ne pouvait plus rien pour empêcher le roi de périr, il pouvait au moins tenter de sauver son oncle tout en évitant au régime de s'effondrer. Une idée lui vint alors à l'esprit. Il devait dire la vérité à Gyda et s'emparer des cristaux enfermés dans la salle du Trésor.

Les cristaux étaient tombés du ciel sans que personne ne sache comment. Ils détenaient chacun un pouvoir particulier et ensemble, ils permettaient une puissance unique qui faisait du royaume d'Anfraen le plus puissant des royaumes en ce monde. Le roi d'Anfraen les avait reçus de chaque contrée qui faisait partie de l'Union pour éviter les guerres entre royaumes et ramener la paix et la prospérité générale dont il était le garant. Les cristaux avaient apporté à une civilisation moyenâgeuse des connaissances techniques uniques qui avaient permis aux hommes de faire un bond considérable dans leur évolution. L'ère qui avait suivi immédiatement le Grand Blast restait nébuleuse et troublée, surtout marquée par les guerres de la Grande Quête des cristaux. Les hommes s'étaient vite rendu compte que ces cristaux leur ouvraient les yeux sur la technologie, déchirant le voile des connaissances et leur faisant gagner un temps certain sur l'échelle de l'évolution. La découverte de l'électricité avait particulièrement marqué l'évolution de l'humanité, permettant l'amélioration des transports, et constituant une source d'énergie incroyable. Peu à peu, l'humanité avait pris le pas sur les autres races peuplant le Monde, qui étaient restées en retrait de ces cristaux qu'elles considéraient comme maudits car par eux était venue la destruction des ressources naturelles et le déséquilibre écologique si fragile de la planète.

Henry savait que si ces cristaux tombaient entre les mauvaises mains, ils pourraient servir les desseins égoïstes d'un seul homme. S'ils disparaissaient tous, le royaume serait affaibli et Steven Crosswalk ne pourrait pas s'emparer du pouvoir, ce dernier revenant à Gyda. Elle seule devait posséder ces trésors.

Après le départ d'Henry, lord Crosswalk resta un moment au balcon à contempler le paysage. Le convoi royal n'était plus visible désormais mais le Premier ministre regardait l'horizon, savourant à l'avance sa prochaine victoire.

— Vous êtes bien pensif, lui susurra une voix.

— Maître Zorzar ! s'écria lord Crosswalk en se retournant vivement, esquissant une révérence. Je ne vous avais pas entendu arriver. Tout se passe comme nous l'avions prévu. Vos soldats n'auront plus qu'à les cueillir lors de leur arrivée.

— Vous m'en voyez ravi, répondit le roi des mondes souterrains. Je sais que cela n'a pas été facile de convaincre le roi de partir en forêt. Néanmoins, j'aurais aimé que toute sa famille le suive.

— Je sais, maître, mais Gyda a refusé fermement. Mais ne vous inquiétez pas. J'ai eu une idée qui va vous plaire.

— Je vous écoute, répondit Zorzar, l'air sinistre.

— Je vais la contraindre à m'épouser. Ainsi, le lien sera fait entre la famille royale et le nouveau dirigeant de l'Anfraen. Et lorsque je serai bien installé au sommet de l'État, je mettrai en œuvre vos desseins.

— C'est alléchant en effet, répondit le roi des mondes souterrains, satisfait de son esclave. N'oublie pas, Steven, poursuivit-il en tutoyant son affidé, que tu as signé un contrat avec moi. Je te donnerai le pouvoir mais en échange tu dois traquer et éliminer tous les êtres magiques de l'Anfraen. Tu t'attaqueras à l'institut d'Elforest. Cette école est puissante mais elle ne doit pas prospérer. Et tu devras briser les liens qui unissent les huit royaumes.

— Je sais, maître. Je l'ai bien compris. Cela ne pourra se faire rapidement, comme je vous l'ai dit. Les elfes et les mutants sont particulièrement bien traités par nos institutions. Il faudra du temps pour retourner le peuple contre eux. Mais j'y arriverai, maître.

— Je te le souhaite, Steven. Je te le souhaite. Tu m'as vendu ton âme. Si tu n'accomplis pas mes desseins, je viendrai te chercher. Et cela pourrait se faire plus tôt que tu ne le penses.

— Je vous suis dévoué, maître, répondit le Premier ministre en s'agenouillant devant Zorzar, qui disparut aussitôt dans une volute de fumée grisâtre.

Steven Crosswalk tremblait et eut beaucoup de mal à se relever puis à reprendre ses esprits. Pourquoi avait-il accepté ce marché ? Certes il deviendrait l'homme le plus puissant des huit royaumes, mais il était effrayé par cet être vil qui lui avait montré une fois son vrai visage, instillant chez lui une peur sans nom qui l'avait décidé à trahir son roi pour sauver sa tête. Il savait qu'il était désormais le pantin de Zorzar et son amour propre en était à jamais atteint.

Elforest n'était pas comme les autres forêts. Elle était la plus grande d'Anfraen. Elle se situait à quelques lieues du château de Brehand. Avant, cette forêt était occupée par des elfes mais en 200 après le Grand Blast, les soldats de Brehand avaient décidé de l'envahir pour en chasser les elfes, de plus en plus nombreux, et considérés comme une menace pour le pouvoir en place.

Elle se composait de 14 000 essences d'arbres et de 156 lacs. Les essences naturelles y côtoyaient des arbres d'une dorure translucide créés par les elfes pour délimiter leur royaume. Les lacs, quant à eux, étaient d'un bleu lumineux et intense, habités par des espèces sous-marines rares. Les cerfs, sangliers et autres écureuils vivaient, disait-on, au côté de bêtes féroces et sanguinaires, monstres issus des anciens temps.

Lors de leur invasion, les soldats avaient brûlé une partie de la forêt pour faire fuir les monstres mais grâce à la magie, les arbres s'étaient défendus et les avaient repoussés. Comme elle se défendait, les soldats avaient découvert que cette forêt était plus que vivante. Elle était dotée d'une intelligence propre. Les hommes avaient agrandi Brehand vers le nord, dans la partie où la forêt avait été détruite, mais l'extension de la ville avait été stoppée par la forêt elle-même, assez puissante pour empêcher toute nouvelle intrusion. Aujourd'hui, les hommes cohabitaient avec la forêt et les elfes qui y demeuraient encore. Il existait même un institut de magie célèbre dans les huit royaumes, qui formait magiciens et mutants, dont certains professeurs étaient d'origine elfique.

Paul, l'héritier du royaume d'Anfraen, un petit rêveur de huit ans, menait une vie tranquille au château de Brehand. Mais il avait peur de sortir à cause des monstres qui erraient soi-disant partout dans les rues, et passait le plus clair de son temps terré dans sa chambre. Lord Palams avait souvent tenté de le convaincre que les monstres n'existaient pas et regrettait que son fils ait été bercé par les contes et légendes du Brehand. Il comptait bien lui faire ouvrir les yeux sur la réalité de ce monde lors de leur déjeuner en forêt en lui prouvant que cette forêt n'était pas différente de tous les bois du Brehand et même d'Anfraen.

La famille royale arriva au sein d'Elforest. Une clairière inondée de soleil avait été choisie pour dresser les tables et les tentes qui accueilleraient le buffet. De nombreux serviteurs étaient déjà présents et s'affairaient au milieu des gardes qui avaient pris place tout autour de la clairière.

Paul n'était toujours pas descendu du carrosse royal. Transi de peur, il préférait rester à l'intérieur de la berline. Son père vint le chercher pour l'inciter à rejoindre la famille.

— Paul, vous n'avez pas à avoir peur, les monstres ne sont que des légendes, lui expliqua-t-il.

— Même pas besoin d'un monstre pour sursauter, père. Vous m'avez fait peur en ouvrant la portière.

— Je suis désolé mon garçon. C'est vrai que je l'ai ouverte un peu brutalement. Je ne voulais pas vous effrayer. Mais vous savez que vous allez peut-être devenir un jour le roi de l'Union des Huit Royaumes. Un roi ne doit jamais avoir peur ! dit Arthur d'un ton ferme et autoritaire. Où est votre petite sœur ?

— Je ne sais pas, père. Elle doit être en train de se cacher. Nous déjeunons ici ?

— Oui c'est bien ça. Mais avant de déjeuner, vous devriez chercher votre sœur ; j'espère qu'elle va bien.

— Père, pourquoi n'envoyez-vous pas les gardes ?

— Parce que vous ne devriez plus à avoir peur Paul. Allez donc chercher votre sœur et montrez-moi que vous êtes brave.

Paul partit à cheval en direction du sud de la forêt non sans avoir pris un couteau pour se défendre le cas échéant. Il avait peur. Les feuilles tombaient doucement, l'automne s'insinuant peu à peu dans cette nature encore gorgée de soleil. La forêt revêtait déjà son manteau pourpre. Il était rare que l'automne arrivât si tôt. Habituellement, à cette époque de l'année, les journées étaient encore chaudes et les arbres étaient encore verts. Un automne si précoce rendait l'atmosphère mystérieuse et angoissante. Des monstres pourraient-ils apparaître à tout moment de la journée ? Après avoir tourné en rond pendant trois quarts d'heure, Paul n'avait toujours pas retrouvé sa sœur Lady. Il criait son nom mais seul l'écho lui répondait.

Le vent commença à souffler plus fort. Les feuilles au sol se soulevèrent pour s'envoler vers la cime des arbres dans un ballet étonnamment surréaliste. Paul descendit de son cheval face au lac de Tengwet. Transi de peur, il scruta l'espace tout autour de lui. C'est alors que son regard fut attiré par l'ombre d'un humain sur un pont qui menait vers un îlot au centre du lac. Paul s'avança pas à pas en sortant son couteau. Il arriva sur le pont.

L'ombre de l'homme était toujours là. Malgré sa proximité, Paul ne pouvait toujours pas discerner ses traits. Elle murmura dans une langue que Paul ne connaissait pas mais qui lui sembla familière. Elle lui rappela la langue elfique comme celle qu'il avait entendue une fois quand son père avait reçu la visite de lord Filscha, un elfe venant d'une contrée lointaine. Il comprenait un peu cette langue. Il avait été obligé de l'apprendre car quand il serait grand, c'est lui qui participerait aux négociations et aux différents conseils en cas de guerre. Un roi se devait d'être polyglotte.

Même s'il comprenait en partie la langue, la voix et l'atmosphère des lieux provoquèrent chez lui une terreur inexplicable. La voix murmurait sans cesse la même phrase : *c'est la fin de ta lignée. Le premier acte de notre Grand Maître.* Tout à coup il entendit son cheval hennir et déguerpir comme si une meute de lions le poursuivait. L'individu dont il ne voyait que l'ombre lui sembla malfaisant. Il décida alors de rebrousser chemin et s'enfuit toutes jambes dehors sans se retourner. Coupant à travers bois, il rejoignit sa famille au bout de quelques minutes qui lui semblèrent une éternité. Le problème était qu'il n'avait toujours pas retrouvé sa petite sœur de sept ans.

Il vit son père tirer à l'arc sur une cible fixée à un arbre et sa mère qui supervisait les serviteurs qui apportaient le déjeuner. Elle s'avança vers lui.

— Vous l'avez retrouvée ?

— Non, je n'ai pas pu la retrouver. J'ai eu peur de quelque chose, répondit Paul en sanglotant.

Son père, le voyant désespéré, s'approcha de lui à son tour.

— De quoi avez-vous eu peur, mon garçon ?

— J'ai vu une ombre sur un pont, l'homme parlait bizarrement. On aurait dit de l'elfique mais pas la langue habituelle.

— Il n'existe qu'une seule langue elfique mon fils. Les autres ont toutes disparu.

— Peut-être que si on y va ensemble, on pourra la retrouver ?

— Non, c'est trop dangereux, dit Éléonore, sa mère, prise d'une soudaine angoisse.

— Mais Éléonore, notre fille n'a toujours pas été retrouvée, il faut bien qu'on fasse quelque chose. Je commence vraiment à m'inquiéter.

— On va envoyer des gardes à sa recherche, proposa la reine.

C'est au moment où elle prit son fils dans ses bras qu'elle vit sa fille Lady au loin, cachée derrière un arbre. Éléonore lui fit signe.

— Arthur, regarde ! ta fille est ici ! elle se cachait seulement derrière un arbre.

— Lady, qu'est-ce que vous faisiez cachée ? Vous savez qu'on s'inquiétait pour vous ?

— Pardon, père, j'avais peur. J'ai vu une ombre. Je suis restée bloquée. Je ne pouvais plus bouger.

— En tous cas on est soulagé que vous soyez là ma très chère fille, dit Éléonore. Dommage que votre grande sœur n'ait pas voulu venir avec nous.

— Au moins, elle est raisonnable, répondit Paul. Père, vous savez très bien que c'est dangereux d'être ici. En plus, les arbres sont certainement vivants, dit-il en s'écartant des bras de sa mère.

— Toutes ces histoires sont fausses, mon fils ! combien de fois faut-il que je le répète ? Ce sont des contes pour enfants qui nous viennent des temps jadis !

— Alors qu'est-ce que cette ombre ? Lady a vu la même chose que moi : l'ombre d'un homme !

— Ça suffit ! mangeons tranquillement maintenant ! Cessez de vous faire peur et d'effrayer votre sœur avec ces histoires de monstres et d'ombres ! répondit le roi. J'ai décidé de venir en ces lieux pour que nous puissions passer un moment agréable en famille, loin du protocole. Une bonne fois pour toutes, arrêtez de dire toutes ces sottises !

— Arthur ! lança Éléonore à son époux d'une voix ferme pour mettre fin à cette dispute inutile.

Elle regarda le roi avec un air sévère plein de remontrances. Paul était en train de verser des larmes. Il repartit se consoler dans les bras de sa mère.

— Je suis désolé d'avoir parlé sur ce ton, je n'aurais pas dû, dit lord Palams en caressant les cheveux de son fils.

Pendant ce temps, la petite Lady vit son attention attirée par un petit lapin blanc qu'on aurait dit tout droit sorti d'un conte de fées. Elle s'approcha de lui mais ce dernier s'enfuit.

— Reviens, petit lapin blanc ! cria-t-elle en le poursuivant.

Elle s'enfonça dans la forêt en courant derrière l'animal. Elle ne vit pas que l'étrange ballet des feuilles qui s'envolaient en tourbillon vers la cime des arbres avait repris autour d'elle.

Elle retrouva enfin le petit lapin qui s'était réfugié auprès d'un bosquet. Elle s'en approcha doucement pour pouvoir le caresser. C'est alors qu'une lourde patte griffue s'abattit sur l'animal, broyant son dos dans un éclat d'os et de sang. Le monstre apparut, sortant doucement du bosquet. Lady resta pétrifiée de terreur, ne pouvant émettre aucun son. Il s'agissait d'un loup elfique. Il était deux fois plus grand qu'un homme. Son œil était d'un noir profond, sans iris, avec plusieurs taches blanches. Sa robe était d'un blanc lumineux. De son dos sortaient des ailes noires tendues de peau sur une fine ossature qui se terminaient à chaque extrémité par une griffe pointue et tranchante. Il glissa sa patte sur sa proie, et tout en regardant la petite fille fixement, envoya la dépouille du lapin sur le côté, n'ayant désormais d'yeux que pour son nouvel objectif. D'un bond, il sauta sur la petite fille et lui croqua le coup sans lui laisser le temps de hurler.

— Où est encore passée Lady ? s'insurgea Éléonore en regardant autour de la clairière.

— Elle est certainement encore cachée derrière un arbre. Lady, où êtes-vous ? intervint le Roi, passablement agacé.

— Je crois qu'il serait sage de rentrer, dit Éléonore. Cet endroit me donne la chair de poule.

— Silence ! intervint sèchement lord Palams. Vous n'avez pas entendu quelque chose ?

Arthur et Éléonore scrutèrent la clairière en tournant sur eux-mêmes, à la recherche du bruit qu'ils entendaient. Ce bruit fut de plus en plus fort. Au loin, dans l'ombre, Arthur vit quelque chose d'étrange. Plusieurs animaux de la forêt tels des cerfs, écureuils et autres sangliers se précipitaient vers eux pour aller se réfugier dans la lumière, mus par une terreur sourde. Le roi prit alors sa femme et son fils dans ses bras pour les protéger. Les gardes royaux se disposèrent en cercle autour de la famille royale, sortant leurs épées devant un danger encore inconnu.

Après le passage des animaux, tout devint soudainement calme. Seuls le bruit de pas et le craquement de branchages se firent entendre. Les feuilles se mirent à s'envoler vers le ciel en tournoyant comme pour donner à cet instant un caractère extraordinaire.

Une ombre apparut face à la famille royale. On ne pouvait discerner ses traits mais elle parlait effectivement une ancienne langue elfique dont le roi reconnut quelques mots. Il réussit à comprendre que cette ombre les condamnait tous à la mort.

La silhouette d'une étrange créature fit son apparition dans la clairière. Sa gueule contenait le cadavre d'un enfant.

Éléonore hurla. Arthur se retourna et vit sa fille dans la gueule d'un loup elfique. Lady était morte. Plusieurs loups elfiques sortirent à leur tour des bois. Le tueur de Lady jeta son cadavre en pâture à ses congénères qui le démembrèrent pour s'en délecter.

Éléonore, épouvantée, resta pétrifiée avec son fils dans les bras.

Arthur et les autres chevaliers attaquèrent les loups elfiques aux yeux noirs tachés de blanc, dans un élan désespéré pour sauver leur peau.

Les loups, d'une extrême violence, tuèrent les soldats d'un seul coup de patte. Leurs griffes acérées tranchèrent profondément les chairs des hommes et leurs crocs pénétrants déchirèrent les corps des différents serviteurs qui expirèrent dans un dernier hurlement de douleur.

Arthur réussit à couper la queue d'un loup. Mais ce dernier le poussa contre un arbre et le blessa à la jambe. Tous les soldats étaient morts.

— Courez vite au château ! cria le roi à Éléonore.

Éléonore se retourna pour s'enfuir avec son fils mais n'eut pas le temps de faire quelques pas que les loups la rattrapèrent. Ils s'en emparèrent et la dévorèrent comme ils avaient dévoré sa fille. Arthur hurla. Il prit son épée et réussit à se relever mais le loup dirigeant la meute, celui-là même qui avait tué Lady, surgit derrière lui. Il lui lacéra le dos, faisant pénétrer profondément ses griffes. La douleur fut insoutenable. Arthur s'effondra dans un bain de sang, la peau du dos complètement arrachée. Le loup commença à se délecter de son cadavre.

Paul était sous le choc. En peu de temps, il venait de perdre presque toute sa famille. Il pleurait et ne comprenait pas pourquoi il était encore en vie.

Les loups se regroupèrent autour de lui doucement comme pour prendre leur temps avant de tuer leur dernière proie.

La terreur de Paul se mua peu à peu en colère. Cette colère l'envahit, accompagnant un désir profond de vengeance. Une soif sanguinaire fit place à cette peur qui l'avait toujours étreint jusqu'alors.

Ses yeux devinrent noirs. Des étincelles commencèrent à en sortir, se transformant peu à peu en flamme blanche. Il hurla de rage et son corps se transforma en torche blanche dont les flammes montèrent haut dans le ciel, alertant au passage tous les Anfraeniens dont le regard fut attiré par cette étrange lumière qui surgissait au-dessus de la forêt. En retombant, cette lumière s'abattit sur tous les loups, les tuant d'un seul coup en les consumant violemment. Ils furent réduits à l'état de cendres.

Le calme revint sur la forêt. Tout autour de Paul, la clairière auparavant si claire et accueillante n'était plus qu'un amas de cendres et de terre brûlée.

Paul s'écroula et s'évanouit sous l'effet de l'effort qu'il avait fourni.

À son réveil, ses pouvoirs s'étaient atténués. Tout le monde autour de lui était mort. Cependant, sa mère respirait encore. Paul s'étonna de voir qu'elle était de nouveau entière. Pourtant, les loups l'avaient dépecée. Comment était-ce possible ? Il l'appela mais elle ne répondit pas. Il s'approcha d'elle et lui prit la main. Sa peau devint grise. Des griffes en sortirent.

Elle se mit à grogner. Paul lâcha sa main et recula, épouvanté. Il vit alors que son père et sa sœur étaient aussi debout, tels des pantins désarticulés, suivis par les gardes et les serviteurs, eux aussi ressuscités.

Ils avaient les yeux noirs. L'enfant ne comprenait pas ce qui se passait. L'instant d'avant ils n'étaient que cadavres en morceaux et maintenant ils étaient sur pied devant lui, le regard vide et sombre. La terreur s'empara de nouveau de Paul. C'est alors qu'il vit l'ombre sans visage derrière les pantins humains. Il ne pouvait pas rester là et s'enfuit en courant vers le château.

Sa famille le poursuivit. Sa sœur fut la plus rapide. Elle l'attrapa par les jambes et le fit trébucher. Sans qu'il l'ait voulu, par réflexe de défense, ses yeux envoyèrent sur elle la flamme blanche qui la fit disparaître dans un épais nuage de cendres.

Paul ne comprenait pas d'où venaient ses pouvoirs. Il vit son père puis sa mère avec les yeux noirs qui ne bougeaient pas puis l'ombre d'un humain derrière eux, celui-là même qu'il avait vu sur le pont. Les autres ressuscités apparaissaient à leur tour. Tous approchèrent et entourèrent le pauvre enfant dont le visage se crispa, se transforma. La flamme blanche fut cette fois encore plus forte. En un éclair, il la projeta sur eux et, là, enfin, ils périrent tous et l'ombre disparut dans un souffle.

Paul put alors stopper sa course folle.

Il resta immobile un long moment, sous le choc. Revenant à la réalité, il se demanda ce qu'il allait faire : rentrer au palais ou partir en exil ? Tous les événements se bousculaient dans sa tête.

Il pleura d'une douleur sourde et prégnante qu'il n'avait jamais ressentie auparavant. Il ne savait plus que penser. Il voulait retrouver sa grande sœur, seule survivante de la famille avec lui, pour se mettre à l'abri dans ses bras. Après sa mère, elle était ce qui s'en rapprochait le plus. Mais, il avait utilisé un pouvoir qu'il ne savait pas posséder. Ce pouvoir avait transformé ses proches en cendres. Qui le croirait ? Qui lui ferait confiance ? Il se sentait coupable alors qu'il n'était en rien responsable de ces horreurs. Il aurait voulu disparaître à jamais, pour ne pas avoir à expliquer ce qui s'était passé.

Cependant, des témoins avaient vu la scène. En effet des Anfraeniens se baladaient à la lisière de la forêt. Alertés par les cris et les bruits étranges, ils s'étaient aventurés aux abords immédiats de celle-ci et avaient vu le jeune prince lancer ses flammes sur sa famille. Ils s'étaient sauvés d'épouvante afin d'alerter les autorités de ce qu'ils avaient vu.

Paul décida de rentrer au palais. Il devait expliquer ce qui s'était passé, même s'il n'était pas certain qu'on le croirait. Et puis, s'il partait en exil, où irait-il ? Pourtant il savait que personne n'accepterait ce pouvoir qu'il venait de découvrir en lui. Cette souillure pouvait lui coûter la vie.

La nuit commençait à tomber.

Au château de Brehand, Henry Leacher retrouva la princesse Gyda dans ses appartements.

— Ah, Henry, où étiez-vous donc passé ? Je suis tellement inquiète. Aucun de mes éclaireurs n'est revenu de la forêt. J'avais pourtant demandé à ce qu'ils suivent discrètement le convoi royal pour nous informer de tout incident.

— Gyda, je dois vous parler. C'est grave.

— Mais que se passe-t-il, Henry ? Avez-vous eu des nouvelles ? Vous me faites peur.

— Le roi et toute votre famille sont tombés dans un piège. Le Premier ministre a prévu de les faire assassiner dans la forêt.

— Oh mon dieu ! Ce n'est pas possible ! Mais que pouvons-nous faire ?

— Ce n'est pas tout. Il compte ensuite renverser le régime, vous forcer à l'épouser et prendre le pouvoir.

— Quelle horreur ! Cela ne peut se faire. Nous devons agir.

— J'ai trouvé un moyen. Il faut absolument que je réussisse à pénétrer dans la salle du Trésor pour voler le cristal azur. Ainsi je pourrai redonner vie à votre famille et nous pourrons empêcher Steven Crosswalk de mener à bien sa trahison.

— Très bien, Henry. Dans ce cas, je vous remets cette clé.

Mais la princesse s'arrêta soudain dans son élan, interloquée.

— Comment avez-vous appris cette cabale ? demanda-t-elle, tout à coup suspicieuse.

— Je suis tellement désolé ! s'écria Henry, en pleurs. Je le savais avant mais Steven Crosswalk détient mon oncle dans un endroit que lui seul connaît. Si j'avais parlé, il l'aurait fait assassiner et se serait arrangé pour qu'on croie que votre père en avait donné l'ordre. J'étais coincé, Gyda. Mais lorsque votre famille est partie, j'ai eu des remords. Je vous en prie, pardonnez-moi, Gyda.

La princesse regarda longuement son amant pleurer, puis elle sortit de son corsage une chaîne qu'elle portait autour du cou et au bout de laquelle un pendentif en argent représentait une clé ouvragée.

— Mon père me l'a confiée avant de partir en forêt. Elle ouvre la salle secrète qui enferme les cristaux. Cette salle n'est pas dans la salle du Trésor mais derrière une porte dérobée de son bureau. Faites vite, Henry, Steven ne doit pas mettre la main sur tous les cristaux sinon nous ne pourrons pas l'arrêter.

Henry s'apprêtait à quitter la pièce quand Gyda se jeta dans ses bras.

— Faites attention à vous, Henry.

— Ne vous inquiétez pas, Gyda, je ferai tout ce que je peux pour me racheter.

— Vous racheter ? Vous êtes aussi une victime, Henry.

— J'aurais dû empêcher ce guet-apens avant. Je m'en veux de ne pas avoir réussi à contrecarrer le Premier ministre.

— Je vous fais confiance, Henry. Et… je vous aime.

— Je vous aime aussi, Gyda. Je dois y aller.

— Une dernière chose, Henry. Je peux vous le dire désormais. Je suis enceinte.

Le silence s'installa pendant plusieurs secondes. Henry, surpris, comprit alors que sa trahison était plus importante et aurait plus de conséquences qu'il ne l'imaginait.

— Prenez soin de vous, Gyda. Et de l'enfant. Si je ne reviens pas, ne dites à personne qu'il est de moi. Protégez-le. Je ferai tout ce que je peux pour sauver notre famille.

Le jeune Paul avançait difficilement par cette nuit noire sans étoile. Il était fatigué, désespéré et désorienté. Il vit s'approcher une ligne de lumières constituées par des torches. Son chemin croisa alors une équipe de chevaliers avec lances et épées. Un homme aux cheveux argentés, habillé en tenue rouge, noire ct dorée et aux yeux verts, les dirigeait. C'était Steven Crosswalk, le Premier ministre.

— Monsieur Crosswalk, c'est bien vous ? cria Paul.

— Oui.

— Que les Dieux soient loués, je suis enfin hors de danger.

Paul s'avança confiant vers le Premier ministre.

Il ne savait pas que quelques heures avant, une étrange ombre noire était apparue dans le bureau de cet homme pour lui annoncer que le travail était presque entièrement effectué et qu'il ne restait à se débarrasser que d'un enfant, qui était tout de même porteur de la flamme blanche, cette arme magique qui faisait peur à toute créature maléfique.

— Arrêtez-vous immédiatement, monsieur ! cria le Premier ministre. Des témoins disent que vous avez tué toute votre famille. Votre père, le roi, votre mère, la reine et même votre sœur, en utilisant de la magie !

— Je ne savais pas que j'avais de la magie en moi, monsieur le premier ministre ! Je vous en prie, par pitié, laissez-moi rentrer au château. Je dois voir ma sœur Gyda.

— Non, Votre Majesté. Vous êtes soupçonné de meurtre, aggravé de régicide. Vous êtes mis aux arrêts. J'ai discuté avec les autres seigneurs de la Cour qui suggèrent que vous ne méritez pas l'héritage de votre père. Gardes, emparez-vous de lui !

Les soldats s'avancèrent et entourèrent le jeune prince de chaînes. Ils lui lièrent les mains derrière le dos. Il fut ensuite posé en travers le dos d'un cheval. Les troupes retournèrent au château, suivant le nouveau maître des lieux, Lord Crosswalk.

Gyda entendit les hommes rentrer et se précipita dans la cour royale. Lord Crosswalk lui annonça alors sans ménagement que toute sa famille avait péri, tuée par son propre frère, souillé par la magie.

— C'est impossible Lord Crosswalk. Je ne peux le croire. Mon frère ne tuerait pas ceux qu'il aime.

— Votre frère n'est pas celui que vous croyez, Madame. La souillure dont il fait l'objet le rend impropre à vivre avec nous. Il est évident qu'il est démoniaque et doit être mis hors d'état de nuire au plus vite.

— Qu'entendez-vous par là, Lord Crosswalk ?

— Vous le savez bien, madame. Seul le bûcher permettra de laver votre frère de cette souillure.

— Vous n'y pensez pas ? C'est le prince héritier ! Vous ne pouvez pas le toucher sans en référer au Conseil d'en Haut et sans enquêter sur ce qui s'est passé !

— J'ai déjà consulté le Conseil. Ses membres sont unanimes. Ils ont voté la mort.

Gyda poussa alors un hurlement et s'effondra dans les bras de sa dame de chambre.

Le Premier ministre s'approcha d'elle et lui glissa quelques mots à l'oreille.

— Votre famille est désormais maudite. Si vous ne voulez pas suivre votre frère sur le bûcher, je vous conseille de vous rallier à l'avis général. Je saurai vous protéger.

Pendant ce temps, Henry Leacher s'était introduit dans le bureau royal laissé sans surveillance par les gardes qui avaient tous participé aux recherches de lord Palams et de sa famille. Sur les indications de Gyda, il avait trouvé la porte dérobée derrière le fauteuil du bureau. Il pénétra dans la salle secrète et referma soigneusement la porte derrière lui.

Dans cette salle sans fenêtre, tout était lumineux. Les couleurs allaient du bleu au violet en passant par du rouge, du rose et du blanc. Des rayons dorés et argentés parsemaient l'ensemble d'une ambiance féerique.

Henry avança doucement, subjugué par ce qu'il découvrait. Il arriva dans une pièce ovale entourée de colonnes sur lesquelles étaient disposés des écrins en verre contenant chacun un cristal. Passant devant le premier cristal de couleur jaune, il entendit des chants d'elfes s'élever.

Ces chants ressemblaient à des chants liturgiques dont la pureté était époustouflante.

Le plafond de la pièce était couvert d'une fresque représentant la descente des cristaux sur Terre, comme envoyés par les dieux.

Sur une des colonnes, Henry distingua le cristal bleu azur. Il s'en approcha et le regarda tout en pensant qu'il commettait un crime de lèse-majesté en s'en emparant. Cependant, il n'avait pas le choix. S'il le prenait, il pourrait faire revenir Arthur et sa famille du monde des morts et sauver la belle Gyda et son oncle des griffes de Steven. Il pensait prendre tous les cristaux pour ne pas les laisser au Premier ministre, mais cela risquait d'affaiblir le royaume. Qui plus est, s'il n'en prenait qu'un, Crosswalk ne chercherait pas à le récupérer de suite, ayant à disposition les autres cristaux. Encore fallait-il qu'il les trouve, car comme lui, il pensait qu'ils étaient dans la salle du Trésor et ne disposait pas de la clé qui ouvrait la porte secrète de la chambre aux cristaux.

Henry se décida et prit le cristal azur dans ses mains qui devinrent alors bleues et froides comme la mort. Il le reposa immédiatement. Ses mains redevinrent normales. Réfléchissant, il arracha une partie de sa chemise et se servit du linge pour prendre le cristal. Rien ne se passa. Il le déposa alors dans la poche de sa veste et retourna vers l'entrée de la salle. Arrivant à la porte, il entendit des bruits dans le bureau royal. Le Premier ministre était là, entouré des membres du Conseil d'en Haut. Il les entendit parler de ce qui s'était passé dans la forêt et de la condamnation du jeune prince. Des larmes lui coulèrent malgré lui sur les joues. Il ne pouvait malheureusement rien faire. Il devait trouver un moyen de sortir de la chambre des cristaux. Il se souvint alors que Gyda lui avait mentionné la présence d'un passage secret partant du fond de la pièce ovale pour aboutir en dehors des murs du château. Henry descendit doucement de nouveau vers la salle ovale et se dirigea vers le fond de cette dernière où il trouva un mur lisse et sans issue. Se sentant piégé, il sentit la panique monter en lui. S'adossant au mur, il glissa de tout son long vers le sol, sous le poids de la culpabilité et de la tristesse. Ses pieds touchèrent alors violemment la colonne supportant le cristal noir et la firent trébucher, libérant ainsi l'objet magique. En tombant, ce dernier ouvrit sur le sol une brèche sombre dans laquelle Henry put entrer une main. Il comprit alors que ce cristal allait le libérer. S'en emparant avec un linge, il l'apposa sur le mur. Apparut alors une ouverture qu'il agrandit en formant un large cercle. Cette ouverture se poursuivait par un tunnel. Conservant le cristal noir avec lui, il s'enfonça dans ce passage qui le conduisit droit vers le bois situé derrière le château.

Le bruit qu'avait fait la colonne en tombant et le verre protégeant le cristal en se brisant avait alerté les personnes présentes dans le bureau royal. Le Premier ministre intima l'ordre à tous de se taire. Il se tourna vers l'endroit d'où provenait le bruit entendu et toucha le mur de haut en bas. Il ne perçut rien et se retourna vers ses invités quand soudain il s'aperçut qu'un courant d'air faisait bouger les flammes des bougies disposées sur le bureau. Se retournant de nouveau, il souleva la tapisserie qui recouvrait une partie du mur et découvrit une serrure. Faisant enfoncer la porte par ses gardes, il découvrit la salle aux cristaux et le passage secret au fond de cette dernière. Il ragea de constater que deux cristaux avaient disparu sur les quinze que possédait l'Anfraen, mais remercia le sort de lui avoir permis de trouver si facilement la salle secrète.

Le lendemain matin les habitants de la capitale furent appelés à se regrouper autour du château pour voir le supplice du « monstre » qui avait assassiné la famille royale et toute sa garde.

Gyda intervint encore auprès de Steven pour le supplier de ne pas exécuter son frère.

— Je vous en prie, Monsieur le Premier Ministre, je ferai ce que vous voulez. Sauvez mon frère !

— C'est impossible, madame. Votre frère est par tous considéré comme un monstre qui a voué son âme à la magie. Ce sorcier doit périr par les flammes. Ces dernières, en même temps qu'elles rendront justice à votre famille, laveront votre nom des péchés de votre frère. C'est aussi votre seule manière de survivre.

— Je m'opposerai à cette exécution barbare ! Le peuple se souviendra de son roi et ne tolérera pas qu'on assassine son fils !

— Je ne vous le conseille pas, madame ! Si vous ne voulez pas le suivre dans les flammes ! Gardes, emparez-vous d'elle !

Gyda fut alors saisie et enfermée dans ses appartements.

La Cour et l'ensemble des sujets étaient rassemblés devant le château. Le Premier ministre prit la parole.

— Mesdames et messieurs les membres du Haut Conseil ! Anfraeniens, Anfraeniennes ! Un drame s'est abattu hier sur notre royaume ! Le roi, la reine et la jeune princesse Lady ont été assassinés dans la forêt ainsi que leurs serviteurs et la garde royale dans son intégralité !

Le silence de la foule était à peine perturbé par les pleurs de-ci de-là.

Après un lourd silence, le Premier ministre reprit :

— Mais cette tragédie est pire encore que ce que nous pouvions redouter car l'auteur de cet assassinat a été arrêté dans la nuit. Cet individu a utilisé la magie pour tuer et a souillé son nom et sa lignée se faisant. Ce n'est autre que le jeune prince Paul !

La foule fut alors horrifiée par l'annonce et des cris vinrent se joindre aux pleurs, martelant des « à mort ! » tonitruants.

— La loi est la même pour tout Anfraenien. L'utilisation de la magie, cette souillure maudite, pour ôter la vie à quiconque, est punie pour tous par le bûcher ! Même si cette loi est ancienne et qu'aucune infraction n'a été constatée depuis plusieurs dizaines d'années, elle n'en demeure pas moins toujours en vigueur.

La clameur de la foule s'éleva alors pour exiger la mort de plus en plus fort.

Le Premier ministre se retourna vers le Conseil puis annonça :

— En tant que Premier ministre, j'annonce avec l'accord du Haut Conseil, prendre l'intérim de feu notre roi bien aimé ! Je décrète l'état d'urgence ! Un couvre-feu entrera en vigueur dès ce soir à compter de 20 h et jusqu'au matin 6 h. Nous devons découvrir les complices diaboliques du prince qui n'a pu être le seul à commettre ces atrocités. L'accès à Elforest est interdit jusqu'à nouvel ordre ! Je reviendrai vers vous plus tard pour vous exposer la suite des décisions qui seront prises. En attendant qu'on amène le condamné !

De son balcon, Gyda hurla alors au complot et cria de désespoir.

Sur un geste de Steven Crosswalk, des gardes pénétrèrent dans la chambre de la princesse et s'emparèrent d'elle, l'entraînant à l'intérieur et refermant les portes-fenêtres.

Le ministre reprit la parole face à la foule en colère !

— La princesse Gyda est très affectée et perturbée par ce qui est arrivé ! Seule son absence près du roi l'a sauvée des griffes de son frère. Amenez le condamné !

Paul, du haut de ses huit ans, ne comprenait pas ce qui se passait. Deux soldats le prirent par les bras. Les prêtres avaient préparé le bûcher.

À son entrée dans la cour, le peuple lui hurla des insultes. Lui qui était adulé encore hier, considéré comme l'héritier tant attendu, était aujourd'hui voué aux flammes de l'enfer, rejeté par une populace que le discours du Premier ministre avait chauffée à blanc.

— Pitié ! Je vous en prie ! Je suis votre prince ! Je ne les ai pas tués ! Ils étaient déjà morts ! Croyez-moi ! Je vous en prie !

— Vous n'êtes plus l'héritier légitime de ce royaume. Par votre souillure vous êtes une menace ! Vous êtes coupable de parricide doublé de régicide ! Vous êtes coupable d'avoir pour cela utilisé la magie, cette souillure diabolique condamnée dans notre royaume. Vous êtes condamné à être brûlé vif pour expier vos péchés ! Gardes, montez-le sur le bûcher !

À l'oreille du prêtre qui devait écouter les dernières paroles du condamné et lui proposer le repentir avant de l'attacher (et normalement l'étrangler pour éviter une trop grande souffrance) le Premier ministre demanda doucement de le laisser bien en vie pour qu'il souffre et offre le spectacle qu'était venu voir le peuple.

Le prêtre s'exécuta, non sans remords, car il s'agissait d'un enfant. Paul pleura de rage. À peine fut-il ligoté que le bûcher fut allumé. La rage du jeune prince l'amena de nouveau à faire apparaître dans ses yeux la flamme blanche. Celle-ci s'empara de tout son être qui se transforma en torche vivante bien avant que le feu du bûcher n'ait atteint son corps.

Il s'enflamma et brûla si rapidement que très vite plus aucun son ne sortit de sa bouche. La mort le prit en un instant, ne donnant pas satisfaction au sadisme de Steven. Le silence se fit autour du bûcher. Le peuple était horrifié par ce qu'il venait de voir. La souillure lui avait été révélée.

Parmi les spectateurs, un individu caché sous une large capuche regardait la scène et pleurait d'impuissance. Henry Leacher ne pouvait que partir pour ne pas être repéré avant que la foule ne se dispersât. Il se précipita vers les geôles situées au sous-sol de la tour du Premier ministre. Muni du cristal noir, il fit ainsi sortir son oncle de sa prison sans avoir été repéré.

Seule, enfermée dans sa chambre, Gyda se morfondit et pleura de douleur, n'ayant pu sauver son frère. Elle espérait très vite qu'Henry viendrait la sauver de cet enfer.

Steven Crosswalk entra alors dans la chambre.

— Laissez-nous seuls, ordonna-t-il à son garde personnel.

— Je vous maudis ! lui cria Gyda, emplie de douleurs et de larmes.

— Vous avez été très imprudente tout à l'heure en criant de la sorte.

— Je sais qui vous êtes et je sais ce que vous avez fait !

— J'aurais dû me douter que Leacher ne saurait pas se taire. Je ne l'ai pas vu depuis hier. Je suis certain que c'est lui qui s'est enfui avec les deux cristaux dérobés dans la chambre secrète.

— La chambre secrète ?

— Oui ma chère, je l'ai trouvée, ainsi que les autres cristaux. J'ai lancé mes meilleurs limiers à la poursuite de ce traître qui sera pendu haut et court dès que j'aurai mis la main dessus. Son oncle sera exécuté dès demain.

— Si vous faites ça, vous aurez la guerre avec Kursell, lui répondit la princesse avec une profonde aversion.

— Personne ne saura que son oncle était dans les geôles du palais. Kursell ne voudra entamer une guerre contre un royaume ami et puissant sans avoir de preuves formelles de cet assassinat. Et même si le prince Henry réussit à s'échapper, sa parole seule ne comptera pas, surtout si nous l'accusons de trahison et de crime de lèse-majesté pour le vol de cristaux.

Gyda fut frappée d'horreur à l'écoute de ce que lui disait Steven.

— Vos paroles sont du venin ! hurla-t-elle.

— Vous ne me croyez pas ? répondit toujours aussi perfidement Steven. Vous devriez. Leacher a accepté de m'aider pour sauver la tête de son oncle. Je ne sais pourquoi il a changé d'avis. Peut-être pour vous, ma chère ? Toujours est-il qu'il ne peut plus rien désormais. Dès demain je prendrai les rênes du pouvoir. Le Haut Conseil me confiera les pleins pouvoirs pour redresser la situation chaotique de notre royaume causée par l'assassinat de notre famille royale. En premier lieu, il nous faudra contenir les désirs de vengeance du royaume d'Eorfren après la disparition de votre mère, leur princesse. Il faudra renforcer la sécurité du royaume après l'introduction de la souillure par votre frère. L'ordre devra être de nouveau introduit en Anfraen. C'est pour cela que je mettrai fin à la méthode de gouvernance de feu votre père. Le lien entre l'ancien et le nouveau pouvoir sera établi grâce à vous car vous allez m'épouser.

— Jamais je ne m'unirai au meurtrier que vous êtes !

— Vous le ferez ou vous mourrez comme votre frère ! Et vous n'aurez pas la chance que ses pouvoirs lui ont offerte !

— Quelle chance ?

— Il s'est immolé lui-même violemment pour mourir vite ! Ce faisant il a montré au peuple le pouvoir qu'il avait en lui et a ainsi confirmé sa condamnation. Le mariage aura lieu dans trois jours. Si vous refusez, vous mourrez dans quatre jours, confondue comme complice de votre frère et étant souillée vous-même. Nul besoin sera alors de prouver que vous manipulez aussi la magie car votre frère l'a fait pour vous. Les gens n'auront pas de mal à croire que c'est de famille !

— C'est vous la souillure de notre royaume ! répondit froidement la princesse.

Cependant, Gyda, pensant très fort à son enfant, n'avait pas le choix et dut accepter la proposition pour sauver le fruit de ses amours avec Henry Leacher, lequel était désormais un homme recherché.

Ce dernier avait entre-temps réussi à s'échapper d'Anfraen, délivrant son oncle des geôles en utilisant le cristal noir et provoquant la colère de Steven Crosswalk qui rompit les liens diplomatiques avec le royaume de Kursell.

Trois jours plus tard, elle devint donc lady Crosswalk. Elle donna naissance à un fils qu'elle fit passer pour mort-né et qu'elle confia à une sœur du couvent des pauvres âmes d'Anfraen, amie de feu sa mère, qui l'amena à Kurssell, auprès d'Henry Leacher.

Un an plus tard, elle donna naissance à Ethan, fils légitime de Steven Crosswalk.

Peu de temps après, Gyda, ne réussissant pas à oublier son premier enfant perdu ni le père de ce dernier, et ne pouvant faire le deuil de sa famille, apprit qu'Henry Leacher avait épousé une comtesse, Anne de La Sainte Croix, sur injonction du roi de Kursell. Anéantie par l'annonce, Gyda décida d'en finir et se jeta de son balcon, libérant ainsi Steven Crosswalk d'un mariage chaotique qui lui avait apporté cependant la légitimité souhaitée.

Ce dernier, prétextant la nécessité d'ouvrir une ère de liberté, fit abolir la monarchie et instaura la république qu'il transforma vite en tyrannie. Pour éviter que les autres royaumes ne s'ingèrent dans les affaires de la république d'Anfraen, il leur fit apporter à tous un cristal pour leur apporter l'essor technologique qu'Anfraen avait connu de façon plus accélérée.

Ainsi, il acheta la paix en commençant par le royaume de Kursell, dont il craignait le futur dirigeant, Henry Leacher.

Chapitre II
Le royaume de Kursell

Glasswind, 1013 après le Grand Blast

L'Union des Huit Royaumes avait bénéficié de la venue au pouvoir de Steven Crosswalk. Dans un premier temps, les sept royaumes amis de l'Anfraen avaient pris position contre la nouvelle république instaurée par le Premier ministre anfraenien. Les tensions n'avaient cessé d'augmenter. En proie à la réorganisation de son propre état, et pour éviter une guerre avec les autres pays, qui aurait pu être fatale à la république, et surtout à son pouvoir autocratique, Steven Crosswalk avait décidé de distribuer un cristal à chaque royaume, en échange de la paix.

Les cristaux avaient alors insufflé dans les esprits scientifiques les plus brillants une connaissance qui leur permit de développer une technologie propre à chaque peuple.

Le nouveau dirigeant de l'Anfraen n'avait pas pris beaucoup de risques puisqu'il conservait pour lui plusieurs cristaux. En outre, l'Anfraen avait bénéficié depuis longtemps de l'inspiration de l'ensemble des cristaux sur les esprits scientifiques et était très en avance sur les autres royaumes, gardant jalousement ses secrets.

Kursell était un royaume situé au nord du territoire de Rancef. Bordé au sud par le royaume de Purcell, il était séparé d'Anfraen par l'océan De Profundaelis.

Glasswind, sa capitale, était à l'extrémité septentrionale du royaume. Elle se couvrait en hiver d'un épais manteau de neige. Cinq siècles auparavant, les anciens l'avaient ceinturée d'une épaisse muraille pour la protéger des monstres qui, disait-on, hantaient la Forêt aux Arbres à Feuilles Bleues située aux portes de la ville.

Depuis, elle avait été élargie au sud et renforcée pour protéger la capitale des envahisseurs potentiels. Des tours de guet ponctuaient de manière régulière cette muraille impressionnante et voyaient sans cesse se relayer des soldats qui avaient en charge la surveillance des lieux, jour et nuit. Quatre entrées à l'emplacement des points cardinaux permettaient l'accès à la ville et étaient protégées d'une herse ouverte en permanence, sauf la nuit. Depuis que l'Anfraen était devenu une république dirigée d'une poigne de fer par l'ancien premier ministre, le roi de Kursell avait fait doubler les gardes aux quatre entrées et augmenter les effectifs de l'armée pour prévenir une éventuelle attaque. Les relations diplomatiques avaient été brièvement interrompues mais s'étaient renouées très vite dans l'intérêt de tous. Elles restaient cependant pour le moins tendues.

Si le royaume de Kursell était très peuplé, Glasswind n'était que la deuxième ville de Rancef après Vessailis. La multitude d'habitations et de bâtiments commerciaux que contenait la muraille générait un flux incessant d'habitants et de commerçants étrangers. S'y côtoyaient toutes les tenues et les couleurs des huit royaumes. Les échanges qui s'effectuaient avec les autres capitales de l'Union transitaient surtout par son port, situé à l'ouest de la cité, qui permettait notamment des échanges directs avec la république d'Anfraen via l'océan.

Kursell était gouvernée par Henry Leacher et son épouse Anne de la Sainte Croix. Ils s'étaient mariés en l'an 1002 après le Grand Blast. Le royaume était encore dirigé à l'époque par le père d'Henry, Edward Leacher, troisième du nom. Au retour d'Henry de son voyage en Anfraen, il n'avait pas cru les déclarations de ce dernier sur les événements tragiques qui avaient vu la disparition de la famille royale Palams, pas plus qu'il n'avait pris pour vrais le sort de Gyda et l'emprisonnement de son propre frère, malgré les déclarations de ce dernier.

Le feu roi, alors déjà d'une santé vacillante et pressé de régler sa succession, avait été très agacé par l'insistance d'Henry et avait fini par lui mettre le marché en main. Ou il épousait Anne de la Sainte Croix, jeune femme issue d'une très ancienne et respectable famille noble, ou il était déclaré atteint de folie et enfermé en maison de soins, la Couronne revenant à son cousin, Rodrigue. Cela ne pouvait être envisageable parce que Rodrigue était un être exécrable, à l'esprit retors et doublé d'une soif de pouvoir immense qui en ferait un piètre chef d'État.

Ainsi fut réduit au silence Henry Leacher qui ne trouva pas de soutien dans son pays pour délivrer sa belle Gyda des griffes de lord Crosswalk. Le mariage fut célébré en grande pompe devant un parterre d'invités venus de tous les royaumes. Lord Crosswalk ne se déplaça pas lui-même mais envoya un émissaire qui apporta de nombreux présents aux jeunes mariés dont un collier pour la jeune princesse qui représentait au bout d'une chaîne en or massif, un pendentif en forme de huit représentant sur un des cercles les étoiles de l'Anfraen, et sur l'autre cercle les lettres G et P. Personne ne comprit ce que signifiait exactement ce présent sauf Henry, qui reconnut le bijou de la princesse Gyda. Ce présent était un message indiquant que lord Crosswalk n'avait rien oublié de ce qu'il appelait la trahison d'Henry Leacher. Toute sa vie,

Henry s'en voudrait d'avoir abandonné celle qu'il aimait. Peu après, le roi Edward mourut d'une fluxion de poitrine associée à son fort penchant pour le tabac, surtout les gros cigares qui provenaient des contrées exotiques du royaume d'Eorfren. Henry et Anne devinrent, dès l'année suivant leur mariage, les nouveaux monarques du royaume de Kursell.

Leur union montra vite des signes de faiblesse. Outre l'absence d'amour, qui était très courant dans les mariages arrangés de la noblesse mais plus encore lorsque les unions concernaient les familles royales, c'est la présence du petit Louis, fils illégitime du roi, qui avait terni leurs relations. Si Anne avait eu du mal à accueillir cet enfant mâle, alors qu'elle-même n'avait pas encore donné de descendance à son époux, ce qui l'avait fait souffrir le plus était que le roi décidât de l'élever comme son héritier et le déclarât légitime. Elle n'avait pas réussi à pardonner cette humiliation doublée pour elle d'une usurpation de la Couronne au détriment de ses enfants à venir. Henry n'avait jamais révélé qui était la mère de l'enfant mais avait donné à son fils une réelle affection jalousée par Anne, qui avait fini par devoir accepter la présence de Louis. Peu après, elle donna naissance à deux autres enfants. Une fille Alice, en l'an 1003, puis un garçon prénommé Clovis en l'an 1012.

Après une grande fête donnée en l'honneur de Clovis pour sa première année, les enfants s'étaient couchés dans leur chambre respective. Alice avait la plus grande, avec la plus belle vue sur les montagnes enneigées à l'est de Glasswind. Après avoir brossé ses longs cheveux blonds et enfilé sa chemise de nuit, elle s'approcha de la fenêtre pour regarder une dernière fois la neige tomber avant d'aller se coucher. Elle entendit alors Louis hurler de peur dans la chambre voisine. Se précipitant chez son frère, elle vit son père arriver avant elle et entrer brutalement dans la chambre du petit prince.

— Que se passe-t-il, Louis ? Pourquoi hurlez-vous si fort ? demanda Henry à son fils.

Le jeune garçon de douze ans avait du mal à reprendre sa respiration. La sueur coulait sur son front et il avait mouillé son lit de terreur.

Après quelques minutes, il réussit à répondre à son père.

— J'ai vu une ombre avec des cornes puis l'ombre d'une femme. J'ai ensuite senti une main posée sur mon épaule.

— Des ombres vous dîtes ? répondit Henry, interloqué.

— Oui, père. J'ai très peur. Je vous jure que je vous dis la vérité.

— Les fantômes sont des choses très rares, Louis. Je n'en ai jamais vu. Pourtant, je vous crois, mon fils. Je vais demander aux gardes de faire le tour du château pour vérifier la présence d'intrus.

— Ce n'est pas tout, père. J'ai aussi senti une présence bienfaisante. Elle ne m'a pas parlé mais j'ai compris qu'elle voulait me protéger.

— Vous savez, mon garçon, il est aussi possible que tout cela soit un songe. Parfois les rêves nous paraissent si réels que, lorsqu'on se réveille, il nous semble encore les vivre.

— C'est peut-être vrai père. Il y a peu j'ai rêvé que je mourrais en sauvant une personne que j'aime. Un individu dont je ne pouvais reconnaître les traits et doté d'un étrange pouvoir envoyait ses rayons vers moi. Je voyais alors des rochers tomber et m'ensevelir. J'entendais ensuite pleurer des gens que je ne connaissais pas puis j'arrêtais de respirer. C'est alors que je me suis réveillé, pensant encore être sous les décombres.

— La femme de chambre va vous amener du linge propre et changer votre lit. Il vous faut dormir mon fils. Nous en reparlerons demain.

Henry s'aperçut alors qu'Alice était postée dans l'encadrement de la porte.

— Alice, allez vous coucher ! Je m'occupe de votre frère !

— Oui, père, répondit la jeune fille tout en lui adressant une révérence et en s'éloignant doucement de la chambre de son frère.

— Il vous faut dormir maintenant, mon garçon, reprit le roi à l'adresse de son fils.

— Oui, père. Encore une chose. Si l'esprit bienfaisant ne m'a pas parlé directement, j'ai entendu prononcer votre nom plusieurs fois dans ma tête.

Un long silence envahit alors les lieux. Henry, songeur, regardait son fils. Il aperçut alors sur le mur au-dessus du lit de l'enfant l'ombre d'une femme qu'il reconnut instantanément.

Il embrassa son fils et sortit de la chambre à reculons, les yeux toujours rivés sur l'ombre familière.

Blême, il ferma la porte et regarda autour de lui. Il vit dans l'angle du couloir une ombre dont les yeux étincelants le fixaient. C'était Gyda.

Vaporeuse, l'ombre vola doucement vers lui et son visage apparut au roi, tel qu'il était lors de la mort de la jeune femme. Ils se regardèrent intensément sans rien dire.

Henry était à la fois pétrifié de terreur et empli d'une joie intense face à ce visage qu'il avait tant aimé.

— Je suis tellement désolé Gyda. Vous me manquez tant.

— Je me sens si seule Henry.

— C'est vous qui avez protégé notre fils ?

— Oui, Henry, c'est bien moi.

— De quoi ou de qui le protégez-vous ?

Henry n'en croyait pas ses yeux. Il était là, devant le spectre de son grand amour et lui parlait comme si elle était encore en vie.

Alice, postée derrière la porte de sa chambre entrouverte, regardait interloquée, son père parler avec quelqu'un qu'elle ne voyait pas. Elle chercha vainement l'interlocuteur et commença à se demander si son père n'était pas dérangé car, malgré ses efforts, elle ne voyait personne d'autre à part lui. Tout à coup, elle aperçut un regard fixe et luisant se fixer sur elle.

Gyda ne répondit pas à Henry. Son attention s'était fixée sur Alice qu'elle foudroyait d'un regard glacial. Tournant de nouveau son regard vers le roi de Kursell, elle lui parla alors plus durement.

— Tu m'as abandonné, Henry. Comment as-tu pu me laisser seule après le drame que j'ai vécu ? Tu as osé épouser une autre que moi et lui faire des enfants.

Avant même qu'Henry ne puisse lui répondre, Gyda disparut.

Alice avait pris peur de ce regard inconnu qui l'avait dévisagée. Elle avait refermé la porte de sa chambre doucement et s'était précipitée dans son lit pour se protéger sous ses couvertures. Après un moment dans le silence de la nuit, elle finit par sortir la tête de ses draps pour visualiser l'ensemble de sa chambre à peine éclairée par la lune qui était apparue et lançait quelques rayons par la fenêtre, luttant contre l'obscurité qui augmentait peu à peu. Alice n'était pas rassurée et ressentit petit à petit une angoisse l'envahir. Son regard fut tout à coup attiré par une lueur au-dessus de sa commode. Scrutant ce point lumineux, elle vit un visage se dessiner tout autour. Le point lumineux se dédoubla pour laisser apparaître le même regard glacial qu'elle avait vu dans le couloir. Une odeur nauséabonde de putréfaction fit son apparition. La température de la pièce s'effondra brutalement et la respiration d'Alice laissa passer de la vapeur au travers de ses lèvres tremblantes. Gyda, les cheveux ébouriffés et le corps décharné, fit son apparition de manière plus nette et gratta doucement la commode de ses ongles, le bruit transperçant le silence de la pièce. Elle arrêta soudain de griffer le meuble. Dans un souffle brutal, elle disparut pour réapparaître en apesanteur au-dessus du lit d'Alice et lui cracha au visage.

La jeune fille réussit alors à hurler de peur dans un réflexe de survie face à cette apparition effrayante.

Henry, qui marchait encore de long en large dans le couloir à la recherche du fantôme de Gyda, entra précipitamment dans la chambre de sa fille.

Toute atmosphère paranormale avait disparu. L'obscurité avait de nouveau fait place à la lumière de la lune, et le feu qui crépitait dans l'âtre générait une douce chaleur à travers la pièce.

— Que se passe-t-il, Alice ? cria Henry apeuré par les cris de sa fille.

— Une ombre ! Des yeux ! Une odeur… euh… terrible ! réussit à lui dire Alice entre deux sanglots.

Il la prit dans ses bras et constata qu'elle tremblait de tous ses membres.

— Ça va aller, Alice, lui dit-il en la berçant dans ses bras. Vous avez fait un cauchemar.

— Non, c'était bien réel ! La méchante femme m'a craché au visage ! Regardez !

Henry constata en effet que le visage de sa fille était couvert de bave. Il appela alors une des femmes de chambre et demanda à ce qu'elle nettoie le visage de sa fille avant de l'emmener se coucher dans le lit de son frère Louis. Il lui intima l'ordre d'appeler la gouvernante des enfants sur le champ.

— Je vais demander à votre gouvernante de veiller sur vous deux cette nuit, annonça-t-il à sa fille. Vous serez rassurée de dormir avec votre frère, dit doucement Henry. Nous reparlerons de tout cela demain. Cela vous convient ? Même si votre mère m'a raconté l'incident en cuisine aujourd'hui avec Louis ?

— Ce n'était rien qu'un accident, père.

— Que s'est-il passé ?

— Je n'ai pas compris moi-même, père. Nous jouions à table quand soudain, alors que j'attrapai son bras, il s'est couvert de glace. J'ai eu peur et me suis reculée. La glace a fondu aussitôt et Louis n'a pas eu mal.

— Alice, lui répondit son père, comme je vous l'ai déjà dit, il faut faire très attention. Vous avez un don mais il faut le contenir. Cette magie en vous est pour moi une bénédiction mais pour beaucoup d'autres elle représente le mal. Vous savez, ce que l'homme ne comprend pas, très souvent, il le fuit ou le détruit. Il ne faut pas montrer ce que vous savez faire à n'importe qui. Cet incident est survenu pendant l'après-midi à l'heure où il n'y a pas d'employés dans la cuisine. Si cela avait été le cas, tout le monde serait déjà au courant de vos capacités. Soyez vigilante ma fille. Vous comprenez ? C'est pour votre sécurité et la nôtre.

— Comment se fait-il que j'aie cette magie en moi et pas vous père ?

— Je ne sais pas. Votre mère pense que nos familles descendent d'une lignée de magiciens. Je n'y crois pas trop. Je pense plutôt que nous devons avoir du sang elfique dans nos veines. Ces capacités ont peut-être sauté des générations avant de réapparaître en vous.

— Pourquoi pensez-vous à une lignée elfique père ?

— Car notre nom se prononce de la même façon qu'on l'écrive dans notre langue ou en langue elfique, ce qui est peu banal.

— C'est étrange en effet.

— Bon, il est temps de vous coucher. Lara ! ordonna le roi à la gouvernante, occupez-vous de la princesse et emmenez -là dans les appartements de son frère où vous veillerez sur eux toute la nuit. S'il se passe quoi que ce soit, je veux être averti tout de suite !

En sortant de la chambre, Henry demanda à son homme de camp de doubler la garde à l'entrée des appartements royaux. C'est avec un sentiment de crainte teinté d'espoir qu'il gagna ses appartements en pensant avec force au visage tant aimé de Gyda.

Le château était une ancienne forteresse dont le corps principal était une tour carrée de quatre niveaux dont chaque mur avait été percé de cinq fenêtres dès le premier étage.

Le premier niveau était réservé aux princes et princesses. Le second étage était réservé à la reine et le troisième niveau était constitué par les appartements du roi. Le dernier étage, quant à lui, s'ouvrait sur un bureau de style gothique comprenant une impressionnante bibliothèque dont les livres aux enluminures précieuses côtoyaient des manuels scientifiques aux reliures plus simples. Ce bureau donnait accès à une terrasse qui surplombait l'ensemble du château et offrait un point de vue unique à cent quatre-vingts degrés vers le sud de Glasswind.

Pour accéder à ses appartements, le roi devait passer par ceux de la reine. Il traversa pour cela le long couloir central du premier étage, dont les fenêtres donnaient sur la cour intérieure du château. Les couloirs étaient froids en cette période de l'année où seuls les appartements privés étaient correctement chauffés. Les tapisseries sombres représentants des scènes de guerre ou de chasse étaient toutes réalisées en utilisant un camaïeu de bleus qui tirait du bleu roi vers le bleu nuit avec une touche de violet à certains endroits et donnait à ces lieux un caractère sinistre à peine éclairé par les rayons de l'astre nocturne et par les appliques murales récemment installées depuis que le premier ingénieur royal avait découvert comment produire et canaliser l'électricité.

Henry Leacher se demanda s'il avait rêvé. L'apparition de Gyda n'était-elle pas le fruit de son imagination ? S'il avait rêvé, pourquoi ses enfants avaient-ils fait également ces étranges cauchemars ? Ils ne pouvaient pas avoir rêvé tous les trois en même temps de la même personne. Il se serait agi d'une drôle de coïncidence. Pourtant, des phénomènes collectifs avaient déjà été rapportés, comme ce village complet qui s'était mis à danser et rire de manière incontrôlée, il y a de cela une vingtaine d'années dans l'est du royaume de Purcell. Rien ne pouvait les arrêter, comme s'ils étaient pris d'une folie qui les amenait à mourir d'épuisement. Ce phénomène s'était produit après l'apparition de grandes épidémies dans tout le territoire de Rancef. Est-ce que ce phénomène pouvait se produire à petite échelle avec une contagion limitée ? Pourtant son cœur lui susurrait que ce qu'il avait vu était vrai mais qu'il devait se méfier. Est-ce que Gyda était aussi la femme monstrueuse qu'Alice avait vue ?

Ses réflexions finirent par embrouiller son esprit et l'avaient accompagné sans qu'il s'en aperçoive, dans la chambre de la reine. Cette dernière l'attendait fébrilement, alertée par les cris qu'elle avait entendus. Le roi lui avait demandé de rester à l'attendre pendant qu'il descendait au premier étage rassurer les enfants.

— Est-ce que les enfants vont bien ? l'interrogea-t-elle ?

— Oui, c'était juste un cauchemar. Alice a dû entendre son frère crier peu avant et a fait un mauvais rêve à son tour. Je les ai fait dormir ensemble et veillés par Lara pour les rassurer.

— Me voilà soulagée. Maintenant que les enfants sont tous couchés, que veut faire Sa Majesté ?

— Ne m'appelez pas comme cela, appelez-moi par mon prénom !

— Je fais ça pour vous taquiner, Henry. Alors qu'est-ce qu'on fait ?

— Je suis fatigué, Anne. Je vais me coucher.

— Ne partez pas si vite, mon ami. Je ne veux pas rester seule ce soir.

— Je ne suis pas d'humeur à badiner, Anne.

— J'ai envie de faire un autre enfant, Henry. Je vous en prie.

— Clovis est encore un bébé. Je crois qu'il serait plus sage d'attendre qu'il grandisse un peu pour faire un autre enfant, vous ne croyez pas ?

— Vous pensez que nous avons assez d'enfants ? Que nous avons trop de bouches à nourrir ? Un des devoirs d'un roi est d'assurer sa descendance. Vous n'avez que deux enfants, Henry.

— Vous voulez dire trois, Anne.

— Vous savez bien que l'héritage de Louis est compromis car il n'est pas légitime. Il vous reste Alice, qui ne pourra pas monter sur le Trône car elle est née femme. Ensuite, il n'y a plus que Clovis. Il vous faut consolider votre lignée.

— Vous avez raison sur un point, Anne. Notre lignée doit être consolidée. Cependant, vous évincez un peu vite Louis. Vous savez que je le désignerai comme mon héritier selon les traditions lorsqu'il aura acquis la majorité pour régner, soit dans deux ans.

— Vous ne pouvez préjuger de ce que sera la réaction des grandes maisons du royaume, Henry. Et s'ils rejettent Louis, il ne restera plus que Clovis. Nous devons asseoir votre lignée.

Pendant la discussion, Anne s'était approchée d'Henry et lui avait pris la main. Elle le tira désormais doucement vers son lit.

Elle se déshabilla la première pendant qu'Henry la regardait. Sa peau avait un teint de porcelaine rehaussé par le rouge que le désir lui avait fait monter aux joues. Son corps longiligne et musclé supportait des seins que sa dernière grossesse avait bien arrondis. Son pubis était couvert d'une fine toison blonde à peine plus foncée que les longs cheveux qui lui tombaient sur les épaules.

Henry la regardait mais ne pouvait cesser de penser à Gyda. La revoir avait fait remonter à la surface des souvenirs enfouis.

Anne était vraiment belle et les années n'avaient pas gâté cette grâce qui la caractérisait, si ce n'est cette moue qu'elle arborait désormais continuellement sur le visage aux lèvres très souvent pincées.

Henry observa longuement ce corps et sentit monter le désir en lui. Après lui avoir donné un baiser doux et profond, Anne déshabilla son royal amant en commençant par lui déboutonner sa chemise qu'elle entrouvrit avec lenteur pour découvrir un torse velu et musclé. Elle embrassa le buste athlétique d'Henry et le caressa tout en titillant ses tétons puis elle fit descendre sa main doucement vers le nombril avant de la glisser dans son pantalon pour sentir son pénis en érection.

Henry commençait à apprécier. Il repoussa Anne sur le lit. Il enleva son pantalon et s'allongea sur le corps de sa femme qui avait ouvert les cuisses. Il embrassa son coup puis sa langue descendit sur ses seins dont il suça langoureusement les tétons. Enfin il descendit sur son vagin et sa langue entra à l'intérieur du temple féminin, léchant les parois dans un mouvement de va-et-vient. Elle haleta de plaisir. Il se redressa alors et la pénétra doucement en commençant cette danse de l'homme et de la femme qui ne fait d'eux plus qu'un seul être.

Les mouvements se firent de plus en plus rapides. Henry embrassa Anne de nouveau très intensément. Leurs langues se mêlèrent pendant que le mouvement de leurs reins les rapprochait encore plus et plus vite.

Enfin, le plaisir explosa en eux dans un cri à peine étouffé. Henry retomba sur la poitrine de son épouse, essoufflé, vaincu. Il ouvrit les yeux, pensant voir Gyda mais c'était le regard de sa femme qui croisa le sien et le rendit honteux d'avoir sans cesse pensé à son premier amour pendant toute la durée de l'acte.

Alice s'était enfin endormie, rassurée par la présence de Lara. La gouvernante des enfants royaux s'occupait d'eux depuis leur naissance. Elle était pour eux comme une deuxième mère. Après son cauchemar, Alice avait rejoint son frère qui s'était déjà assoupi. Elle s'était blottie contre lui sous le regard bienveillant de Lara qui s'était installée dans un fauteuil près du lit.

Dehors, des grêles tombaient désormais. Leur tintement contre la fenêtre réveilla la princesse. Elle se leva doucement pour ne pas réveiller Lara qui s'était endormie profondément. Elle entrouvrit les rideaux et regarda les petites boules de glace bleue tomber, faisant au sol un manteau aux couleurs de l'océan. Louis se réveilla à son tour et s'approcha de sa sœur.

— Que fais-tu ici, Louis ?

— J'ai fait un cauchemar.

— Je n'arrive pas à dormir non plus à cause de cette pluie de grêles. Qu'est-ce que tu as fait comme cauchemar encore, lui murmura-t-elle ?

— Je n'arrête pas de voir une ombre.

— Une ombre ? Comment ça ? Comme un fantôme ?

— Oui, comme un fantôme. Cette ombre n'est pas humaine. C'est l'ombre d'un elfe.

— Un elfe ? Pourquoi un elfe, Louis ?

— Je ne sais pas Alice. Tout ce que je sais, c'est qu'il a des oreilles pointues et de longs cheveux. Je sens aussi qu'il n'est pas gentil. Il me fait peur.

— Vient, Louis, j'ai faim. Nous allons aller vers les cuisines. Nous pourrons parler sans risquer de réveiller Lara.

— On risque de réveiller tout le château si on nous voit non ?

— Ne t'inquiète pas, Louis, on marchera doucement et on évitera les gardes en passant par l'escalier de service. Ouvre la porte, je vais préparer une lampe pour éclairer un peu.

Louis ouvrit doucement la porte de la chambre et ils sortirent sur la pointe des pieds. Alice s'empara d'une lampe à huile en sortant et attendit d'être dans le couloir pour l'allumer. Ils descendirent sans bruit au rez-de-chaussée et passèrent par la salle du Trône. À cette heure-ci, le château était complètement endormi, si ce n'est quelques gardiens au-dehors qui allaient et venaient pour veiller à la sécurité des occupants.

Sur une estrade recouverte d'un dais bleu roi se dressaient deux trônes en bois ouvragé avec sur chacun des dossiers le blason de la famille représentant un flocon de neige entouré d'une flamme.

— Parfois tu as envie de t'asseoir sur le trône ? demanda Alice à Louis.

— J'en ai envie car je me dis que ce trône est mon avenir, lui répondit le jeune prince.

Soudain, le bruit d'un objet tombant au sol alerta les deux enfants.

— J'ai entendu quelque chose, intervint Alice, d'une voix fébrile.

— Moi aussi, ça vient d'où ? continua Louis, peu rassuré.

— Des cuisines. Il faut aller voir, indiqua Alice, peu convaincue par ce qu'elle venait de dire.

— Suis-moi doucement, Alice. Et ne fais pas un bruit, lui ordonna Louis, se donnant une contenance pour jouer l'homme fort.

Le frère et la sœur se suivirent en file indienne, sortant de la salle du Trône et se dirigeant vers les cuisines du château au bout d'un long couloir gris.

Tout en marchant, et pour éviter le silence assourdissant qui lui provoquait une certaine angoisse, Alice interrogea son frère tout bas.

— Je t'ai quand même fait du mal avec ma magie. Tu ne m'en veux pas trop, Louis ?

Ils arrivèrent à l'entrée de la cuisine principale.

— Tout va bien, Louis ? Pourquoi tu ne me réponds pas ? le questionna la jeune fille.

— L'ombre est là, répondit d'un ton glaçant le jeune homme.

— Si elle est là, il faut qu'on prévienne nos parents qu'il y a un monstre dans le château.

— Non, il est trop tard, Alice. Il va nous tuer.

— Comment ça, il va nous tuer ? Je ne le vois même pas ! si c'est une blague, Louis, ce n'est vraiment pas marrant, je commence à paniquer.

— Il te demande de te calmer, ma très chère sœur, lui dit Louis, en lui prenant la main.

— Ne me touche pas ! Je commence à ressentir mes pouvoirs. Où est-il ?

— Il est là droit devant ! En face des batteries de casseroles !

Alice envoya alors de ses mains un jet de glace au travers de la pièce sans savoir où viser. Elle ne voyait toujours pas l'ombre mais elle entendit un bruit étrange derrière elle. Elle se retourna et envoya un autre jet de glace dans la direction inverse. Le jet de glace forma un bloc à l'intérieur duquel elle aperçut l'ombre emprisonnée.

— Louis, il faut que tu remontes tout de suite, je l'ai vue ! cria la jeune fille.

— Tu vois que ce n'est pas une blague !

— Remonte tout de suite ! Il s'avance au travers de la glace ! Je ne l'ai pas emprisonné. Je l'ai juste ralenti.

— Je ne veux pas te laisser, Alice !

— Tu n'as aucun pouvoir et tu me gênerais. Remonte et alerte père !

En s'énervant, ses yeux commencèrent à devenir d'un bleu nuit profond. Sa voix changea pour devenir rauque et solennelle. Louis se recula effrayé par sa sœur et l'ombre qui ne cessait de forcer le bloc de glace.

Le jeune garçon hésitait à s'enfuir et regardait tour à tour sa sœur et l'ombre qui avançait inexorablement.

Soudainement, la glace entourant l'ombre explosa dans un fracas assourdissant. Sous l'impulsion, les deux enfants furent projetés de part et d'autre de la pièce. Alice se releva très vite. L'ombre avait disparu. Louis gisait toujours au sol. La princesse se précipita vers son frère et le prit dans ses bras en pleurant. Elle constata qu'il respirait encore mais ne reprenait pas conscience. Les minutes passèrent dans un silence mortel.

Alice pleurait doucement. Les cuisines étaient sens dessus dessous et recouvertes d'une pellicule de glace translucide.

— Louis, je t'en prie, ne meurs pas par pitié. Maman ! Papa !

Sa voix était redevenue normale et ses cris aigus avaient alerté tout le château.

Anne et Henry s'étaient précipités vers le rez-de-chaussée, suivis par des gardes et des pages encore à moitié ensommeillés. Après avoir traversé la salle du Trône, ils arrivèrent dans le couloir menant aux cuisines. Voyant de la glace recouvrant les murs devant la porte des communs, Henry fit demi-tour pour fermer et verrouiller l'accès à la salle du Trône et éviter ainsi que les gardes et autres serviteurs n'accourent et s'aperçoivent que des événements magiques s'étaient produits.

Anne et lui s'approchèrent doucement de l'accès aux cuisines. La porte était bloquée par la glace. Ils tentèrent de forcer l'accès sans succès.

Alice tenait toujours son frère inanimé dans ses bras. Elle entendit ses parents l'appeler mais n'arrivait pas à se calmer et ne voulait pas lâcher son frère pour les aider à ouvrir la porte, de peur de le laisser seul, même quelques instants.

Elle sentit tout à coup la même odeur nauséabonde de putréfaction qu'elle avait sentie plus tôt dans la soirée. Elle chercha dans la pièce d'où provenait cette odeur et aperçut soudain la même femme aux cheveux hirsutes et aux yeux étincelants la regarder, un sourire s'étirant sur une bouche flétrie de vieille dame racornie par les ans. Elle fonça droit sur elle pour lui faire peur mais en s'approchant, elle disparut. Alice avait serré son frère encore plus fort dans ses bras et hurla tellement que ses parents trouvèrent la force d'enfoncer la porte qui s'ouvrit enfin, la glace disparaissant dans le même temps.

Anne et Henry s'engouffrèrent dans l'ouverture et accoururent vers les enfants. Henry saisit Louis et Anne s'occupa de prendre Alice avec elle. La pièce avait retrouvé son calme habituel. Ils retournèrent vers la salle du Trône et tout en entrant, Henry indiqua aux gardes et serviteurs accourus que tout allait bien et leur ordonna de retourner à leurs occupations.

Henry était furieux de ce qui venait de se passer. Il s'adressa à Alice.

— Ce n'est plus possible, Alice. Qu'est-ce que vous avez fait à Louis ?

— Je n'ai rien fait, c'est l'ombre qui a fait exploser ma glace et a assommé Louis ! cria la jeune fille en pleurs.

— Comment ça l'ombre ! Vous n'allez pas recommencer ! lui répondit Henry d'un ton exaspéré. Il ne pouvait pas imaginer Gyda faisant du mal à son propre enfant.

— Alice, lui demanda sa mère, c'est votre glace qui a fait ça à Louis ? Elle semblait ravie de la prouesse de sa fille. Et vous l'avez seulement assommé ? ajouta-t-elle.

— Que dites-vous, Anne ? intervint Henry interloqué. Vous semblez heureuse de ce qu'elle a fait et on dirait que vous souhaiteriez le voir mort ! lui cria-t-il rageur.

— Non, non, bien sûr mon cher Henry. Veuillez m'excuser si mon ton n'était pas approprié. Je suis si fatiguée et contrariée... lui répondit Anne d'un air soumis.

— Qu'est-ce que vous faisiez ici si tard dans la nuit ? demanda Henry à Alice vers qui il s'était tourné avec une mine furieuse.

— On a été réveillé par la grêle. On avait faim et soif. On est descendu vers les cuisines et c'est là que l'ombre est apparue. Louis l'a vue en premier. Père, je vous jure que j'ai utilisé ma magie uniquement pour le protéger.

— Je ne comprends pas Alice. Vous et votre frère faites un cauchemar auquel vous croyez dur comme fer tous les deux et vous décidez de descendre seuls pour aller dans les cuisines en pleine nuit ? Votre histoire est décousue. J'ai du mal à vous croire, ma fille !

— Je ne pensais pas à mal, père. Je vous en prie, croyez-moi, implora la princesse.

— Louis est blessé à cause de vous, à cause de votre pouvoir ! cria le roi.

— Henry ! Baissez d'un ton, je vous en prie. Cessez de tourmenter ma fille. Vous voyez bien qu'elle a eu peur et qu'elle est affligée par ce qui vient de se passer !

En même temps qu'elle parlait, ils arrivèrent dans la chambre des enfants et le roi déposa Louis dans son lit après avoir demandé à Lara de sortir.

— Il respire moins bien et il est gelé. Il faut s'occuper de lui tout de suite si on ne veut pas le perdre. Je sais où l'amener. Il faut y aller tout de suite. Anne, ordonnez à Lara de s'occuper de Clovis ! Nous devons partir tout de suite.

— Ne puis-je rester avec Alice ? Elle semble si lasse.

— Il en est hors de question ! Vous viendrez toutes les deux avec moi. C'est un ordre !

Pendant qu'Anne donnait ses ordres à Lara, Henry avait retrouvé une carte qu'il gardait précieusement dans son bureau pour aller dans une partie de la Forêt aux Feuilles Bleues qui n'était autorisée qu'à la seule famille royale. Sur la carte, on voyait des magiciens qui apaisaient des âmes et soignaient des blessés.

C'est encapuchonnés dans un long manteau de laine que les quatre membres de la famille royale sortirent incognito de la forteresse, passant par un étroit passage souterrain auquel donnait accès une porte dérobée située derrière le trône d'Henry. Le tunnel s'allongeait sur plus de deux kilomètres avant de déboucher à l'intérieur d'une grange hors les remparts de la ville, à l'extrême nord. Des chevaux étaient à disposition, nourris et soignés par un palefrenier à demeure qui accueillit le roi, tout étonné de cette visite impromptue en pleine nuit. Henry monta avec son fils encore inconscient qu'il installa latéralement devant lui. Anne et Alice prirent chacune une autre monture. C'est au galop que le groupe pénétra dans la Forêt aux Feuilles Bleues, éclairé par la lune qui était réapparue.

Après une heure de course effrénée dans la forêt, Henry et sa famille arrivèrent enfin dans une clairière où se trouvaient quelques chaumières en bois çà et là. Le roi s'arrêta devant la plus grande et mit pied à terre. Il frappa à la porte mais personne ne répondit. Il s'avança alors vers le centre du hameau et cria.

— Je suis Henry Leacher, roi de Kursell. Je vous en prie ! C'est mon garçon ! il est gravement malade !

Un individu étrange sortit enfin d'une des masures et les accueillit les bras ouverts. Doté d'un chapeau pointu bleu, son sourire était souligné par une longue barbe blanche. Vêtu d'une longue robe du même bleu que son chapeau, il se déplaçait à l'aide d'un bâton en bois plus grand que lui. Il se prénommait Alssalte. Henry fut rassuré de le voir.

— Alssalte, je suis vraiment désolé de vous déranger si tard.

— Votre Majesté ? Qu'est-ce qui se passe ? Est-ce encore un problème avec votre fille ?

— Oui, c'est son pouvoir, il est de plus en plus dangereux.

— Mais, qui est ce garçon sur votre monture ?

— C'est mon fils. Il a subi la magie d'Alice et depuis, il est inanimé.

— Il est encore plus froid ! s'écria Alice qui s'était approchée de son frère entre temps.

Henry descendit Louis de son cheval et suivit Alssalte qui avait invité tout le monde à entrer dans la petite masure dont il venait de sortir.

L'homme à la longue barbe fit disposer Louis sur une paillasse et demanda à Henry d'ajouter du bois dans la cheminée pour faire augmenter la chaleur des lieux.

Il ausculta Louis et sembla très inquiet. Il apposa ses mains réunies en croix au-dessus du jeune garçon sans le toucher et commença alors à effectuer des allers et retours au-dessus du corps de Louis dans un geste savant tout en psalmodiant quelque incantation, incompréhensible pour un profane.

— Ce n'est pas votre fille qui est à l'origine de son état catatonique, Votre Majesté, dit-il soudainement.

— Comment ? répondit le roi interloqué. Pourtant…

— Je sais qu'elle a utilisé son pouvoir mais ce n'est pas sa magie qui a blessé Louis. Je sens en lui une peur profonde mais pire encore, une corruption de son corps et de son esprit.

Tout à coup, Alssalte retira brutalement ses mains. Il devint blême et transpira à grosses gouttes. Sa respiration devint haletante et il parut effrayé.

— Que se passe-t-il ? intervint le roi, rongé d'impatience.

— Il a été touché par une abomination. Un être diabolique. Je ne pensais pas avoir à faire un jour à ce genre de spectre malfaisant.

— Mais de quoi parlez-vous ? lui répondit Anne d'un air effrayé.

Il se tourna alors vers Alice et lui demanda de raconter dans tous les détails ce qui s'était passé.

La jeune fille reprit le récit qu'elle avait déjà présenté à ses parents et qu'ils n'avaient pas cru.

— Vous avez été bien courageuse, Votre Altesse, conclut le sage ; beaucoup d'autres jeunes filles de votre âge auraient pris la fuite, livrant le prince à une mort certaine. Il a dû être touché par cette ombre maléfique qui lui aura transmis une partie de sa souillure.

— Que pouvons-nous faire, demanda le roi ? Pouvez-vous le sauver ?

— Si Votre Majesté le permet, je vais le garder cette nuit et demain toute la journée. Je devrai faire appel à tous mes pouvoirs pour l'aider.

— Une journée ? Vous êtes sûr ? Mais nous ne pourrons pas rester pour éviter que toute la Cour ne se pose des questions.

— Je ne peux intervenir plus rapidement, Votre Majesté. Il me faudra des temps de repos entre chaque manipulation pour expulser le mal que j'aurai réussi à extraire de son corps et reprendre des forces avant de recommencer. Je ferai tout ce qui m'est possible mais je crains de ne pas pouvoir le guérir complètement de cette corruption.

— Que voulez-vous dire ?

— Les spectres sont des créatures du mal. Avant le Grand Blast, certains disaient que ces êtres étaient comme vous et moi jusqu'à ce que le seigneur des ténèbres ne se les approprie définitivement. La plupart d'entre eux sont morts dans d'atroces souffrances et leur âme n'a pas gagné l'autre monde mais est demeurée dans le nôtre, prisonnière de Thranis qui les a soumises et en a fait ses soldats. On dit qu'elles errent à travers le monde, à la recherche d'autres âmes à offrir à leur maître qui n'en est jamais rassasié. Votre fils a failli être emporté, je ne sais comment ni pourquoi. Toujours est-il que votre fille lui a sauvé la vie mais qu'une partie de son âme a été souillée par ce spectre. Je pense qu'il ne devra pas rester ici ni dans ce royaume, pour votre sécurité et pour celle de tous vos sujets.

— Pourquoi ? Il risque de devenir dangereux ?

— Cette corruption risque de le transformer en mutant.

— Un mutant ? Mais je croyais que les mutants avaient tous disparu depuis des siècles.

— Ils ne sont pas tous morts. Certains se cachent dans différents royaumes. D'autres ont tenté de traverser les montagnes de la désolation pour accéder aux territoires inconnus de l'est.

Le roi était complètement abattu par ce qu'il venait d'entendre et ne savait plus quoi penser. Alice, quant à elle, se mua dans un lourd silence. Seules les larmes qui coulaient sur ses joues trahissaient la profonde tristesse dans laquelle elle se trouvait.

— Est-ce possible d'effacer sa mémoire ? interrogea alors Anne avec inquiétude.

— Pourquoi effacer sa mémoire ? demanda Henry.

— Pour lui permettre d'oublier ces horreurs qu'il a vues et peut-être aussi ce que ce spectre lui a insufflé.

— Je peux essayer, indiqua le mage. Mais je ne suis pas certain du résultat. Il oubliera tout sauf son nom car la magie ne peut effacer son nom de la mémoire de quelqu'un. Peut-être que cela permettra d'enfouir ce que le spectre lui a imprimé dans l'âme au plus profond de lui-même. Mais rien ne vous assurera que tout ne remontera pas un jour à la surface.

— Bien, faites-le ! Si c'est pour son bien, il faut lui faire tout oublier, répondit la reine.

Le roi était surpris de découvrir qu'Anne souhaitait sauver l'enfant alors que le mage, sans le savoir, lui offrait une possibilité de se débarrasser du jeune homme sans avoir à se salir les mains. Après un moment d'hésitation, il se plia aussi à cette solution.

— Je suis d'accord. Je vous fais confiance, Alssalte. Faites tout ce qu'il faut pour sauver mon fils.

Anne demanda alors que le vieux sage intervienne aussi sur Alice.

— Ma fille a utilisé ses pouvoirs encore une fois et même si cela a sauvé la vie du prince, ses aptitudes deviennent dangereuses pour la Couronne. N'y a-t-il pas moyen de lui faire oublier ce qu'elle vient de vivre mais aussi la présence de cette magie en elle pour qu'elle ne l'utilise plus ?

— Mère, s'écria alors Alice ! Je vous en prie, je vais réussir à dominer ce don. Ne me faites pas oublier tout cela. Ne laissez pas ce vieil homme me faire du mal.

— Alice, intervint le roi en s'agenouillant devant elle. Je vous remercie pour votre courage et pour l'amour que vous avez donné à Louis. Mais tout ceci est trop lourd à porter pour vos jeunes épaules. Ne souhaiteriez-vous pas tout oublier et redevenir une jeune princesse insouciante ?

— Père, je ne peux m'imaginer une seconde oublier tout ce qui s'est passé. Je ne pourrai pas rester sur mes gardes si un spectre vient de nouveau nous attaquer.

— Je serai là pour veiller sur vous. Il nous faut aussi préserver notre image et pour cela vous devez oublier que vous avez un don de magie.

— Père, je vous en prie, non.

— La discussion est close mon enfant. Alssalte, faites ce qu'il faut pour ma fille, nous repartirons ensuite au château et je reviendrai chercher Louis dès demain soir.

— Comme il plaira à Votre Majesté, répondit le mage.

Le magicien apposa sa main sur le front de la jeune fille. Elle vit alors tous les souvenirs défiler dans son esprit. Arrivèrent enfin les souvenirs liés à son don, et au fur et à mesure qu'ils défilaient, ils disparaissaient dans la foulée, ne repartant pas en stock dans sa mémoire.

Alice ressentit une vive douleur à la tête et se mit à crier. Une rage s'empara de son corps sans qu'elle puisse la dominer. Sa mère lui tint la main et son père l'enserra de ses bras pour qu'elle cesse de bouger pendant que le magicien continuait son œuvre. Ne sachant plus où elle était ni ce qu'elle faisait, Alice ne se rendit pas compte que la magie qu'elle avait en elle se rebellait. Elle devint livide et le blond de ses cheveux laissa place à une blancheur aussi profonde que celle de la barbe du vieux sage. De la glace envahit alors son visage et déborda sur la main du vieux magicien qui continua malgré la douleur. Henry lui-même commença à être couvert de givre et Anne se mit à pleurer devant ce spectacle désolant et la souffrance évidente de sa fille.

Puis, tout s'arrêta. Alice s'évanouit et la glace disparut.

— Oh non ! s'écria Anne en tremblant. Qu'est-ce que nous avons fait ?

— Ne vous inquiétez pas, Votre Majesté, intervint le magicien qui se frottait les mains glacées par le froid. Elle est endormie mais elle va bien. Sa magie s'est rebellée mais à présent elle a oublié l'essentiel et notamment ce qui s'est passé et la présence même de la magie en elle. Elle se réveillera dans quelques heures avec un léger mal de tête qui se dissipera après une journée de repos.

— Merci, Alssalte, répondit le roi, visiblement éprouvé par les événements récents.

— Je suis à votre disposition, Votre Majesté. Concernant votre fils, je vais me mettre au travail tout de suite.

— Je reviendrai seul demain soir pour récupérer le prince Louis. Je compte sur vous, Alssalte.

Sur ces mots, le roi prit sa fille dans ses bras et la disposa en amazone devant lui sur son cheval, la laissant reposer contre son torse. La reine reprit sa monture et tous les deux s'éloignèrent au trot du village perdu au milieu des bois.

Le lendemain soir, le roi était de retour dans le village de la Forêt aux Feuilles Bleues.

À peine arrivé, il s'engouffra dans la masure d'Alssalte et trouva le vieux mage affalé sur une chaise au chevet de Louis.

— Bonsoir Alssalte. Comment va le prince ?

— Bonsoir Votre Majesté. Veuillez m'excuser si je ne me lève pas pour vous recevoir. Je suis épuisé par toutes les interventions que j'ai effectuées sur le prince Louis. Il va mieux. Il dort paisiblement et son corps est de nouveau à la bonne température. Sa mémoire est effacée. Il ne se souviendra que de son nom. Je n'ai malheureusement pas pu le défaire de toute la corruption dont il a été souillé mais elle est enfouie dans son âme, cachée dans son esprit.

— Vous êtes certain que vous ne pouvez pas l'en débarrasser complètement ?

Alssalte montra alors du doigt le bâton avec lequel il s'appuyait et qu'il portait encore fièrement la veille.

— Voyez ce bâton, Votre Majesté. C'est celui que je tenais hier. Vous en souvenez-vous ?

— Oui, bien sûr, Alssalte. Mais pourquoi l'avoir brûlé ?

— Je ne l'ai pas brûlé, Monseigneur. Il est noirci par la souillure qui était en votre fils. Ce bâton est issu d'un chêne de l'ancien temps, béni par les dieux. Il m'a été confié par mon mentor et ancien sage de la Forêt aux Feuilles Bleues, qui descendait lui-même du premier géant Assh. Il contient une magie puissante qui m'a aidé à extraire la noirceur du corps et de l'âme de votre fils et qui en est désormais prisonnière. Il est malheureusement devenu inutilisable. C'est désormais une prison pour cette magie noire. Mais la prison est pleine. Il ne peut contenir plus de cette noirceur sans risquer de se briser et de libérer ce que j'ai réussi à y emprisonner. Quant à moi, je suis épuisé. J'ai donné toutes mes forces dans ce combat contre la magie noire et ne puis en faire davantage. Votre fils est marqué dans son âme au fer rouge par cette corruption. J'espère que le sort d'oubli que je lui ai appliqué évitera à cette souillure de ressortir. Cependant je ne pensais pas que cette magie serait si puissante.

— Ce que vous me dites est effrayant. Je ne saurai jamais vous remercier assez d'avoir sauvé mon fils.

— Il ne le sera jamais vraiment. Pour votre salut et celui de votre peuple, vous devez le confier à ceux qui pourront tenter de l'orienter sur le bon chemin et qui pourront peut-être extraire le reste de souillure qui le compromet encore.

— Où voulez-vous en venir, Alssalte ?

— Je connais en Anfraen, au fin fond d'Elforest, une institution de magie qui pourra s'occuper de lui et l'aider à contenir cette part d'inhumanité qui subsiste dans son âme.

— Vous n'y pensez pas ? Je ne peux envisager de me séparer de mon fils et Elforest se situe dans un territoire qui nous est hostile, depuis l'avènement de la république d'Anfraen.

— Si vous souhaitez le salut de votre fils et si vous souhaitez l'éloigner du spectre qui l'a attaqué, il le faut. Le spectre cherchera après lui, pour finir le travail.

— Mais pourquoi lui ? Pourquoi nous ?

— Je sais Votre Majesté, qui l'a attaqué précisément.

— Qui est-ce ?

— Lorsqu'elle était encore en vie, cette personne, qui est aujourd'hui devenue un spectre au service du mal, était connue sous le nom de Gyda. Un lien la lie à votre fils que je n'ai pas réussi à trouver.

— Oh non ! Ce n'est pas possible !

— Vous la connaissiez ?

— Oui. C'était sa mère. Elle s'est suicidée lorsqu'elle apprit que j'épousais Anne de la Sainte Croix.

— Dans ce cas, Votre Majesté, envoyez sans tarder votre fils aux elfes d'Elforest. Le lien qu'elle a avec son fils est trop puissant. Eux seuls sauront le protéger. Sa mère est désormais une ombre au service du mal. Elle lui livrera son fils si elle le peut.

Dans les jours qui suivirent ces événements, Alice ne se souvenait plus de ce qui s'était passé et avait repris goût à ses jeux d'antan. Louis avait été envoyé en secret par bateau en Anfraen où l'attendaient une équipe de trois sujets loyaux dépêchés par l'ambassade du royaume de Kursell dirigée par un ami intime du roi Henry. Ces trois sujets devaient conduire le jeune homme au plus profond d'Elforest où il serait remis entre les mains des elfes, lesquels feraient son éducation et lui apprendraient les techniques de défense physique et un peu de magie elfique.

Chapitre III
La reine des mondes souterrains

Kursell, 1021 après le Grand Blast

Dans une ville de Kursell portant le nom de Douayeul, Éric était en train de boire une bière, tranquillement installé au comptoir d'une taverne, les cheveux poisseux du sang d'un irdral dont il avait fait éclater la tête deux heures plus tôt. Un village voisin avait fait appel à ses services pour se débarrasser de ce monstre au corps de lézard et à la tête emplumée agrémentée d'un bec puissant servant à dépecer ses victimes. À vingt et un ans, Éric avait déjà fait preuve de bravoure dans tous ses périples, et depuis son arrivée à Kursell quatre mois auparavant, il s'était déjà forgé une forte réputation de tueur de bêtes horrifiques. Depuis une dizaine d'années déjà, les différents royaumes de l'Union avaient connu des événements qualifiés d'étranges. Si les elfes, les magiciens et les mutants étaient connus du grand public, des êtres surnaturels étaient apparus quand les premiers s'étaient multipliés. Ainsi, la population de vampire s'était considérablement étoffée alors qu'on les pensait en voie de disparition il y a encore quinze ans. Des créatures magnifiques telles que les licornes ou les nymphes des bois étaient sorties des contes et légendes pour réapparaître dans la réalité. D'autres créatures, plus monstrueuses, avaient également surgi de nulle part, agressant et tuant au passage de pauvres innocents. Certains royaumes avaient pris des mesures draconiennes contre les créatures magiques en général quand d'autres prônaient la retenue, ne s'attaquant qu'aux créatures maléfiques et dangereuses. En Kursell, il n'était pas rare qu'un village fasse appel à un mutant ou à la garde royale pour se débarrasser d'une créature monstrueuse et sanguinaire. Éric profitait de la manne représentée par ce marché pour faire son travail dans les localités qui faisaient appel à lui.

Il passa un linge humide sur son visage couvert de sueur et de sang et prit un peu de repos après s'être démené comme un lion pour venir à bout de l'irdral. Un voyageur entra alors dans la taverne et commanda à la volée une chope de bière. S'installant à côté d'Éric, il entama un dialogue avec le patron de l'établissement. Éric écouta d'abord furtivement. Mais son attention fut accrochée par l'objet de la discussion.

— J'ai vu quelque chose d'horrible qui s'est produit à Vitaric, un village pas très loin, dit le voyageur.

— Qu'est-ce qui s'est passé d'horrible monsieur ?

— J'ai vu une femme tuer un enfant sans défense parce qu'il était en train de mourir de faim.

— On voit ça tous les jours, une femme qui tue son propre enfant car elle ne peut plus le nourrir. Malheureusement, les temps sont durs et les gens deviennent fous face à la famine qui guette certains villages.

— Oui mais là ce n'était pas une histoire banale de mère qui tue son enfant pour lui éviter les souffrances de la faim. Cette femme n'était pas vraiment sa mère. Elle semblait l'être mais d'après les villageois, elle avait les yeux rouges. Après le meurtre, elle s'est volatilisée. Moi je vous dis que c'était un démon.

— Les démons n'existent pas ! C'est une légende. On en a déjà bien assez avec les bêtes féroces qui rôdent un peu partout. Quelle époque ! Quand je pense qu'il y a encore une dizaine d'années, tout était calme et tranquille. Les monstres faisaient partie des légendes.

— Si les monstres faisaient partie des légendes il y a dix ans, répondit le voyageur, pourquoi les démons resteraient-ils aussi des légendes ?

— Là vous marquez un point, monsieur. Mais je ne crois toujours pas aux démons. C'était peut-être un vampire. On dit qu'ils sont parfois capables de magie.

— Un vampire sans dents acérées et qui ne suce pas le sang de sa victime ? s'étonna le voyageur. Non, je ne crois pas. Et puis, elle avait le teint d'une femme qui travaille au soleil, pas la mine blafarde d'un suceur de sang.

— Vous ne m'aviez pas dit tout cela. C'est étrange en effet, répondit le tavernier, en proie à la réflexion.

— D'autres témoins ont parlé d'un démon connu sous le nom de Kétébel. Ils avaient l'air vraiment effrayé.

— Ici on n'a entendu parler de rien, indiqua le patron de la taverne. C'est étrange parce que le comte de Vitaric aurait dû sonner l'alerte.

— S'il ne l'a pas fait, c'est peut-être qu'il a des choses à cacher, chuchota le voyageur, sur le ton de la confidence.

— Vous le soupçonnez ?

— Je n'ai pas vu le comte sur place mais peut-être protège-t-il quelqu'un ?

— Réfléchissez ! le comte Guillaume ne peut pas prendre le risque de tuer un enfant ou d'être complice d'un tel meurtre ! C'est ridicule !

— Moi ce que j'en dis… répondit le voyageur un peu sur la défensive.

Il se rendit compte qu'Éric les écoutait religieusement.

— Et lui ? Qui est-ce ? demanda le voyageur au tavernier en désignant Éric du menton.

— Lui, c'est un mutant.

— Un mutant, vous dites ?

— Oui, répondit Éric, se sentant quelque peu agressé. Ça te pose un problème ?

— Non, au contraire, ça fait longtemps que je cherche un mutant, comment vous vous appelez ?

— Éric Letcheur.

— Vous êtes de la famille royale ?

— Je ne fais pas partie de cette famille. Mon nom se prononce de la même façon mais ne s'écrit pas pareil.

— Vous avez un accent. Vous venez d'où ?

— Je viens d'Anfraen. Je suis ici en voyage et je gagne ma vie en tuant des monstres.

Le voyageur le regarda plus précisément et constata la présence de sang qui maculait la tenue d'Éric.

— Et aujourd'hui vous avez tué quel monstre, monsieur Letcheur ?

— Il a tué un irdral, intervint le patron de la taverne, admiratif. Tout seul, vous vous rendez compte ?

— Eh bien, voilà un homme fort courageux, répondit le voyageur en se tournant vers Éric. Veuillez m'excuser, je ne me suis pas présenté. Je me nomme Oihan Cartrex. Je suis du royaume de Purcell et ici en voyage d'affaires. Vous avez certainement entendu la conversation, non ?

— Oui j'ai entendu.

— Alors pourriez-vous m'aider ?

— Vous aidez pourquoi ? Si j'ai bien compris, vous n'êtes pas chez vous ici. Quel est l'intérêt que j'intervienne pour vous ?

— J'étais en affaires à Vitaric. Vous pensez bien que ce qui s'est passé a créé une panique générale dans le village. Mes rendez-vous sont annulés jusqu'à nouvel ordre. Si on se débarrasse de ce… de cette… enfin de cette chose, la vie reprendra son cours normal et je serai enfin libre de conclure mes affaires et ensuite je pourrai rentrer chez moi.

— Je ne sais pas trop, le dimanche est ma journée de repos.

— Depuis quand un mutant prend une journée de repos ?

— Depuis que j'en ai décidé ainsi.

— Je ne savais pas. Veuillez m'excuser encore. En fait je vous dois la vérité. C'est un mage de Vitaric qui m'a envoyé à Douyaeul pour trouver un mutant qui pourrait nous aider. Il m'a dit que j'en trouverai un de façon certaine. Je ne l'ai pas cru. Et j'ai eu tort. En plus, il ne s'agit pas que de mes affaires mais aussi d'aider ces pauvres gens à se débarrasser de cette calamité.

— Eh bien, votre mage va être très déçu. Je viens de passer une nuit à traquer un irdral et je dois me reposer. En plus on est dimanche, jour de repos.

— Non, je vous en prie, on a vraiment besoin de vous.

— Non, je ne vous aiderai pas.

Éric paya sa consommation et s'adressa au patron de la taverne.

— Est-ce que vous avez des chambres libres ?

— Oui, bien sûr.

— Combien pour la nuit ?

— Cinq pièces d'or.

— Le petit déjeuner est compris au moins dans le prix ?

— Oui, bien sûr.

— C'est d'accord.

Éric avança alors les cinq pièces d'or et prit la clé que lui tendait le patron.

— Au premier étage, sur votre gauche, indiqua ce dernier.

— Merci. Le restaurant est-il ouvert pour ce soir ?

— Oui, vous voulez que je vous réserve une table ?

— Oui. Et je mangerai seul, dit-il en adressant un regard explicite au voyageur.

— Je ne cherche pas à vous déranger, monsieur Letcheur. Je suis juste un homme d'affaires honnête qui cherche à trouver une solution pour satisfaire tout le monde.

— Je vais vous dire quelque chose, monsieur Cartrex ! rétorqua sèchement le mutant. Kétébel est une démone disparue depuis bien avant le Grand Blast. Je ne crois pas un instant à votre histoire. Qui plus est, ce n'est pas la charité pour les pauvres gens qui vous fait agir mais votre propre intérêt. Votre tête ne me revient pas. Maintenant, laissez-moi tranquille.

Sur ce, Éric tourna les talons et se rendit directement dans sa chambre, plantant là le voyageur sans voix.

La chambre était plutôt spartiate. Il y avait juste un lit et les toilettes étaient dans la salle de bains. Tout était cependant très propre. Il alluma la lampe de chevet pour éviter une lumière trop vive. De son regard il fit le tour de la pièce et se fixa sur les ombres au sol. Il aimait lorsque la lumière faisait apparaître l'ombre des objets au sol ou sur les murs.

Dans un angle étaient disposés un petit bureau et une chaise en bois. Éric se dévêtit. Il commença par enlever les pièces métalliques qui protégeaient son corps lors de ses combats et disposa le tout sur la chaise.

Il posa son sac sur le lit et en sortit du linge propre avant de se diriger vers la douche. Il sentit l'eau brûlante couler sur ses épaules. Il aimait cette sensation, surtout l'hiver. L'eau le réchauffa et délassa les muscles qu'il avait sollicités quelques heures auparavant.

Sa douche terminée, il se servit de la magie pour se sécher. En serrant les poignets, il banda ses muscles et provoqua une montée en température de son corps qui fit disparaître l'eau en un nuage de vapeur.

Il s'habilla ensuite d'un pantalon noir et d'une chemise blanche.

Dehors, tout était calme. La neige tombait. Le soleil s'était déjà couché. Il était pourtant seulement trois heures de l'après-midi.

En quelques gestes, Éric nettoya son armure en faisant disparaître toute trace de sang.

Il fut alors attiré par le bruit d'une conversation au-dehors et s'approcha de la fenêtre qui donnait sur la façade de l'hôtel.

Il vit l'équipe de jour du petit hôtel en train de discuter. Ils s'échangeaient quelques mots et s'éloignèrent les uns des autres en se faisant un signe de la main. Ils rentraient chez eux après une dure journée de labeur. Éric aperçut sur le trottoir face à l'hôtel, Oihan Cartrex, debout sous la neige. Il le regardait également. Le mutant ouvrit la fenêtre pour s'adresser au voyageur.

— Vous êtes encore là ?

— Oui, je suis toujours là, je n'abandonne pas facilement, répondit l'homme d'affaires, sur un ton déterminé.

— Vous perdez votre temps voyageur ! lui, répondit le mutant, presque amusé. Ne restez pas là et cessez de m'importuner.

Éric referma la fenêtre et s'allongea sur le lit pour prendre un peu de repos en attendant l'heure du repas. Il se réveilla peu avant dix-neuf heures et descendit pour dîner. À peine entra-t-il dans la salle de restaurant qu'il se trouva nez à nez avec Oihan Cartrex.

— Décidément, vous êtes têtu, voyageur ! lança-t-il à son interlocuteur.

— Seulement quand c'est absolument nécessaire, monsieur Letcheur.

— Bon, vous avez gagné, je veux bien vous écouter. Prenez place avec moi. Nous dînerons ensemble.

Ils s'installèrent tous les deux à une table située au fond de la salle. Le patron de la taverne vint à leur rencontre.

— Finalement, vous dînerez ensemble, messieurs ? Toute querelle est passée ?

— Oui, répondit Éric, l'air encore un peu agacé. Merci de nous apporter les menus.

Il se tourna alors vers Oihan et l'interrogea sans détour.

— Parlez vite mais parlez bien. Pourquoi tant d'obstination ?

— Parce que le mage Cenquail, qui m'envoie chercher un mutant, a eu une vision.

—Une vision vraiment ?

—Oui, une vision sur le village.

—Quel genre de vision ?

—La vision d'une destruction de Vitaric causée par Kétébel.

—Kétébel ? C'est une démone disparue depuis des siècles, je vous l'ai déjà dit, le corrigea le mutant, sans pouvoir cacher un certain malaise.

Éric ne voulait pas admettre que Kétébel puisse être ici, près de lui. Son sang se réchauffait au point d'en devenir bouillonnant au fur et à mesure que ses souvenirs remontaient à la surface. Cette démone lui avait fait trop de mal. Son image était par trop associée à celle de la belle Mélusine, l'amour qu'elle lui avait arraché.

— Et si vous vous trompiez ? répondit Oihan, sortant le mutant de sa torpeur. Est-ce si bizarre d'imaginer la réapparition de Kétébel alors que d'autres monstres sont déjà réapparus ? Et puis les signes ne trompent pas.

— Quels signes ? grogna, Éric.

— Une comète rouge est passée il y a trois jours dans le ciel. Vous l'avez vue ?

— Oui, je l'ai aperçue. Quel rapport avec Kétébel ?

— La comète rouge annonce qu'il y aura bientôt une nouvelle guerre. Les anciennes légendes indiquent toutes, quelle que soit leur origine, qu'une comète rouge annonce l'arrivée sur Terre de Zorzar et de son épouse. Ces démons sont particulièrement dangereux et puissants. Ils provoquent entre autres les désaccords entre les hommes et sèment les graines de la discorde et de la guerre.

— Oui, certes, mais qui dit que tout cela est réel ?

— La femme que j'ai vue était particulièrement cruelle. Elle avait les yeux rouges et une ombre à cornes la suivait en permanence. L'odeur qu'elle dégageait était pestilentielle. Je sais que je ne peux vous apporter d'éléments directs pour prouver mes dires mais je vous assure que je ne mens pas.

— Pourquoi le mage vous a-t-il dit de faire appel à un mutant ?

— Il m'a dit que, toujours selon les écrits, un mutant élevé par des elfes viendrait nous délivrer du mal. Je ne sais s'il parlait d'un mutant en particulier ou si tous les mutants sont élevés par des elfes mais je n'ai trouvé que vous et vous êtes donc mon seul espoir de mettre un terme à tout cela. Ça va au-delà de mes intérêts financiers. Si Kétébel mène à bien son projet, nos royaumes pourraient bientôt sombrer dans la guerre. S'il vous plaît, je vous en supplie. Je ne retournerai pas dans ce village seul si Kétébel y est toujours.

Éric fut stupéfait par ce qu'il venait d'entendre. Comment un mage, qu'il n'avait jamais vu, pouvait-il savoir qu'il avait été élevé par des elfes car, bien entendu, tous les mutants ne sont pas recueillis par les elfes ?

— Bon, très bien. Je veux bien vous aider et tirer cette histoire au clair. À quelle distance se situe ce village ?

— Pas très loin, à environ deux lieues d'ici.

— Nous irons donc demain pour enquêter et vérifier vos dires. Pour le moment, j'ai grand besoin d'un bon repas et d'une nuit de sommeil.

— Je vous remercie grandement, monsieur Letcheur. Pour la peine, je vous invite.

— Gardez votre argent, voyageur, vous en aurez besoin car je ne fais rien gratuitement. S'il s'avère que nous avons bien affaire à un démon, le prix à payer sera à la mesure de la difficulté. Nous en reparlerons lorsque j'aurai rencontré le mage Cenquail.

Juste après le dîner du soir, Oihan serra la main d'Éric et quitta la taverne. Rendez-vous avait été donné pour le lendemain au lever du soleil. Le patron vint alors en pleurs s'installer devant Éric qui s'apprêtait à quitter la table.

— Pourquoi pleurez-vous, monsieur ?

— La mère du roi de Purcell vient de décéder hier soir. Le roi Jacques VI est en deuil.

— Comment est-elle morte ? demanda Éric, imperturbable.

— Les nouvelles disent qu'elle aurait été empoisonnée. Vous vous rendez-compte ? Elle est morte dans son sommeil. Elle n'avait que cinquante ans.

— On soupçonne qui ?

— La maîtresse du roi est montrée du doigt. Le problème est qu'elle est originaire de notre royaume. Cela a créé des tensions immédiatement entre Kursell et Purcell.

Éric pensa alors à la conversation qu'il venait d'avoir avec Oihan sur Kétébel et sa propension à créer le désordre et la discorde entre les hommes. Si tout cela était vrai, il était nécessaire d'agir en urgence.

— Je vous remercie l'aubergiste, de m'avoir donné ces nouvelles, dit Éric après un soupir. Je suis désolé que cela vous bouleverse. Je ne veux pas vous paraître insensible mais n'étant pas d'ici je ne me sens pas concerné. Pour ma part je suis très fatigué et je vais monter me coucher.

— Oui, je comprends, répondit le tavernier. Je n'ose imaginer comment vous devez vous sentir. Pour autant, je pense que vous êtes concerné aussi car si vous n'êtes pas d'ici, vous y vivez désormais. Je vous laisse tranquille. Passez une bonne nuit, monsieur.

— Merci, bonne nuit aussi à vous.

Éric rejoignit sa chambre et se laissa tomber sur son lit. La fatigue l'emporta très vite et le laissa sombrer dans un sommeil profond.

Le jeune mutant court dans la prairie. Le soleil est haut dans le ciel et ses rayons accompagnent une douce chaleur printanière. De sa main il tient la main d'une jeune fille aux cheveux bruns et au teint de porcelaine. Mélusine court auprès de lui en riant aux éclats. Ils se dirigent vers la rivière pour s'y rafraîchir. Il se sent vivant et heureux. Pourtant quelque chose l'intrigue. La voix de Mélusine disparaît dans un épais brouillard. Sa main lâche celle d'Éric. Il crie son nom mais ne la voit plus. Soudain, le décor change. Il est dans une sombre clairière enneigée. L'atmosphère est pesante et silencieuse. Il est paniqué et recherche toujours Mélusine. Où qu'il se tourne, il ne la trouve pas. C'est alors qu'il s'aperçoit qu'une robe est pendue à un arbre. Il s'en approche et découvre qu'elle est maculée de sang. Cela le ramène trois ans en arrière. Il a dix-huit ans. C'est dans une clairière comme celle-là qu'il perd Mélusine, assassinée par Kétébel.

C'est en nage qu'Éric se réveilla en criant le prénom de celle qu'il aimait. Il n'avait pas voulu reconnaître que Kétébel puisse être à Vitaric, même s'il sentait que cela pouvait être vrai. Il avait refoulé jusqu'à son existence, associée à trop de douleurs.

Chapitre IV
Une triste journée

La neige tombait à gros flocons sur Vessailis. On ne voyait presque plus les quelques plantes vivaces du jardin ornemental tellement le manteau blanc qui les recouvrait s'était épaissi. Les bassins du palais étaient gelés.

Dans la chambre du roi, Jacques VI venait juste de se réveiller d'un terrible cauchemar dans lequel il vivait en spectateur impuissant le décès de sa mère. Il avait mal au crâne. Il essuya ses larmes puis se leva et s'approcha de la fenêtre pour voir le jour qui se levait à peine. Depuis la mort de son père, six ans auparavant, il n'avait plus jamais eu le moindre instant, ne serait-ce que pour contempler la beauté du paysage. Il avait dû succéder à un homme dont la stature et la puissance étaient reconnues et respectées de tous. Il n'aurait pas dû devenir roi aussi rapidement. Certes, il y était préparé depuis son plus jeune âge, mais il n'avait pas encore pu goûter pleinement à la liberté et profiter de sa jeunesse quand son père était mort brutalement. Depuis, il enchaînait réunions et galas de charité, comités économiques et comités de crise, remises de médailles et cérémonies officielles en tous genres. Il se reposait aussi beaucoup sur sa mère, qui disposait de la sagesse qu'il n'avait pas encore acquise. Ce cauchemar dans lequel elle perdait la vie était la résonance d'une angoisse profonde chez lui. Sans sa mère, il se sentait incapable de gouverner.

Il reprit peu à peu ses esprits et respira profondément. La fraîcheur matinale l'envahit. Il s'empara de sa robe de chambre et s'assit sur son fauteuil face à la cheminée dans laquelle crépitaient les dernières braises d'un feu mourant.

Après quelques minutes il sonna son valet de chambre pour lui faire mander une tasse de café. C'est alors qu'il entendit presque simultanément des bruits de pas rapides dans le couloir. On frappa nerveusement à sa porte.

— Entrez ! s'entendit-il répondre tout aussi nerveusement.

Le grand chambellan s'introduisit dans la chambre royale, suivi de sa majesté le prince Fabien, frère du roi, qu'on appelait Monsieur. Ce dernier était plus jeune que le monarque de trois ans. À dix-sept ans, il était aussi blond que son frère était brun, et autant le roi disposait d'une pilosité abondante, autant Fabien était imberbe. Leur mère leur avait souvent dit en riant qu'ils formaient à eux deux les faces opposées d'une même médaille.

Monsieur s'installa immédiatement en pleurs sur le lit de son frère.

— Que se passe-t-il ? interrogea Jacques, inquiet de cette intrusion étrange.

Personne ne répondit. Le jeune prince continuait de pleurer et le chambellan semblait gêné de la situation.

— Mais enfin Fabien, dites-moi !

Mais le jeune prince n'arrivait pas à parler, ses sanglots redoublant.

— Bon sang ! s'écria le roi à l'adresse du chambellan, allez-vous me dire ce qui se passe ! Je vous l'ordonne !

—Je suis vraiment désolé, mon frère, réussit à dire Fabien. J'étais là dans sa chambre. Et puis… Fabien baissa les yeux et pleura de plus belle.

—Dans quelle chambre ? Et pourquoi pleurez-vous ?

—Celle de notre mère.

—Mais qu'a-t-elle ?

—Elle est décédée hier soir, mon frère, réussit enfin à lâcher Fabien. Elle a été empoisonnée ! s'écria-t-il dans un long sanglot.

Jacques se redressa brutalement, tremblant de tout son corps. Il était abasourdi. Il y a encore quelques minutes, il faisait un cauchemar dans lequel la reine Marie de La Rivière mourait dans d'atroces souffrances alors qu'il ne pouvait rien y faire. Il s'était réveillé et avait soupiré d'aise lorsqu'il s'était rendu compte qu'il ne s'agissait que d'un cauchemar, une fois de plus. Tout cela pour découvrir l'instant d'après que son cauchemar n'en était pas un. C'était la réalité. Il cria de douleur et ses larmes inondèrent son visage. D'un geste de colère, il fit basculer sa chaise et son bureau qui se fracassèrent sur le sol.

— Comment est-ce arrivé ? Et comment savez-vous qu'il s'agit d'un empoisonnement ?

— Votre Majesté, intervint le grand chambellan, votre mère nous a quittés pendant son sommeil. Cependant, comme c'est souvent le cas, Monsieur, votre frère veillait à ses côtés dans sa chambre. Peu après qu'elle se soit assoupie, il a entendu un râle. S'approchant de la reine, il s'est alors aperçu qu'une mousse blanchâtre sortait de sa bouche. Il m'a alors appelé en urgence. J'ai fait mander le médecin mais le temps qu'il arrive, elle n'était plus. Je n'ai rien pu faire. Elle est morte d'un arrêt des voies respiratoires selon le docteur Magullus qui l'a auscultée tout de suite à son arrivée. Pour lui cela ne fait aucun doute, elle a été empoisonnée.

—Qui est au courant ?

—Tout Rancef est déjà au courant, mon frère, répondit Fabien. La nouvelle s'est très vite insinuée dans le palais et des personnels indélicats auront fait fuiter l'information qui s'est répandue dans la presse comme une traînée de poudre.

—Pardon ? Vous êtes en train de me dire que je suis le dernier à apprendre le décès de ma mère ? Pourquoi me le dire seulement maintenant et pas au moment où c'est arrivé ? Il frappa alors son torse violemment avec son poing serré. Laissez-nous seuls, ordonna-t-il en colère au chambellan, je voudrais parler avec mon frère en tête à tête !

Jacques s'approcha de la fenêtre et respira profondément pour récupérer le calme dont il avait besoin. Il pensa à sa mère puis à son père qui lui avait souvent dit qu'un souverain devait en toutes circonstances garder la tête froide. Il leva la tête vers l'étendue des parcs royaux recouverte du lourd manteau neigeux. La neige s'était arrêtée de tomber et un rayon de soleil était apparu, faisant briller les cristaux de glace sur les différents bassins des jardins.

— Ce n'est pas possible ! cria-t-il en tirant sur les rideaux jusqu'à les arracher.

— Calmez-vous ! le supplia Fabien en tremblant.

— Je vous interdis de me donner des ordres ! mon frère ! Comment vous voulez que je reste calme après ce que vous m'avez fait ? Vous auriez dû me faire réveiller tout de suite lorsque c'est arrivé !

— Je sais, Jacques. J'en suis profondément désolé. Mais lorsque c'est arrivé, j'ai perdu pied. Je ne savais plus où j'étais ni qui j'étais. Quelques heures auparavant, je riais encore avec elle en faisant une partie de cartes et quelques heures plus tard, elle était morte sans que je puisse lui dire au revoir et combien je l'aimais. Pardonnez-moi, mon frère.

— Je sais. Je vous en veux et pourtant je comprends ce que vous avez ressenti. Mais il n'en demeure pas moins que le roi doit être le premier informé de tout ce qui se passe dans son royaume et encore plus dans son palais. A-t-on déjà commencé les préparatifs de sa chambre pour la présentation du corps ?

— C'est en cours.

— Alors, sortez tout de suite et faites arrêter tout cela !

— Comment ?

— S'il est vrai qu'elle a été empoisonnée, nous devons faire pratiquer une autopsie. C'est le seul moyen de le démontrer scientifiquement.

— Vous n'y pensez pas ? C'est affreux !

— Je sais bien mais c'est absolument nécessaire. Nous devons découvrir qui a fait cela et dans mon royaume on n'accuse pas et on ne condamne pas sans preuve. Je suis désolé, mon frère, mais cela doit se faire. Allez ! Dépêchez-vous et demandez à Thomas de me rejoindre immédiatement.

Fabien sortit de la chambre du roi et ordonna immédiatement que la porte de la chambre de sa mère soit fermée et scellée pour éviter toute intrusion. Il fit appeler le chef de la sûreté pour que ce dernier ouvre une enquête et fasse emmener le corps à la morgue pour autopsie mais pas avant que le roi n'ait pu voir sa mère une dernière fois.

Il croisa Thomas Dellale dans les couloirs et le héla.

— Dellale ! Mon frère vous demande ! Mais avant, approchez-vous ! J'ai à vous parler.

— Oui, Votre Grâce, répondit le policier.

— Mon frère a pour vous une amitié très forte, Dellale, mais sachez que je vous ai à l'œil !

— Mais pourquoi donc, Monsieur ?

— Je ne vous aime pas, Dellale ! Mon frère est tout ce qui me reste et je mets un point d'honneur à veiller sur lui. Sachez une chose, jamais vous ne pourrez me remplacer. Je suis et resterai son seul et unique frère.

— Jamais, Votre Grâce, je ne prendrai votre place dans l'esprit du roi. Et jamais je n'aurai cette prétention, je puis vous en assurer.

— Les actes parlent plus que les mots, Dellale ! Comme je vous l'ai dit, je vous ai à l'œil.

Entendant des éclats de voix dans le couloir, le roi ouvrit la porte de sa chambre. Voyant Dellale et son frère face à face, il les regarda tour à tour puis, d'une voix calme, mais froide, il ordonna à son frère de disposer.

Fabien quitta le couloir dépité pendant que Jacques invitait son fidèle ami à entrer dans sa chambre. Thomas vit les rideaux arrachés puis le bureau et la chaise retournés. Il se tourna vers le roi qui s'était assis sur le lit, livide. Thomas se rapprocha de lui et posa sa main sur son épaule dans un geste d'apaisement et de soutien.

— Votre mère a été la plus grande reine que Purcell n'ait jamais eue. Elle a réalisé des choses plus grandes que les reines précédentes. Elle a protégé votre Trône après la mort de votre père. Elle a régné le jour et la nuit même quand elle était malade, et ne faisait confiance à personne. Elle a refusé de partager le pouvoir pendant la régence. Aujourd'hui elle a retrouvé votre père qui est le seul homme qu'elle n'ait jamais aimé.

—Merci pour ces mots réconfortants Thomas. Je suis en colère d'avoir appris en dernier le décès de ma mère. Je n'arrive pas à croire que des journalistes aient eu l'information avant moi. Il faut retrouver l'indélicat qui a transmis ces informations.

— Ce n'est peut-être pas un de vos serviteurs mais peut-être tout simplement l'auteur du meurtre, répondit Thomas, son esprit d'enquêteur à l'affût.

—Dans tous les cas, il faut trouver le coupable, Thomas. Dès ce soir, je voudrais que vous preniez la route de Sirpa pour aller voir Pierre Dunoir.

— Le premier lieutenant général de police du royaume ? Mais pourquoi ?

— Pour qu'il enquête en toute discrétion. L'enquête officielle sera confiée à la sûreté de Vessailis mais je souhaiterais vivement que Dunoir agisse dans l'ombre. J'ai confiance en son talent de fin limier pour découvrir la vérité.

—Votre Grâce, je…

—Vous pouvez m'appeler Jacques entre nous. Vous êtes mon ami le plus fidèle.

— Merci, Jacques. J'ai appris dans une lettre que l'état de mon fils Gabriel s'est aggravé. Avant de partir pour Sirpa, est-ce possible que je passe le reste de la nuit chez moi ? On ne sait pas ce qu'il a comme maladie.

—J'espère pour lui que ce n'est pas la peste blanche. Cette maladie touche beaucoup trop de monde en ce moment. Rentrez chez vous. Vous partirez demain. Je prierai pour Gabriel.

—Merci, Jacques.

— Vous pouvez vous retirer à présent. J'ai besoin de reprendre mes esprits avant d'aller rendre une dernière visite à ma mère.

Thomas sortit des appartements du roi et partit aussitôt chez lui. Le roi se posa de nouveau dans son fauteuil face à la cheminée, pour réfléchir. Au bout de quelques minutes, il alluma le poste de radio pour écouter ce qu'il savait être le « scoop du jour ». La radio lui avait semblé être une bonne invention il y a cinq ans. C'était une pure invention de Purcell, qui avait eu tôt fait de se développer au sein de l'Union. Aujourd'hui, il avait l'impression que la machine se retournait contre lui.

La mort de la reine est une tragédie pour le roi, égrenait une voix nasillarde sortant de l'appareil. Sa majesté Jacques VI n'a pas encore fait de déclaration. On dit qu'il vient seulement d'apprendre la mort de sa mère…

La fureur du roi explosa. La radio diffusait déjà l'information selon laquelle il n'avait pas été averti tout de suite. C'était une marque de faiblesse pour la monarchie. D'abord sa mère avait été assassinée dans le palais, l'endroit considéré comme le plus sûr du royaume. Ensuite, il n'avait pas été averti immédiatement et toutes les informations circulaient comme si quelqu'un était informé en temps réel de ce qui se disait dans sa chambre. Jacques se sentit tout à coup épié, observé, écouté. Il éteignit la radio et sortit précipitamment de sa chambre. Il ordonna aux gardes de ne pas le suivre et se rendit dans les appartements de sa maîtresse, Adèle Huart pour y trouver un peu de réconfort.

Thomas arriva chez lui. Sa demeure était située dans les faubourgs de Vessailis. Passant sous un porche aux entrelacs de marbre s'ouvrant sur une cour pavée, son cheval s'arrêta au pied d'un escalier en forme de fer à cheval. Le cavalier monta quatre à quatre les marches en pierre blanche de Balannetil, une ville du sud de Rancef, connue pour ses carrières de craie et de grès fournissant au royaume les matériaux de construction les plus somptueux. Il accéda au vestibule où il remit son chapeau et sa livrée au valet qui l'attendait. Son premier valet de chambre se précipita vers lui.

— Il est au plus mal, messire.

— Est-il encore conscient ? répondit le père, inquiet, en se précipitant dans l'escalier qui l'amenait aux appartements du jeune malade.

— Oui, mais la fièvre augmente et les médecins ne savent plus quoi faire pour le soulager.

En arrivant dans la chambre de son fils, Thomas fut stupéfait par ce petit corps décharné dans les yeux duquel pointait encore une lueur de vie et d'espoir.

— Je suis là, mon garçon, dit-il en s'asseyant à côté de l'enfant.

Il lui prit la main et s'adressa au médecin.

— N'y a-t-il rien d'autre à faire ?

— Non, messire. Il ne reste qu'à prier pour son salut, lui répondit doucement le médecin, à l'oreille.

Thomas sentit les larmes lui monter aux yeux. Il se sentait tomber dans un abîme de douleur. Son petit garçon était en train de mourir.

— Père, vous êtes enfin arrivé, murmura l'enfant d'une voix presque inaudible.

— Oui je suis bien là, mon garçon, lui répondit-il, en lui serrant la main.

— Je voudrais que vous me racontiez l'histoire du roi.

Les larmes coulaient maintenant à flots sur les joues du père épouvanté par ce qui arrivait à son enfant. Il prit le temps de respirer pour se calmer et commença le récit qu'il avait si souvent raconté à son fils pour l'endormir, non sans hoqueter par moment.

— Le soleil brille sur Vessailis. Sa mère a occupé le Trône pendant des années suite au décès de son père. Le rêve ultime du roi est la paix dans notre monde. Qu'il n'y ait plus de ténèbres ou de magie. Tous les jours, lorsque le soleil se lève, ses premiers rayons pénètrent dans la chambre du roi. Il est puissant comme l'astre qui nous donne chaleur et lumière. On lui donne le surnom de son lointain ancêtre le roi Solaris.

Thomas regarda son fils. Il avait cessé de respirer. Ses yeux étaient restés ouverts, mais sur un monde dans lequel son père ne pouvait plus le suivre.

— Tu es libre désormais, mon fils, lui dit Thomas, en sanglotant. Dit à ta mère que je l'aime. Je vous rejoindrai un jour et nous serons enfin heureux pour l'éternité.

Il s'affaissa alors sur le corps de son enfant dans un cri de douleur et de souffrance qu'il ne pouvait plus contenir.

Chapitre V
La malédiction de Vitaric

Éric et Oihan voyageaient depuis le lever du soleil. La neige avait cessé de tomber. Ils aperçurent un panneau indiquant la direction de Vitaric. Pour arriver plus vite, ils devaient traverser un bois. Ils s'arrêtèrent un instant sur le haut d'un pic rocheux afin d'observer le terrain en contrebas. Le soleil brillait sur le bois qui les séparait de Vitaric. Ils se décidèrent à le traverser pour éviter un contournement qui leur aurait fait perdre plusieurs heures.

Si le chemin d'entrée dans le bois leur sembla rectiligne dans un premier temps. Ils se rendirent compte après quelques heures que quelque chose ne tournait pas rond. Ils étaient toujours dans le bois et n'avaient toujours pas trouvé la route d'accès au village qui normalement n'était pas loin. Marchant depuis un certain temps vers le nord pour trouver la sortie menant au village, ils changèrent d'avis et décidèrent de ne plus quitter le bois pour tenter d'y trouver l'habitation du mage Cenquail.

Ils virent des lézards ailés et des souris volantes. Cet univers fantasmagorique s'accentua au fur et à mesure qu'ils approchaient du centre du bois. Des chênes centenaires et des bouleaux laissèrent place à des arbres aux feuilles bleues et la neige disparut complètement, découvrant une nature verdoyante en plein hiver. Les magiciens étaient connus pour protéger les animaux et la nature, ce qui laissait à penser qu'ils étaient proches de leur but. Ils descendirent de cheval et attachèrent leurs montures à un arbre.

Une nuée de chauves-souris venues de nulle part les survolèrent. Ils croisèrent bientôt une jeune femme avec de longs cheveux bruns. Elle portait une longue robe, noir et violet, qui soulignait sa taille sans pour autant paraître indécente. Éric crut que c'était une sorcière et d'instinct eut un mouvement de recul. Elle répondit à son geste par un large sourire.

— Ne vous inquiétez pas, messieurs, je ne suis pas une sorcière. Je ne vous veux aucun mal.

— Veuillez m'excuser, madame, indiqua Éric. J'ai cru que vous étiez un être sombre parce que j'ai vu des chauves-souris. Vous pouvez m'indiquer la maison du magicien ?

— C'est le magicien qui m'envoie vous chercher.

— Comment sait-il que nous sommes là ? demanda Oihan.

— Les oiseaux, monsieur, les oiseaux parlent beaucoup.

Les deux voyageurs se regardèrent, éberlués.

— Qui êtes-vous, madame ? demanda Éric.

— Je m'appelle Parysa. Je suis l'assistante de Cenquail. Si vous voulez bien me suivre.

— Pourquoi le magicien a-t-il envoyé un voyageur pour ce problème au village ? Est-ce qu'il sait quelque chose de ce meurtre ?

— Je ne sais pas vraiment pourquoi, monsieur. J'exécute juste les ordres de mon maître. Il vous en dira plus que moi. Suivez-moi bien pour ne pas vous perdre.

Tous trois s'enfoncèrent dans les sous-bois. Éric s'étonna de ce que Parysa avait supposé qu'ils pourraient se perdre. Cependant, il découvrit bientôt qu'il n'aurait jamais réussi à retrouver seul le mage. En effet, au détour d'un bosquet, une série d'arbustes entremêlés s'ouvrirent d'eux-mêmes et les lichens et fougères recouvrant le sol s'écartèrent pour laisser apparaître un chemin dallé. La jeune femme les invita à suivre la route derrière elle.

— Surtout, ne marchez pas à côté du chemin. Vous seriez happés dans le vide et disparaîtriez immédiatement et à jamais.

— Le mage semble avoir beaucoup de pouvoirs pour réussir une telle prouesse ! s'exclama Éric.

— Oui, Monseigneur, il a beaucoup de pouvoirs.

— Vous pouvez m'appeler Éric. Vous n'êtes pas obligée de m'appeler monseigneur. Je ne suis qu'un mutant.

— Voilà ! Nous sommes arrivés, répondit Parysa en passant sous un porche confectionné par des troènes.

Ils se retrouvèrent face à une forteresse au beau milieu du bois.

— Mais lorsque nous étions sur l'éperon rocheux, je n'ai pas vu cette forteresse ! Pourtant, on voyait au loin le clocher de l'église de Vitaric. Comment cela est possible ?

— La magie permet beaucoup de choses, monsieur Éric Letcheur ! intervint Cenquail qui les attendait à l'entrée principale de la forteresse, au-delà du pont-levis. Mais donnez-vous la peine d'entrer. Nous avons beaucoup de choses à nous dire et très peu de temps devant nous. Je suis ravi de vous revoir Oihan. Je vois que vous avez suivi mes conseils.

L'intérieur de la forteresse était immense. Des dessins elfiques recouvraient les murs, donnant à l'ensemble un caractère magique et féerique. Les dessins semblaient gravés dans la pierre et recouverts d'une peinture qui brillait dans l'obscurité, offrant aux hôtes la lumière nécessaire pour se mouvoir.

Le magicien portait une tenue noire composée d'une robe longue et d'une cape nouée au cou par un lacet de lierre. Il avait une longue barbe grise et des cheveux où dominait encore le brun de ses jeunes années. À soixante ans, son visage présentait encore une peau lisse et ses yeux d'un bleu céleste laissaient percevoir un esprit juvénile et malicieux mais une âme profonde et honnête. Dans sa main droite, il tenait un bâton en bois ancien et noueux surmonté d'un globe de cristal.

— Éric Letcheur, enfin ! Vous êtes arrivé ! poursuivit le mage.

— Je suis ravi de faire votre connaissance, Maître Cenquail, je ne pensais pas voir un jour autant de magie en un seul lieu, répondit le mutant.

Il était très impressionné mais ne voulait pas le montrer.

— Ce n'est rien qu'une illusion d'optique. J'ai mis au point ces tours il y a peu pour me protéger des monstres et plus encore de Kétébel. Combien coûte votre service pour tuer le monstre ?

Le mutant frissonna en entendant le nom de la démone.

— Avec un tel pouvoir, pourquoi ne pas vous charger vous-même de tuer cette démone ?

— Mon pouvoir est surtout fait d'illusions, lui répondit Cenquail. Je peux certes utiliser quelques armes magiques mais qui apparaissent bien inutiles face à Kétébel. Je suis surtout un mage dédié à l'illusion et à la guérison.

— Et pourquoi vouloir vous en débarrasser ?

— Oihan ne vous a rien dit ? Cette démone s'est emparée de Vitaric avec toute la ruse et la sournoiserie dont elle est capable. Bientôt, le reste des territoires entourant le village suivra. Je crains fort que vous ne deviez la tuer au plus vite avant qu'elle ne détruise tout le village et les terres alentour. Vous devriez aussi tuer un autre monstre qui vient pendant la nuit, un monstre maléfique. Je vois que vous avez peur, Oihan. Je sens votre peur d'ici. Ne tremblez pas ! Notre sauveur est arrivé.

— Qu'est-ce qui vous fait dire que je suis votre sauveur ? répondit Éric. C'est vrai que rien ne me fait peur. Je ne ressens aucune émotion et puis cela fait des années que je tue des monstres. Mais avec ce que vous me décrivez, je pense que nous passons à un stade supérieur.

— Dites-moi, Éric, pourquoi les mutants créés par la magie ne ressentent aucune émotion ?

— Je n'ai pas franchement envie de répondre à cette question Cenquail. Dites-moi quel monstre je dois tuer en plus de Kétébel et je vous dirai quel prix je demanderai.

— Un salambre. C'est un monstre deux fois plus grand qu'un homme. Il est noir et ressemble au dragon mais il ne crache pas de feu. Les salambres sont des monstres qui vivent la nuit. Parfois, le monstre est un enfant. Plus souvent, il s'agit d'adultes. Il reprend sa forme humaine le jour mais se transforme de nouveau la nuit suivante. Il est créé de toute pièce par Kétébel qui en fait un soldat de premier choix à ses ordres.

— Pour éviter de se retrouver face à Kétébel et face au salambre en même temps, il est donc préférable de s'attaquer à Kétébel le jour et au salambre la nuit, conclut le mutant.

— Vous avez tout compris. Mais il faudra pour cela démasquer Kétébel. Elle a forcément l'apparence d'une jeune femme. Il est fort probable qu'elle ait pris l'apparence d'une habitante de Vitaric pour se confondre dans la masse.

— Pensez-vous qu'elle pourrait avoir choisi une femme quelconque ou quelqu'un en particulier ?

— Je pense qu'elle a dû choisir quelqu'un qui peut lui apporter des renseignements facilement, donc une personne d'influence. Il vous faudra enquêter.

— Pourquoi je le ferais ?

— Parce que c'est écrit. Kétébel ne vous est pas inconnue, n'est-ce pas ? Et je vous donnerai deux mille pièces en diamant à l'issue de votre mission.

— Comment savez-vous ? répondit Éric, désarçonné par les connaissances de Cenquail.

— J'ai aussi un don de voyance, Éric. Et je sais que même si vous vous montrez bourru, vous êtes un homme de bien. Vous aurez votre récompense si vous réussissez à sauver le garçon de la famille des Grangeurs. Il s'appelle Timothée. C'était mon apprenti. Je souhaiterais qu'il soit sauvé. Il est fils unique et ses parents sont désespérés depuis sa disparition. En plus, il est un élève prometteur et j'ai de l'affection pour lui. C'est lui le salambre.

— Comment le savez-vous ? répondit le mutant qui s'interrompit aussitôt. Ah, oui, votre don de voyance. Bien, marché conclu, Maître Cenquail !

— Voilà qui me réjouit fort bien, monsieur Letcheur, dit le mage en serrant la main du mutant.

Éric et Oihan venaient de prendre un repas dans les cuisines de la forteresse de Cenquail. Pendant que Oihan allumait une pipe, Éric décida d'aller marcher un peu sur les coursives du château. La nuit était étoilée et la lumière de la lune associée aux étoiles se reflétait sur les murs elfiques de la bâtisse, faisant apparaître çà et là les anciennes écritures. Cenquail le rejoignit.

— Marchons un peu, Letcheur, je dois vous donner des pistes.

— J'accepte avec plaisir ; plus le temps passe, plus le salambre devient dangereux. Pourquoi le garçon a été maudit ? questionna Éric.

— Le garçon ne se sentait pas très bien chez lui à cause de ses parents, répondit le magicien.

— Pourquoi ?

— Il a été adopté. Son père adoptif ne l'a pas accepté contrairement à sa mère.

— Peut-être que son père a envoyé le garçon dans la gueule du loup, répondit Éric.

— Moi je pense que son père adoptif a été manipulé par Kétébel, lui répondit le mage. Vous savez, c'est un personnage sournois qui tire les ficelles et manipule les gens pour arriver à ses fins. Les êtres vivants ne sont pour elle que des objets dont elle se repaît lorsqu'ils n'ont plus d'utilité.

— Parce qu'en plus elle dévore les êtres humains comme les animaux ?

— Vous ne le saviez pas ? lui dit le mage, le regard rivé sur les yeux du mutant. Elle prend l'apparence souhaitée pour mener à bien ses projets diaboliques mais personne ne sait vraiment à quoi elle ressemble. Certains disent que c'est un spectre. D'autres écrits parlent du corps d'une femme en putréfaction, ce qui expliquerait l'odeur qui l'accompagne lorsqu'elle s'attaque à ses victimes. Vous devez savoir une chose Letcheur. Si vous voulez vous en débarrasser, il faudra absolument lui trancher la tête et enterrer celle-ci à distance de son corps. Attention, n'imaginez pas que vous pouvez brûler le corps de cette démone ! Le feu lui apporterait la résurrection, sauf peut-être le feu que vous manipulez.

— Merci pour ces précisions, Grand Maître.

— Sachez que ce que je vous dis vient de textes anciens mais rien n'indique que tout cela est vrai. J'espère que, quoiqu'il arrive, vous en viendrez à bout.

— Je ferai de mon mieux.

— Oihan restera ici avec moi. Il a accompli sa mission mais s'il vient avec vous il risque de vous ralentir et sa trop grande peur risque d'être un obstacle supplémentaire. Par contre, Parysa vous accompagnera. Elle a des dons exceptionnels en magie mais surtout en combat.

— On ne croirait pas en le regardant.

— Certes, c'est une femme et qui plus est, très jolie et filiforme, mais ne vous y fiez pas. Elle a appris très jeune à se battre et est impitoyable lorsqu'il s'agit de sauver sa vie. Je vous souhaite bonne chance, Éric ! Vous en aurez besoin pour vous venger de cette diablesse.

— Que savez-vous exactement, Maître Cenquail ? demanda Éric d'un ton péremptoire.

— Je sais que vous êtes triste et que votre cœur a connu bien des malheurs. Je sais aussi que Kétébel ne vous est pas inconnue et qu'elle vous a pris beaucoup par le passé. Vous avez là l'opportunité de lever sur elle un bras vengeur et d'éviter qu'elle fasse aux autres ce qu'elle vous a fait, à vous.

Le lendemain matin, dès l'aube, Parysa et Éric prirent la route menant vers l'est du bois pour se rendre au village.

Après avoir repris le chemin de dalles et être passés au travers des buissons protecteurs, comme à l'aller, la neige fit de nouveau son apparition.

— Vous êtes certaine qu'il faut continuer vers l'est Parysa ? demanda le mutant, dubitatif, à la jeune femme.

— Ne vous fiez pas à vos repères habituels. Vous souvenez-vous lorsque vous avez pénétré dans le bois hier ? Vous pensiez savoir quelle direction prendre pourtant vous ne trouviez pas votre chemin. Finalement, vous avez fait le choix judicieux de vous diriger vers le centre du bois. Si vous ne l'aviez pas fait, la magie qui enveloppe ces lieux vous aurez perdu à jamais.

— Vous voulez dire que pour aller au nord, il faut prendre l'est c'est ça ?

— Presque ça ! C'est un peu plus compliqué mais aujourd'hui je suis là pour vous guider.

— Si je comprends bien, tout voyageur qui pénètre dans ces lieux ne peut en ressortir vivant.

— Si Maître Cenquail le décide, toute personne malfaisante entrant en ces lieux y restera enfermée. Sauf si la personne en question est plus puissante que Maître Cenquail.

Éric vit soudain apparaître au loin le château de Vitaric enneigé. Avec la brume, on ne distinguait pas bien le château du comte. Par contre, on apercevait au premier plan les ruines d'un ancien château fort recouvert par d'épaisses couches de neige qui en faisait un lieu étrange.

— Dites-moi comment vous êtes devenue l'assistante de Cenquail ?

— Mon maître m'a trouvée sur la route, j'étais pauvre et en proie à des individus qui m'attaquaient pour s'approprier mes faveurs de force. Il est venu à mon aide bien que je me débrouillasse très bien puisque sur les cinq individus qui m'avaient attaqué, trois étaient déjà au sol, sans vie. Le temps qu'il jette un sort sur l'un des deux derniers, j'avais abattu le second. Il m'a ensuite pris à son service et, de fil en aiguille, je suis devenue son assistante. Voilà, nous sommes arrivés. Je vous conseille d'aller à la première maison sur votre gauche, c'est la famille de Timothée.

—C'est eux qui ont prévenu le magicien de l'enlèvement ?

—Oui c'est bien ça. Par contre, ne vous moquez pas du nez du monsieur.

—Pourquoi ça ?

—Parce qu'il a un tout petit nez par rapport à son visage.

—Pour qui me prenez-vous ? s'offusqua Éric. Je n'ai pas l'habitude de me moquer des caractéristiques physiques des gens !

—Oui, bien sûr, répondit Parysa, un rictus sur les lèvres.

Éric et Parysa se dirigèrent vers la maison. S'il n'y avait pas âme qui vive dans la rue, ils ressentaient toutefois les regards des gens fixés sur eux au travers de leurs fenêtres. L'atmosphère était pesante. Ils n'étaient pas les bienvenus dans ce village. Ils frappèrent à la porte. Après un moment interminable, un homme ouvrit enfin. Il était chauve. Éric fut surpris par l'extrême petitesse de son nez.

—Que voulez-vous ? demanda l'homme sèchement.

—Le magicien Cenquail m'envoie sauver votre garçon. Mon nom est Éric Letcheur.

—De quoi se mêle-t-il ce vieux fou ? Foutez-nous la paix et dégagez d'ici !

L'individu referma la porte brutalement, laissant Éric et Parysa interloqués. Ils attendirent un peu et commencèrent à s'éloigner lorsque la porte s'ouvrit de nouveau. Ce n'était plus le chauve au petit nez mais la mère adoptive de l'enfant qui les interpella.

— S'il vous plaît ! Revenez ! Excusez mon mari. Il n'a plus toute sa tête ces derniers temps. Je vous en prie !

Éric et Parysa échangèrent un regard et finirent par accepter de faire demi-tour. La femme les invita à entrer dans la maison et les installa dans l'unique pièce du rez-de-chaussée qui faisait office de cuisine.

Son mari était sorti par-derrière entre-temps.

— Je suis heureuse de vous rencontrer. J'ai besoin d'aide ! Personne ne veut rien faire. Mon petit a disparu depuis maintenant deux semaines. J'ai tellement peur !

— Je voudrais en savoir plus sur votre garçon. Cenquail m'a dit que cela ne se passait pas tout à fait bien avec vous. Timothée était triste ces derniers temps et ses relations avec votre mari s'étaient fortement gâtées.

— Oui, asseyez-vous, dit la dame, avant de poursuivre. Nous avons souhaité avoir un enfant depuis déjà longtemps mais je n'ai jamais réussi à mener une grossesse à terme. Nous nous sommes donc résolus à adopter. Nous étions si heureux d'avoir enfin un enfant.

— Je ne comprends pas. Si vous étiez heureux, pourquoi les relations se sont dégradées ?

— Tout se passait bien entre mon mari, Jean, et Timothée. Vous savez, mon mari n'a pas toujours été l'homme bourru que vous avez vu tout à l'heure. Il était gentil et prévenant. Mais tout a changé il y a un an environ.

— Que s'est-il passé ? insista Parysa, tout en douceur.

— Timothée a commencé à poser des questions sur ses vrais parents et Jean se sentait mal à l'aise sur ce sujet et puis un jour Timothée a fait une fugue, répondit-elle en pleurant.

— Continuez, je vous en prie, l'invita Parysa, une main posée sur son épaule.

— Nous l'avons cherché partout, y compris dans les bois. Mais c'est Jean qui l'a trouvé. Lorsqu'il l'a ramené, ils n'étaient plus les mêmes tous les deux. Jean est devenu agressif et Timothée a sombré dans une tristesse que je ne lui avais jamais connue.

— Où était caché Timothée durant sa fugue ?

— Je ne l'ai jamais su. Je ne sais même pas comment Jean l'a retrouvé. À chaque fois que j'ai abordé le sujet, Jean m'a toujours dit que ce n'était pas important.

— Et ensuite ?

— Et ensuite, les choses se sont aggravées.

— C'est-à-dire ?

— Timothée s'est enfoncé dans le silence. Il ne parlait plus, même à moi. Et Jean s'est montré de plus en plus agressif, même avec moi, me reprochant de n'avoir pu lui donner d'enfant et allant même jusqu'à me reprocher d'avoir adopté. Il s'en prenait toujours à Timothée. J'ai tout fait pour essayer de comprendre ce qui se passait et surtout pour éviter le pire mais le pire s'est produit, dit-elle dans un sanglot.

— Que s'est-il produit ?

— Le problème est qu'on n'a pas revu Timothée depuis deux semaines.

— Pourquoi n'avez-vous pas demandé de l'aide plus tôt ? s'étonna Éric.

— Je ne comprends pas, intervint Parysa. D'après Cenquail, Timothée a disparu depuis deux jours seulement. Nous l'avons vu avant cela.

— Je vous jure que nous, nous ne l'avons pas vu depuis quinze jours. Jean ne voulait pas que je fasse quoi que ce soit. Il m'a menacée physiquement si j'essayais de retrouver Timothée ou si j'en parlais à quelqu'un. Il m'a dit que si Timothée avait souhaité encore une fois fuguer, il n'avait qu'à ne pas revenir !

— Tout ceci est bien étrange ! Je pense que Maître Cenquail doit avoir raison sur ce qui s'est passé, Parysa, dit Éric.

— Y a-t-il autre chose qui vous revient à l'esprit ? demanda Parysa.

— Notre garçon disait souvent qu'il voyait une femme dans le château en ruines qui n'est pas très loin du château comtal, se souvint la mère de l'enfant après quelques instants de réflexion.

— Mais que croyez-vous qu'il soit devenu ?

— J'aimerais tellement le savoir ! Mais quand il me parlait encore, il n'avait d'yeux que pour ce château en ruines. Il était obsédé par son histoire et s'y rendait souvent en cachette car le lieu est interdit au public. Pour y accéder, il faut passer par le château comtal.

— Je vous remercie, madame. Je vais tout faire pour retrouver Timothée. Si votre mari revient, ne lui répétez surtout pas notre conversation. D'après ce que vous m'avez raconté, il a trop changé pour que cela soit naturel.

— Que voulez-vous dire ?

— Il a peut-être été victime d'un enchantement ou d'une manipulation mentale extrême. Si vous souhaitez laisser une chance d'aboutir à notre recherche, ne lui dites rien, expliqua Éric.

— Mais, je ne comprends pas, lui répondit la femme de nouveau en pleurs.

— Laissez-nous faire, lui dit Parysa, en la tenant par les épaules, son regard plongé dans le sien. Nous allons nous occuper de tout. Ne dites rien à votre mari.

La femme cessa de pleurer, hypnotisée par la magicienne.

Éric et Parysa sortirent de la maison et décidèrent unanimement de se rendre au château comtal afin de demander le droit de visiter les ruines.

Tout en marchant dans la rue, Éric entendit les villageois ouvrir leurs fenêtres ou leurs portes et lui lancer des insultes.

—On ne veut pas de toi ici dans ce village, espèce de sale mutant ! cria une femme aux yeux furieux.

—Ouais ! on ne veut pas de toi ! dit un autre homme, en crachant sur le sol près d'Éric et Parysa.

—Va-t'en ou on va brûler ton cheval ! et ton corps ! et la maison d'où tu viens de sortir !

Éric s'arrêta, parfaitement immobile. Il se retourna vers eux et resta silencieux, les fixant d'un regard glacial. Des éclairs apparurent dans ses yeux, faisant reculer certains habitants tandis que d'autres se précipitèrent dans leur maison.

—Comment faites-vous cela ? lui demanda Parysa.

—C'est une petite astuce que j'ai apprise à l'institut des mutants d'Elforest. Elle est assez utile pour faire peur et éviter d'avoir à utiliser la force.

Ils reprirent leur chemin vers le château du comte Guillaume Hilddis. Éric observa le château tout en s'en approchant. Ce qui surprenait au premier regard était sa taille, complètement disproportionnée par rapport au village. Son style était difficile à déterminer, alliant la construction moyenâgeuse des tours encadrant le château au style renaissance du logis central dont le premier étage, très ornementé et éclairé par de larges fenêtres, faisait plus penser au gothique flamboyant. Une muraille enserrait l'ensemble, construite avec des pierres qui ressemblaient à celles constituant le château en ruines dont les tours effondrées apparaissaient derrière le nouvel habitat comtal et qui avait certainement servi de carrière pour constituer la matière première de cette enceinte. Un pont permettait de traverser des douves en eau pour accéder à l'entrée principale protégée par une herse toujours en fonctionnement. Trois gardes, vêtus d'une cape blanche sur une armure argentée, protégeaient l'entrée. Ils pointèrent leurs lances vers Éric.

— N'avancez plus, mutant ! hurla un des gardes.

— Je viens en paix. Je souhaite m'entretenir avec le comte.

— En paix, vraiment ? Que fait un mutant ici sur nos terres ?

— Je dois m'entretenir avec le comte Hilddis. C'est urgent.

— Sa seigneurie est très occupée et n'accepte pas les visiteurs, répondit d'un ton cassant le deuxième garde, aussi maigre que le premier était trapu.

— Dites-lui qu'un garçon a réussi à passer de l'autre côté du château pour aller dans les ruines. Depuis, il a disparu. Nous sommes chargés de le retrouver.

Soudain, un individu interpella le garde de sa fenêtre, située au premier étage du logis.

— Laissez entrer ces personnes ! Je les recevrai dans la salle d'apparat ! dit un homme d'un ton qui n'acccptait pas la contradiction.

Le garde escorta Éric et Parysa à l'intérieur du château, non sans les regarder de travers. Après avoir traversé une cour semi-circulaire couverte de pavés de pierre bleue, ils empruntèrent un escalier de quelques marches les menant à un porche sous lequel le garde ouvrit une double porte vitrée sur l'entrée principale du château.

Cette entrée se composait d'une grande pièce recouverte de bois de merisier avec un escalier central qui se divisait au premier palier en deux escaliers se dirigeant l'un vers les appartements gauches du premier étage, et l'autre vers les bureaux et la bibliothèque situés à droite.

Toujours au rez-de-chaussée, le garde amena les visiteurs dans une grande pièce située à gauche, sous les appartements comtaux. Cette pièce était une salle d'apparat, destinée à recevoir la foule de villageois et d'invités du seigneur des lieux lors des grandes occasions. Le mur du fond faisait apparaître de grandes tentures d'un rouge cramoisi fixées au plafond et descendant en un drapé soigneusement étudié vers une estrade où se dressait un Trône en bois dont les bras étaient recouverts de feuille d'or. De part et d'autre de la salle, les grands murs lambrissés étaient couverts d'armoiries représentant les différentes familles qui avaient régné sur les lieux depuis plusieurs siècles.

Hilddis était assis sur son trône. Il portait une couronne qu'il n'avait pas, quelques minutes auparavant, lorsqu'il avait hélé son garde depuis la fenêtre. Ses cheveux bruns longs étaient soigneusement noués en queue basse et il portait une longue barbe noire. Sa tenue, complètement noire, soulignait sa minceur, et les nombreuses bagues qui couvraient ses doigts mettaient en avant sa richesse.

— Qui êtes-vous mutant ? Et que me voulez-vous ? Pourquoi venez-vous ici accompagné de l'assistante du magicien ?

— Je me nomme Éric Letcheur. Nous venons ici pour retrouver un enfant qui aurait réussi à passer au travers de votre domaine pour se rendre aux ruines. Depuis, personne ne l'a revu. Nous pensons qu'il a été transformé en salambre.

— Vous dites qu'il y aurait un salambre dans ce château en ruines ?

— Oui, Votre Seigneurie.

— Est-ce une plaisanterie ? Ce genre de monstre n'existe pas ! Vous me prenez pour un imbécile ?

— Je vous assure que si, Votre Seigneurie. Je n'oserais jamais me moquer d'une personne de votre rang. Tout ceci a un rapport avec le meurtre qui s'est produit il y a deux jours sur vos terres.

— Vous n'avez pas l'air au courant mais d'autres meurtres se sont produits depuis.

— Dans ce cas, laissez-nous enquêter, je vous en prie.

— Pourquoi soupçonnez-vous qu'un petit garçon ait franchi le château pour aller dans ces maudites ruines ? Il aurait forcément été surpris par ma garde.

— Le mage Cenquail m'a envoyé ici pour aider ce garçon. Il sait que cet enfant a été transformé en salambre. Si vous ne me croyez pas, croyez le magicien. Son assistante Parysa peut vous confirmer ses dires.

— Vous avez dit qu'il a été transformé ?

— Oui, car personne ne peut se transformer seul en salambre. Les textes sont formels. Cela ne peut être l'œuvre que d'une seule créature : Kétébel.

— Kétébel vous dîtes ? s'écria le comte tout à coup très intéressé mais trahissant aussi une forte inquiétude.

— Vos conseillers sont-ils là ? interrogea Éric.

— Non ! Ils sont tous retournés sur leurs terres suite aux récents événements pour protéger les leurs. Je n'ai ici à mon service que la magicienne Kualtress.

— Dame Kualtress ? s'étonna Éric. Elle est ici ?

— Oui, Letcheur. Vous la connaissez ?

— Oui, nous avons étudié ensemble à l'institut d'Elforest.

— Dans ce cas, vous apprécierez peut-être de la revoir, mais pourquoi me demandez-vous si mes conseillers sont présents ?

— Je suis étonné que vous soyez seul face à cette crise. Vous venez de m'indiquer que plusieurs autres meurtres ont eu lieu. Il serait souhaitable que tous vos conseillers soient présents pour débattre avec vous des suites à donner.

— Je n'ai besoin de personne pour prendre mes décisions, répondit fermement le comte. Mes conseillers étaient partis avant que les autres meurtres ne surviennent. Je vous trouve bien curieux, Letcheur. Je n'aime pas qu'on vienne fouiller dans mes affaires.

Durant la conversation, Karissa Kualtress était entrée dans la salle d'apparat par une porte dérobée donnant sur les appartements du comte.

— Vous avez raison, Monseigneur, dit-elle d'une voix un peu railleuse, mais n'en veuillez pas à Éric Letcheur. Il a toujours été d'une nature soupçonneuse et aime tout savoir sur ses interlocuteurs. Il aurait pu travailler comme enquêteur pour les services de police, ou comme espion, aussi.

— Je ne vous présente pas Dame Kualtress, Letcheur, dit le comte en effectuant un baise-main à la magicienne.

— Bonjour Karissa, bredouilla Éric, troublé, en s'avançant gauchement au-devant de la jeune femme.

— Ravie de vous revoir, Éric. Lors de notre dernière rencontre, vous étiez encore un élève à l'institut pour mutants d'Elforest. Vous avez fait du chemin, jusqu'ici.

— Et vous, vous étiez encore en stage de formation définitive. Vous vous êtes installée à Vitaric ?

Kualtress repoussa une mèche de ses longs cheveux roux derrière ses épaules en faisant une moue languissante. Sa peau blanche contrastait avec la robe émeraude qu'elle portait très ajustée et ses lèvres au rouge sombre laissaient entrevoir un sourire radieux. Ses yeux jaunes trahissaient le pouvoir présent en elle et leurs pupilles verticales leur donnaient un caractère félin qui apportait à la jeune femme mystère et séduction, tout en la rendant quelque peu intimidante.

Éric savait quel pouvoir hypnotique elle exerçait sur les hommes et se souvint qu'elle avait presque réussi à le séduire, même si son cœur était toujours resté attaché à Mélusine.

— Je me porte garante de l'honnêteté d'Éric Letcheur, Votre Seigneurie. S'il vient pour une raison concernant les récents événements, il vous faut l'écouter.

— Très bien, Dame Kualtress, finit par accepter le comte, plus conciliant. D'après un voyageur qui a été témoin de la scène de l'enlèvement de l'enfant, il aurait vu une femme dévorer le garçon. C'est pour cela que j'étais étonné quand vous m'avez dit qu'une dénommée Kétébel avait transformé cet enfant en salambre.

— Pourtant, ce que vous me décrivez concorde avec la présence de Kétébel. C'est un démon qui dévore parfois ses victimes. Et pour avoir accès facilement aux ruines derrière votre château, cette personne fait forcément partie de votre entourage.

— Que voulez-vous dire ? Que je suis complice d'un démon ?

— Ce n'est pas ce que je veux dire. En fait, Kétébel peut avoir pris l'apparence d'une personne de votre connaissance. Je pense que Dame Kualtress peut confirmer ma théorie.

— En effet, Monseigneur, indiqua Karissa Kualtress. Si ce démon existe bien, ce qui me paraît improbable, les écrits disent qu'il dévore ses victimes et qu'il peut prendre toute apparence qui lui convient après avoir tué la personne dont il prend les traits.

— Vous doutez donc aussi de l'existence de ce démon, Dame Kualtress, reprit le comte. Tout ceci ne me plaît guère. Ces contes à dormir debout nous conduisent nulle part. Vous me faites perdre mon temps, Letcheur. Je vous demande de quitter mon château et mes terres pour ne pas troubler l'ordre public.

— Parce que vous trouvez que l'ordre public n'est pas troublé par les récents événements ? Que se passe-t-il, Comte Hilddis ? Pourquoi ce revirement dans votre comportement ? Pourquoi tremblez-vous tout à coup ?

— Je tremble de colère, Letcheur ! Vous m'importunez avec vos sornettes. Quittez ce château sur le champ et laissez-moi en paix ! s'écria le comte en brandissant son doigt en direction de la sortie.

— Est-ce que vous savez quelque chose sur la disparition de ce garçon ? Avez-vous vu ce petit franchir les limites du château ? interrogea encore Éric, péremptoire.

— Non ! répondit sèchement le comte, dont les yeux ne regardaient plus le mutant.

— Vous mentez ! vous avez baissé les yeux. Je sais reconnaître quand une personne est en train de me mentir !

— Comment osez-vous me parler sur ce ton, mutant ?

— La vie d'un enfant est en jeu ! L'avenir de votre comté et de Vitaric est en jeu ! Et vous mentez ! Que savez-vous ? Qui protégez-vous ?

— Gardes ! s'écria le comte.

Les trois gardes de l'entrée pénétrèrent dans la salle d'apparat.

— Emparez-vous de ce mutant et jetez-le dehors ! leur ordonna le comte en hurlant.

Les gardes n'eurent pas le temps de s'approcher qu'ils furent neutralisés en un trait de temps par Parysa. Pendant ce temps, Éric s'était approché du comte sans qu'intervienne Karissa, et ce dernier, reculant de peur, finit par trébucher sur son trône.

— Vous vous moquez de moi ! s'écria Éric.

— Dame Kualtress, faites quelque chose, ordonna le comte.

— Kualtress, dit Éric en se tournant vers elle, je ne ferai rien au comte mais il doit me dire la vérité !

— D'autres gardes vont arriver ! s'époumona le comte.

— C'est faux ! lui rétorqua Éric. Vous n'avez en tout et pour tout que trois gardes dans ce château. Vous êtes un nobliau de province qui avez prélevé sur vos terres des impôts exorbitants pour vous faire construire un palais démesuré à la hauteur de votre mégalomanie ! Vous n'avez aucune fortune pour payer une armée ! Personne ne viendra vous aider ! Maintenant, dites-moi la vérité avant que je m'énerve !

— Karissa ! implora le comte.

— Tu ne vas pas me dire que tu es sa maîtresse ? demanda Letcheur à dame Kualtress, d'un ton dégoûté.

— Si, Éric. Mais j'ai été trompée par ses promesses et je m'apprêtais à quitter les lieux lorsque tu es arrivé.

— Je t'ai connu de meilleurs amants, Karissa, lui répondit le mutant, un brin moqueur.

— Ne sois pas trop arrogant, Éric. Il a aussi de bons côtés, répondit la magicienne dans un sourire.

— Je n'ai rien à voir dans tout ça Letcheur ! Espèce de sale prétentieux ! cria le comte.

Éric s'empara de l'homme par le col, faisant tomber au passage sa couronne de pacotille. Il approcha son visage d'Hilddis et lui parla tout bas et distinctement de manière à se faire comprendre.

— Maintenant, tu vas parler, ou je ne sais pas si je vais pouvoir tenir la promesse que je viens de faire à Karissa.

Ses yeux envoyèrent de nouveau des éclairs qui terrifièrent le comte de Vitaric et le firent enfin céder.

— Je voulais une armée pour étendre mes terres et devenir plus puissant. J'ai fait appel à un sorcier qui m'a donné une incantation pour faire venir un démon qui exaucerait mes souhaits et me serait entièrement dévoué. J'ai utilisé cette incantation sans trop y croire et un démon, ou plutôt une démone, est apparue. Elle m'a proposé de sacrifier un petit garçon pour créer un salambre qui constituerait le premier membre de ma garde. Je l'ai crue. J'avais repéré depuis longtemps ce jeune garçon qui réussissait à passer ma garde pour se rendre dans les ruines où il était tout le temps seul et triste. Personne ne pouvait savoir ce qui se passerait dans ces ruines. J'ai accepté qu'elle sacrifie le jeune Timothée pour satisfaire mon ambition.

— Que s'est-il passé après ? demanda Éric sans lâcher le comte qui pouvait sentir l'haleine du mutant tant ce dernier le tenait proche de lui.

— Je n'ai pas vu comment elle a fait mais elle l'a bien transformé en salambre. De mon côté, j'avais commencé à augmenter les impôts et les villageois se défiaient de moi. J'étais donc satisfait d'avoir une force me permettant de faire régner l'ordre avec ce salambre mais en fait je n'avais rien compris. Tout cela n'était que mensonge. Le salambre n'obéit qu'à la démone qui m'a menti et me tient désormais en otage. Je ne peux rien faire si je ne veux pas mourir et finir dans son estomac.

— D'autres gens ont aidé à capturer ce garçon pour Kétébel ?

— Ce n'était pas nécessaire. Il était seul dans les ruines.

— Où est la démone ? Qui est-ce ? Je veux dire, quelle apparence a-t-elle prise ?

— Elle a pris l'apparence d'une de mes maîtresses, Alice, qui est une prostituée qui travaille à la « vie en rose », un bordel en sortie du village.

— Et l'enfant, il redevient lui-même la journée ? Où est-il ?

— Il reste dans les ruines mais je ne le vois jamais. Je ne m'y rends pas car j'ai trop peur, répondit le comte.

— Kualtress, je pense que tu ne devrais pas rester ici. Tu devrais quitter les lieux au plus vite et emmener avec toi les gardes pour les mettre à l'abri. Comte, où puis-je trouver Alice ?

— Je la retrouve tous les soirs à « La vie en Rose ».

— J'irai ce soir mais pour le moment je vais essayer de trouver l'enfant pour l'enfermer et éviter que cette nuit il ne puisse venir au secours de la démone, dit le mutant.

Éric quitta le château en le contournant, accompagné de Parysa, après avoir laissé le comte aux bons soins de Karissa, qui avait promis de le surveiller. Sur le chemin qui l'amenait aux ruines, une femme l'interpella. Vêtue d'une cape grise, ses cheveux sortaient en boucles brunes de sa capuche relevée. Des yeux vert émeraude et une bouche charnue lui donnaient un caractère à la fois sauvage et fragile.

— Bonsoir, je vois que vous essayez de passer de l'autre côté ? dit-elle.

— Oui. Nous sommes en mission et avons l'autorisation du comte. Qui êtes-vous ?

— Je suis une de ses servantes.

— Vous ne devriez pas rester là, mademoiselle. Je suis désolé mais je suis pressé.

— Vous n'avez pas le temps de parler ? Comme c'est dommage.

— Cet endroit est dangereux pour une jeune femme comme vous. Partez, mademoiselle. Rejoignez le palais comtal.

— Vraiment dommage, Letcheur.

Éric s'arrêta brutalement.

— Comment connaissez-vous mon nom ?

— J'ai entendu les gardes dire qu'un certain Letcheur était en conversation avec le comte.

— Comment vous appelez-vous ?

— Mon nom est Alice.

Éric comprit tout de suite de qui il s'agissait. La jeune femme se mit à courir en direction des ruines tout en éclatant d'un rire démoniaque.

Éric la poursuivit, suivi de Parysa. Elle emprunta un passage sur la droite du château dont l'entrée était cachée par des branches d'arbre. Éric et Parysa hésitèrent un instant puis pénétrèrent à leur tour dans ce passage. Le vent de l'hiver s'engouffra derrière eux, provoquant un hurlement à l'intérieur du tunnel. Tout était sombre. Le mutant et l'assistante du magicien avancèrent pas à pas dans les ténèbres. Un bruit sourd se fit entendre peu à peu qui vint couvrir le hurlement du vent. Ce râle de plus en plus fort se rapprochait. Une faible lumière apparut. Ils la suivirent et aboutirent à la sortie du tunnel où ils se retrouvèrent face au salambre.

Chapitre VI
Un lourd secret

Noldon, 1021 après le Grand Blast

Le royaume d'Anegex, séparé de Rancef au sud, par la mer de Lacalis, avait connu une guerre civile qui s'était terminée vingt ans auparavant par l'arrivée au pouvoir d'une nouvelle dynastie.

La mort sans descendance du roi Robert, quatrième du nom, avait opposé deux branches cadettes de la famille royale pour l'accession au Trône.

Un effroyable conflit avait opposé les partisans des Lancestral à ceux des Dwight. Après d'âpres luttes, la famille Lancestral monta enfin sur le Trône en s'alliant à la famille Dwight par un mariage entre la duchesse Polyxène Lancestral et le comte Eadred Dwight, qui scella la fin du conflit et le retour à une paix tant espérée.

La duchesse devint reine d'Anegex, faisant d'Eadred son roi consort, ce qui n'enchanta guère cet homme qui rêvait de puissance et de gloire.

Il dut cependant courber l'échine et accepter ce compromis.

Si en public, la famille royale montrait une unité sans faille, il en était tout autrement en privé. Les rapports entre les deux époux n'avaient cessé de se dégrader au fil des ans, et ce, malgré la naissance d'une héritière, qui avait un temps permis de les rapprocher.

La famille royale prenait le petit déjeuner comme à son habitude dans le salon de Phaïtos.

Au bout d'une grande table ovale se tenait la reine Polyxène, grande dame aux yeux verts et à la longue chevelure brune relevée en chignon. Ses vingt années de règne ne semblaient pas avoir eu d'effet sur elle, si ce n'est quelques rides au coin des yeux et un air rigide qui trahissait une certaine froideur et un flegme constant.

À sa droite se tenait sa mère, qu'on appelait la reine mère, la duchesse douairière Physiora Lancestral, une véritable statue dont les traits semblaient figés. Aucune empathie ne se dégageait d'elle. Sous une chevelure désormais blanche, lissée vers l'arrière et nouée en un chignon bas, des yeux d'un bleu arctique semblaient lancer des éclairs en permanence. Depuis la mort de son époux, elle portait toujours une robe noire sans aucun motif ni ornement. Seul un collier de perles eorfréniennes venait agrémenter l'ensemble, sans pour autant en atténuer l'aspect austère.

À la gauche de Polyxène se tenait Praxyma, sa sœur cadette. Autant Physiora respirait la dureté et la froideur, autant Praxyma présentait un contraste saisissant de gaieté et de joie de vivre. Sa chevelure auburn coupée en un carré court apportait légèreté et modernité à son style. Ses yeux vert-gris étaient soulignés d'un trait d'eye-liner et son rouge à lèvres couvrait sa bouche d'un grenat profond. Elle portait une robe de soie courte, droite, à la mode dans tout Noldon, dont la couleur kiwi faisait ressortir ses yeux pétillants.

À côté d'elle était assise Pénélope, la princesse héritière. Cette beauté blonde de dix-sept ans semblait à peine sortie de l'enfance. Elle avait les yeux verts de sa mère mais l'attitude enjouée et effrontée de sa tante. Son visage poupin n'avait pas besoin de maquillage tant son teint était clair. Elle respirait la santé.

Face à la reine, à l'autre bout de la table, son époux Eadred semblait dominer l'assemblée, comme s'il présidait un conseil plutôt qu'un simple petit déjeuner en famille. L'œil noir, les cheveux châtain clair, et la mâchoire serrée, il déjeunait sans mot dire, comme à son habitude, et lisait en même temps les journaux du jour après que Polyxène en eut lu brièvement les titres, la préséance voulant que la reine soit la première à qui étaient présentées la presse du jour.

Comme à l'accoutumée, l'ambiance était glaciale, d'autant plus que le roi et la reine s'étaient encore disputés la veille sur la façon de diriger les troupes du pays, en proie à la guerre, dans le nord.

Un valet entra précipitamment pour apporter à la souveraine un pli déposé sur une coupelle en argent. La reine Polyxène prit la lettre qui lui était adressée par l'ambassadeur du royaume de Purcell. La lecture du document assombrit son apparence. Elle reposa la missive et s'adressa à ses proches.

— La reine mère de Purcell nous a quittés cette nuit, déclara solennellement Polyxène. Elle a été victime d'un empoisonnement. Le royaume d'Anegex se souviendra d'elle comme d'une alliée qui participa en son temps aux pourparlers de paix dans notre pays. Elle ne prit parti pour aucun des camps qui s'opposèrent lors de la guerre civile mais travailla au retour de la paix puis à l'ouverture d'échanges commerciaux avec notre pays qui nous permit de recouvrer très vite une santé économique nécessaire à sa stabilité. Qu'elle repose en paix.

— Veuillez m'excuser, mère, intervint Pénélope. Vous parlez d'un empoisonnement ? C'est bien cela ?

— Oui, Pénélope, répondit la reine. Mais il ne faut tirer aucune conclusion hâtive. Une enquête est diligentée pour savoir l'origine exacte de son décès.

— Ceci est bien triste, poursuivit Physiora. C'était une dirigeante irréprochable et une amie de l'Anegex dont elle était originaire. Nous l'avons bien connue le duc de Lancestral et moi, avant notre mariage. Ses parents étaient des amis proches.

— C'est pourquoi elle a intercédé pour votre famille, mettant tout le poids de Purcell dans la balance afin de faire pression sur le camp des Dwight, répondit d'un ton aigre Eadred, qui venait de baisser son journal.

— Je ne vous permets pas ! lui répondit la reine mère. Vos accusations sont fallacieuses en plus d'être grossières, Eadred !

— Ne me faites pas croire qu'elle n'a pas usé de ses réseaux pour que les Lancestral parviennent à leurs fins ! poursuivit Eadred, haussant le ton.

— Cela suffit ! cria Polyxène.

Eadred se tut tout en regardant fixement Polyxène, la lèvre inférieure tremblant de rage.

— Si vous voulez bien m'excuser, dit Praxyma, en se levant. Ces disputes stériles m'ennuient et…

— Veuillez vous rasseoir, demanda Polyxène à sa sœur sur un ton qui n'acceptait aucune contradiction.

Praxyma se rassit, un peu agacée, mais ne se permit pas de contrarier sa sœur.

— Je ne supporte plus ces échanges acerbes entre les membres de cette famille, reprit la reine, sur un ton plus apaisé mais toujours ferme. Eadred, je vous demanderai de ne plus revenir sur ce conflit qui a déchiré le royaume il y a vingt ans. Il est réglé. Rien ne sert de ressasser le passé. Votre devoir va à votre royaume. Et à votre reine.

La reine mère ne put contenir un sourire moqueur qui étira ses lèvres de manière presque irréelle, tant son visage ne semblait pas fait pour cela. Elle fut rappelée à l'ordre immédiatement.

— Quant à vous, mère, je vous demanderai de ne plus provoquer le roi Consort à l'avenir. Vous devez vous aussi oublier le passé et respecter un peu plus mon époux.

— Je ne pourrai jamais faire confiance à cet…

— Il suffit ! mère ! cria Polyxène, laissant Physiora sans voix. Je me rendrai en Purcell pour les obsèques de la reine Marie, reprit-elle plus calmement. J'exige de vous tous un comportement irréprochable en mon absence. Je ne souffrirai aucun scandale ni aucune incartade.

Sur ces mots, la reine se leva et prit congé, laissant les membres de sa famille dans un silence mortel.

Plus tard, Polyxène et Eadred se retrouvèrent dans le bureau privé de la reine.

— Le roi de Purcell a donc été le dernier de son royaume à avoir appris la mort de sa mère ? s'étonna Eadred.

— Oui, en effet. C'est proprement inconcevable tout comme l'assassinat d'un membre de la famille royale dans son propre palais. Cela va affaiblir son image auprès de son peuple. Nous sommes invités aux obsèques mais je m'y rendrai seule, compte tenu des circonstances.

— Je suis bien aise de ne pas avoir à me rendre là-bas, répondit Eadred. Je n'aimais pas la reine Marie. Ces purcelliens sont plus proches de votre famille.

— Je vous rappelle que vous faites partie de cette famille, répondit Polyxène sèchement. Il serait normal que vous m'accompagniez, tant pour le protocole que pour l'image que nous devons montrer à nos sujets et aux autres royaumes. Cependant, compte tenu de nos opérations militaires en Pictie, nous ne pouvons quitter le royaume tous les deux. Je vous en laisserai donc la régence en mon absence.

— Moi, gouverner ? Ne devrais-je pas plutôt aller moi-même en Purcell pour vous représenter ?

— Non, je dois y aller moi-même. Je dois bien cela à la reine mère de Purcell, après tout ce qu'elle a fait pour notre famille.

— Vous me laissez donc gouverner en votre absence ? N'avez-vous pas peur ? ironisa Eadred.

— Je vous laisse gouverner en mon absence car je n'ai pas le choix, Eadred. Je ne vous ai jamais trouvé de réelle aptitude à gérer les affaires intérieures mais pour cela, nous avons le Premier ministre Lislite en qui j'ai toute confiance. Par contre, je dois vous reconnaître une réelle compétence en stratégie militaire. Vous avez mené nos généraux d'une main de maître en Pictie. C'est pourquoi je souhaite que vous restiez ici.

— Vous êtes trop bonne, Ma Reine, répondit Eadred, tout aussi ironique.

— Je dois voir le roi Jacques pour le soutenir mais aussi pour renforcer notre alliance. L'Anfraen demeure une menace. Nous sommes déjà fortement liés à Kursell. Je dois être présente à Vessailis pour conforter notre alliance avec Purcell pour pallier toute éventualité.

— Le roi Jacques va être affaibli par les circonstances étranges de la mort de sa mère. Son pouvoir pourrait vaciller.

— C'est pour cela que je dois m'y rendre. Il se passe beaucoup d'événements étranges ces dernières années. Les magiques sont certainement à l'origine de ces troubles. Je dois tout faire pour que le roi Jacques se maintienne au pouvoir. C'est un allié essentiel.

— Je comprends. Je ferai comme vous l'entendez. Mais je vous demanderai de prévenir votre mère et votre sœur afin qu'elles n'entravent pas mes décisions.

— Jamais ma mère et ma sœur ne feront quoi que ce soit qui puisse nuire à mon autorité.

— À la vôtre, oui, mais à la mienne…

— Eadred. Nuire à votre autorité en mon absence, c'est nuire à la mienne. Ma famille a le sens du devoir ! s'agaça la reine.

— Votre famille ! Vous savez m'en exclure quand cela vous arrange.

— La discussion est terminée, Eadred ! conclut Polyxène.

— Très bien, concéda le Roi avant de se diriger vers la porte en affichant un sourire de satisfaction après avoir lancé cette dernière pique.

— Encore une chose, reprit la reine.

— Oui, Ma Reine ?

— Je vous ai à l'œil, Eadred. Ne me décevez pas !

Le Roi sortit sans un mot, vexé par cette menace à peine déguisée. *Pour qui se prend-elle* ? se dit-il. *Je lui montrerai ce qu'est un monarque avec de la poigne.*

Le lendemain matin, c'est une brume habituelle dans le froid glacial de l'aéroport privé de Langsworth qui accueillit La reine Polyxène. Elle se préparait à monter dans l'avion à destination de Vessailis pour assister aux obsèques de la reine Marie de La Rivière qui se dérouleraient dans la chapelle du palais royal de Vessailis.

La reine se dirigea sur le tarmac où l'attendait l'avion royal. La famille était au complet pour accompagner Polyxène.

— Je serai partie plusieurs jours. J'ai prévu une halte en Kursell avant de me rendre à Vessailis. Le roi consort Eadred assurera la régence pendant mon absence ! Soyez tous prompts à lui obéir ! Que les dieux vous bénissent tous ! déclara Polyxène d'un ton solennel et sans équivoque.

L'avion décolla et la famille royale rentra au palais.

Polyxène goûtait fort peu à ces nouvelles inventions technologiques volantes qui provenaient des pouvoirs des cristaux magiques qui faisaient naître çà et là dans l'esprit des scientifiques de l'Union des idées nouvelles assez régulièrement depuis quelques années. Elle s'était attachée à son siège, non sans avoir une certaine appréhension. Alors que l'appareil décollait, elle se perdit dans ses pensées. L'avion était apparu il y a déjà une trentaine d'années mais il avait connu depuis des améliorations incroyables, notamment grâce à la découverte du moteur à réaction et à l'utilisation des sources inépuisables de carburant provenant du royaume d'Eorfren et du royaume de Pictie. Justement, le royaume de Pictie posait bien des soucis à la reine. Situé au nord de l'Anegex, ce royaume n'avait jamais accepté sa montée sur le Trône. Son souverain actuel avait un lien de parenté avec feu le roi d'Anegex Robert IV, mort sans descendance. Un cousinage au troisième degré, certes, plus lointain que celui de Polyxène, qui était parente au second degré de l'ancien souverain, mais identique à Eadred, parent aussi au troisième degré. C'est donc naturellement qu'il avait proposé d'épouser Polyxène après la fin de la guerre civile, ayant pour souhait d'unir les deux royaumes. Mais l'urgence pour les Lancestral était alors d'unifier l'Anegex sous une seule et même bannière et la famille de Polyxène avait donc porté son choix sur la famille ennemie, les Dwight, afin d'éviter que le conflit qui venait de faire rage ne puisse renaître de ses cendres. Aujourd'hui encore, le roi de Pictie en voulait à la famille Lancestral et tous les moyens étaient bons pour titiller la susceptibilité des Anegexois. Sa dernière trouvaille avait été de mettre un terme à tous les échanges commerciaux, et notamment à la livraison de ce précieux carburant dont l'Anegex avait cruellement besoin, sous prétexte qu'il estimait son royaume surtaxé. Pourtant les taxes étaient les mêmes dans toute l'Union, selon un décret approuvé par les huit royaumes. Mais, pour le roi de Pictie, la proximité des royaumes d'Anegex et de Pictie aurait dû permettre des arrangements commerciaux plus avantageux. Il menaçait même de sortir de l'Union dont il risquait d'ébranler les fondements s'il persistait. C'est pourquoi Polyxène avait envoyé il y a quelques semaines un ultimatum à son homologue, l'invitant fermement à retrouver un peu de lucidité en se conformant aux règles émises par l'Union et en cessant son chantage au carburant. Cela avait entraîné la colère du roi de Pictie qui avait déclaré la Guerre à Polyxène, trouvant là un prétexte fallacieux, certes, mais inespéré pour cet homme aigri qui semblait depuis quelque temps pris de folie. La reine soupira alors que son avion passait au-dessus de la mer de Lacalis et décida de fermer un peu les yeux pour trouver le repos.

Le retour au palais se fit dans le silence pour la famille royale. Dès leur arrivée devant l'édifice, ils se séparèrent sans un mot. Le roi Eadred se rendit dans ses appartements privés où il prit le temps de se servir un verre de scotch et de réfléchir tout en regardant le feu crépiter dans la cheminée. Il se dirigea ensuite vers les appartements de la princesse.

Pénélope était en train d'étudier les légendes de l'Anegex. Le roi pénétra dans sa chambre après avoir frappé brièvement à la porte sans attendre d'être invité à entrer.

— Que faites-vous ?

— J'étudie les légendes de l'Anegex, père. Je lis l'ouvrage du sieur Leandred de Surrex.

— C'est un livre très intéressant. Je l'ai parcouru plusieurs fois durant ma jeunesse. Les légendes m'ont toujours fasciné.

— Dites-moi, père, comment a-t-on réussi à monter sur le Trône de l'Anegex après la chute du seigneur des ténèbres ?

— C'est une histoire très compliquée. Il faudrait plus d'une nuit pour vous la conter. Je pense qu'il serait plus sage pour le moment que vous vous concentriez sur les légendes. D'ailleurs, vous en êtes où ?

— Je suis sur une histoire d'amour entre une elfe et un monstre.

— Comment se passe l'histoire ?

— Plutôt triste je trouve, j'ai peur qu'à la fin elle ne se suicide.

— Les histoires d'amour se terminent toutes mal. Retenez bien. Quand notre rébellion a eu lieu contre les elfes, j'ai perdu beaucoup de proches.

— C'est dans ce palais que notre arrière-grand-père a été brûlé par un elfe ?

— Oui, c'est bien ça, il a été brûlé par la magie maléfique d'un elfe des forêts.

Le roi devint pensif, enfermé dans les souvenirs douloureux qui lui revenaient en mémoire. Pénélope s'en rendit compte et n'osa pas interrompre sa méditation. Après quelques minutes de silence, le roi releva la tête et, sortant de ses songes, s'adressa de nouveau à sa fille.

— Veuillez m'excuser, Pénélope. Certains sujets me plongent dans une profonde mélancolie. Vous deviendrez la prochaine reine. Il est temps, à mon sens, que vous appreniez à diriger. À partir d'aujourd'hui, je veux que vous soyez à mes côtés du matin au soir pour apprendre votre futur métier. Êtes-vous d'accord ?

La princesse fut stupéfaite par la demande de son père. Cela ne l'arrangeait pas du tout. Elle avait d'autres soucis en ce moment.

— Mais père, notre souveraine est encore jeune. J'ai tout le temps pour apprendre à ses côtés.

— Je vous offre la possibilité de prendre part au pouvoir et vous n'êtes pas intéressée ?

— Ce n'est pas ça mais…

— Mais quoi ?

— En avez-vous parlé avec mère ?

— Votre mère m'a nommé régent en son absence, jeune fille, répondit Eadred, sur un ton péremptoire. J'ai donc toute latitude pour prendre des décisions. Vous serez présente à mes côtés dès demain pour apprendre, que vous le vouliez ou non.

— Je n'ai donc pas le choix ? répliqua sèchement Pénélope.

— Vous pensez avoir mieux à faire que de vous intéresser à la vie de votre futur royaume ? Il semble que vous ayez besoin en effet d'apprendre beaucoup de choses. Il était temps que j'intervienne.

— Mais je suis intéressée par les affaires du royaume père ! répondit la princesse piquée au vif. Seulement, vous m'avez prise au dépourvu.

— Donc c'est entendu. Dès demain, je vous formerai à la gestion du royaume.

— Très bien, père, concéda Pénélope. Je devais voir un ami demain. Me laisserez-vous le prévenir ?

— Qui est cet ami ?

— Euh… je vous ai dit un ami mais en fait ils sont plusieurs, père.

— Bien entendu. Je vais vous laisser quelques heures pour prévenir vos amis. Je voudrais vous voir au dîner de ce soir.

— Très bien, père. Je serai là.

Eadred sortit sans un mot, ressentant une certaine lassitude, car il trouvait sa fille peu enthousiaste. Il se rendit dans les appartements du Premier ministre, le comte Lislite. Ce dernier était assis derrière son bureau, en pleine lecture d'un ouvrage sur les plantes rares. Il leva des yeux interrogateurs sur Eadred lorsqu'il le vit entrer.

— Monsieur, je ne suis pas habitué à vous voir ici. Que voulez-vous ? interrogea Lislite.

— Je voudrais que vous surveilliez ma fille si cela ne vous dérange pas ?

— Non, bien sûr, je suis à votre service, Votre Majesté. Mais pourquoi devrais-je espionner votre fille ?

— Parce que je la soupçonne de me mentir.

— Puis-je connaître l'objet de vos soupçons ?

— Elle m'a parlé d'un ami qu'elle souhaitait voir pour le prévenir qu'elle serait moins disponible ces jours prochains car je lui ai demandé de rester à mes côtés pour qu'elle apprenne le métier de monarque. Je suis étonné qu'elle ait pensé tout de suite à cet ami dont elle ne m'a pas donné le nom. Elle a ensuite éludé la question. Et puis son comportement m'a étonné. Je l'ai trouvée détachée. Elle n'a pas montré beaucoup d'enthousiasme. Cela me laisse perplexe.

— Je ferai de mon mieux pour découvrir si elle vous cache quelque chose, Votre Majesté. Je m'attelle immédiatement à la tâche et vous rendrai mon premier compte-rendu dès ce soir avant le dîner. Si jamais elle a menti, qu'allez-vous faire ?

— Je ne sais pas encore, Lislite. Je n'ai pas encore pris de décision.

— Bon, très bien. Je vais la surveiller.

Lislite quitta son bureau immédiatement pour retrouver la princesse Pénélope. Après avoir cherché un peu partout, il se rendit au jardin des eaux et s'assit sur un banc derrière un bosquet pour prendre un peu de repos après avoir déambulé dans tous les couloirs du palais. Il entendit soudain un bruit et vit apparaître Pénélope au travers du bosquet. Celle-ci ne le vit pas. Il se figea afin de ne pas alerter l'attention de la jeune femme.

L'héritière du Trône s'installa sur la margelle d'un bassin. Un individu arriva et s'installa auprès d'elle. Lislite ne vit pas le visage de l'homme mais l'ombre de l'individu était inquiétante. Pénélope s'approcha de son ami et l'embrassa. Lislite fut outré mais ce qui l'inquiéta plus que tout était les cornes qu'il aperçut sur la tête de l'inconnu. Ce n'était pas un homme mais une bête.

Choqué et effrayé, il attendit que les amants s'éloignent et se précipita vers son bureau où il s'assit pour reprendre son souffle. Après avoir réfléchi, il se décida à convoquer Pénélope pour avoir une explication avec elle.

De retour dans sa chambre, la jeune princesse s'assit sur son lit, encore tout émue d'avoir vu son amant. Elle se demandait combien de temps elle pourrait encore le cacher. Elle était cependant convaincue de leurs sentiments respectifs et se sentait prête à braver tous les dangers pour pouvoir vivre cet amour au grand jour.

Elle entendit frapper à la porte, ce qui la sortit de ses songes. Une servante entra et lui remit un billet venant du comte Lislite la convoquant dans son bureau où elle se rendit, soucieuse, car le Premier ministre ne la convoquait jamais.

Elle entra sans même frapper à la porte.

— De quel droit me convoquez-vous de la sorte ? Lislite !

— Vous le savez ! Vous devriez baisser d'un ton et m'écouter, à moins que vous ne vouliez que j'aille de ce pas dévoiler à votre père ce que j'ai vu tout à l'heure dans le jardin des eaux ?

— Sachez que je l'aime plus que tout ! répondit la princesse d'une voix affolée, comprenant qu'elle était confondue. Ne le dites pas à mon père, s'il vous plaît, ajouta-t-elle suppliante.

— Et pourquoi je ne le dirais pas à votre père ?

— Ça déclencherait sa fureur ! Il pourrait très bien m'envoyer dans une école privée loin d'ici et surtout s'en prendre à lui.

— Pourquoi êtes-vous tombée amoureuse d'un monstre ?

— Il n'était pas un monstre quand je l'ai rencontré. Il a été victime d'un enchantement.

— Comment ça, victime d'un enchantement ?

— On ne sait pas comment c'est arrivé.

— Vous le fréquentiez bien avant l'enchantement, non ?

— Oui, on se fréquentait, Lislite. Je l'aime de tout mon cœur. Je suis tellement triste de le voir comme ça, je ne sais pas quoi faire.

— Qui est-il ?

La princesse regarda Lislite fixement. Après quelques secondes de silence, elle baissa les yeux dans un souffle, puis, relevant la tête, s'adressa de nouveau au Premier ministre.

— C'est un jeune homme issu d'une famille de paysans. Il était un de nos serviteurs.

— Comment ? s'étrangla Lislite. Vous vous êtes amourachée d'un moins que rien ! Cela ne se peut ! C'est un véritable déshonneur pour votre famille. Imaginez si cela venait à se savoir ! Cela provoquerait un véritable scandale et fragiliserait la monarchie ! Je pense qu'il serait sage de ne plus le voir, princesse.

— C'est impossible, Lislite ! Si je dois le quitter, j'en mourrai de chagrin ! Vous ne pouvez pas me demander cela. Aidez-moi ! Aidez-le !

— Je ne peux rien pour lui, Votre Altesse. Ce genre d'enchantement est signe d'un grand pouvoir. Je ne sais pourquoi il a été ensorcelé mais la personne ou le monstre à l'origine de cela doit être particulièrement dangereux. Dans le souci de vous préserver, je vous demande de rompre tout lien avec lui sinon je serai dans l'obligation de tout dire à votre père !

— Vous ne ferez donc rien pour lui, Lislite ?

— Non, Votre Altesse.

— Eh bien, vous savez quoi, Lislite ? Si vous ne voulez pas m'aider, je réglerai le problème moi-même !

— Cela est très dangereux, princesse. Si vous l'aimez, je comprends votre douleur mais dans son intérêt comme dans celui de votre famille, cessez cette relation immédiatement ! La famille royale ne s'en remettrait pas.

— Vous n'avez pas de conseil à me donner, Lislite. Je vous demande de me laisser un peu de temps avant de tout dévoiler à mon père. Si dans une semaine vous n'avez pas confirmation que je l'ai abandonné, je vous laisse toute liberté de dévoiler la vérité au roi consort. Mais laissez-moi un peu de temps pour essayer d'arranger les choses. Vous le ferez ? finit-elle sur un ton plus doux, presque suppliant.

— Vous avez jusqu'à ce soir. Sachez que votre père trouve votre comportement douteux. Si vous n'avez pas réglé le problème ce soir, je lui avouerai tout. Et il le réglera pour vous.

— Je n'ai donc pas le choix, n'est-ce pas ?

— Je crains que non.

— Très bien, je ferai ce qu'il faut.

La princesse s'en retourna alors dans ses appartements, laissant le Premier ministre à ses réflexions sur l'attitude à adopter face à ces nouvelles déconcertantes.

Chapitre VII
Des lendemains qui déchantent

Thomas arriva vers huit heures du matin dans le quartier très sécurisé de la Fonderie, à Sirpa où se situaient les bureaux de la sécurité intérieure de Purcell.

La ville de Sirpa était l'ancienne capitale du royaume de Purcell. Depuis la construction du palais de Vessailis, le pouvoir exécutif du royaume s'était déplacé de Sirpa à ce palais grandiloquent, destiné à montrer la puissance financière, économique et culturelle du pays. Le royaume de Purcell avait connu de nombreuses révoltes depuis le Grand Blast, et avait stabilisé ses institutions avec beaucoup de difficultés. Les différents rois qui s'étaient succédé avaient souvent eu maille à partir avec le peuple purcellien. Sirpa, mégalopole tentaculaire et, à l'époque, siège de toutes les institutions, avait souvent été le centre des révoltes ouvrières qui avaient parfois failli coûter la vie aux dirigeants qui vivaient au palais royal de La Grande Autorité. C'est la raison pour laquelle le roi Jean Le Grand avait décidé en 838, après le Grand Blast, d'éparpiller les différents organes de l'État entre les grandes villes du royaume, faisant édifier à cette occasion, un nouveau palais royal dans la petite ville de Vessailis à environ cinq lieues de Sirpa. Ce palais devint très vite le centre névralgique de la vie publique du pays. La petite ville qui l'avait accueilli se couvrit d'hôtels particuliers destinés à recevoir les plus grands courtisans du royaume, qui rivalisaient entre eux pour plaire au souverain et n'avaient plus le temps de fomenter des révoltes, les plus récalcitrants étant manipulés pour devenir dépendants financièrement du roi afin de ne plus avoir d'autre choix que de lui être fidèle.

Thomas se présenta à l'accueil du bureau central où une jeune demoiselle à la tenue tout aussi soignée que ses ongles étaient peinturlurés de rouge lui demanda la raison de sa venue et sa pièce d'identité. Après avoir passé un appel au secrétariat du Lieutenant général Pierre Dunoir, elle raccrocha et prit sa plus belle pause pour inviter le visiteur à se rendre au cinquième étage de la tour nord où l'attendait un policier qui le mènerait au cabinet du chef de la police.

Une brève montée dans un ascenseur de verre l'amena au cinquième étage, où il fut accueilli par un policier en uniforme noir, casquette de cuir et insigne en métal chromé qui brillait à en faire baisser les yeux. Ce dernier, dont le regard noir et fixe dénotait un sérieux et un sang-froid de garde du corps que ne démentaient pas de gros bras dont les muscles saillants faisaient se tendre le tissu de la veste de son uniforme, ordonna à Thomas, plus qu'il ne l'invitait, à le suivre au travers d'un dédale de couloirs qui se ressemblaient tous. Au bout de cinq minutes, ils arrivèrent à une double porte sur le côté de laquelle figurait le nom et la fonction de son occupant.

Pierre Dunoir ouvrit instantanément celle-ci et s'avança avec un grand sourire vers Thomas, lui tendant une main amicale.

— Mon ami, je m'attendais à votre visite, dit Pierre.

— Je suppose que vous avez appris la mort de la reine ?

— Oui, quelle triste histoire ! une honte pour Vessailis que le roi soit le dernier à être mis au courant du décès de sa mère. Comment va-t-il ?

— Pas très bien, vous vous en doutez. Il vient de perdre sa mère et il ne fait plus confiance à son entourage.

— Et votre fils, Thomas, comment va-t-il ?

— Il nous a quittés hier soir, répondit Thomas, la voix brisée.

— C'est une bien triste nouvelle, Thomas. Je prierai pour lui. On ne devrait pas avoir à perdre un enfant. C'est une épreuve trop lourde à porter.

— Il a été emporté si vite. Il y a deux jours, il se portait encore assez bien, malgré une petite fièvre. Je n'ai pas encore réalisé… On pense que c'était la peste blanche.

— Cette maladie moyenâgeuse fait trop de ravages ! s'exclama Pierre Dunoir, en colère. Nous inventons des engins volants et des appareils pour communiquer rapidement, mais nos scientifiques ne réussissent toujours pas à trouver de remède à cette cochonnerie ! Il y a quelque chose que je ne comprends pas, Thomas ! Mais je m'énerve et palabre, alors que vous êtes dans la douleur. Pourquoi êtes-vous venu ? Nous aurions pu attendre que votre deuil soit passé.

— J'ai perdu ma femme il y a deux ans et aujourd'hui mon fils, Pierre. Mon deuil ne cessera plus désormais. Il me fallait me changer les idées et surtout ne pas lâcher prise maintenant car sinon le risque est que je ne me relève pas. Et puis, la maladie étant contagieuse dès le décès, il a fallu faire vite. Mon fils a été incinéré cette nuit et la maison est en pleine désinfection. Décidément, je ne pouvais pas rester chez moi.

— Je comprends Thomas. Venez, asseyez-vous, nous allons parler de notre affaire. Vous me disiez que le roi était en colère et méfiant vis-à-vis de tout son entourage ?

— Monsieur a su avant le roi que sa mère était décédée et n'a pas jugé utile de réveiller sa majesté pour la prévenir de la terrible nouvelle et surtout qu'il s'agissait d'un empoisonnement.

— Laissez-moi deviner, répondit Pierre Dunoir. C'est pour cela que vous êtes là, n'est-ce pas ? Car l'empoisonnement est criminel ?

— Oui, le roi voudrait que vous ouvriez l'enquête en toute discrétion et que vous n'ébruitiez pas ce que nous savons déjà.

— Les journalistes émettent déjà des doutes sur l'origine de l'empoisonnement. Tout le monde parle d'assassinat.

— Et c'est déjà très dérangeant, répondit Thomas. Cela met en péril la stabilité des institutions. Il est important que toute la lumière soit faite sur cette affaire pour le bien de l'État.

— Je suis très occupé en ce moment ! Cette enquête va me demander tout mon temps !

— Comment ça en ce moment ? À cause des masques rouges ?

— Oui à cause des masques rouges, ces bandes de voyous qui ne savent mettre que de la pagaille dans les rues. Ils tuent pour le plaisir. Je ne peux pas quitter Sirpa tant que le colonel Valadune est leur chef.

— Pourquoi ?

— Le colonel Valadune a perdu sa famille, assassinée par deux vampires. Depuis, il n'a de cesse que de tuer tous les vampires qu'il croise. Il ne fait pas la distinction entre ceux qui respectent nos lois et ceux qui doivent être arrêtés. Il ne respecte aucune loi et a embrigadé des soldats qui sont aussi radicaux que lui. Le pire est que cette milice rencontre un certain succès dans la population. Les changements que nous connaissons depuis une dizaine d'années avec la multiplication des magiciens et autres créatures autrefois imaginaires rendent certains inquiets pour l'avenir de la race humaine. J'ai failli arrêter cet homme déjà deux fois. Je l'ai manqué de peu mais depuis, il m'a déclaré traître à la race humaine et a menacé de détruire ma famille. Je dois lui mettre la main dessus et surtout découvrir qui se cache dans l'ombre et tire les ficelles, car je suis certain qu'il n'est lui-même qu'un exécutant. Dites au roi que j'envoie mon meilleur enquêteur pour l'aider.

— Le roi refusera, il veut que ce soit vous.

— Je ne peux pas, Thomas, je suis désolé. Quitter cette affaire maintenant reviendrait à mettre en danger ma famille. Je dois le stopper avant qu'il ne s'en prenne à ma femme et à mes enfants.

— Pierre, qu'est devenu l'homme que j'avais connu ? Vous êtes quelqu'un de mordant et ne vous laissez jamais menacer. Vous savez que vous pouvez mettre votre famille en sécurité le temps de l'enquête et rien ne vous empêche de mener les deux enquêtes de front si vous savez vos proches en sécurité. Je vous aiderai. Vous le savez bien. J'ai besoin de faire quelque chose, de travailler pour penser à autre chose, sinon je vais m'effondrer. C'est pour ça que je serai disponible vingt-quatre heures sur vingt-quatre désormais. Vous pouvez compter sur moi. Quant à votre famille, avec l'aide du roi, nous pourrons les envoyer dans un endroit sûr, le temps que les deux enquêtes soient menées.

— Très bien, Thomas. Dès que ma famille sera en sécurité, je serai ravi de travailler avec vous sur l'enquête. Mais je vous préviens, une partie de mon temps sera consacrée aux masques rouges.

— Je m'occupe d'avertir le roi et de faire les démarches avec son cabinet secret pour mettre en sécurité votre famille. Dès que cela sera fait, rejoignez-moi à l'adresse que je vous ferai envoyer. L'enquête sera menée secrètement et nous ne pourrons donc pas utiliser vos bureaux pour ce faire.

— Très bien, Thomas. Merci de votre confiance.

— J'ai besoin de vous, Pierre. Le roi a besoin de vous. C'est moi qui vous remercie.

Thomas quitta la pièce, toujours escorté par le policier aux gros bras dont il comprit enfin la présence permanente près de Pierre Dunoir.

Pierre se dirigea vers la fenêtre de son bureau dont la vue s'ouvrait sur une partie de Sirpa. Il sortit une photo de sa fille. Il pensait à elle. Quelque chose d'étrange attira son regard sur la photo. Il vit une main sur l'épaule de l'enfant. La main d'une ombre. Pourtant personne ne tenait sa fille par l'épaule lors de la prise de ce cliché. Cette photo lui faisait se poser beaucoup de questions depuis longtemps déjà et provoquait bizarrement chez lui une véritable tristesse chaque fois qu'il la regardait.

Au palais, Jacques VI était attendu au Conseil mais ne comptait pas y aller. Il quitta les lieux pour aller galoper à bride abattue dans la forêt. Le soleil brillait et se réverbérait sur les ardoises couvrant les toitures du palais dont chaque vitre renvoyait aussi un éclat de lumière vive. Le roi s'était arrêté à l'orée de la forêt située au sommet d'un pic rocheux duquel on apercevait en contrebas l'intégralité du palais et du domaine de Vessailis. Il observait cet écrin du pouvoir royal et pensait à sa défunte mère qui avait tout fait pour lui conserver son pouvoir quand il entendit soudain des bruits de pas et des craquements de branchages derrière lui.

À l'intérieur du palais, le prince Fabien déambulait dans les couloirs. Il fut interpellé par le conseiller des finances, monsieur le comte d'Ambroise.

— Monsieur, le roi n'est pas apparu au Conseil, affirma le comte d'un ton interrogatif.

— Comment ça il n'est pas apparu au Conseil ? lui répondit monsieur, qui ne cacha pas son étonnement.

— On ne sait pas où il est, plusieurs gardes royaux sont en train de le chercher dans le château et dans les jardins.

— Je crois savoir exactement où est mon frère. Il faut envoyer plusieurs gardes avec moi.

— Où est-il ? demanda le conseiller.

— Dehors, en train de galoper sans protection. C'est toujours ce qu'il fait quand il veut être seul.

Jacques se retourna et chercha d'où provenaient les bruits qu'il entendait. Sortant alors des sous-bois, plusieurs loups blancs s'avancèrent vers lui doucement et l'encerclèrent petit à petit. Jacques fit se retourner sa monture et observa les loups face à lui. Une des bêtes commença à grogner. Le roi descendit de cheval et sortit doucement son épée. Sa monture paniqua et partit dans un galop effréné à travers les bois sans qu'aucun des loups ne la poursuive, bizarrement. Les prédateurs n'en avaient qu'après le roi. Jacques se recula et pensa alors que sa dernière heure était arrivée. Soudain retentit une détonation, puis une autre. Un des loups s'effondra et les autres s'enfuirent aussitôt. Fabien arriva à cheval avec les gardes royaux.

— Êtes-vous fou, mon frère ? hurla Fabien.

— Faites attention à ce que vous dites, Monsieur. Vous vous adressez au roi, répondit Jacques d'un ton solennel.

— Je sais bien qui vous êtes et c'est pour cela que vous ne pouvez vous rendre seul dehors sans protection, surtout après ce qui est arrivé à notre mère. Que se serait-il produit si nous n'étions pas intervenus à temps ?

— Je vous remercie, mon frère pour avoir fait fuir ces loups. Cependant, sachez que je sais me défendre et que si je souhaite sortir seul sur mon domaine, j'en ai parfaitement le droit. Et tenez votre langue ! Nous ne sommes pas seuls !

Fabien se rendit compte que les gardes les entouraient et qu'il devait faire attention aux informations qu'il délivrait. Qui plus est, Jacques était peut-être son frère mais il n'en demeurait pas moins le roi, ce qui exigeait une certaine déférence. Le jeune prince se reprit et parla plus calmement.

— Vos conseillers vous ont attendu et le royaume a besoin de stabilité. Ne mettez pas votre vie en danger inutilement s'il vous plaît, mon frère.

— Je me moque de ce que pensent les conseillers ! On vient de perdre notre mère, je ne veux plus vivre à Vessailis. Ce lieu sent la mort et la tristesse à présent.

Le roi venait à son tour de perdre patience et de montrer une image peu flatteuse aux gardes.

— Le protocole exige que vous restiez à Vessailis, répondit Fabien sur un ton égal. Sachez que la reine Polyxène est en route pour les obsèques de notre mère et sera accueillie ici même dans deux heures. Il vous faut vous préparer pour la recevoir.

— Je ne veux plus vivre à Vessailis et je ne veux plus être roi ! s'écria Jacques.

— Notre mère a tout sacrifié pour que vous restiez sur le Trône ! Que penserait-elle de votre comportement à cet instant ?

— Elle serait déçue, répondit Jacques. Je le sais.

— Alors, venez avec moi, on vous attend au palais. Je sais que c'est difficile mais pour elle, et aussi pour moi qui crois en vous, je vous en prie, prenez en main votre destin et soyez le roi que nous attendons tous.

Jacques regarda son frère dans les yeux et après quelques instants, reprit ses esprits et attrapa la main de Fabien. Il monta en selle derrière son frère et tous deux repartirent vers le palais, suivis de près par les gardes qui semblaient impassibles.

Pendant ce temps, dans ses appartements, le comte d'Ambroise discutait avec le conseiller Arthur d'Or.

— Le roi a été retrouvé, Comte d'Ambroise, dit le conseiller, alors qu'il regardait le souverain approcher du palais sur la monture de son frère.

— Il était temps. Où est le Premier ministre ?

— Il est en galante compagnie dans ses appartements, Monsieur le Comte.

— Ça ne m'étonne pas. Plus les jours passent, moins je fais confiance à cet homme. Son comportement est des plus étrange.

— Pourquoi trouvez-vous que monsieur Rayard est très étrange ?

— J'ai vu dans les comptes de son ministère beaucoup de dépenses pour des recherches en technologie.

— Et alors, tout ça ne veut rien dire. Le roi doit certainement être au courant.

— Je ne le crois pas, non. La recherche en technologie est très encadrée et dépend du ministère des Sciences et des Êtres magiques. Je me suis renseigné. Le ministre en charge n'est pas informé de ces recherches effectuées pour le compte du Premier ministre.

— Monsieur Rayard est très ami avec le roi. Jamais il ne pourrait le trahir ou le spolier.

— Et pourtant il a désobéi à sa majesté. Vous savez que la technologie est très rare Arthur, et fait appel à des chercheurs peu nombreux et très chers. Elle permet le développement économique mais aussi la création d'armes qui pourraient être utilisées à mauvais escient.

— Jamais je ne pourrai dénoncer monsieur le Premier ministre. C'est trop dangereux.

— Il faut pourtant prendre une décision. Soit on le laisse faire, soit on le dénonce. Ne pas informer le roi de ce qui se trame pourrait être assimilé à de la trahison.

Dans ses appartements, Gabriel Rayard discutait avec madame de Soirsic, comtesse de la Vieule.

— Madame, quel plaisir de vous embrasser ! J'attends toujours ces moments avec impatience, lui susurra le Premier ministre tout en l'entourant de ses bras.

— Vous êtes un polisson, monsieur Rayard. Je ne sais pas pourquoi je cède à chaque fois mais je ne peux vous résister. Dites-moi, j'ai entendu des rumeurs selon lesquelles vous voulez que le roi épouse Elizabeth Crosswalk ?

— Oui, c'est bien vrai. Pourquoi cette question, madame ?

— Non, comme ça. J'espère que cela ne va pas entacher nos projets.

— Pas du tout, très chère. Cela pourrait même nous aider. Avez-vous déjà entendu parler de cette Elizabeth ?

— Non, dites-m'en plus, demanda la comtesse, dont la curiosité semblait insatiable.

— C'est une peste de la pire espèce. Elle ressemble beaucoup à son frère, le premier magistrat suprême d'Anfraen. Si mon plan aboutit, elle va mettre un désordre sans nom au palais et nous aider à nous débarrasser de Jacques VI.

— Si nous n'avons pas réussi avant, répondit la comtesse, les yeux brillant de haine.

— Et moi j'aime lorsqu'on cesse de parler pour passer aux actes, dit-il en la serrant plus fermement dans ses bras, s'adonnant enfin aux ébats dont il ne pouvait plus se passer désormais.

La reine Polyxène arriva à Purcell après une halte d'une journée en Kursell. Son avion atterrit à l'aéroport privé de Noyeul où l'accueillit une délégation constituée des ministres de sa majesté Jacques VI. Le ministre des Affaires étrangères, Paul de La Rotonde, accompagna la reine dans la voiture blindée qui l'attendait sur le tarmac.

— Votre Majesté, quel plaisir de vous revoir ? lui dit-il après le baise-main traditionnel.

— C'est un plaisir partagé, monsieur de la Rotonde, mais je m'attendais à être accueilli par le Premier ministre.

— Monsieur le Premier ministre est désolé de ne pas être présent, Votre Majesté, mais des affaires urgentes l'ont retenu à Vessailis. Il sera bien entendu présent à votre arrivée pour vous faire ses hommages.

— Et pourquoi le roi n'a-t-il pas envoyé son propre frère ?

— Le roi a besoin de son frère en ces temps difficiles, Madame.

— Je comprends, répondit la reine, dubitative.

Le convoi de la reine Polyxène arriva au palais de Vessailis, une demi-heure plus tard. Plusieurs rangées de serviteurs vêtus de noir l'accueillirent. Au centre, monsieur, le frère du roi, s'avança vers la reine.

— Votre Majesté, j'espère que vous avez fait un bon voyage, je suis désolé que mon frère n'ait pas pu vous accueillir.

— Merci de votre présence. Où est le roi ?

— Sa majesté ne devrait plus tarder. Il a tenu à revoir seul notre mère une dernière fois avant la cérémonie officielle.

— Je comprends, Monsieur. Vous étiez tous deux très attachés à la reine. Moi-même ai été très choquée et attristée lorsque j'ai appris la nouvelle.

— Je vous remercie de votre compassion, Madame. Mais ne restons pas ici. Si vous voulez bien me suivre, nous nous rendrons directement à la chapelle du palais où beaucoup d'invités sont déjà installés.

Ils rejoignirent la cérémonie. Une foule de dignitaires étrangers était déjà installée dans la nef. Des envoyés des différents royaumes ainsi que des personnalités importantes du monde économique étaient ainsi installés les uns à côté des autres. Tous les membres du gouvernement étaient assis sur les premières rangées qui faisaient face au chœur. Le Premier ministre Rayard accueillit la reine Polyxène et Monsieur sur le parvis.

— Bienvenue, Votre Majesté. Le fait que vous vous soyez déplacée vous-même est un honneur pour notre royaume. Nous vous en sommes reconnaissants en ces moments difficiles, dit-il, d'une voix douceâtre en s'abaissant pour baiser la main de la souveraine.

— Monsieur le Premier Ministre, après tout ce qu'a fait la reine Marie pour nos deux pays, il était inenvisageable que je ne vienne pas lui rendre un dernier hommage. Le roi est-il arrivé ?

— Non, pas encore, et cela m'inquiète car la cérémonie a déjà pris un peu de retard. Monsieur le Cardinal, que se passe-t-il ? Où est le roi ? demanda le Premier ministre au prélat qui les avait rejoints et avait déjà salué la reine Polyxène.

— Sa majesté est enfermée dans la chambre de la reine. Il ne veut toujours pas que nous commencions la cérémonie. Il est dévasté. Je ne sais plus quoi lui dire pour l'amener à accepter que nous emportions sa majesté la reine Marie.

— Bien, dit la reine Polyxène. Conduisez-moi à lui. Je vais le faire revenir à la raison.

Jacques était dans la chambre de sa mère. Penché sur sa dépouille, il n'arrivait toujours pas à réaliser qu'elle n'était plus. Les thanatopracteurs avaient réalisé un travail admirable, redonnant un semblant de souffle de vie à la reine défunte. Le maquillage lui donnait un air rayonnant et avait effacé les traces du poison qui avait conduit à sa disparition. Le roi ne put s'empêcher de s'en vouloir. Comment une telle tragédie avait-elle pu arriver ? Il ne réussissait pas à la laisser partir.

— Votre Majesté, que faites-vous encore ici ? lui demanda Polyxène qui était entrée seule dans la chambre.

— Votre Majesté ! s'écria-t-il surpris, que faites-vous ici !

— Vous ne pouvez faire attendre tout le monde plus longtemps. La cérémonie doit commencer, répondit calmement Polyxène, laissant de côté l'affront.

— Je ne peux pas ! Je ne veux pas la quitter ! répondit-il, les joues ruisselantes de larmes.

— Voyons, soyez raisonnable. Que dirait-elle si elle était encore en vie ? Après tout ce qu'elle a fait pour vous conserver le Trône, vous devez respecter plus que jamais à cet instant ses convictions et son attachement au royaume.

— À quoi bon ? Elle a été assassinée ! Et sous mon toit ! Je n'ai pu la protéger ! Et sa disparition va entraîner la déstabilisation du royaume.

— Écoutez-moi, Jacques ! reprit Polyxène plus fermement. Avant votre couronnement, votre mère s'est battue pour vous conserver le Trône. Elle a combattu la maladie pendant la régence. Rien ni personne n'aurait pu la détourner de son objectif qui était de maintenir le pouvoir de votre famille et de conserver un royaume fort. Elle m'a aidé à faire de même en Anegex. Notre famille est importante, mais le royaume, le peuple, la lignée le sont encore plus. Vous devez vous montrer fort pour elle, en l'honneur de sa mémoire, et pour maintenir un pouvoir puissant dans votre royaume. Je vous aiderai. Je serai votre alliée.

— Je croirais l'entendre, répondit Jacques. Vous avez raison, Madame. Nous nous devons avant tout à notre peuple. Pourtant je suis si las ! Mais si vous voulez bien m'accompagner, je ferai ce qu'il faut.

S'adressant aux prêtres dans l'antichambre, Le roi Jacques VI ordonna alors de commencer la cérémonie. Les membres des pompes funèbres vinrent alors fermer le cercueil et les membres du clergé le transportèrent vers la chapelle, suivis par le roi Jacques VI et la reine Polyxène à son bras.

Des enfants entamèrent des chants lyriques à l'arrivée du cortège funèbre dans la chapelle. Jacques et Polyxène suivirent le cercueil jusqu'au chœur et s'assirent sur le banc juste devant, réservé aux illustres invités. La cérémonie des adieux put enfin se dérouler.

Les funérailles se terminèrent assez tard. La reine mère Marie de La Rivière avait été inhumée dans la crypte royale au côté de Jacques V, son époux adoré.

Jacques VI et Polyxène étaient rentrés au palais et s'entretenaient dans le cabinet du roi en toute intimité. Polyxène était très triste de la disparition de son amie d'enfance. Jacques était toujours dans la peine et présentait un visage d'une grande pâleur.

— Je voudrais savoir, Votre Majesté… intervint Jacques, assez gêné.

— Vous pouvez m'appeler Polyxène. Et ne soyez pas gêné. Posez votre question.

— Je vous remercie de votre bienveillance. Je voudrais savoir comment mon père et ma mère se sont rencontrés. On m'a souvent dit que cela ne s'était produit qu'au moment de leur mariage. Pas avant.

— Ils se sont rencontrés bien avant leur mariage, répondit Polyxène dans un sourire complice. Ils fréquentaient le même collège privé. J'étais également dans ce collège réservé à la haute aristocratie. Nous étions très amis. Puis un jour, ils ont dû se séparer car votre père devait rentrer à Vessailis. Votre grand-père était très malade. Il est décédé peu de temps après et votre père est devenu le nouveau monarque.

— Cela a dû être triste. Sont-ils restés en contact ?

— Oui, c'était très triste. Votre mère avait du mal à supporter le départ de votre père. Mais ils sont restés en contact. Elle a fini ses études et était promise à un Lord Anegexois.

— Comment ma mère a-t-elle pu revoir mon père alors ?

— Ses parents ne supportaient pas de voir leur fille si malheureuse. Ils avaient peur qu'elle succombe au chagrin qui la tenaillait. Et votre père ne pouvait l'imaginer dans les bras d'un autre. Il a bravé les interdits et l'a choisie comme épouse en lieu et place de la duchesse de Poinçonnet qui lui était promise depuis leur plus tendre enfance. Cette dernière s'est sentie humiliée mais a été récompensée par un beau mariage avec l'empereur d'Altosola. Elle eut un royaume en échange d'un autre en quelque sorte.

— Je vous remercie de m'avoir donné ces détails qui m'étaient inconnus jusqu'alors. Il me plaît de penser que ma mère et mon père se sont vraiment aimés. Quand comptez-vous partir, Polyxène ?

— Vous vous lassez déjà de moi ? Je dois malheureusement partir très vite mais je prendrai la journée afin de voir quelques amis avant mon retour. Nous devons parler de nos deux royaumes mon ami. Le monde a les yeux tournés vers Purcell et ma venue en personne va faire jaser tous les diplomates de l'Union.

— Je crois en effet que nous devons unir nos forces en ces temps difficiles. Maintenant que le conflit qui vous opposait à la Pictie est terminé.

— Oui, en effet. J'ai été bien aise d'apprendre notre victoire aujourd'hui même. Le Roi Théobrad avait perdu l'esprit. Je ne comprends toujours pas pourquoi il s'est entêté à s'opposer à nous de cette façon. Je savais qu'il reprochait à ma famille d'avoir choisi lord Eadred Dwight pour m'épouser alors qu'il s'était proposé officiellement. Mais de là à nous déclarer la guerre vingt ans après…

— Je pense avoir un début de réponse. Je dois vous informer que mes services secrets m'ont appris que le roi Théobrad avait été considérablement aidé financièrement par l'Anfraen. Ethan Crosswalk en personne l'aurait poussé à agir contre l'Anegex, et ce contre tous les principes de l'Union. Je pense que l'Anfraen pourrait devenir à court terme un véritable problème.

— J'ai eu vent des malversations d'Ethan Crosswalk mais je n'aurais pas cru qu'il irait jusque-là, répondit Polyxène. Je vous remercie pour cette précieuse information, Jacques.

Soudain, Jacques ressentit un malaise et se mit à présenter des difficultés respiratoires importantes. Polyxène s'inquiéta et se leva brutalement pour soutenir le Roi.

— Jacques, vous allez bien ? lui demanda-t-elle, affolée.

Jacques se leva à son tour et s'effondra au pied de la reine qui interpella les gardes en hurlant si fort que le prince Fabien, installé dans l'antichambre du cabinet, l'entendit. Les gardes ouvrirent la porte et le prince Fabien entra en catastrophe.

— Appelez un médecin, vite ! s'écria Polyxène. Le roi ne se sent pas bien !

— Que s'est-il passé ? s'écria Fabien qui se jeta au chevet de son frère étendu, inconscient sur le sol.

— Je ne sais pas, Monsieur, votre frère a commencé à avoir mal au cœur alors qu'on venait de parler de votre père et de votre mère. Après, il s'est mis à avoir des difficultés respiratoires et s'est effondré brutalement, répondit Polyxène, encore sous le choc.

Le médecin personnel du roi entra alors à son tour dans le cabinet et s'approcha de Jacques pour l'examiner. Ce dernier reprenait peu à peu ses esprits.

— Il est fiévreux. Il faut l'emmener dans ses appartements tout de suite. Faites un feu dans sa cheminée et préparez une bassine d'eau chaude. Faites aussi monter ma trousse. Je vais le veiller et m'occuper de lui.

— Est-ce grave ? l'interpella Monsieur.

— Je ne sais pas encore, Votre Grâce, répondit le médecin, je dois faire des examens et en premier lieu, il faut faire baisser cette fièvre.

— J'espère que vous allez réussir à soigner le roi, intervint Polyxène, inquiète.

— Vous ne devriez pas rester là, Madame, lui répondit le médecin, ni vous, Monsieur, à l'adresse de Fabien. Il est peut-être contagieux.

— Vous avez raison, répondit la reine, je vais retourner à mes appartements. Tenez-moi informée de la santé du roi.

— Ce sera fait, Madame, répondit Fabien.

La reine Polyxène s'éloigna pendant que le roi était emmené dans ses appartements, suivi par le médecin royal et Fabien, qui fermait la marche.

Le roi fut changé et mis au lit. Il était éveillé mais se sentait faible. Le médecin le veilla toute la nuit. Fabien attendait dans l'antichambre.

Le lendemain matin, le médecin prit congé du roi pour aller prendre quelque repos et le laissa aux bons soins de son chambellan, Champlain.

— Comment va le roi ? demanda Fabien dès qu'il vit le médecin.

— Il se repose, Votre Grâce.

— La fièvre est-elle tombée ?

— En fait, je ne comprends pas bien. Il ne fait pas de fièvre. Il a beaucoup transpiré, comme s'il en faisait. Et il se trouve dans un état d'épuisement assez prononcé. C'est comme s'il avait été drogué.

— Comment ? Drogué ? s'exclama Fabien.

À cet instant entra le Premier ministre Rayard qui avait entendu la conversation.

— Cela ne se peut ! s'exclama-t-il ! Ne tenez pas ce genre d'accusation, docteur ! Pas en ce moment !

— Je vous prie de m'excuser, Monsieur le Premier Ministre ! Je donnais juste mon avis sur l'état du roi, répondit le médecin, penaud.

— Eh bien dans ce cas, ne donnez votre avis que si vous êtes certain de votre diagnostic ! lui asséna le Premier ministre.

— Que faire ? demanda Fabien.

— Pour le moment, rien, répondit Gabriel Rayard. Je vais minimiser les faits pour éviter les rumeurs. Nous verrons comment son état évoluera.

— Si vous voulez bien m'excuser, reprit le docteur, je souhaiterais aller prendre un peu de repos avant de revenir au chevet de sa majesté.

— Bien sûr, répondit Fabien. Allez, monsieur.

Le docteur s'éloigna, encore confus et inquiet de la réaction, du Premier ministre. Il sortit du palais et fit le tour par les jardins afin de rejoindre ses appartements situés dans les dépendances du château. Il était préoccupé et la fatigue alourdissait ses paupières, lorsqu'il pénétra dans l'allée de thuyas qui menait à son logis. Il ne vit pas l'homme vêtu de noir et masqué de rouge arriver derrière lui. Ses yeux s'ouvrirent de surprise et d'horreur lorsque ce dernier l'attrapa et lui trancha la gorge.

Chapitre VIII
Le goût de la vengeance

Éric et Parysa étaient face au salambre.

Haut deux fois comme un homme, et couverte d'une peau verdâtre aux écailles rigides et gluantes, la bête se précipita vers eux, toutes griffes dehors, et la gueule ouverte sur quatre rangées de dents aiguisées comme des couperets.

Comment pouvait-il être transformé en monstre alors que la nuit n'était pas encore tombée ?

Surpris, les deux compagnons d'infortune se jetèrent qui d'un côté, qui de l'autre, au travers de buissons épineux rangés des deux côtés de la sortie du tunnel.

Se relevant douloureusement, Éric ressortit des épineux et se trouva alors derrière le salambre qui, à l'entrée du souterrain, était en train de se retourner. Il n'aperçut pas Parysa et pensa alors que celle-ci avait dû succomber. Il se concentra et commença à former, dans un roulement de ses mains, une boule bleue pour terrasser l'animal, quand ce dernier le frappa d'un mouvement de sa queue en balancier et l'envoya de nouveau dans les buissons où le mutant se heurta à Parysa, qui commençait à se relever. Tous les deux dévalèrent pêle-mêle l'accotement derrière les buissons. Leur course fut stoppée par une souche d'arbre sur laquelle Éric tomba violemment tandis que Parysa atterrissait sur son torse. Ils n'eurent pas le temps de s'épancher sur leurs blessures et leurs douleurs car le monstre commençait à pénétrer au travers des buissons pour les rejoindre. Les deux compères se regardèrent alors d'un air entendu. Parysa se releva la première et se mit à courir vers l'entrée du tunnel tout en frappant des mains pour attirer le salambre. Ce dernier tomba dans le piège et se détourna d'Éric pour poursuivre la jeune femme. Le mutant en profita pour sortir son épée et se précipita sur l'animal dont il trancha la queue d'un coup net et précis.

Le salambre, dans un hurlement de terreur, se retourna sur Éric et lui cracha sa bave au visage dans un feulement surnaturel. Parysa en profita pour faire appel à sa magie et envoyer sur le salambre un déluge de cailloux qu'elle avait tout d'abord prélevés au sol par un phénomène de lévitation.

Mais ces attaques n'aboutirent pas à l'effet escompté. Les écailles qui recouvraient la peau de l'animal le protégeaient et sa queue commençait à repousser.

C'est alors que dans un rugissement, le salambre envoya un déluge de feu sur la jeune femme qui réussit de justesse à éviter l'attaque. Il se retourna vers Éric et lui envoya sa deuxième salve de feu que le mutant contra par un bouclier magique qu'il fit apparaître juste à temps, renvoyant vers le salambre son feu mortel qui ne lui causa aucun mal.

Le mutant fit alors appel à toutes ses forces pour enfermer le monstre dans une bulle qu'il fit s'élever dans les airs à plusieurs dizaines de pieds de haut. L'animal se débattait tant et si bien qu'Éric, dans un instant de faiblesse, laissa disparaître la bulle d'air, ce qui entraîna la chute violente du salambre. Lorsque ce dernier atteignit le sol près du mutant, le choc fit rebondir Éric qui en perdit son épée. La bête, toujours menaçante, se releva immédiatement. Éric eut juste le temps de se cacher sous un escalier de pierre du vieux château en ruines. Le silence s'abattit alors sur les lieux. Parysa s'était de nouveau cachée dans les buissons, impuissante car sa magie ne permettait pas d'attaque plus violente que celle utilisée précédemment.

Éric essayait de reprendre sa respiration. La peur l'envahit. Une sueur froide coulait le long de son dos. Le monstre ressentit l'effroi de son ennemi et se délecta de son odeur qui l'attirait tel un chasseur qui se rapprochait de sa proie. Il avança doucement vers l'escalier au-dessous duquel se cachait le mutant. Éric se rappela avoir un couteau dissimulé dans sa ceinture. Il s'en empara et se colla contre le mur, dessous l'escalier, attendant le bon moment pour surgir. Le salambre continuait son approche et dépassa bientôt le seuil de l'escalier.

C'est alors que le mutant l'interpella. La bête tourna la tête et Éric lui planta son couteau dans un œil. Le salambre se recula et poussa un hurlement de douleur avant de tomber en arrière. Éric en profita pour de nouveau créer une boule bleue de ses mains qu'il fit tournoyer jusqu'à ce qu'elle devienne rouge et la lança de toutes ses forces sur l'animal. En atteignant sa cible, la lumière rouge enveloppa la bête, la tétanisant. Peu à peu, le salambre, vaincu, redevint un petit garçon.

Éric était épuisé. Il s'approcha de l'enfant qui n'avait pas repris conscience mais respirait doucement et présentait une blessure à un œil. Parysa s'approcha à son tour.

— Vous avez réussi, Éric ! lui, dit-elle, soulagée.

C'est alors que le mutant s'effondra à son tour, épuisé par les forces auxquelles il avait dû faire appel pour venir à bout du salambre.

Il se retrouva debout face à un mur de pierres. Le feu crépitait partout autour de lui. Il entendit les hurlements de gens qui mouraient et les bruits sourds de pierres qui s'écrasaient sur des hommes et des femmes qui couraient dans tous les sens. Au milieu de ce chaos, un petit garçon aux cheveux bruns pleurait face à l'ombre d'une femme démoniaque qui pourtant lui était familière. Ce petit garçon, c'était lui.

Éric se réveilla en sursaut, transpirant à grosses gouttes et appelant le petit garçon perdu. Il était dans un lit. Sa tête lui faisait mal et il se sentait fatigué et nauséeux. Il aperçut des fioles sur les meubles. La pièce était éclairée par une vieille lampe à pétrole. Il vit un balai qui faisait le ménage tout seul. Puis, une femme élégamment vêtue s'approcha de lui. Il reconnut Karissa Kualtress qui lui sourit.

— Enfin vous vous réveillez ! Je commençais à m'inquiéter, lui dit Karissa doucement.

— J'ai très mal au crâne, répondit le mutant en grognant.

— Vos douleurs vont bientôt s'estomper. Buvez un peu de ce breuvage. Cela va vous aider, lui répondit la magicienne en lui portant un verre aux lèvres.

— Comment va le garçon ?

— Bien. Il va dormir un moment, mais j'ai soigné son œil meurtri et Parysa l'a amenée au mage Cenquail pour qu'il s'en occupe. Elle est venue me chercher après vos exploits et m'a expliqué en détail ce qui s'était passé. Vous avez donc vu Kétébel ?

— Oui. Nous l'avons suivie dans le tunnel et ensuite elle a disparu, répondit le mutant.

— Elle a réussi à transformer le garçon en pleine journée pour qu'il vous attaque, poursuivit Karissa. Comme ça elle a pu s'enfuir. C'est qu'elle vous craint !

— Elle semblait n'être qu'une simple jeune femme. Elle ne ressemblait pas à celle que j'ai déjà vue.

— Vous l'avez déjà vue ?

— Bien sûr, Karissa. À Elforest. Elle accompagnait Zorzar. Puis je l'ai revue dans une clairière, avec Mélusine. Mais je ne veux pas parler de cela…

— Ce n'est pas une simple femme, poursuivit Karissa, mais Kétébel, la reine du royaume des mondes souterrains. Elle peut prendre la forme qu'elle veut et en changer quand elle veut.

— J'espère qu'elle n'a pas changé de visage depuis que je l'ai vue.

— C'est possible en effet. Mais pour cela, elle doit tuer et ingérer la personne dont elle prend la forme.

— Comment peut-elle avoir peur de moi ? Face à ses pouvoirs, que puis-je faire ?

— Si elle est encore dans le village, des ombres peuvent très bien apparaître. Et elle sait qui vous êtes. C'est d'ailleurs elle qui vous a trouvé. Je pense qu'elle sera mécontente que vous ayez rendu au petit garçon sa liberté et son apparence initiale. Elle n'aura de cesse que de se venger et de ravager le village et ses alentours.

— Je déteste les ombres.

— Reposez-vous bien, Éric. Il vous faut recouvrer toutes vos forces pour combattre Kétébel.

Après quelques jours de repos, Éric, à nouveau sur pied, décida qu'il était temps d'en finir. Après avoir fait ses adieux à Karissa, il quitta ses appartements et descendit dans la cour d'honneur du château pour retourner au village. Il fut alors interpellé par le comte de Vitaric.

— Letcheur ! cria le comte à l'adresse d'Éric.

— Oui, Comte ! Que me voulez-vous !

— J'espère ne plus jamais vous revoir sur mes terres, sale mutant ! Je n'hésiterai pas à vous faire égorger par mes gardes si je vous revois un jour dans les parages !

— Vous risquez d'être déçu, car je n'ai pas terminé ma mission et ne partirai que lorsque je l'aurai décidé.

Le comte s'approcha d'Éric à grands pas d'un air menaçant, semblant être mû par une force extérieure. Éric se rendit compte que les yeux de l'homme étaient noirs et comprit qu'il était envoûté. Ce dernier brandit une dague comme pour poignarder Éric qui n'eut aucune difficulté à esquiver l'assaut puis à immobiliser le comte. Il le désarma mais ce dernier, malgré sa faiblesse, continuait pourtant de vouloir s'en prendre au mutant. Éric lui attrapa alors les poignets et fit surgir de ses mains une lumière blanche puis bleue qui envahit le corps du malheureux. Ce dernier s'évanouit, terrassé par la force du pouvoir d'Éric. Lorsqu'il rouvrit les yeux, ces derniers étaient redevenus normaux.

— Que s'est-il passé ? dit le comte d'un air hagard.

— Vous étiez envoûté, monsieur le Comte. Kétébel vous tenait sous sa houlette. Vous êtes libre désormais.

— Merci, monsieur Letcheur ! Je ne vous serai jamais assez reconnaissant de m'avoir libéré de son emprise. J'ai vécu ces derniers temps comme dans un brouillard de terreur. Je voyais bien ce qui se passait mais je n'avais plus aucune possibilité d'agir. Mon esprit lui appartenait.

— Je suis bien aise de vous avoir aidé, monsieur le Comte, mais je dois y aller. Il me faut la trouver pour en finir avec elle. Et elle doit savoir désormais que je vous ai libéré de son emprise.

— Dans ce cas, allez à « la vie en rose ». Elle y est toujours. Encore une fois, je suis désolé pour le mal que j'ai fait et les erreurs que j'ai commises. Je ne me laisserai plus guider par ma soif de pouvoir. Si vous réussissez à nous débarrasser d'elle, je promets de veiller à la bonne administration de mon comté.

— Merci pour l'information, Comte Hilddis. Je me souviendrai de vos paroles, sachez-le.

Sur ces mots, Éric partit d'un pas décidé vers la « vie en rose ». En traversant le village, il ne rencontra pas beaucoup de monde. Il sentit cependant peser sur lui des regards haineux et un silence étrange l'accompagna. Arrivé dans l'établissement, il s'installa au bar. Les quelques clients présents s'étaient tus dès son entrée et l'avaient regardé s'asseoir avec un air hargneux. Après une dizaine de minutes à attendre que le barman daigne s'intéresser à lui, il finit par l'interpeller pour passer commande.

— Garçon ! Puis-je commander ou suis-je à ce point transparent que vous ne m'avez pas vu rentrer ?

— Ici on ne sert pas les mutants ! Quittez ces lieux et ne revenez plus, lui répondit vertement le garçon de café, les yeux noirs comme l'avaient été ceux du comte Hilddis.

— Vous avez une drôle de façon de vous adresser à la clientèle ici ! Qu'avez-vous contre les mutants ?

— Tu veux vraiment le savoir, vociféra le barman ventripotent en s'approchant d'Éric d'un air menaçant !

— Laisse ! intervint une jeune femme assise au fond de la salle. Je m'occupe de monsieur ! dit-elle en se levant.

— Oui, madame, comme vous voulez, lui répondit le barman d'un air contrit.

La jeune femme s'avança vers le bar, sortant de la pénombre. C'était Alice. Ses yeux, auparavant d'un vert tilleul assez clair, étaient désormais rouges. Elle s'approcha de lui, ondulant doucement. À la lumière, ses yeux reprirent leur couleur verte, mais conservèrent une dureté qui ne faisait aucun doute sur leur propriétaire.

— Bonsoir monsieur Letcheur ! susurra-t-elle en s'asseyant à côté du mutant.

— Bonsoir mademoiselle Alice. Je ne vous ai pas trouvée à la sortie du tunnel il y a trois jours.

— C'est que… je ne m'attarde jamais dans ce genre de lieu. C'est assez mal fréquenté, répondit-elle d'un ton entendu.

— Il est vrai que ce n'est pas un endroit où devrait se promener une femme seule. Mais pour la reine des mondes souterrains, rien n'est vraiment dangereux n'est-ce pas ?

— Comment osez-vous m'appeler comme ça ? Vous n'avez donc aucun respect pour la gent féminine ? ricana-t-elle.

Éric savait au plus profond de lui quelle était la force de cette démone qui avait réussi à envoûter une partie du village et dévorait ses victimes à l'occasion. Il se souvenait aussi du mal qu'elle lui avait fait en lui prenant sa belle Mélusine. Il se doutait qu'il ne réussirait pas à la terrasser mais il devait faire quelque chose pour l'empêcher de nuire à nouveau.

— C'est la vérité ! répondit-il fermement. Vous êtes Kétébel. Pourquoi le nier ? Et puis, vous n'avez rien à craindre ici. Je vois bien que tous ces gens qui nous entourent sont à votre botte. Vous pourriez parler franchement. Enfin… si cela est dans vos possibilités. Après tout, vous êtes la maîtresse du père des mensonges.

— Cet homme vous importune-t-il, Alice ? demanda un des clients du bar, les traits brillant de haine et de désir de meurtre et le regard aussi noir que l'œil d'un corbeau.

— Non, tout va bien, merci. Je saurai me défendre seule, répondit-elle d'un ton sarcastique.

Elle se tourna alors vers Éric avec les yeux de nouveau rouges.

— Bas les masques ! dit-elle calmement. Il n'y a plus de raison en effet de mentir. Vous savez qui je suis mais moi aussi je sais qui vous êtes, Monseigneur.

— Monseigneur ? Pourquoi tant de sollicitude ? ricana Éric.

— Vous ne savez pas ? Eh bien, disons que vos origines ne sont peut-être pas celles que vous pensez ? Je sais beaucoup de choses, Votre Majesté.

— Il suffit ! Votre langue est perfide. Cessez d'essayer de me troubler. Je ne croirai pas à vos mensonges.

— Pourtant vous devriez. Par exemple, voulez-vous savoir comment se porte Mélusine ?

— Comment osez-vous prononcer son nom ? rugit le mutant.

— Vous pensez que je l'ai tuée, c'est ça ? persifla la démone.

— Je l'ai vue mourir ! cria Éric.

— Les évidences ne sont parfois qu'illusion, Votre Altesse. Peut-être est-elle encore en vie ? Si c'est le cas, peut-être regrette-t-elle de ne pas être morte ? répondit la reine des mondes souterrains en penchant sa tête en arrière avec un rire de gorge effrayant.

Ne pouvant supporter que Kétébel salisse le nom de Mélusine, Éric attrapa violemment la jeune femme, la retourna et plaqua sa tête sur le dessus du bar, ramenant ses bras derrière le dos, puis il releva sa tête et plaça un couteau sous sa gorge.

— Au secours ! Mes amours ! cria la démone.

Trois hommes, clients du bar, attaquèrent alors Éric avec leur épée. Obligé de lâcher Kétébel qu'il avait préalablement égorgée, Éric prit son épée et s'engagea dans l'affrontement avec les trois hommes. Pendant qu'il attrapait le bras du premier homme qui avait tenté de le frapper de sa lame et lui faisait lâcher prise, il enfonça son épée dans l'œil du deuxième larron qui arrivait derrière puis il attrapa la tête du premier qu'il tourna d'un coup sec, lui brisant ainsi les cervicales, et le jeta sur le troisième homme qui s'approchait d'un pas un peu moins assuré. Profitant de l'effet de surprise, il s'abaissa et passa son épée dessous les deux corps, embrochant le troisième homme par le bas ventre.

Quatre autres individus entrèrent dans « la vie en rose », armés de pistolets pendant que Kétébel, qui ne portait plus aucune trace de son égorgement, s'enfuyait dans le fond de la salle. Éric forma alors une boule de lumière verte avec ses mains et la libéra autour de lui pour qu'elle forme un bouclier sur lequel vinrent rebondir les premiers projectiles lancés, les retournant ainsi sur les assaillants, les abattant dans la foulée.

D'autres hommes, emmenés par le barman ventripotent, attaquèrent avec des haches. Tous frappèrent le bouclier pour le faire disparaître mais Éric forma une nouvelle boule de lumière blanche, dont la flamme vint tous les terrasser en les consumant.

Le silence s'abattit sur l'établissement. Éric s'avança pas à pas vers le fond de la salle, cherchant Kétébel.

S'approchant d'une porte entrouverte, il la poussa et se retrouva dans la cuisine de l'établissement. Il s'avança doucement. Les lumières étaient allumées mais il ne vit pas âme qui vive. Il s'approcha de la porte donnant sur l'extérieur, s'ouvrant sur une ruelle sombre qui se recouvrait de la neige fraîche qui tombait à gros flocons. Dehors, Éric regarda à droite. La ruelle se terminait de ce côté par un mur de quinze pieds de haut et il ne vit rien d'anormal. Il tourna alors la tête vers la gauche. Une ombre aux yeux rouges s'avançait vers lui presque en flottant, assez rapidement. Éric fit surgir son bouclier vert et prépara dans la hâte une boule de flamme blanche. L'ombre fondit sur lui et traversa sans difficulté le bouclier, se jetant ainsi sur le mutant avant qu'il n'ait eu le temps d'utiliser la flamme. Mais, au contact de celle-ci, l'ombre hurla et tomba sur le côté, reprenant la forme humaine d'Alice.

Après un bref instant de surprise de part et d'autre, le mutant se releva d'un bond pendant que Kétébel se redressait doucement, les yeux rougissant et pleurant du sang.

— C'est ici que l'histoire se termine, espèce de sale mutant ! Assez rigolé ! Les cafards, je les écrase ! éructa l'épouse de Zorzar.

— Les cafards résistent aux phénomènes naturels les plus effroyables et même aux cataclysmes. Ils vous résisteront ! lui répondit Éric, un rictus sur les lèvres et déjà muni d'une nouvelle boule blanche.

Un rire sardonique sortit de la bouche de Kétébel qui se transforma en cadavre putréfié. Elle s'avança de nouveau sans marcher ni courir, comme mue par un souffle démoniaque, toutes griffes dehors, vers le mutant qui lança alors sur elle le jet de flamme blanche le plus important qu'il n'ait jamais produit.

— Rien ne pourra m'empêcher de te tuer ignoble ver de terre ! s'écria la harpie en traversant difficilement les flammes dont elle était la cible. Tu vas devenir mon nouveau salambre !

Ses griffes s'allongèrent et ses yeux sortirent de leurs orbites. Une partie de son enveloppe charnelle gangrenée se délita et s'envola en milliers de particules mais elle continuait à avancer inexorablement et s'approchait dangereusement du mutant.

— Tu ne peux rien contre moi, misérable vermisseau ! Tu vas rejoindre ta mère qui s'est suicidée à cause de ton père et toute sa famille qui a été décimée par ton oncle.

Éric fut stupéfait par ce qu'il entendit mais ne tomba pas dans le piège infâme que lui tendait la démone et maintint d'une main la flamme qu'il avait lancée. Malgré la lassitude, il savait que s'il faiblissait maintenant, Kétébel le tuerait en l'égorgeant ou en le transperçant de ses griffes. Il se rappela alors ce que lui avait conseillé Cenquail. Le seul moyen de la tuer était de la transpercer au cœur. De sa main libre, il s'empara d'une dague rangée sur son arrière-cuisse sans la montrer à Kétébel car il devait encore la laisser s'approcher.

— Tu ne me vaincras pas, petite pourriture ! continuait de feuler la sorcière démoniaque. Le pouvoir qui est le tien a décimé toute ta famille et a obligé ton père à t'abandonner. Tu n'es rien et tu vas retourner au néant, lui cria le démon dont les traits du visage étaient désormais déformés et irrigués de veines écarlates.

Elle arriva à hauteur du mutant et approcha ses mains du coup de sa proie. Sa bouche se tordit alors dans un sourire diabolique. Elle sentit que sa victoire était proche et sa joie fut à la hauteur de sa haine. Elle aimait tuer et savourait ce plaisir intense, qui serait ici décuplé par le fait de donner à son époux la dépouille du mutant, qu'il appelait de ses vœux depuis longtemps.

— Tu es à moi ! claironna-t-elle, pensant la fin arrivée.

Tout à coup, elle s'arrêta net. Baissant la tête, elle constata qu'une dague était enfoncée dans son cœur jusqu'à la garde. Elle leva des yeux pleins de surprise sur Éric qui avait cessé d'envoyer sa flamme blanche.

Plus aucun son ne sortit de la bouche de la diablesse.

— Échec et mat ! Le cafard a tué le démon ! dit Éric en se reculant.

Le corps de Kétébel se rigidifia pour prendre entièrement l'apparence de la pierre et explosa en milliers de petits cailloux. Kétébel était détruite.

Éric, qui s'était protégé de ses bras après avoir reculé et était tombé sous le souffle de l'explosion, se releva et resta seul sans bouger dans cette ruelle redevenue silencieuse. La neige continuait de tomber, donnant à l'ensemble un caractère presque féerique après cette scène d'horreur.

Le mutant ne réussit pas à se sentir soulagé d'avoir tué la reine du royaume des mondes souterrains. Il ne put s'empêcher de penser à ce qu'elle lui avait dit. Ses mots résonnèrent dans sa tête et firent surgir d'autres questions sur son passé, questions auxquelles elle ne pourrait répondre désormais.

— Il revint petit à petit à la réalité. La neige l'avait couvert d'un manteau blanc qui fondait sur sa peau et ses cheveux, l'eau glacée le transperçant de froid. Depuis combien de temps était-il là, perdu dans ses pensées ? Éric utilisa son petit tour de magie pour se sécher et repassa par l'intérieur de « la vie en rose ». En voyant les cadavres qui jonchaient le sol, le mutant se sentit très affecté d'avoir tué des innocents. Il sortit de l'établissement et déambula dans la ville étonnamment déserte. C'est alors qu'il fut rejoint par Karissa.

— Que s'est-il passé ? lui demanda-t-elle.

— J'ai tué des innocents, Karissa. Ils étaient tous sous l'emprise de Kétébel. Elle s'est servie d'eux pour m'attaquer. Je n'ai pas eu le choix.

— Où est-elle passée ?

— Je l'ai détruite. Elle a fini par se transformer en pierre et éclater en milliers de cailloux.

— Tu ne pouvais faire autrement, Éric. Tu n'es pas responsable. C'est Kétébel la responsable. Mais tu devrais partir. Les gens ne comprendront pas. Ta vie pourrait être en danger.

— Karissa, je…

Cenquail arriva à son tour, précipitamment, accompagné de sa monture et de celle d'Éric.

— Cenquail ? s'étonna Éric. Que faites-vous ici ?

— J'ai senti la disparition du mal dans cette contrée. Je sais que tu as réussi ta mission, Éric. Et je tiens à te remercier d'avoir sauvé le jeune Timothée.

— Merci, Cenquail, mais malheureusement d'autres innocents sont morts.

— C'était inévitable, lui répondit le mage. N'oublie pas qu'ils sont les victimes de Kétébel, et non les tiennes. Mais Karissa a raison. Tu dois partir car les villageois ne comprendront pas ce qui s'est passé ici. Ils chercheront un coupable et un mutant est tout désigné pour être le bouc émissaire idéal.

— Cela est injuste, Éric, ajouta Karissa. Après ce que tu as fait pour eux. Mais il faut se rendre à l'évidence. Les gens rejettent ce qu'ils ne comprennent pas.

— Vous avez raison. De toute façon, ma mission étant terminée, je n'ai plus rien à faire ici. Je compte retourner à Douayeul. Puis-je repasser par la forêt, Maître Cenquail ?

— Oui, bien sûr, Éric. Je vous accompagnerai pour que la forêt vous laisse passer. Merci encore pour ce que vous avez fait. Je n'ai jamais douté que vous soyez taillé pour terrasser Kétébel. Ce qui se tramait ici ne concernait pas que Vitaric. Kétébel avait certainement ourdi d'autres projets qui auraient bientôt atteint Douayeul avant de faire tache d'huile sur tout le Royaume. Zorzar lui-même devait être derrière cette machination. Les temps changent, mon ami. Et le Mal s'étend sur nos contrées. Je ne pense pas me tromper en disant que vous aurez un rôle à jouer dans tout ça. Tenez, cette bourse contient votre récompense. Chose promise, chose due.

— Merci, Maître Cenquail. Une dernière question. Kétébel m'a tenu des propos pour tenter de me détourner de mes efforts et pour m'affaiblir. Je sais que le mensonge était sa spécialité, mais elle savait des choses vraies qu'elle ne pouvait pas connaître.

— N'oubliez pas qu'elle était l'épouse du Maître des Mensonges. Ces démons sont puissants et, à l'égal des dieux, peuvent connaître beaucoup de choses sur nous. Ils s'en servent, bien sûr, et mélangent parfois le vrai et le faux pour arriver à leur but. Il ne faut pas prendre pour argent comptant tout ce qu'elle vous a dit. Mais elle a pu utiliser une base véridique pour mieux vous amadouer.

— Merci, Maître Cenquail, pour vos explications. Mettons-nous en route, maintenant.

Se tournant vers Karissa, Éric s'avança pour lui serrer la main. Cette dernière se jeta alors dans ses bras et l'embrassa doucement sur la joue.

— Pour te remercier, lui dit-elle, reconnaissante.

— Je… te remercie, lui répondit Éric, encore étonné de cet élan de tendresse. Que les dieux te protègent, Karissa.

— Que les dieux te protègent, Éric, répondit la magicienne.

C'est avec mélancolie que la jeune femme regarda les deux hommes s'éloigner sur leurs montures. Elle aussi savait des choses sur Éric. Elle devinait que le destin du mutant rejoindrait bientôt son passé.

Plus loin dans le sud, Oihan Cartrex, qui rentrait chez lui, venait de s'installer à la table d'une auberge, devant une chope de bière. Il regarda par la fenêtre le ciel étoilé, quand soudain, il aperçut une comète rouge traverser la Voie lactée. Il se leva brutalement et sortit à l'extérieur de l'auberge.

Ce n'est pas possible, la comète rouge annonce l'arrivée de Kétébel. Comment une deuxième comète peut-elle apparaître ?

— Bonjour monsieur Cartrex, dit une voix derrière le dos d'Oihan.

Ce dernier se retourna, interloqué. Une ombre se tenait devant lui, affichant des cornes sur la tête. Oihan, horrifié n'arriva plus à émettre un son. Il tenta de fuir, mais à peine s'était-il retourné pour courir vers l'auberge que des griffes pénètrèrent dans son dos, lui arrachant la chair et les muscles en plus de ses vêtements. Le pauvre homme s'écroula sur le sol et son sang rougit la neige jusque-là immaculée. L'ombre s'approcha du malheureux et lui susurra à l'oreille : « Vous n'auriez pas dû aider ce mutant, pauvre imbécile. Vous serez le premier d'une longue série à mourir. » Puis, d'un coup, la main de l'ombre lui arracha la tête, mettant fin à ses souffrances.

Une ombre s'approcha du monstre cornu, traversant sans hésitation la mare de sang qui s'élargissait autour du cadavre de Oihan.

— Votre Majesté, pourquoi avoir choisi de tuer cet individu ?

— Il est insignifiant, répondit Zorzar. Il me fallait tuer pour faire passer un peu mon courroux après avoir perdu ma reine. Mais, contrairement à elle, je ne m'attaquerai pas de face à ce mutant. Elle a préjugé de ses forces en s'opposant à lui. C'est parce qu'elle a toujours voulu me servir avec dévotion. Non seulement ce mutant a mis un terme au complot que nous fomentions en Kursell mais en plus il a tué ma Kétébel. Et tout ceci est de la faute de cette larve que tu vois à nos pieds. Cet homme devait payer ! s'écria Zorzar.

— Quels sont vos ordres ? demanda l'ombre, avec obséquiosité. Devons-nous poursuivre le mutant ?

— Je m'occuperai de lui bientôt, répondit Zorzar. Il me faut une nouvelle Kétébel désormais. Et j'ai déjà choisi ma future épouse. Nous nous rendons en Anegex dès ce soir. J'ai à faire à Noldon.

Chapitre IX
Le pacte infernal

La nuit tombait sur l'Anegex. La brume entourait Noldon. La ville était déserte et le crachin qui s'abattait sur ses quartiers assombris par l'absence de lune rendait l'atmosphère triste et pesante. La princesse était dans sa chambre au palais d'Elven. De sa fenêtre, elle regardait tomber la pluie sur la ville à peine éclairée par les lampadaires disposés sur l'avenue du palais qui s'étendait face à elle, au-delà du parc. Elle était attendue dehors, mais elle savait très bien que selon les règles de bienséance, elle ne devait pas sortir la nuit. Celui qui l'attendait n'était ni un prince ni un duc mais un homme du peuple. Elle n'aurait pas dû tomber amoureuse d'un homme sans condition mais elle ne pouvait résister à l'élan de bonheur qui la submergeait lorsqu'elle était en sa compagnie.

Elle hésitait cependant à sortir car son sens du devoir l'appelait à revenir à la raison.

Que devait-elle faire ? Sortir du palais en sachant que si elle était démasquée, elle risquait sa réputation, sans compter le scandale qui éclabousserait la famille royale ? Ou rester dans ses appartements et oublier Tyler pour se concentrer sur son devoir et son avenir ? Décidément, elle ne pouvait le sortir de son esprit ni imaginer sa vie sans son amour. Pourtant, il le fallait. Tel était son devoir. Mais elle lui devait au moins de lui annoncer en face cette terrible nouvelle. Elle revêtit une cape noire avec capuche et sortit de sa chambre en en refermant tout doucement la porte. Il n'y avait pas de gardes dans le couloir, ce qui était très étonnant car depuis l'assassinat de la reine Marie, la garde avait été doublée en Anegex pour protéger la famille royale. La politique anti-magique de la reine Polyxène laissait à penser qu'il pourrait y avoir des représailles et la rumeur disait que la reine Marie avait peut-être été assassinée par un elfe.

Pénélope s'engagea à pas de velours dans le couloir et descendit les escaliers principaux toujours déserts tard le soir, puis rejoignit la salle du Trône. Elle était vide. Elle s'arrêta un instant devant les deux trônes qui représentaient le pouvoir central anegexois depuis des centaines d'années. Ils avaient été restaurés juste après l'arrivée au pouvoir de sa mère, suite à la guerre civile. Le trône royal était orné d'une couronne dorée surplombant le dossier et d'un dragon brodé au fil d'or sur l'assise, surgissant d'un décor constitué de pétales de roses rouges. L'emblème de sa famille était disposé au-dessous de la couronne où l'on pouvait lire « draco populusque anegescus[1] ».

Le deuxième trône, un peu plus petit, était celui du roi consort, réservé à l'époux ou l'épouse du monarque. Il se différenciait du premier par la couleur bleu azur de ses coussins sur lesquels aucun ornement n'était brodé. L'assise était rehaussée aussi d'une couronne plus simple que celle du trône de la reine, et une phrase au-dessous représentait bien la place du roi consort dans l'échiquier politique puisqu'elle indiquait « ad gloriam domini[2] ».

---

[1] Cette devise avait été créée lors de la guerre contre les elfes trois cents ans auparavant, car les gens du peuple commençaient à se révolter contre les ancêtres de la famille royale, qui laissaient les elfes prendre de plus en plus part au pouvoir. Effrayée par les velléités démocratiques et antimonarchistes d'une faction radicalisée très importante, la famille royale avait alors pris le parti des anti-elfes et sous couvert d'un ralliement à son peuple, avait sauvé le Trône d'Anegex d'un déclin certain.

[2] Cela induisait une soumission totale au monarque.

Entendant des gardes approcher, Pénélope sortit de ses songes et passa derrière les trônes pour prendre la porte dérobée située derrière les tentures qui ornaient l'estrade royale. Cette porte s'ouvrit sur un passage secret qui menait directement dans les jardins du palais. Son cœur cogna dans sa poitrine plus fort à chaque pas qui la rapprochait de son amant.

Le passage secret déboucha enfin sur une grille située à l'intérieur de la grotte sur laquelle coulait la cascade qui ornementait le bassin des naïades.

Ce bassin avait été conçu sous le règne du Roi Charles 1er, connu pour ses nombreuses maîtresses et plus particulièrement Diane de Worthflow, pour qui il avait fait édifier ce bassin qui permettait des promenades bucoliques dans la nature et des balades en barques sur le plan d'eau qui entourait la grotte des soupirs. Le passage secret permettait au roi de retrouver sa belle en dehors du château en toute discrétion. Un pont permettait de rejoindre le petit îlot central sur le bassin en venant du parc royal.

Pénélope poussa doucement la grille pour éviter un grincement qui interpellerait les gardes. Elle regarda autour d'elle à la recherche de Tyler. Elle rabaissa sa capuche et ses cheveux s'humidifièrent au contact du crachin qui ne cessait de tomber. Elle avait froid. Elle se dit que la prochaine fois, il serait bien que ce soit Tyler qui vienne la rejoindre dans le palais et elle se souvint alors qu'il n'y aurait pas de prochaine fois. Elle ne voulait pas qu'il prenne trop de risques. Un homme du peuple ne devait pas rentrer dans le palais sous peine de mort. Seuls les gens qui y travaillaient avaient le droit d'y pénétrer et encore, après avoir montré le laissez-passer dont ils étaient détenteurs. Elle ne voyait toujours pas Tyler. Elle s'avança et passa le pont pour accéder au parc du palais et rejoignit le jardin aux fées. Ce jardin était appelé ainsi depuis qu'y avaient été plantées des stratansférias, ces plantes qui attirent des insectes luminescents. La pluie avait enfin cessé. Pénélope s'assit sur un banc et contempla ces insectes lumineux qui survolaient ce jardin féerique. Leurs couleurs bleue, verte ou rouge selon leur âge donnaient un caractère singulier à ce spectacle enchanté. Ces lumières et le calme du jardin apaisèrent la jeune femme et l'invitèrent à laisser vagabonder ses pensées.

Un craquement de branches fit tout à coup sursauter Pénélope qui regarda autour d'elle et s'écria doucement :

— Tyler. C'est toi ?

— Oui, Pénélope, répondit une voix rauque. Je suis désolé de t'avoir fait attendre mais j'ai eu beaucoup de mal à éviter les gardes, poursuivit-il alors qu'il approchait, sortant des fourrées.

Les deux amoureux se rejoignirent et s'enlacèrent.

— Oui je sais, répondit Pénélope. Ils sont plus nombreux après les événements en Purcell. Tu m'as tant manqué Tyler.

— Toi aussi, mon amour. Nous ne pouvons plus continuer comme cela. Nous ne devrions pas être obligés de vivre notre amour en cachette. J'ai tellement envie de le crier à la terre entière.

— Je sais, Tyler, moi aussi, mais c'est trop dangereux.

— Dans ce cas, cela le sera toujours. Nous devons rompre ce cercle vicieux maintenant.

— Que veux-tu dire exactement ? répondit Pénélope, soudain inquiétée par le regard soucieux de son amant. Je n'ai pas beaucoup de temps devant moi. Tu as l'air étrange. Tyler, si tu as quelque chose à déclarer c'est maintenant.

Tyler s'agenouilla devant elle. Il sortit une boîte et l'ouvrit. L'écrin renfermait une alliance en argent surmontée d'un petit diamant. Pénélope ne sut pas comment réagir. Elle était stupéfaite.

— Accepterais-tu de devenir mon épouse, Pénélope ?

Elle regarda autour d'elle, affolée. Que faire ? Pourquoi n'arrivait-elle pas à répondre ? Elle risquait de décevoir sa famille. Elle savait très bien qu'elle ne devait pas épouser un homme du peuple. La tradition voulait que le sang royal s'unisse au sang royal. Elle cacha l'expression de son visage avec ses deux mains. Tyler attendait toujours sa réponse. Elle tourna la tête, puis, après un soupir, elle le regarda froidement dans les yeux.

— Je suis vraiment désolée, Tyler, mais je ne peux pas, je suis de sang royal. Ma famille n'acceptera jamais que je te prenne pour époux à cause des traditions.

Tyler eut du mal à croire ce qu'il venait d'entendre. Il avait du mal à parler. Les mots ne sortaient pas de sa bouche. Il la regarda droit dans les yeux et réussit à formuler quelques paroles.

— Et alors ? Il n'y a rien de mal ? Qu'est-ce que ta famille pourrait nous faire ?

— Je ne peux pas, je risquerais ma vie Tyler, j'en suis vraiment désolée. Nous devons mettre un terme à notre relation.

Elle était désespérée de lui répondre si froidement. Elle se sentait injuste avec lui. Elle ressentait au plus profond de son cœur la tristesse de Tyler et avait l'impression qu'un gouffre venait de s'ouvrir sous ses pieds, l'aspirant vers un abîme de désespoir.

— Non c'est impossible, tu ne peux pas me faire ça, cria-t-il, en se levant brusquement.

— Tyler, je t'en prie, ne parle pas si fort. Pour ta vie, ne t'énerve pas, il ne faut pas qu'on t'entende, chuchota Pénélope, paniquée.

— J'avais cru en notre relation, Pénélope, peut-être ne décevras-tu pas ta famille mais tu me déçois, moi ! Où sont passées toutes tes résolutions et tes belles paroles sur la liberté et la nécessité de faire évoluer les vieilles traditions poussiéreuses de la monarchie !

— On n'aurait dû pas se rencontrer, répondit sèchement Pénélope, piquée au vif par le ton accusateur de son amant.

— Comment peux-tu dire cela ? Ne m'as-tu donc jamais aimé ? Depuis deux ans, je risque ma vie pour venir te rencontrer à l'abri des regards. Je mens à tous mes proches. J'ai même perdu mon emploi car il nous empêchait de nous rencontrer la nuit. Tu es donc comme toutes les nobles de ton entourage ! Une sans cœur qui ne pense qu'à satisfaire ses plaisirs personnels au détriment des humbles gens comme moi !

— Je t'interdis de dire ça ! je suis ta future reine ! Lui lança alors la jeune femme, regrettant tout de suite ses paroles.

— Ah oui ! ça, je sais que tu es la prochaine reine ! Tu seras donc une digne représentante de ton espèce ! Une mauvaise reine qui suivra ses protocoles désastreux au mépris des besoins réels de son peuple !

À ces mots, Pénélope sentit une colère sourde l'envahir. Elle fixa Tyler d'un œil noir.

— Tu sais quoi, Tyler ? Tu es un raté. Adieu !

Pénélope se retourna et s'avança d'un pas décidé vers la grotte des soupirs. Elle était à la fois irritée mais aussi dévastée par leur dispute. Elle ne pouvait pas rester davantage car elle savait qu'elle pourrait à tout instant céder à ses sentiments et tomber de nouveau dans les bras de son amant. Si tel était le cas, ils seraient perdus tous les deux.

Elle s'arrêta cependant sur le pont qui traversait le bassin des naïades et se retourna. Elle aperçut Tyler qui avait fait demi-tour également et passait par-dessus une grille du palais pour rejoindre la rue qui longeait les jardins.

Pars, mon amour. Je ne peux te garder près de moi. Je serais bien trop égoïste. Sois heureux sans moi et vis ta vie en toute liberté auprès de quelqu'un qui te méritera plus que moi.

Ses yeux étaient embués par les larmes qui coulaient abondamment le long de ses joues. Elle se retourna et avança doucement vers son destin royal.

Soudain, un bruit sourd attira son attention. Elle se retourna et discerna au travers des grilles un véhicule arrêté au milieu de la chaussée. Un accident venait d'avoir lieu.

— Tyler ! s'écria-t-elle ! Se moquant d'alerter les gardes. Elle se précipita vers les phares encore allumés sur la route. Elle réussit à passer la grille non sans arracher le bas de sa robe et retomba de l'autre côté en se meurtrissant les bras. Elle se releva sans ressentir la douleur et courut s'agenouiller vers le corps de son amant qui gisait sur le sol face à la camionnette qui l'avait renversé.

— Je ne l'ai pas vu arriver ! s'écria le conducteur, affolé par l'accident.

En s'approchant du blessé, il eut un autre cri de terreur, en s'apercevant qu'il avait renversé un être mi-homme, mi-animal.

Mais Pénélope ne l'entendait pas. Elle prit Tyler dans ses bras. Son visage était en sang, le pelage collé par le sang poisseux qui coulait de sa tête. Il ne respirait plus.

— Tyler, je t'en supplie, ne me laisse pas ! Pas maintenant ! Je ne voulais pas t'abandonner ! Je voulais que tu sois libre et heureux, même si cela devait être sans moi ! Aidez-moi ! Je vous en supplie, aidez-moi ! cria-t-elle en levant la tête à la recherche d'une aide quelconque.

C'est alors qu'elle vit une ombre glisser sur le sol. Elle se recula, apeurée, et entendit qu'on lui murmurait des choses, sans comprendre la langue utilisée. Les voix étaient en ancien elfique. L'ombre prit une forme plus nette et des cornes apparurent sur sa tête. Le conducteur de la camionnette prit peur et voulut s'enfuir mais l'ombre le rejoignit et disparut en lui. Il s'arrêta brutalement de courir et se retourna vers Pénélope. Il s'approcha de la jeune femme, la fixant de ses yeux noirs.

— Qui êtes-vous ? Que voulez-vous ? demanda Pénélope, affolée, des trémolos dans la voix.

— C'est plutôt à moi de te demander ce que tu veux, jeune princesse. Ne viens-tu pas de supplier pour qu'on ramène à la vie ce jeune homme ?

— Comment pouvez-vous faire ? répondit la princesse qui reprit de l'assurance face à l'espoir que l'ombre éveillait en elle.

— Nous pouvons le faire revenir à la vie avec votre sang, ma princesse.

— Mon sang ? Mais pourquoi mon sang précisément ?

— Votre sang est ancien et précieux.

— Si je le fais revivre, va-t-il oublier ce qui vient de se passer aujourd'hui ?

— Je ferai en sorte qu'il oublie tout, mademoiselle. Mais attention, cela a un prix.

— Quel prix ?

— Vous aurez une dette de sang envers moi. Un jour je viendrai vous demander un service et vous ne pourrez pas vous dérober.

La jeune femme regarda le démon dans les yeux puis son regard redescendit sur Tyler et ses yeux s'emplirent à nouveau de larmes. Pendant ce temps, les lumières du palais s'étaient allumées. Les cris et le vacarme avaient alerté les gardes qui sortaient du palais pour venir voir ce qui s'était passé.

— Dépêchez-vous, mademoiselle, mon offre ne durera pas longtemps et votre palais vient d'être alerté par vos cris, reprit l'homme envoûté, avec un sourire complice.

— Mais qui êtes-vous donc ?

— Zorzar, pour vous servir.

— Je ne peux pas vivre sans lui. Faites ce que vous devez faire. Je suis d'accord.

— Dans ce cas, signez ici.

Le démon présenta à la princesse un parchemin craquelé au bas duquel elle devait signer pour parachever l'accord pris avec lui.

— Vous utiliserez votre sang pour signer, dit-il en lui ouvrant la peau au niveau des poignets d'un coup de griffe.

La jeune femme regarda le sang couler de son poignet, puis l'homme aux yeux noirs. Elle savait qu'elle regretterait amèrement cet accord mais elle ne pouvait pas laisser mourir son amant. Elle s'exécuta donc et signa le parchemin de son sang.

— Voilà, notre accord est conclu. Maintenant, je vais ouvrir votre poignet un peu plus fort et vous le dirigerez directement vers la bouche de votre amant comme pour lui faire boire votre sang. Après quoi, vous partirez sans vous retourner avant que vos gardes n'interviennent.

Il lui ouvrit le poignet plus fort dans la foulée et Pénélope resta éberluée par la rapidité avec laquelle il était intervenu, ce qui démontrait sa dangerosité.

— Dépêchez-vous ! Nous n'avons pas toute la nuit ! lui asséna-t-il, plus fermement, la sortant de sa torpeur.

Pénélope appliqua son poignet sur la bouche de son amant. Puis, comme indiqué par le démon, elle se leva et repartit en courant vers la grille qu'elle escalada dans l'autre sens avant de rejoindre la grotte et le passage secret sans se retourner.

Pendant ce temps, le démon passa une main puis une autre au-dessus du cadavre de Tyler en prononçant des mots dans la langue ancienne du monde des royaumes souterrains.

Alors que les gardes approchaient de la camionnette, le démon sortit du corps du conducteur et s'éloigna en glissant le long des murs de la ruelle.

— Que s'est-il passé ici ? dit un des gardes en arrivant sur les lieux de l'accident.

— Je ne l'ai pas vu arriver, se défendit le conducteur, toujours aussi affolé.

Il avait repris ses esprits et ne se souvenait pas avoir été possédé.

Un autre garde contourna la camionnette pour prêter assistance à la victime mais ce qu'il vit le stupéfia. Il s'agissait d'un homme à la tête de bête. Il n'aurait su dire s'il s'agissait d'un loup, ou d'un ours. Effrayé, il n'osa pas s'approcher. C'est alors que Tyler se réveilla.

— Il est vivant ! s'écria le garde. Il faut appeler les secours !

Mais Tyler se leva, sans aucune égratignure et aucun hématome, malgré le sang qui jonchait le sol.

Tyler se tourna alors vers l'intérieur des jardins du palais et son regard longea le chemin qui menait à la grotte des soupirs.

— Je dois y aller. Je dois partir, dit-il avant de s'élancer dans le noir.

— Et ! Revenez ! Qui êtes-vous ? s'écria le garde, rejoint par son coéquipier.

Mais Tyler avait déjà disparu dans la nuit.

Pendant ce temps, Pénélope était rentrée dans ses appartements. Elle retira ses vêtements souillés et les jeta dans la cheminée pour les faire disparaître. Elle se dirigea dans sa salle de bains pour y prendre une douche et pleura longtemps sous l'eau brûlante.

Elle se demandait si Tyler était bien vivant. Avait-elle eu raison de faire cela ? Elle se demanda si elle n'avait pas eu tort de signer ce pacte. Mais si elle ne l'avait pas fait, Tyler ne serait pas revenu à la vie. Que lui réservait ce Zorzar qui avait su à point nommé profiter de ce drame pour s'immiscer dans sa vie ? Tout se bousculait dans sa tête et elle ne savait plus quoi faire ni ce que ces événements auguraient pour son avenir.

Elle se réveilla très tôt après une nuit agitée. Ses pensées n'avaient pas cessé de s'orienter vers les événements de la nuit et les images de Tyler étendu sur le sol, baignant dans son sang s'étaient bousculées avec le souvenir de leur dispute et la rencontre étrange avec ce démon effrayant. Elle ne savait plus quoi penser mais une chose était certaine. Elle avait l'impression étrange de ne plus s'appartenir, d'avoir vendu son âme.

Alors qu'elle était perdue dans ses pensées, sa première dame de chambre entra, apportant un nécessaire à thé sur un plateau.

— Bonjour, Votre Altesse ! dit-elle en ouvrant la porte. Vous êtes déjà réveillée ? Allez-vous bien ?

— Il est déjà huit heures ? Je n'avais pas vu le temps passer, répondit la jeune femme d'un ton égal. Oui, je vais bien merci. Posez le plateau sur la table devant la fenêtre. Je ne prendrai pas mon thé au lit aujourd'hui. J'ai assez mal dormi et suis réveillée depuis des heures. Quelles sont les nouvelles ?

— Il y a eu du grabuge la nuit dernière, Votre Altesse. Un accident s'est produit en dehors du château dans la petite rue du moulin, juste devant les grilles. D'après les gardes, il y avait un blessé qui semblait même trépassé. Il baignait dans son sang. Et, il s'est levé. Il avait l'air hagard. Ils n'ont pas eu le temps de l'interroger car il s'est enfui.

— Quelle étrange histoire ! dites-moi, intervint Pénélope, feignant la surprise. *Je suis tellement heureuse, mon amour. J'ai donc eu raison. Il t'a sauvé la vie.* Une enquête va-t-elle être ouverte ?

— Apparemment pas, Votre Grâce. Les gardes étaient tout de même bizarres ce matin avant la relève. On aurait pu croire qu'ils avaient vu un fantôme.

— Très bien, Edmée. Ce sera tout pour aujourd'hui.

— Bien, Votre Altesse. Euh… j'allais oublier, vous avez un mot de sa Majesté le Roi sur le plateau.

— Ah ? Très bien, merci Edmée. Maintenant, laissez-moi s'il vous plaît.

Après le départ de la dame de chambre, Pénélope attendit un peu, debout devant la table du petit déjeuner. Elle regarda cette enveloppe que son père lui avait fait remettre. Ce n'était pas dans son habitude de transmettre des messages par courrier interne. Cela angoissa la jeune femme qui se doutait que le message devait être important. Son père lui avait d'abord indiqué qu'il souhaitait l'avoir à ses côtés pour lui apprendre à gouverner. Voilà maintenant qu'il lui faisait remettre une missive. Cela ne lui dit rien qui vaille.

Finalement, elle se décida à s'asseoir et à prendre un thé. Elle avait besoin d'un stimulant pour se réveiller. Après quelques gorgées du breuvage préalablement sucré d'une cuillère de miel, Pénélope ouvrit enfin la missive de son père.

Elle parcourut les quelques lignes que lui avait écrites le roi, et sa perplexité s'accentua. Elle sentit que son avenir allait se jouer dans les prochaines heures. Elle relut plusieurs fois la missive à la recherche d'indices sans réussir à décoder le sens des mots utilisés par Eadred.

Ma chère fille,

Aujourd'hui est un grand jour pour notre Royaume.

Plusieurs nouvelles me mettent en joie.

J'ai donc décidé d'organiser un grand dîner auquel vous participerez en tant que future souveraine.

Choisissez votre plus belle tenue pour faire honneur à votre lignée.

Un grand destin vous attend.

Je compte bien évidemment sur votre présence en tant qu'invitée d'honneur de cette soirée.

Ne me faites pas défaut !

Votre roi et père,
Eadred

Une angoisse l'étreignit, se renforçant au fur et à mesure que la journée s'écoulait lentement, le ciel gris et pluvieux ajoutant à la morosité ambiante. Finalement, l'heure des préparatifs arriva. Pénélope n'avait pas envie de se rendre à cette soirée mais, en tant que fille héritière, elle avait décidé de respecter les souhaits de son père. Elle avait compris de toute façon qu'il s'agissait d'un ordre plutôt que d'une simple invitation.

Elle avait envoyé durant la journée sa jeune femme de chambre porter une missive au Premier ministre afin de l'avertir qu'elle avait suivi son conseil et mis un terme à la « difficulté ». Cela lui avait coûté beaucoup mais désormais, elle était prête pour se dévouer à sa destinée.

Elle avait choisi pour cette soirée une nouvelle tenue qu'elle n'avait pas encore portée. Évasée en bas, la robe de soie couleur vert pomme se resserrait à la taille, soulignée par une ceinture au fermoir doré, pour mouler complètement le buste de la jeune femme jusqu'au décolleté généreux laissant voir la naissance de sa poitrine et orné de dentelle de Valadorel. Elle portait des gants qui laissaient entrevoir au-dessus du coude une peau d'une blancheur de lait. Ses épaules nues étaient couvertes d'une étole vaporeuse en soie vert émeraude.

La tenue était rehaussée par les bijoux que portait la princesse. Un diadème en or retenait sa chevelure blonde remontée en chignon mousseux. À ses oreilles pendaient des gouttes d'émeraudes enchâssées d'or. À son cou, un simple pendentif ovale en malachite, entouré de boucles dorées, se balançait sur un collier en or d'une rare finesse.

C'est ainsi qu'elle descendit les marches de l'escalier principal donnant sur la salle de bal dans laquelle avait été dressée une grande table de réception. Les invités étaient déjà présents. Aux ducs et marquis de tout le pays, se mêlaient des bourgeois richissimes qui tenaient les différents secteurs de l'économie. La famille royale au complet était présente pour assister aux festivités. Seule manquait la reine Polyxène.

L'arrivée de Pénélope entraîna des murmures dans l'assemblée. Le Roi Eadred se précipita vers le bas des marches pour accueillir sa fille en lui tendant une main qu'elle prit avec grâce.

— Et voilà la reine de la soirée ! Ma charmante fille, Pénélope, votre future souveraine !

Si l'ensemble des invités applaudit à cette annonce, la reine mère, Physiora, resta de marbre. Se penchant vers sa fille, Praxyma, la duchesse de Fixworth, elle souffla son agacement.

— C'est inadmissible que des festivités soient lancées en d'aussi grandes pompes en l'absence de Polyxène. On dirait que Eadred veut nous présenter la nouvelle reine, oubliant que son épouse est toujours vivante, s'insurgea Physiora.

— Vous avez raison, mère, mais nous devons garder notre calme pour ne rien montrer à nos sujets, lui répondit Praxyma, discrètement.

— Certes, mais j'en toucherai deux mots à votre sœur. Il ne s'en sortira pas comme ça ! Tout cela ne me dit rien de bon, rétorqua Physiora, ravalant difficilement sa colère.

— Bonsoir, grand-mère, dit Pénélope dans une révérence, en s'approchant de la reine mère. Je suis heureuse de vous voir, ainsi que tante Praxyma.

— Bonsoir, mon enfant. Vous êtes en beauté ce soir. Cette couleur et ce tissu vous vont à ravir, répondit la reine mère dans un sourire. Ah, je vois que vous portez les boucles d'oreille de votre arrière-grand-mère. Cela me met en joie. Dites-moi, savez-vous pourquoi votre père a organisé ces festivités ?

— J'avoue que j'en suis la première surprise. Il semble vouloir faire des annonces mais il n'a pas jugé utile de m'en dire plus.

— Eh bien, cela ne me rassure pas beaucoup, répondit la reine mère soudain interpellée par les valets qui invitaient tout le monde à se diriger vers la table du banquet.

À table, Pénélope se trouva installée entre sa tante Praxyma et un homme qu'elle ne connaissait pas, d'un âge mûr et couvert de barbe. Lorsqu'elle s'approcha pour s'installer, il se leva par égard pour elle et se présenta.

— Bonsoir, Votre Altesse, je suis honoré d'être à vos côtés pour ces festivités.

— Bonsoir, Monsieur, je n'ai pas l'honneur de vous connaître.

— Euh, veuillez m'excuser, Votre Majesté. Je manque à tous mes devoirs. Sir Douglas Mac Tahgan, comte de Blackbosbee, pour vous servir.

— Enchanté, Sir Mac Tahgan, vous venez donc de Pictie ? Je suis assez étonnée, compte tenu de notre conflit actuel avec votre royaume, répondit la princesse, de plus en plus intriguée par cette soirée.

— Je comprends votre étonnement, Votre Altesse. Je pense que votre père, le roi Eadred, pourra vous apporter tous les éclaircissements dans la soirée.

— Dites-moi, l'interpela sa tante Praxyma en chuchotant, vous ne sentez pas un peu la cigarette ?

— Comment ça ? Euh… non ! Pourquoi dîtes-vous cela ? Je ne fume pas, voyons ! lui répondit Pénélope, rouge de honte à l'idée que quelqu'un ait pu entendre Praxyma.

— Pas à moi, Pénélope, j'ai aussi été une jeune fille rebelle. Je saurai garder votre secret. Mais soyez plus prudente à l'avenir. Si moi je l'ai senti, d'autres ont pu également s'en rendre compte, lui répondit sa tante dans un sourire complice.

La jeune femme se renferma dans un silence outragé. Elle n'avait pas envie d'être là et pensa tout à coup de nouveau à Tyler. Où était-il ? Que faisait-il ? Pensait-il à elle en ce moment ?

La soirée se poursuivit entre éclats de rire et changements de plats dans le service. Après les hors d'œuvres, confits aux anguilles et mi-cuit de terre fleur à la sauce violette, suivirent les volailles farcies aux truffes de Pont de Brique, accompagnées de leurs allumettes de courgettes et d'aubergines, le tout arrosé de vins de Purcell ou de bière au choix.

La princesse écoutait les conversations autour d'elle, surtout celles de son père, qui n'avait pas encore dévoilé les motifs de sa missive du matin. Elle était lasse et faisait semblant de porter un intérêt à cette soirée mais souhaitait secrètement retourner dans le calme et l'intimité de sa chambre dont elle ne sortirait plus jamais si elle pouvait seule le décider.

— Comment dois-je vous appeler, Votre Majesté, demanda le duc de Parliandry, d'un air fourbe, au roi consort.

— Vous pouvez m'appeler roi Eadred. Vous êtes tous mes amis, messieurs les ducs. Nous avons fréquenté les mêmes écoles. Allons, trinquons à notre amitié, dit-il en levant sa chope de bière !

— Je vois que vous aimez beaucoup la bière, lui lança la reine mère d'un air mi-moqueur, mi-dégoûté.

— Oui, Votre Majesté, j'aime la bière, comme ma propre femme ! La bière me rapproche du peuple, contrairement à vous !

Nos scientifiques ont inventé de nouvelles machines dernièrement, qui permettent de distiller le houblon plus rapidement, tout en conservant la saveur de ce produit de manière remarquable !

Choquée, la reine mère s'empourpra et resta muette de colère. Ne souhaitant pas polémiquer en public et ajouter à l'affront qui venait de lui être fait, elle préféra s'enfoncer dans un silence qui en dit long sur la rancœur qu'elle entretenait à l'égard de son gendre.

— En parlant de technologie, intervint le duc de Perthrow, quelle est la couleur de votre cristal, Roi Eadred ?

— Sa couleur est celle du rubis. Il est d'un rouge profond. Grâce à lui, nous avons fait un grand pas dans l'évolution technologique. Steven Crosswalk a bien fait de distribuer des cristaux à tous les royaumes de l'Union. Paix à son âme ! Quand je pense qu'il a quitté ce monde sans avoir pu faire aboutir tous ses projets ! Personne ne pouvait prévoir qu'il mourrait brutalement d'une crise cardiaque, alors qu'il semblait en pleine santé. Heureusement, son fils Ethan est de la même trempe ! Il n'a peur de rien ! L'Anfraen a bien changé depuis la fin de la maison Palams. Enfin, bref, nous ne sommes pas réunis pour parler du passé ou de l'Anfraen. J'ai des annonces à faire.

À cet instant, Eadred se leva et fit sonner son verre en le frappant d'une cuillère.

— Mesdames et messieurs ! lança-t-il solennellement avant de poursuivre après un silence. Si je vous ai réunis ce soir, c'est pour fêter comme il se doit, deux événements qui vont mettre notre peuple en joie ! Tout d'abord, je vous annonce que notre royaume s'est agrandi la nuit dernière. Il englobe désormais la Pictie, qui devient un territoire anegexois à part entière. Que la paix règne désormais pour des décennies ! Sanctum ! ponctua-t-il en levant son verre.

L’ensemble des convives se leva alors, prononçant en chœur le « sanctum » de rigueur, et applaudit, puis tout le monde chanta l’hymne anegexois « Que les dieux inspirent le royaume », le verre levé bien haut. Chacun se congratula et une joie extrême envahit la salle.

— Après tant de mois de conflits, la victoire nous parvient enfin, et avec elle, la paix, s’exclama la reine mère. Alléluia !

— Oui, mais qu’est devenue la famille royale pictienne ? demanda Praxyma.

— Tout d’abord, laissez-moi féliciter nos mercenaires, qui ont mené une bataille décisive sur les bords de la Vénule. Ce fleuve était hautement stratégique. S’emparer de ses abords a enfermé l’ennemi dans la plaine de Parness, qui était déjà cernée de toutes parts par nos armées. Le roi Théobrad n’a pas eu d’autre choix que de déposer les armes pour éviter des morts inutiles qui n’auraient de toute façon pas pu empêcher l’inexorable destin de son royaume. Le roi s’est donné la mort peu après avoir abdiqué en faveur de son fils, le prince Féobrad. Cela m’amène à la deuxième nouvelle importante de ce jour. Nos émissaires ont conclu sous mon autorité un accord qui mènera à une paix durable. Pour assurer la pérennité de notre royaume, j’ai décidé l’union de l’Anegex avec l’ancien royaume de Pictie.

À cet instant, Eadred regarda sa fille droit dans les yeux comme pour lui intimer l’ordre de ne surtout rien dire ni faire pour contrarier ses desseins. Pénélope sentit la pression monter en son for intérieur. Elle comprit à demi-mot qu’elle était concernée par cette « union » des royaumes et sembla même avoir deviné comment. Une sensation glaciale courut le long de son dos. Son cœur s’emballa. Ses jambes la portaient toujours sans qu’elle ne sache comment.

Il n'a pas pu faire cela. Sans même m'en toucher un mot auparavant. Sans même en parler à notre souveraine. Ce n'est pas possible. Mère n'a pu accepter cela !

Après un bref instant d'attente pour ménager son annonce, instant qui sembla des heures pour Pénélope, Eadred se décida enfin à parler.

— Ma fille, votre princesse et future souveraine, Pénélope, épousera cet été le prince Féobrad ! Cela scellera l'union de nos deux royaumes et constituera le socle d'une stabilité pérenne.

Une clameur s'empara de la salle de bal. La joie transporta les invités. Eadred avait réussi un coup de maître, assurant le mariage de sa fille héritière et la pérennité de l'union avec la Pictie. La reine Polyxène ne pourrait pas revenir sur cette décision qui était et resterait son œuvre.

La princesse s'y attendait. Pénélope resta néanmoins tétanisée par l'annonce. Elle n'était d'ailleurs pas la seule. La reine mère et la duchesse Praxyma étaient bouche bée, choquées par une telle déclaration en l'absence de la reine Polyxène. Elles ne pouvaient toutefois intervenir face à tant de joie exprimée par l'ensemble des invités. Eadred se rendit compte de l'absence de réaction de sa fille et de sa belle-famille.

— Vous ne dites rien, très chère fille ?

— Je suis ravie d'épouser le prince Féobrad, père, répondit laconiquement la princesse.

— Et… n'y a-t-il pas quelque chose à ajouter ?

— Non il n'y rien d'autre à ajouter, père.

— Ma fille, vous devriez…

— IL N'Y A RIEN D'AUTRE À AJOUTER ! cria-t-elle en se levant brusquement de sa chaise, la faisant tomber au passage. Les invités s'arrêtèrent soudain de parler et un silence assourdissant tomba sur l'assemblée.

Pénélope fixa à son tour son père droit dans les yeux d'un regard furibond puis, serrant les poings, quitta le dîner sans mot dire, laissant là les invités gênés devant son père dont les traits se déformèrent de colère.

La princesse s'avança d'un pas décidé et monta l'escalier central de la salle de bal. Elle avait enfreint le protocole en répondant à son père de cette manière mais elle ne souhaitait pas en rajouter en se précipitant. Dès qu'elle ne fut plus en vue, elle se mit à courir à travers les couloirs et regagna sa chambre en pleurs, refermant et verrouillant derrière elle la porte de ses appartements.

Après le départ des convives, Eadred se rendit sans prévenir dans les appartements de Lislite, son Premier ministre, qu'il surprit déjà en robe de chambre et le prévint de la punition qu'il comptait donner à sa fille. Lislite fut mécontent de cette visite surprise.

— La prochaine fois, prévenez, avant de rentrer par surprise, Votre Majesté.

— Il est vrai que j'aurai dû m'annoncer avant. Je suis venu vous prévenir que sa majesté la reine mon épouse va rentrer à Noldon demain soir.

— Mais, je le sais déjà, lui répondit Lislite, dubitatif. Qu'attendez-vous de moi, Votre Majesté ?

Lislite voyait sur le visage d'Eadred qu'il voulait dire autre chose. Eadred le regarda, soupçonneux. Après un instant, le Premier ministre souffla un peu.

— Après ce qui s'est passé ce soir, j'ai décidé d'envoyer ma fille en pension avant son mariage, ne serait-ce que pour lui apprendre à obéir.

— Il serait peut-être sage de l'envoyer chez les elfes en Anfraen. Elle pourrait y apprendre beaucoup de choses. Quand on voit toutes ces bizarreries qui surviennent en ce moment un peu partout dans le Monde, répondit Lislite.

Le Premier ministre n'avait jamais avoué qu'il avait des accointances avec la magie. Il avait depuis longtemps détecté chez Pénélope certaines aptitudes qui ne demandaient qu'à être développées. Qui plus est, l'envoyer dans une véritable pension actuellement lui semblait hors de propos compte tenu de l'amour qu'elle vouait à ce jeune homme sans naissance, quand bien même elle avait éliminé la « difficulté ». Cela pourrait développer chez elle une véritable haine envers son père et ses obligations royales.

— Non, dans sa pension, il n'y aura aucune richesse. Aucune, vous entendez ? Je veux qu'elle apprenne à être respectable et qu'elle apprenne à vivre seule. Je voulais la tester ce soir au dîner pour savoir si elle était digne d'être reine. Je n'ai pas été convaincu.

— Le fait de l'envoyer en pension n'est pas la solution, Votre Majesté, protesta Lislite. Et que diront les courtisans et le peuple ? Alors que vous venez d'annoncer son prochain mariage !

— C'est la solution ! Au contraire ! Elle a bafoué nos règles ! Et depuis peu, je sens qu'elle manque de rigueur, voire de sens du devoir ! Elle a été trop gâtée par sa mère ! Ma fille aura une éducation très stricte, ne serait-ce que pendant quelques mois ! Elle vivra avec d'autres personnes qui auront son âge et qui n'ont jamais connu la richesse. Elle n'aura aucune protection ! vous entendez ! Aucune !

— Diantre, répondit Lislite. Mais où donc voulez-vous l'envoyer ?

— Elle sera dans une école très stricte en Pictie, où moi-même j'ai été pensionnaire dans mes jeunes années. J'y ai vécu de terribles choses mais je tiens vraiment à ce qu'elle étudie là-bas, vous comprenez ? En plus, elle apprendra les us et coutumes du pays de son futur mari. Leur mariage ne pourra se dérouler avant plusieurs mois. Cette période sera mise à profit pour lui faire une éducation digne de son rang.

— Vous avez pensé à tout mais ne serait-il pas plus sage d'attendre la reine ?

— Non ! ma fille et moi partirons demain matin avant l'arrivée de la reine.

— Bien, Votre Majesté, mais la reine Polyxène risque d'être très contrariée que cette décision ait été prise en son absence.

— La reine comprendra. Je lui expliquerai. Et puis, après tout, ce sera fait, donc elle ne pourra pas revenir en arrière. Je vais voir ma fille de ce pas pour lui annoncer et demander à sa femme de chambre de préparer son départ avec un bagage comprenant le strict minimum.

À l'étage supérieur, les appartements de la princesse étaient plongés dans la pénombre. Si Pénélope avait pris soin de fermer la porte de sa chambre dès son retour de la soirée afin de ne pas être dérangée, le roi avait, depuis lors, ordonné la fermeture de l'accès à ses appartements. Seule sa femme de chambre avait pu y pénétrer pour y répondre aux besoins de la jeune femme. Pénélope n'avait pu en sortir et ne pouvait recevoir aucune visite.

Elle était triste, allongée sur son lit, encore tout habillée. Elle pensait à son amour Tyler qui avait disparu et qu'elle n'avait pas revu depuis la veille. Eadred ouvrit la porte brusquement. Pénélope se leva brutalement. Il observa sa chambre. Elle était en désordre, reflétant l'énervement qu'avait pu ressentir la jeune femme lorsqu'elle y était retournée, jetant tout au sol, de ses draps dont elle s'était emparée rageusement, à ses accessoires de beauté disposés sur sa coiffeuse. Il renifla une odeur très étrange qu'il sembla reconnaître. Il se mit alors à fouiller la pièce de manière frénétique. La princesse était inquiète mais n'osa pas intervenir. Il trouva enfin ce qu'il cherchait. Des paquets de cigarettes étaient rangés dans un sac de cuir, à l'origine disposé dessous le lit.

— Qu'est-ce que c'est que ça ? cria-t-il rageusement à sa fille en brandissant les cigarettes.

— Des paquets de cigarettes, répondit-elle calmement.

— Je n'arrive pas à croire que vous fumiez, ma fille. Vous êtes la honte de la famille, vous rendez-vous compte que ces drogues sont très dangereuses ? Et interdites au sein de la famille royale !

— J'en fume si peu, père, répondit-elle laconiquement.

— C'est inadmissible ! j'aurais dû me douter que vous aviez pris de la drogue avant le dîner. Vous rendez-vous compte que vous pourriez mourir à cause de ça ? Elles peuvent faciliter la survenance de maladies à risques !

— Mais enfin, père ! Il ne s'agit pas de cannabis ou de marijuana ! C'est juste du tabac !

— Fumer, ma fille, augmente le risque de maladies cardio-vasculaires ! De cancers ! d'infections bucco-dentaires ! Le tabagisme est également un facteur aggravant pour des pathologies telles que l'asthme ou le diabète ! Nous menons depuis plusieurs années une politique agressive contre le tabac qui est interdit dans notre royaume et vous, la princesse héritière, vous fumez ! Vous trahissez votre mère et mettez le pouvoir à la merci de tous nos détracteurs ! Vous êtes une imbécile !

— Ne m'insultez pas, père ! répondit Pénélope en se tournant brusquement vers la fenêtre. Vous ne comprenez rien !

Eadred l'attrapa alors par les épaules et la retourna violemment puis lui infligea une paire de gifles, ce qui laissa la jeune fille choquée.

— Comment avez-vous pu faire ça ! lui hurla-t-elle. Jamais vous ne m'aviez frappée, poursuivit-elle d'une voix brisée.

— C'est honteux que votre chambre soit en désordre ! Et parlez-moi sur un autre ton !

— Père, je vous en prie, ne hurlez pas.

— Pourquoi je hurlerais ? lui répondit-il soudain plus calme. J'ai déjà décidé de votre punition.

— Ma punition ? Mais pourquoi ?

— Parce que vous le méritez ! Vous m'avez fait honte devant tous nos invités ! Vous n'avez montré aucune éducation ! Vous avez été en dessous de vos obligations envers la Couronne. Vous vous rendrez donc dès demain en Pictie, dans une école où vous n'aurez ni richesse ni technologie à disposition. Vous porterez les mêmes vêtements pendant une semaine et les laverez vous-même !

— Père, je vous en prie, sanglota Pénélope, soudain paniquée.

— Vous allez savoir ce que j'ai vécu pendant mon enfance. Vous allez voir comment les enfants de votre âge vivent sans la technologie, sans la richesse ! Puis j'ai une dernière chose à vous dire : vous n'êtes pas digne d'être l'héritière de la Couronne d'Anegex. Ces quelques mois vous apprendront à respecter vos obligations et à devenir une princesse digne de ce nom.

Le roi laissa sa fille, vaincue, recroquevillée sur le sol de sa chambre. Il ordonna à la femme de chambre de préparer une maigre valise pour le lendemain et lui indiqua son congé durant les mois qui venaient, en l'absence de la princesse.

Le lendemain matin aux aurores, Eadred emmena sa fille de dix-sept ans à l'aéroport privé de la Couronne où ils avaient accompagné quelques jours auparavant la reine Polyxène. Ils prirent place dans son avion privé à destination de la Pictie.

Chapitre X
De sombres desseins

Le jour se levait en Anfraen. Les façades blanches du château de Brehand s'illuminèrent aux premiers rayons du soleil, laissant apparaître sur les jardins arrière une extension toute de verre et de forme cubique dont les cinq étages dépassaient en hauteur les parties historiques du palais. Ethan Crosswalk était déjà debout, fraîchement rasé et habillé d'un costume sombre. Sur la terrasse au cinquième étage, il contempla, un café à la main, les jardins qui avaient été redessinés après son avènement. C'était son premier ordre en tant que nouveau dirigeant de la république d'Anfraen. Après la mort prématurée de son père, Ethan avait dû très vite s'affirmer en tant que chef incontesté de cette nouvelle République jeune et fragile. Steven avait bien sûr tout prévu. Sa succession était déjà établie. Depuis son coup d'État, après la fin tragique de la famille royale, il n'avait eu de cesse que de conférer à son pouvoir un caractère autocratique en muselant le Haut Conseil dont les membres avaient été ou achetés, ou menacés, ou écartés. Puis il avait décidé de donner à son fils aîné le statut d'unique successeur de son pouvoir, afin d'éviter des conflits intrafamiliaux entre ce dernier et ses quatre frères et sœurs. Il avait eu en effet quatre enfants de sa première union avec la fille d'un grand industriel anfraenien qui lui avait apporté la richesse nécessaire à son ascension. Son objectif était depuis le début d'asseoir son autorité sur la légitimité de sa lignée. En s'unissant à Gyda, après s'être débarrassé d'une épouse devenue inutile et encombrante, il était devenu nécessaire aux yeux du peuple qu'il ait un fils avec la fille de l'ancien roi pour créer un lien entre le nouveau pouvoir et l'ancien. Gyda avait eu au moins la bonne idée de lui donner satisfaction avant de se supprimer, en donnant naissance à Ethan, le petit dernier de sa lignée. Il avait été nécessaire ensuite de préserver la succession en faisant voter le droit de primogéniture alors même qu'il était en république. Cela avait été chose faite par une loi modifiant la toute récente constitution, faisant de lui le maut magistrat suprême et réservant ce titre à ses successeurs premiers-nés.

La naissance d'Ethan avait permis de garder un lien avec l'ancienne famille royale tout en donnant à Steven une légitimité qui, associée à une poigne de fer, avait fait de lui un puissant dirigeant autocratique.

C'est ainsi qu'à sa mort, Ethan était devenu à son tour le dirigeant d'une des plus grandes puissances de l'Union. Il avait alors dix-sept ans. Sa première décision avait été de faire réaménager les jardins qu'il avait toujours détestés, car trop bucoliques et trop anegexois à son goût. Il avait fait déraciner les anciennes essences d'arbres les plus hauts et les jardins fleuris pour insérer de grandes étendues d'herbe et des chemins gravillonnés circulant de manière géométrique autour de grands bassins entourés de fleurs rouges uniquement. Il avait une vision spartiate de la nature tout autant qu'il avait une vision militaire du pouvoir.

À vingt ans, Ethan présentait un physique sombre et imposant. Aux cheveux bruns gominés et plaqués en arrière s'ajoutaient des yeux noirs qui fixaient de manière intense ses interlocuteurs. Svelte et se tenant toujours bien droit, il était continuellement vêtu d'un costume noir et était toujours rasé de près. Il dégageait à la fois le respect et la crainte qui le faisaient sembler plus âgé que son âge. La douceur de certains de ses propos ne cachait que partiellement son fort caractère et sa cruauté. Il savait ce qu'il voulait et n'hésitait pas, tout comme son père, à écraser tous ceux qui se mettaient sur son chemin.

La deuxième décision qu'il avait prise après les jardins avait été de faire ériger en peu de temps une extension au palais appelée Le Cube, vaste complexe ultramoderne. Désormais, le palais ne renfermait plus que les salles d'apparat et les salons de réception, ainsi que les bureaux de ses hauts conseillers, qu'il tenait à avoir sous la main à tout moment.

Le nouveau bâtiment renfermait au rez-de-chaussée un laboratoire de recherches en biologie et en physique afin d'utiliser la technologie issue des cristaux jusqu'à son paroxysme. Les étages supérieurs renfermaient ses appartements personnels, et étaient desservis par un ascenseur dont lui seul, son conseiller personnel et le grand conseiller avaient l'accès, ainsi que son épouse Jade, dont il faisait très peu de cas.

Le soleil éclairait de mille feux la terrasse d'Ethan, qui regardait toujours ses jardins, perdu dans ses pensées, lorsque le bruit de la porte de l'ascenseur le tira de ses songes.

— Bonjour, monsieur le Magistrat Suprême s'entendit-il dire par son premier conseiller, lord Nolan, qui arrivait avec plusieurs dossiers sous le bras ?

Lord Nolan était aussi jeune qu'Ethan. Lorsque ce dernier était arrivé au pouvoir, prématurément, il lui avait fallu trouver une personne de confiance pour le poste de numéro deux du pays. Il s'était donc naturellement tourné vers lord Nolan. Ils s'étaient rencontrés pendant qu'ils faisaient leurs armes dans les forces terrestres de l'armée anfraenienne et le jeune homme s'était toujours montré d'une indéfectible fidélité à l'égard d'Ethan. Évidemment, le magistrat suprême n'avait jamais été dupe du comportement des autres qui constituaient toujours une cour autour de lui mais lord Nolan avait ceci d'intéressant qu'il n'était pas de ceux qui pouvaient être considérés comme mielleux et avait une endurance au travail qui forçait l'admiration.

— Monsieur le Magistrat Suprême, j'ai des nouvelles fraîches de Rancef et de l'Anegex. Les obsèques de la reine mère ont eu lieu. Notre ambassadeur a remis vos plus sincères condoléances au roi Jacques VI. Ce qui m'inquiète est que la reine Polyxène s'est rendue elle-même aux funérailles. On l'a dite très proche du roi Jacques.

— En effet, ceci est inquiétant. J'espère que cette vieille rombière ne nous prépare pas une de ses embrouilles dont elle seule a le secret.

— D'autant que ce n'est pas tout. Je viens d'apprendre que l'Anegex a conclu un accord avec la Pictie.

— Quoi ? Le conflit est terminé entre les deux royaumes ?

— Pire, sous couvert de cet accord, la Pictie est littéralement annexée par l'Anegex. Le prince Féobrad va épouser la princesse Pénélope.

— Quoi ? Mais que fait Théobrad ?

— Il est mort, monsieur le Magistrat Suprême.

— Nous avons donc misé sur le mauvais cheval. Quand je pense à tout cet argent que nous lui avons versé pour mener sa guerre à bien. Tout ceci est perdu. L'Anegex est-il au courant de notre intervention financière en faveur de la Pictie ?

— Il est fort à parier que oui. C'est à mon avis pour cela que la reine Polyxène s'est rendue en Purcell elle-même. Elle doit souhaiter renforcer les liens entre les deux royaumes pour créer une force capable de nous tenir tête.

— La catin ! Je lui ferai rendre gorge ! Avons-nous eu plus de précisions sur l'assassinat de la reine mère ?

— Non, rien de nouveau. Aucun indice n'a été retrouvé sur la scène de crime et l'enquête va certainement piétiner. Cela va créer l'émoi en Purcell et une certaine défiance vis-à-vis du pouvoir en place.

— Cela est bon pour nos affaires, Nolan. Un jour, ils seront tous soumis à l'Anfraen. Notre pays a vocation à gouverner tous les peuples du monde. Je serai celui qui mènera cette conquête à bien. Pour cela il me faudra récupérer les cristaux pour rassembler tous leurs pouvoirs entre mes mains.

— Je suis certain que nous y parviendrons, monsieur le Magistrat Suprême.

— Qu'en est-il de l'Altosola ?

— D'après nos dernières nouvelles, le royaume s'enfonce de plus en plus dans le marasme économique. Les grandes villes sont toutes bloquées par des grèves à répétition. Le Premier ministre a démissionné et l'empereur doit appeler un nouveau dirigeant pour former un gouvernement pour la quatrième fois en un an. Nos manœuvres pour bloquer les échanges et faire monter le prix des denrées de base ont fonctionné. Leur économie était trop faible pour pouvoir faire face à la défection de trois clients internationaux. Cela a fait chuter le cours de leur monnaie et a fini de les empêtrer dans des difficultés insurmontables. Le pays est exsangue et la famille impériale commence à craindre un soulèvement.

— Très bien, mais cela nous a coûté extrêmement cher. Je pense que le fruit est mûr. Convoquez Aaron ici aujourd'hui. Je compte sur lui pour mener à bien la suite de nos opérations dans ce pays.

Aaron, le demi-frère d'Ethan, était en train de dessiner des croquis de femmes en tenue légère lorsqu'il fut appelé auprès du premier magistrat suprême. C'est avec beaucoup de regrets qu'il lâcha ses fusains pour se rendre chez son frère car tout le monde savait qu'Ethan Crosswalk n'attendait pas.

À vingt-trois ans, Aaron n'avait plus le physique d'un adolescent à ceci près qu'il restait fin et un peu dégingandé. Tout aussi châtain que son frère était brun, il avait les cheveux longs et hirsutes, et ne se départait jamais de sa petite barbiche. Il avait eu une vie personnelle en dents de scie. Dernier né de la première union de feu Steven Crosswalk, il n'était resté aux yeux d'Ethan que « le demi-frère » inutile. Sa sœur Elizabeth, son aînée de cinq ans, était toute aussi cruelle que le premier magistrat suprême, et l'avait toujours déconsidéré. Marie, sa deuxième sœur âgée de vingt-six ans et Harry, son frère de vingt-quatre ans, se comportaient bien avec lui en privé mais étaient toujours entre le marteau et l'enclume en public, se devant d'être plus distants avec Aaron en présence d'Ethan pour éviter son courroux. Le jeune garçon avait été élevé par des nourrices, peu considéré par son père pour lequel il n'avait été qu'un enfant non désiré et peu aidé par ses frères et sœurs. Il s'était concentré sur son art, se découvrant très vite une prédisposition au dessin et à la peinture, qui lui permettaient d'exprimer ses émois. Il se contentait aujourd'hui de donner libre cours à sa passion et de vivre aux crochets de son frère, dont il se sentait presque prisonnier, en rendant parfois quelques services discrets pour le pouvoir.

C'est avec son air débonnaire habituel, qu'il arriva dans les appartements d'Ethan, accompagné par un garde du corps.

— Mon frère, quel plaisir de vous voir ! Que me vaut cette convocation matinale ?

— Je vous ai fait venir, Aaron, car j'ai une mission de la plus haute importance à vous confier. Vous vous rendrez dès demain en toute discrétion à Amara.

— Amara ?

Aaron n'en croyait pas ses oreilles. Amara était la capitale de l'Art. La ville où les plus grands peintres avaient jadis tutoyé les plus grands compositeurs. L'architecture y était d'une beauté époustouflante. Qui plus est, cette ville était loin, très loin d'Ethan, de l'autre côté de l'océan. Un bon moyen de s'évader de cet univers qui l'oppressait tant.

— Laissez-moi vous expliquer, poursuivit Ethan. Vous serez officiellement en visite pour découvrir les trésors artistiques de la capitale et honorer de votre présence la réouverture de leur musée impérial après deux ans de travaux. Après tout, vous êtes l'artiste de la famille. Mais en fait, vous serez mon émissaire auprès de l'empereur Maurizio pour proposer notre aide afin de rétablir l'économie du royaume et assurer la sécurité de la famille impériale. Bien sûr, cette aide ne sera pas fournie sans contrepartie.

— Et quelle contrepartie ?

— Un mariage, bien sûr. Le vôtre avec la fille héritière, Lavinia.

— Mais vous n'y pensez pas ! Je refuse ! s'indigna Aaron, dont les rêves de liberté s'évanouissaient aussi vite qu'ils étaient apparus.

— Vous préférez peut-être les mines de sel dans le désert des pluies ? lui répondit Ethan, menaçant.

— Vous n'oseriez pas ? s'étrangla Aaron.

— J'ordonne, vous obéissez. Résistez et vous ne m'êtes plus d'aucune utilité. Choisissez ! Les mines de sel pourraient très bien vous convenir, finalement.

— Mais je suis votre frère ! Vous ne pouvez pas me condamner à une vie de bagnard ! Les mines de sel sont l'endroit où on envoie les condamnés les plus durs afin qu'ils y meurent naturellement sans avoir à les condamner officiellement à mort.

— J'y fais transférer aussi les opposants. Vous êtes peut-être mon demi-frère mais le peuple ne se rendra même pas compte de votre disparition si je vous y envoie. Soyez-moi fidèle et vous conserverez la vie et votre statut. Désobéissez-moi et les mines de sel seront le dernier endroit que vous verrez sur Terre. Je ne vous le demanderai pas une deuxième fois, lança Ethan avec des étincelles dans les yeux, tout en conservant une froideur inébranlable dans la voix.

— Très bien, je ferai ce qu'il vous plaira, répondit Aaron, s'inclinant devant la puissance et la cruauté de ce frère qui n'en était pas vraiment un.

— Votre union scellera mon emprise sur ce pays, et ce n'est qu'un début, répondit le premier magistrat suprême. Maintenant, allez ! Il vous faut préparer votre départ. Je dois pour ma part me rendre dans mes laboratoires.

Aaron partit, tout en retenant sa rage. Il devait obéir à son frère car il n'avait pas le choix mais son ressentiment n'en était que plus grand envers celui qu'il considérait comme la plus vile des créatures sur Terre.

Ethan prit l'ascenseur pour aller dans ses laboratoires. Les scientifiques faisaient beaucoup de bruit dans le Cube. Ils réalisaient des expériences sur le cristal jaune mais aussi autre chose d'effrayant.

Le magistrat suprême arriva dans le laboratoire accompagné de deux gardes du corps. Le dirigeant du laboratoire s'approcha de lui. Sur sa blouse blanche était épinglée sa carte de directeur avec son nom, Dwain Link.

— Monsieur le Magistrat Suprême, quel plaisir de vous voir ! s'exclama monsieur Link.

— Les expériences avancent bien ? demanda Ethan sèchement, allant droit au but, comme à son habitude.

— Oui, monsieur le Magistrat Suprême. Si vous voulez bien vous donner la peine de venir voir. Mais soyez prêt. Vous n'allez pas en croire vos yeux.

— Je suis prêt depuis des années, monsieur Link, répondit Ethan, toujours aussi sèchement.

— Il faut juste que vous n'approchiez pas de la fenêtre.

— Pourquoi ?

— Car, il est dangereux.

— Montrez-le-moi, ordonna le premier magistrat suprême, piqué par la curiosité.

Ils pénétrèrent dans un bureau d'observation. La lumière devint rouge. Tout était calme. Il y avait juste le bruit de l'eau des aquariums. La porte derrière eux se verrouilla après leur entrée. Un cliquetis se fit entendre juste après. Plusieurs portes étaient en train de s'ouvrir pour déboucher sur une salle vide au fond de laquelle s'étendait une vitre immense. Un homme était là, terrifié, derrière cette vitre.

— Qui est-il ? interrogea Ethan.

— Regardez bien, il va se passer quelque chose, lui répondit Dwain Link sans pouvoir dissimuler son enthousiasme.

Ethan observa très attentivement. Le cobaye vit une porte s'ouvrir sur sa prison vitrée. Après quelques instants, un monstre apparut. Mais ce n'était pas n'importe quel monstre. C'était un homme, mais un homme qui était déjà mort. Son visage était très pâle, juste rehaussé de cernes noirs. Il avait des yeux rouges comme ceux des démons. Les vêtements arrachés, les cheveux sales, et des griffes acérées sortant de ses doigts venaient compléter ce portrait terrifiant.

— Par tous les dieux. Comment on appelle ça ? demanda Ethan.

— Un mort-vivant.

— Moi, je dirais plutôt un démon, répondit Ethan.

Le démon sauta sur le cobaye, lui arracha le cœur de la poitrine, et le porta à sa bouche, dévorant avidement l'organe humain sanguinolent. Il s'attaqua ensuite au reste des entrailles du pauvre homme. Il semblait comme fou de rage et son visage dégoulinait du sang de sa victime. Après son horrible repas, son intérêt se porta vers la vitre derrière laquelle se tenait Ethan. Il le regarda alors d'un air terrifiant.

— Nous avons eu l'autorisation, par le Premier ministre, d'utiliser le cristal de pouvoir jaune, dit Dwain.

— Pourquoi aviez-vous besoin de cet objet ?

— Le cristal jaune a des propriétés étonnantes de guérison. Nous avons aussi découvert qu'en décuplant son rayonnement, il peut donner vie à un être mort. Regardez, monsieur le Magistrat Suprême.

Un portail s'ouvrit dans le mur derrière le démon. Un bras mécanique en sortit sur lequel était disposé le cristal. Ce dernier se retourna et contempla l'objet avec méfiance. Il était très attiré par cet objet cosmique. Le cristal de pouvoir émit soudainement un son dès lors qu'un rayon envoyé par une machine de l'autre côté de la pièce entra en contact avec lui, ce qui angoissa le démon. Ce dernier se recula. Ethan, très surpris du comportement du démon, se tourna alors vers Dwain.

— Très impressionnant !

— Ce n'est pas fini, observez encore.

Le cobaye se réveilla. Comme celui qui l'avait dévoré peu de temps auparavant, il s'était transformé en démon. Il hurla de rage. Une longue lumière s'alluma du cristal. Ethan était stupéfait de voir cette lumière, tel un rayon qui insufflait la vie en touchant un cadavre.

— Je crois qu'on peut arrêter les expériences, dit Ethan.

— Bien, Monsieur le Magistrat Suprême. Vous en pensez quoi ?

— J'ai une question. Peut-on contrôler ces monstres ?

— Ils ont peur du cristal. Le détenteur de ce dernier peut donc être protégé de leur bestialité. Nous devons encore travailler à leur contrôle afin qu'ils puissent différencier nos ennemis de nos alliés.

— Je savais que nous pourrions créer des armes avec ce cristal, des armes que personne ne pourrait contrer, répondit Ethan. Je vous félicite, monsieur Link. Continuez et amplifiez vos recherches. Je veux que nous puissions très vite mettre une armée sur pied.

Chapitre XI
La ville de lumière

Le sud de Rancef est une région idéalement située entre les montagnes, la mer du Levant à l'extrême sud, et l'océan Profundaelis à l'ouest. Le climat y est chaud et sec mais les montagnes fournissent aux sols l'humidité nécessaire à l'existence de nombreuses forêts grâce à la fonte des neiges qui alimente les rivières serpentant dans tout le royaume de Purcell.

Le soleil brille de mille feux sur ces forêts et pourtant les montagnes gardent des sommets blancs de neige à toutes saisons. Les rivières renferment des créatures aquatiques elfiques, dont certaines sont réapparues depuis peu comme les nymphes des eaux et les lutignols, petites créatures lumineuses naissant dans les nénuphars et vivant près des rivières.

Au-delà de ces forêts, au croisement des routes du sud, apparaît une des plus grandes villes du royaume, Valadorel, la ville de lumière. C'est une cité prospère et deuxième du royaume après Sirpa, par sa population. Le soleil du sud la rend belle et emplie de joie. C'est près de cette ville que ses pérégrinations avaient conduit Éric, après son départ de Vitaric et du royaume de Kursell.

Sur une route, à la sortie de la cité de lumière, où l'on trouve des marchés en plein air, Éric Letcheur fit une halte car il avait besoin d'une carte pour se repérer. Il en avait bien une auparavant, mais il l'avait perdue au cours d'un combat contre un kincoat, espèce de créature féroce mi-gorille, mi-narval. Le kincoat l'avait déchiquetée en transperçant la besace du mutant de sa corne acérée. Ils s'étaient battus dans une mine, à l'appel d'un village qui se nommait Bartoline, situé sur la route de Valadorel. Ce village était peuplé de mineurs, tous travaillant dans une mine d'où ils extrayaient des métaux précieux, de l'argent au minarium, un métal très prisé par les scientifiques et les manufactures utilisant la technologie du cristal de Purcell pour créer des composants nécessaires aux nouveaux appareils ne cessant de moderniser un pays encore empêtré dans un moyen âge voué à disparaître. Éric aimait, comme beaucoup des habitants du peuple, la façon de vivre d'antan, préférant le cheval à la voiture et le bateau à voile plutôt que ces nouveaux navires dotés de moteurs et fonctionnant à l'aide d'une énergie dont émanait une odeur nauséabonde et qui était bruyante au possible.

Après avoir attaché son cheval à un piquet dédié, il se rendit donc chez un marchand très réputé où il pensait trouver une nouvelle carte. Le problème était qu'il y avait une file d'attente très longue et qu'il devait faire preuve de patience. Dans la file, la plupart des gens étaient assez âgés, sauf quelques familles avec des enfants. Il observa autour de lui. Il vit des pauvres qui mendiaient de la nourriture auprès des marchands.

— Je vous en prie, j'ai besoin de nourrir ma famille, dit un homme.

— Désolé mais pas d'argent, pas de nourriture ! répondit sèchement un marchand.

— Je vous en prie, poursuivit l'homme décharné et vêtu de haillons.

— Dégagez de là ! Soldat venez m'aider ! j'ai d'autres clients qui attendent !

Éric eut pitié de cet homme. Il vit plein de légumes et de viandes de porc sur les étals et pensa en acheter en partie pour ce pauvre malheureux lorsque viendrait son tour. Ses yeux s'arrêtèrent aussi sur un présentoir de cartes. Il vit la carte de L'Union des Huit Royaumes et pensa alors qu'il n'attendait pas pour rien.

C'est alors qu'il entendit les clients devant lui râler et pester contre un homme qui parlait à un marchand. Cheveux courts, blonds, vêtements de bonne facture, mains soignées, c'était le Premier Édile de la ville de Valadorel. Ils étaient en train de parler depuis déjà quelques minutes. Les clients qui étaient derrière eux étaient en colère de devoir attendre. Éric grogna un peu aussi.

— Excusez-moi, mais je crois que vous dérangez un peu là, non ? finit-il par intervenir.

Un petit bonhomme replet qui suivait le premier édile partout où il allait se tourna, interloqué, vers le mutant :

— Vous savez à qui vous parlez ? dit-il en articulant chaque syllabe.

— Non, pourquoi ?

— Pourquoi ? Mais parce qu'il s'agit du Premier Édile de cette ville. Pour qui vous prenez-vous ?

— Je me moque qu'il soit édile ou qui que ce soit. On attend ici depuis des heures. Vous pourriez respecter les gens qui font la queue !

Le silence se fit alors. Le premier édile, interpellé, avait stoppé sa conversation et, ne voulant pas se donner plus en spectacle, décida de prendre congé.

— Bon, très bien, je vais vous laisser. On se reverra mon ami marchand, dit-il en partant sans un regard pour la file de clients et Éric. Passez une bonne journée.

— Merci, monsieur le Premier Édile, répondit le marchand contrit, vous aussi passez une bonne journée.

Éric attendit encore au moins une demi-heure. Il était midi. Il commençait à avoir faim et soif. Enfin vint son tour d'être devant le marchand. Il était épuisé. Le marchand le scruta du regard et sembla soupçonneux.

— Vous êtes un mutant ? l'interrogea-t-il de but en blanc.

— Oui, comment avez-vous deviné ? répondit Éric d'un ton sarcastique.

— Je sais les repérer. Dans quelle école avez-vous étudié ?

— J'ai étudié à l'école d'Elforest, répondit le mutant dans un soupir.

— Il paraît que c'est la pire école de magie.

— Puis-je avoir une carte de l'Union ainsi qu'une carte de Purcell et un lot de différents légumes avec un peu de viande de porc ? demanda Éric, non sans laisser transparaître une pointe d'agacement.

— J'ai connu un mutant qui avait étudié dans cette école. Il était mauvais, voleur et a fini sur la potence.

— Donnez-moi cette carte et ma commande de victuailles, s'il vous plaît, je n'ai pas toute la journée ! poursuivit Éric dont la patience arrivait à son terme.

— Oui, oui, ça vient ! Tous de mauvais bougre, ces mutants ! Ça vous coûtera cent pièces de rubis.

— Cent pièces de rubis ? C'est une plaisanterie ? Avec cette somme je pourrais obtenir le porc complet et trois champs de légumes avec les ouvriers pour les récolter.

— Ces produits sont naturels. Libre à vous de ne pas payer mais dans ce cas passez votre chemin, j'ai d'autres clients à servir, répondit vertement le marchand.

— Bon, très bien, j'achète, bougonna Éric. Mais c'est du vol !

Éric mit la carte de l'Union dans le sac accroché au dos de son cheval, et prit sur lui le sac de nourriture. Il s'approcha du mendiant et lui déposa des légumes et de la viande dans un sac de toile.

— Pour votre famille, lui dit-il.

— Merci monsieur. Les dieux vous le rendront, lui répondit le pauvre homme, les larmes aux yeux.

Un autre homme interpella alors le mutant. Il s'agissait d'un homme jeune, d'environ vingt ans, cheveux bouclés, bruns, et un regard bleu d'une grande profondeur. Il portait des hauts-de-chausse marron crème et une tunique bleue.

— Excusez-moi, monsieur, j'ai entendu que vous étiez un mutant, demanda l'inconnu.

— Oui et alors ? répondit Éric, dont la patience n'avait plus de réserve.

— J'ai besoin de vous. Quel est votre prix ?

— Qu'avez-vous à m'offrir ?

— J'ai des pièces de fer.

— En fer, vraiment ? Je ne travaillerai pas pour moins de cent pièces de rubis !

— J'ai l'équivalent de cette somme, mais en pièces de fer.

— Payez d'avance.

— Je n'ai pas la somme complète sur moi. Je vous donne quatre cents pièces de fer maintenant et le reste après la mission.

Éric prit les quatre cents pièces de fer.

— Que voulez-vous que je fasse ? Je suis désolé si vous avez l'impression que je vous agresse, c'est juste que je n'ai rien mangé depuis hier soir avant le coucher du soleil.

— Ce n'est pas grave, je comprends. Tenez, prenez mon pain de viande, il fera passer votre faim. Je veux que vous me débarrassiez d'un diable.

— Un diable ? Hum ça n'existe pas les diables, répondit Éric, pensant avoir à faire à un plaisantin.

— Il s'agit d'étranges créatures avec des cornes qui ressemblent à des elfes.

— Vous ne parlez pas plutôt d'elfes de forêt ?

— Oui c'est bien ça, ce sont des elfes, mais on les nomme diables parce qu'ils ont des cornes.

— Montrez-moi la direction et je vous ramène la tête de ce diable.

— Vous ne savez pas à quelle race d'elfe vous vous attaquez. Ils sont très dangereux !

— Ah oui, vraiment ? Pourtant dans mon souvenir les elfes des forêts ne sont pas si impressionnants.

— Ceux dont je vous parle ont tué des humains, ils ont carrément arraché leur cœur avec les mains. Il y a des villageois ici qui disparaissent mystérieusement, on dit que les elfes les mangent. C'est dans la forêt de Montjoyaux, je vais vous conduire, je connais par cœur le chemin.

— C'est une forêt au sud de la ville, non ? demanda Éric, qui l'avait repérée sur la carte qu'il venait d'acheter. Bon très bien, mais d'abord, je dois remplir mon estomac avant de combattre.

— Je vais vous ramener dans mon auberge, monsieur, ça sera gratuit. Mon nom est Thibault Billet.

— Je m'appelle Éric Letcheur.

— Vous avez de la chance de porter le même nom que celui du roi de Kursell, répondit le jeune homme, intéressé.

— Mais je ne suis pas de la même famille, le coupa Éric. Mon nom s'orthographie différemment.

— Venez, suivez-moi, vous allez voir, il y a du monde aujourd'hui dans mon auberge. C'est la plus réputée de Valadorel.

— Je vous remercie de votre hospitalité, maître Billet.

Les deux hommes partirent vers la ville de Valadorel. Les rues y étaient bondées. Au loin apparut bientôt l'auberge de Thibault, « Les bons amis » où l'attendait un bon repas et un peu de repos.

Éric et Thibault arrivèrent devant l'auberge située en cœur de ville.

— C'est donc ici votre auberge ? questionna Éric.

— Oui, c'est bien ici. Vous verrez, j'en ai fait un endroit agréable et accueillant.

— C'est sans prétention, tout ce que j'aime. C'est quoi le plat du jour ?

— Du sanglier.

— Parfait, le sanglier est mon plat préféré, répondit Éric, l'eau à la bouche.

— Bien, installez-vous, je vais nous commander une bière. Bonjour, chef !

— Bonjour patron, comment allez-vous ?

— Ça va, merci. Je vois qu'il y a du monde aujourd'hui. Sers-nous deux bières puis un sanglier pour ce monsieur.

— Patron ! Vous connaissez ce mutant ? s'exclama le chef en apercevant Éric. Il ne faut pas lui parler !

— Mais qu'est-ce qui t'arrive, Olivier ? On ne t'a pas appris à être aimable avec la clientèle ?

— Vous ne devez pas parler à ces choses ! Ce ne sont pas des hommes mais des démons !

— Je fais ce que je veux, Olivier ! Attention à ta façon de me parler ! Si tu me parles encore comme ça, tu es viré ! Et n'insulte pas mes invités !

— Bien, patron, désolé, répondit le chef Olivier, penaud, avant de partir préparer la commande non sans lancer un regard haineux à Éric.

La musique commença bientôt à envahir la salle commune de l'auberge. Au son des guitares et des tambourins, des jongleurs effectuèrent des figures acrobatiques tout en lançant des boules de couleurs différentes tout autour de leur corps et en les rattrapant de manière surréaliste en se contorsionnant. Une jeune tzigane à la chevelure brune dansait et soulevait ses jupons multicolores au rythme des guitares qui jouaient une gigue aux sonorités des contrées de la proche Iberista.

Une jeune et jolie blonde amena un plateau contenant deux bières, une corbeille de pains et le fameux ragoût de sanglier vanté par l'aubergiste.

— Goûtez-moi ça, vous m'en direz des nouvelles. Le chef est peut-être dur avec les mutants mais sa cuisine ferait se damner une seconde fois tous les diables.

— Ne soyez pas si prompt à parler à la place de Zorzar, aubergiste. Il pourrait en prendre ombrage !

— Vous êtes hilarant, Éric. Si les démons existaient, je serais le premier à ne plus prononcer leur nom et j'irais de suite prier dans le temple le plus proche pour que les dieux nous viennent en aide.

— Mais ils existent, Thibault. Pas plus tard que la semaine dernière, j'ai tué Kétébel en Kursell.

— Vous me faites marcher ? lui demanda Thibault, angoissé.

— Ne vous inquiétez pas, mon ami. Les mutants sont là pour vous protéger des monstres en tous genres. Nous avons une utilité, quoi qu'en disent ou pensent certains. Mais revenons à nos moutons. Pourquoi ne voit-on pas d'elfes dans l'enceinte de la ville ?

— Ils sont juste tolérés en Purcell. Depuis que la reine d'Anegex les a bannis de son royaume, nombreux sont ceux qui ont immigré en Rancef. Pour ne pas déplaire à son alliée historique, le roi Jacques leur a interdit l'entrée des villes mais il ne veut pas non plus les expulser et les laisse donc s'installer dans les forêts. Beaucoup sont partis en Iberista car ils pensent que le roi finira aussi par les bannir du royaume. D'autres sont restés et se contentent de menus travaux et de mendicité pour survivre.

— Je ne connaissais pas cette histoire, répondit Éric, soudain pensif.

— Depuis qu'elle est en possession de son cristal, la reine Polyxène a tout misé sur les chercheurs en technologie. La magie n'est plus sa priorité. Lorsqu'elle a déjoué un attentat ourdi, soi-disant, par les elfes des montagnes, elle les a traqués et vaincus avec sa grande armée, ce qui a entraîné un exode important de toutes les peuplades elfes de l'Anegex. Mais, dîtes-moi, comment êtes-vous passé à côté de cette information ? Vous vivez dans une grotte ou quoi ? s'étonna Thibault.

— Non, je ne vis pas dans une grotte, grogna Éric. Pourquoi les elfes capturent des villageois ?

— On ne sait pas justement, c'est ça le problème. Certains pensent que ces pauvres gens ont été mangés. D'autres pensent que les elfes s'en servent pour leur magie mystérieuse, comme offrandes.

— Les elfes ne mangent pas les hommes et ne pratiquent pas la magie noire. Ce sont des légendes. Où se trouvent les elfes ? continua Éric.

— Les elfes se trouvent au sud, hors de la ville bien sûr. On peut les trouver dans la forêt de Montjoyaux. Cette histoire a commencé après la mort de l'ancien premier édile, il y a six semaines.

— Le pantin que j'ai vu tout à l'heure au marché est donc le nouveau dirigeant ?

— Chut ! Moins fort ! Vous pourriez être pendu pour tenir de tels propos ! Surtout depuis que nous avons le nouvel Édile, avoua l'aubergiste, sur le ton de la confidence. Il est vil et ne pense qu'à sa gloire. Il a renforcé la garde et endurci la réglementation. Il a augmenté les impôts et créé des taxes pour toutes les entrées de marchandises dans la ville. Cet homme est avide de réussite et d'argent et ne pense aucunement à ses administrés. Nous avons vraiment perdu au change.

— Est-ce qu'une enquête a été menée sur les disparitions récentes ? s'enquit le mutant.

— Non bien sûr. Un décret municipal a proclamé que les elfes étaient à l'origine de ces événements et a enjoint les habitants à ne plus commercer avec eux ni même les fréquenter sous peine de prison.

— Comment est mort l'ancien premier édile ?

— Il est mort en protégeant son épouse contre des cambrioleurs qui l'ont poignardé alors qu'il aidait sa femme à sauter de leur balcon dans une charrette de foin postée sous leurs fenêtres. Puis son épouse est décédée brutalement deux jours plus tard alors qu'elle recevait les différents représentants des corporations de la ville venant lui présenter leurs condoléances en buvant un verre de liqueur.

— Quelle triste histoire, pourquoi pensez-vous que les elfes sont impliqués ?

— Je ne pense rien. Je crois ce que nous disent les autorités, répondit Thibault d'un air dubitatif.

— Je vais aller régler cette affaire avec les elfes, affirma alors le mutant. Pour avoir étudié avec eux, je suis certain qu'ils sont eux aussi victimes de cette histoire.

— Je peux peut-être vous accompagner.

— Non, c'est beaucoup trop dangereux.

— Rien n'est dangereux pour moi ! Je veux connaître vos aventures !

— Oui mais vous m'avez parlé d'elfes diables ? Avec des cornes ? En avez-vous déjà vu ?

— Non, je dois bien le reconnaître. Je vous ai retranscrit les commérages.

— Peut-être est-ce une fable pour faire peur aux habitants et leur faire accroire que ce sont les elfes qui sont à l'origine de toute cette agitation. Nous verrons bien. Et, une dernière chose, cette bière est la meilleure que j'ai jamais bue, dit le mutant en trinquant avec son nouvel ami.

Après le repas et une sieste nécessaire en ces lieux surchauffés par le soleil de plomb du sud de Purcell, les deux compagnons sortirent de l'auberge et se rendirent vers le sud de la ville pour rejoindre la forêt de Montjoyaux. L'agitation du matin avait laissé la place à la torpeur habituelle des débuts d'après-midi à Valadorel. Le soleil y était écrasant comme à l'accoutumée et le chant des grillons répondait au vent du sud qui brassait la chaleur étouffante de ce début d'été. La ville semblait endormie en pleine journée. Bientôt, lorsque les premières heures de l'après-midi auraient passé, les habitants ressortiraient de leur maison et les commerçants installeraient de nouveau leurs échoppes en terrasse. La vie reprendrait de plus belle pour s'apaiser doucement bien après la tombée de la nuit.

Pour l'heure, Éric et Thibault sortirent de la ville par la Porte du Soleil qui s'ouvrait droit sur la route de Branceville, vers la frontière sud de Purcell. Elle cheminait ensuite vers Parpagosse et arrivait enfin à l'entrée du royaume d'Iberista où elle rejoignait la ville de Barbarossa, première grande ville du royaume ibéristain.

Mais avant cela elle traversait la forêt de Montjoyaux. Les deux compères s'approchèrent du péage sud de la ville, situé à quelques centaines de mètres après la porte sud. Là, des gardes les arrêtèrent pour leur demander ce qu'ils faisaient et où ils allaient.

— J'emmène mon ami faire une balade en forêt pour y cueillir des champignons, lieutenant, répondit Thibault. Je suis l'aubergiste « des bons amis ».

— Ah oui, je connais, répondit la sentinelle. On y mange bien et l'ambiance y est très bonne. Passez, monsieur, mais prenez garde. Il se passe des choses étranges dans cette forêt.

— Très bien lieutenant, merci de vos bons conseils. Nous ferons attention.

— Mais vous n'avez pas de paniers ni de sacs ? demanda le garde.

— Comment, mais pourquoi donc ? répondit Thibault, l'air ahuri.

— Mais pour récolter vos champignons, pardi ! lança le garde, circonspect.

— Ah, euh… se perdit Thibault.

— J'ai un sac en toile dans la poche, soldat, intervint Éric.

— Ah d'accord, très bien. Alors bonne promenade, messieurs, dit le garde, toujours un peu circonspect.

— Merci, lieutenant, répondirent en chœur les deux compagnons de route.

— Pourquoi les elfes sont-ils installés vers le sud de la ville et non pas au nord ? demanda Éric alors qu'ils reprenaient leur chemin.

— C'est normal, les elfes ont peur d'aller dans le nord où la ville est plus dense et les faubourgs plus développés. La forêt y est plus clairsemée. Ils peuvent s'y cacher à leur guise.

Tout à coup, Thibault s'arrêta. Il croyait avoir vu quelque chose derrière un rocher sur la route. Éric le vit très mal à l'aise.

— Que se passe-t-il, Thibault ? Tu as l'air d'avoir peur.

— J'ai vu quelque chose derrière les rochers. Comme une ombre avec des cornes.

— Je descends de mon cheval, surveille-le.

— Attention, Éric ! Regarde là-bas derrière les arbres ! Il y a comme un rai de lumière !

Un rayon très transparent fonça alors sur Éric. C'était un trait de soleil envoyé par un elfe. Le mutant esquiva le rayon de soleil qui souleva la poussière du sol en passant et aveugla le mutant et l'aubergiste. Éric se précipita sur une des sacoches accrochées à son cheval et en sortit une fiole contenant un liquide transparent qu'il instilla dans ses yeux. En quelques secondes il vit de nouveau clair et passa la fiole à l'aubergiste pour qu'il se soigne à son tour. Il scruta le sol et vit alors qu'une grande trace noire y était restée imprégnée.

— Je crois avoir compris ce qui se passe, dit le mutant.

— Qu'est-ce qui se passe ? Pourquoi il y a eu ce rayon lumineux ?

— Regarde ! ils ont marqué leur territoire. Les gens disparus ont dû dépasser la limite.

— Donc ça nous dit que c'est la limite ?

— Oui.

— Comment c'est possible ?

— Éloigne mon cheval le plus loin possible, je vais régler cette affaire moi-même.

— Mais je peux me battre aussi, se rembrunit Thibault.

— Avec un simple couteau non, tu ne réussiras pas à tuer. Je crois que c'est un elfe du soleil. Et puis on ne doit pas foncer tête baissée vers un conflit sans avoir tenté de leur parler avant.

— Tu ne vas pas les affronter seul, imagines que ça soit une armée ?

— J'ai été formé par les elfes des forêts. Je les connais. Je dois pouvoir leur parler et leur faire entendre raison.

— Moi aussi, j'ai un pouvoir qu'ils n'ont pas, c'est d'être courageux, tu ne peux pas m'empêcher de venir avec toi, je n'ai pas peur ! je n'ai pas envie de faire demi-tour ! lança Thibault, sûr de lui.

Un elfe apparut alors, sortant de derrière les rochers tout proches, et jeta une pierre sur le crâne de Thibault qui l'assomma. Éric sut que l'elfe était derrière lui. Il rejoint son cheval tout doucement. La lumière du soleil brillait tellement au sol qu'il pouvait voir l'ombre cornue de l'elfe s'approcher de lui pendant qu'il décrochait une machette accrochée à la selle de son cheval. L'elfe fonça brutalement vers lui tête et cornes baissées. Éric esquiva les coups de cornes, puis d'un coup de machette, il les trancha net. L'elfe s'effondra.

— Vous êtes sur notre territoire, s'écria-t-il.

— Où sont les citoyens disparus ? Réponds ou je te tranche le cou, lui ordonna le mutant en disposant son couteau sous la gorge de l'elfe.

L'elfe ne parlait plus. Éric se fit alors assommer par un autre elfe arrivé discrètement derrière lui.

Chapitre XII
Les tourments de Pénélope

Aarban est une ville portuaire du nord-est de la Pictie située près de la Grande Mer du Septentrion. L'ensemble de ses habitations sont blanches et s'organisent autour de grandes tours argentées. Les habitants sont, pour la plupart, Pictiens ou Anegexois. Des nains et des magiciens habitent par intermittence dans cette grande ville, passant les uns pour se rendre aux mines de minerium de Northumbled, les autres pour aller vers les Grandes Tables des Sages, vénérables tables de pierres présentent depuis bien avant le Grand Blast et autour desquels les magiciens effectuent un rite annuel, rendant grâce aux Dieux et à la Terre mère.

L'avion privé du roi Eadred avait atterri dans un aérodrome hors de la ville car la pension pour fille et pour garçon, l'Institut Mac Calumn, était située hors des murailles. L'école était très grande. Elle s'étendait sur plusieurs hectares. Au centre du domaine se dressait le manoir qui accueillait les salles de classe et la direction de l'établissement. Au nord du manoir un bâtiment abritait le dortoir des garçons. Celui des filles se trouvait au sud. La beauté sauvage des lieux tranchait avec l'austérité des bâtiments.

Eadred et Pénélope descendirent de l'avion privé. Le Roi jeta les affaires de sa fille à ses pieds.

— Père, je vous en prie, ne me faites pas ça, cria Pénélope.

— Vous l'avez mérité, ma fille. Vous allez vous débrouiller seule. Je reviendrai en fin de semaine. Vous voyez cette muraille autour de l'école ?

— Oui, je la vois, répondit Pénélope, les épaules voûtées et le regard embué.

— C'est moi qui l'ai construite. Tiens, le directeur de l'institut est finalement venu pour nous voir. Faites-lui bon accueil ! Apprenez à rester fière !

Eadred et le directeur se serrèrent la main.

— Bonjour, Roi Eadred, comment allez-vous ? J'espère que vous avez fait bon voyage !

— Bonjour, monsieur le directeur. Oui, je vais très bien, je vous remercie. Je vous présente ma fille Pénélope.

— Bonjour, monsieur le directeur, susurra la jeune princesse dans une révérence forcée.

— C'est donc vous ! D'après ce que j'ai compris dans le message que m'a fait parvenir hier votre père, vous avez besoin d'être recentrée afin de devenir digne de monter sur le Trône.

— Oui, répondit-elle froidement en regardant son père, des éclairs dans les yeux. Mais n'oubliez pas qui je suis, monsieur le directeur, ne put-elle s'empêcher de lancer.

— Comment oses-tu ? la tança le roi. Ici, tu n'es personne ! Tu m'entends ? Je dois y aller maintenant, dit-il en se tournant vers le directeur sans un regard pour Pénélope. Monsieur le directeur, j'espère de tout cœur qu'elle va réussir ses épreuves, dit-il en saluant le vieil homme. Je regrette de devoir partir si vite mais le devoir m'appelle.

— Votre Majesté, nous mettrons tout en œuvre pour assurer à votre fille une éducation aussi spartiate que celle que vous avez eue à son âge. Nous vous la rendrons tout à fait prête pour devenir reine et faire votre fierté.

Alors qu'Eadred s'éloignait vers son avion privé, sa fille courut vers lui en le suppliant de ne pas la laisser dans cet endroit.

— Je vous en prie, père par pitié, ne me laissez pas ici !

— C'est la seule solution pour ne pas que vous soyez faible, pour que vous deveniez obéissante et sage. Ici vous allez mûrir et devenir plus raisonnable.

— Non ! je ne suis pas faible !

— Si, vous l'êtes, très chère fille, dit-il en la repoussant.

Pénélope se figea en regardant froidement son père partir. Elle lui lança alors dans un dernier élan de rage :

— Je n'oublierai jamais ce que vous m'avez fait, père. Je vous déteste ! Vous paierez un jour la sécheresse de votre cœur !

Mais le roi était déjà monté à bord de l'appareil dont le bruit du moteur qui démarrait étouffait les derniers cris de rébellion de la princesse.

— Venez, suivez-moi, Pénélope ! lui ordonna le directeur.

— Oui, monsieur, répondit-elle, contenant sa rage et tournant le dos à l'avion qui s'avançait sur le tarmac.

— Et désormais, vous ne parlerez plus sans mon autorisation, lui ordonna-t-il.

— Mais je…

— Silence !

— Comment osez-vous !

— Silence ! pauvre idiote ! dit-il en lui assénant une gifle.

Pénélope, choquée, porta sa main à la joue et mordit sur sa langue pour ne pas pleurer. Sa joue droite était rouge et douloureuse. Le directeur marcha vers l'institut et entraîna la jeune femme avec lui.

— Vous ne parlerez que lorsque je vous en donnerai l'autorisation. Vous allez entrer et irez directement aux toilettes des filles pour vous changer. Je vous ai fait préparer une tenue. Puis je vous conduirai en cours. Vos camarades vous montreront le dortoir en fin de journée et vous expliqueront le règlement et les horaires, qu'il vous faudra respecter à la lettre sous peine de punition.

Après être entré dans l'institut, le directeur remit à Pénélope un paquet que lui tendait la surveillante principale, lequel contenait une tenue de classe et des chaussures.

— Allez vous changer dans les toilettes au fond du couloir. Vous donnerez tous vos vêtements à la surveillante ainsi que vos bijoux. Ils vous seront restitués lorsque vous quitterez notre établissement. Évidemment, vous remettrez votre bagage à la surveillante. Vous ne conserverez rien de vos affaires dans l'enceinte de cet établissement.

Quand elle se fut changée, le directeur présenta Pénélope à une classe dans un cours d'histoire. Tous les élèves se levèrent à leur entrée. Pénélope se sentit gênée.

— Je vous présente votre nouvelle élève, professeur Bislow, annonça le directeur en entrant, non sans une certaine fierté.

— Mais, je… je ne savais pas qu'il s'agissait de… bredouilla madame Bislow, surprise à la vue de la princesse héritière.

— Ici, il n'y a pas de titre ni de rang, poursuivit le directeur. Je vous présente Pénélope, qui vient de Noldon. Je vous laisse le soin de faire les présentations à la classe et d'installer notre nouvelle élève. Bonne journée, professeur Bislow, martela le directeur avant de sortir, laissant seule Pénélope face à la classe.

— Je ne savais pas que ça serait l'héritière du trône d'Anegex, la nouvelle élève, s'exclama Ayla en ricanant.

— Taisez-vous, Ayla ! intervint sèchement le professeur Bislow. N'avez-vous pas écouté le directeur ? Il n'y a ni rang ni titre dans l'enceinte de cet institut.

Tous les élèves fixèrent la nouvelle du regard. La professeure s'assit sur sa chaise. Pénélope, encore debout près de la porte d'entrée, aperçut une chaise libre. Elle s'apprêtait à s'y rendre lorsque la professeure l'interrompit.

— Hum, où allez-vous comme ça, jeune fille ? la héla la professeure.

— Je vais juste m'asseoir sur la chaise qui est au fond, répondit assez vertement Pénélope.

— Il faut me regarder dans les yeux quand on me répond, jeune effrontée ! cria la professeure.

— Je suis désolée, dit-elle en martelant les mots assez sèchement et en lui faisant face.

— Il va falloir policer votre caractère, damoiselle. Vous n'êtes rien ici. Vous n'avez ni servante ni serviteur et nous ne sommes pas vos sujets. Vous me devez le respect et vous me le donnerez de gré ou de force. Avant de vous asseoir, dites-nous pourquoi vous êtes parmi nous.

— Pardon, vous ne savez pas ?

— Non, je ne sais pas, la classe ne sait pas ! Nous n'avons pas la science infuse, mademoiselle, poursuivit la professeure. Allez-vous vous décider à nous éclairer ou devons-nous en faire la demande par voie de requête au palais ? répondit la professeure d'un air moqueur, provoquant l'hilarité de la classe.

— N'avez-vous pas dit qu'il n'y avait ni rang ni titre dans cet institut ? Dans ce cas, je vous prierai d'oublier le… palais ! répondit la princesse outragée. Je suis ici par la volonté de mon père qui entend me faire découvrir les bas-fonds de la société, ajouta-t-elle effrontément. Et vous en êtes apparemment un bon exemple !

— Les élèves redoublèrent de rires en réaction à la réponse effrontée lancée à la professeure qui resta un moment coi face à cette répartie qu'elle n'attendait pas. Elle se sentit humiliée.

— Très chère, vous n'avez aucun pouvoir ici, vous n'êtes pas chez vous, vous êtes dans une pension. N'oubliez pas que moi seule aie le pouvoir. Pour vous punir de votre comportement, vous passerez le reste du cours debout au coin, les mains sur la tête. Vous me copierez dix fois la page 35 du livre d'histoire et vous préparerez un exposé que vous présenterez seule la semaine prochaine devant toute la classe sur l'avènement de la dynastie Worthfull jusqu'à la chute de Théobrad, mort pour la sauvegarde du royaume.

— Je ne suis pas d'accord avec votre…

Mais la princesse n'eut pas le temps de finir sa phrase, interrompue par l'enseignante.

— Encore un mot et je vous fais envoyer au cachot pour deux jours afin que vous y appreniez à obéir. Et cela vaut pour toute la classe !

Madame Bislow obtint le silence de toute la classe ainsi que celui de la princesse qui se dirigea au fond de la salle de classe afin d'y débuter sa pénitence, sous le regard amusé et moqueur des élèves.

Ils murmurèrent tous au passage de la princesse. L'un rit doucement quand l'autre lui dit en passant qu'elle paierait pour ce qu'elle avait fait à son pays. Pénélope ressentit une atmosphère pesante et emplie de rancœur envers elle et surtout ce qu'elle représentait : la suprématie de l'Anegex sur la Pictie.

— Adam, le petit ami d'Ayla, la jeune fille qui était intervenue à l'arrivée de Pénélope, la regarda passer avec un air mauvais, puis il cracha derrière elle sur son passage.

— Que venez-vous de faire ? s'insurgea le professeur Bislow, à Adam.

— Je viens de cracher sur la monarchie Anegexoise, professeur. Nous n'accepterons jamais d'être annexés par ce pays de lâches, hypocrites et hautains. Je maudis Polyxène et toute sa lignée.

— Taisez-vous ! s'insurgea le professeur ! Je comprends votre frustration et même votre déception, mais les faits sont là et votre monarque aujourd'hui est la reine Polyxène. L'insulter est un crime de lèse-majesté.

— N'allez-vous pas le punir pour ses menaces et ses mensonges ? intervint Pénélope, révoltée.

— Ne vous ai-je pas dit de vous taire, princesse ? Vous rajouterez dix pages de plus à la punition. Quant à vous, Adam, je vous pardonne mais la prochaine fois, je devrai être moins clémente.

Pénélope n'en revenait pas. Adam, malgré son arrogance et son impolitesse, n'était pas puni. Il était donc clair que ni les élèves ni les professeurs pictiens n'avaient accepté la victoire de l'Anegex. Elle devrait faire très attention à elle durant son séjour car bon nombre d'entre eux pourraient lui vouloir du mal par pure vengeance.

Dans la salle commune de l'institut, destinée à la détente entre les cours ou au travail des devoirs, Pénélope s'était assise dans un coin sombre, cherchant un endroit discret à l'abri des regards, afin de ruminer sur la honte qu'elle venait de ressentir, en restant debout au coin de la salle de classe devant tous les autres pendant une heure. Ayla et sa bande de filles s'approchèrent d'elle. Ayla était une jeune fille aux yeux verts et aux cheveux de feu, particularité courante en Pictie. Son père était comte de Bredlow, un territoire perdu au nord du pays où on élevait des moutons et faisait commerce de leur laine. Il avait été un fidèle partisan du roi Théobrad et s'était battu jusqu'à la fin avant d'être fait prisonnier lors de la reddition du roi. Il avait depuis été amnistié par le roi Eadred, au nom de la reine Polyxène, durant le voyage de cette dernière en Purcell, comme tous ses compagnons, afin de sceller l'entrée de la Pictie dans le royaume d'Anegex.

— Alors princesse, qu'est-ce que vous voulez faire ? dit la fille aux cheveux roux, d'un air moqueur. Votre palais vous manque ?

— Rien, je veux juste que vous me laissiez tranquille, répondit Pénélope calmement.

— La pauvre princesse veut qu'on la laisse tranquille ? Quelle tristesse ! dit une des acolytes d'Ayla, moqueuse à souhait.

— Silence ! répondit Pénélope rageuse.

— Tu ne nous donnes pas d'ordre ici ! lui lança Ayla. C'est nous qui les donnons. Tu fais ce qu'on te dit. Nous sommes des Pictiennes et notre roi est Féobrad, l'héritier du Trône, et non ta mère.

— Il est hors de question que j'obéisse à tes ordres, petite cruche, lui répondit vertement Pénélope. Laisse-moi tranquille ou j'irai me plaindre au directeur.

— À terre, les filles ! ordonna alors Ayla.

— Les cinq autres filles se précipitèrent sur Pénélope. Elle ne pouvait pas se défendre. Elles la plaquèrent au sol. Elle était à la fois terrorisée et en colère. La harpie aux cheveux roux mit sa main sur sa tête comme si on allait la lui couper.

Pénélope ne pouvait plus bouger. Ayla s'agenouilla à côté d'elle.

— Vous voyez, princesse, ici vous n'êtes pas la cheffe, c'est moi la cheffe ! Vous avez compris ? Ici vous êtes seule, sans garde pour vous protéger. On s'en fout complètement de vous harceler même si vous êtes l'héritière du Trône. On n'a pas peur de votre mère, dit-elle en crachant sur la princesse.

Ayla se releva. Les autres filles lâchèrent Pénélope qui se releva à son tour, passant sa manche sur son visage souillé de la morve d'Ayla. Les deux filles se regardèrent sans ciller, d'un air de défi puis soudain, Pénélope gifla Ayla qui éclata de colère.

— Les filles, je crois qu'on doit vraiment montrer les bonnes manières à la princesse, frappez là au ventre ! ordonna-t-elle.

Les cinq filles du groupe frappèrent la princesse, bientôt rejointes par d'autres filles de la classe. Elle tomba au sol, les mains sur son ventre. Ayla s'approcha enfin et lui rendit sa gifle avant de partir avec toute sa bande.

La princesse se releva difficilement et se dirigea vers les sanitaires. Là elle soigna ses blessures et se passa un peu d'eau sur le visage. Elle était désemparée. Comment supporter de passer d'une vie d'aisance et de protection à la rudesse de cet institut où sa vie était menacée chaque minute ? Comment son père avait-il pu ne pas penser qu'elle pourrait subir la haine de ses nouveaux sujets, alors même que les hostilités étaient à peine terminées entre les deux pays ? Elle partit vers les dortoirs où elle se coucha sans manger, empreinte d'une grande lassitude.

Lorsque les filles de son dortoir vinrent se coucher, Pénélope était endormie, mais elle fut réveillée par les quolibets à son encontre. La surveillante des lieux mit heureusement un terme au chahut et Pénélope se recroquevilla sous ses draps, faisant de ses couvertures une mince protection face à la haine qui emplissait le dortoir.

Pendant la nuit, elle se réveilla en sursaut. Elle avait très mal au ventre.

La fenêtre située derrière son lit s'ouvrit doucement.

Elle vit alors une ombre au sol et la reconnut instantanément. C'était l'ombre qui avait fait revenir son amour d'entre les morts. Elle sursauta. L'ombre referma la fenêtre et tout devint sombre et noir. Pénélope ne vit plus rien. Elle avait la gorge sèche et se figea de peur.

— Bonsoir princesse, comment allez-vous ? lui demanda son visiteur d'une voix rauque.

— Je vais très mal, pourquoi êtes-vous ici ? réussit-elle à articuler non sans mal.

— Je suis venue vous aider, lui répondit l'ombre.

— Comment ? Je suis coincée ici. Si je quitte cet endroit, mon père m'y renverra aussitôt.

— Je peux tuer vos ennemis, lui dit Zorzar.

— Non, je ne veux pas être responsable de la mort de ces personnes, même si elles me veulent du mal.

— Votre père ne saura jamais ce que vous avez fait, poursuivit-il.

— Vous avez fait revivre Tyler et je vous en suis reconnaissante, mais je ne veux pas devenir une meurtrière.

— Vous souvenez-vous de notre contrat ? Je vous avais dit que je vous demanderais un service en échange de la vie de Tyler. L'avez-vous oublié ?

— Non, bien sûr.

— Si vous restez ici, vous ne pourrez pas me rendre ce service. Il vous faut quitter cet endroit et je vais vous y aider. En attendant, vous devez rester en vie. Acceptez mon aide ou Tyler rejoindra de nouveau le royaume des morts.

— Que voulez-vous de moi ? s'exclama-t-elle, étonnée que les filles du dortoir ne se réveillent pas.

— Je vous trouve très séduisante, lui dit Zorzar.

— Comment ça ? répondit-elle, comprenant tout d'un coup ce qu'il semblait vouloir. Je ne suis pas disponible et vous le savez bien.

— Savez-vous qui je suis ?

— Vous êtes un démon.

— Mais pas n'importe lequel, lui répondit-il, révélant son vrai visage.

À la vue du visage démoniaque de Zorzar, Pénélope ressentit une terreur qui lui glaça le sang. Aucun son ne put sortir de sa bouche. Un visage rouge de sang, écorché, dans lequel deux yeux entièrement noirs reflétaient le vide, se présenta face à elle. Des dents pointues comme des pics et jaunies à la base décoraient une bouche sans lèvres. Deux cornes sortaient de la tête du monstre et s'élevaient de plusieurs centimètres pour se rejoindre sans se toucher.

— Je suis Zorzar, le roi des mondes souterrains.

— Je vous en supplie, laissez-moi. Épargnez-moi, l'implora la jeune princesse.

Autour d'eux, tout restait bizarrement calme. Aucune voisine de chambrée ne s'était réveillée, comme si toutes étaient profondément endormies dans un sommeil sans rêves.

— Je ne compte pas vous faire de mal, lui répondit Zorzar, reprenant un visage d'ombre. Je souhaite unir nos royaumes et pour ce faire, rien de tel qu'un mariage.

— Mais… vous savez que je suis destinée à épouser le prince Féobrad.

— C'est juste un détail. Vous l'épouserez, bien sûr. Et cela légitimera l'appartenance de la Pictie au royaume d'Anegex. Mais comme il ne vivra pas longtemps, vous pourrez ensuite faire un mariage plus intéressant, surtout lorsque vous serez devenue reine d'Anegex.

— Mais je ne deviendrai pas reine avant longtemps. Ma mère a encore une longue vie devant elle.

— En êtes-vous certaine ? lui répondit Zorzar, dans un rire.

— Vous êtes un monstre ! lui cria-t-elle.

— Cela me décrit assez bien en effet. Et vous, vous êtes à moi. Vous avez un contrat à honorer et la vie de votre bien-aimé (et accessoirement la vôtre) est entre mes mains.

— Que comptez-vous faire ? demanda la princesse.

— Dans un premier temps, vous protéger en vous débarrassant de vos ennemis. Puis vous faire revenir dans votre palais pour enfin mener notre projet à bien.

— Je ne peux accepter qu'autant d'innocents paient de leur vie le marché que j'ai passé avec vous. Vous m'avez dupée ! Je refuse !

— Vous n'avez tout simplement pas le choix, princesse. Sachez de toute façon qu'avec ou sans vous, je mènerai mon projet à bien. Maintenant il vous faut dormir. Ne vous inquiétez pas, je m'occupe de tout.

Sur ces paroles, l'ombre glissa doucement vers la fenêtre qui se referma. La lumière de la lune réapparut et Pénélope entendit de nouveau les bruits familiers de l'extérieur et la respiration de ses voisines de chambrée. Son sommeil fut peuplé de cauchemars. Bizarrement, son mal de ventre avait disparu mais elle ressassa sans cesse ce pacte qu'elle avait signé et les conséquences désastreuses qu'il allait avoir.

Le lendemain, après une nuit difficile, un cri horrifié provenant de l'extérieur la sortit de son sommeil. Elle se leva en sursaut, s'habilla rapidement et sortit du dortoir en compagnie d'autres filles tout aussi intriguées qu'elle. Toutes se dirigèrent vers l'extérieur où les professeurs et le directeur de l'institut étaient déjà arrivés.

Tous se regroupèrent près du lac, dans le parc. Au sol, au bord de l'étendue d'eau, gisaient six corps, enroulés dans des draps blancs. Seule la tête de chacun d'eux était visible.

À ce moment arriva en courant Adam, qui cria après le groupe.

— Où est Ayla, je ne l'ai pas vue, où est-elle ? Que se passe-t-il ?

Il s'arrêta brutalement face à la scène d'horreur. Les six corps étaient alignés, les têtes vers le lac. Chacune des victimes avait eu les yeux arrachés. Adam reconnut très vite sa bien-aimée. Il tomba alors à genoux et hurla de douleur.

Pénélope regarda les autres corps et reconnut chacune des autres filles du groupe qui l'avait harcelée la veille.

Elle était dévastée car elle seule savait ce qui s'était passé et qui avait tué ces pauvres jeunes filles.

Apercevant Pénélope dans le groupe de personnes qui regardait ce terrible spectacle, Adam cessa de crier et se releva.

Il pointa alors la jeune héritière d'un doigt accusateur et s'écria :

— C'est elle qui les a tuées. Sorcière ! Avoue ton crime !

— Vous savez bien que c'est matériellement impossible, intervint aussitôt le directeur de l'institut. Elle ne peut pas avoir tué et amené ses victimes ici toute seule.

Mais le jeune homme ne l'écoutait pas. Il avançait toujours avec ce doigt accusateur.

— Je vais te tuer, sorcière ! Tu vas payer pour tes crimes !

— Je n'ai rien fait ! cria Pénélope. Je dormais !

Adam se jeta alors sur elle pour l'étrangler. Il fut retenu par le directeur et nombre de professeurs pour l'empêcher de commettre l'irréparable.

Réussissant à s'échapper de son emprise, Pénélope, perdue, apeurée, bouleversée, se mit à courir en direction de la forêt pour échapper à ce destin qu'elle n'avait pas voulu et fuir cet institut de malheur et l'ombre qui s'y tapissait peut-être encore.

Adam s'échappa aussi de la mêlée et se mit à la poursuivre. Quelques professeurs tentèrent de rattraper les jeunes gens mais abandonnèrent assez vite dès qu'ils les virent entrer dans la forêt, connue pour être dangereuse.

Pendant ce temps, à Noldon, Eadred apprit par téléphone que six filles de la classe de Pénélope avaient été froidement exécutées et que sa fille avait disparu dans la forêt, poursuivie par un garçon qui la tenait pour responsable et voulait sa mort. Son aide de camp entra alors dans son bureau brutalement.

— Votre Majesté !

— Quoi encore ?

— Sa majesté la reine est arrivée. Elle est actuellement dans le palais.

— Si vite ? Mais ce n'était pas prévu ! J'arrive !

L'aide de camp quitta le bureau et Eadred s'apprêtait à rejoindre son épouse lorsque celle-ci fit irruption à son tour dans son bureau. Elle était très en colère.

— Je suis au courant ! je sais où vous avez envoyé ma fille Eadred ! je veux qu'on me la ramène au plus vite ! Comment avez-vous pu faire une telle chose ! Je ne vous le pardonnerai jamais !

— Ne vous emballez pas, Polyxène ! J'ai fait ça pour son bien. Elle avait besoin d'apprendre le respect et les priorités.

— Ce genre de décision ne peut être prise que par votre souveraine Eadred ! Et je vous rappelle qu'il s'agit de votre future reine ! J'exige qu'elle soit rapatriée sur le champ ! Vous avez déjà pris des décisions politiques sans m'en informer et sans que je puisse désormais les casser sans jeter le discrédit sur la Couronne. Mais concernant ma fille, je ne vous laisserai pas agir à votre guise sans réagir ! Vous rendez-vous compte que vous l'avez envoyée dans un royaume qui était encore notre ennemi il y a quelques jours ? Vous êtes un mauvais père, Eadred !

— Moi, un mauvais père ? Et vous alors ? Vous êtes une mauvaise mère ! votre fille fume ! Et elle se rebelle contre l'autorité de ses parents ! Je ne veux pas qu'elle finisse comme ma sœur !

— Je sais très bien comment a fini votre sœur. Elle se droguait oui. Et nous n'avons pas pu la sauver. Mais là il s'agit de tabac et non de drogue dure ! Vous mélangez tout Eadred. Il fallait lui donner une autre punition plutôt que de l'envoyer en Pictie en pension ! Je veux qu'elle soit de retour, elle est l'héritière du Trône d'Anegex.

— Sauf qu'elle n'est pas la vraie héritière, répondit-il froidement.

— Elle l'est, je suis la reine. Vous êtes peut-être le roi mais par alliance uniquement. Vous n'avez aucun pouvoir sur le pays et sur le destin de votre fille.

— J'ai quand même mon mot à dire. Et de toute manière la situation vient de changer ce matin même.

— Que voulez-vous dire ?

— Je veux dire que six filles de la classe de Pénélope ont été retrouvées mortes dans le parc de l'institut ce matin. Notre fille a été accusée de ces meurtres odieux par un de ses camarades qui l'a poursuivie dans la forêt. Personne ne les a revus depuis.

— Que les dieux nous viennent en aide ! s'écria alors la Reine épouvantée. Gardes ! cria-t-elle d'un ton suraigu. Appelez immédiatement lord Swanson ! Qu'il me rejoigne dans le bureau de mon époux sur le champ !

Se retournant vers son mari, elle le regarda d'un œil sombre.

— Vous vous rendez-compte de ce que vous avez fait ? Peut-être qu'à cet instant notre fille est morte, et ce par votre faute. Votre égoïsme et votre arrogance ainsi que votre intransigeance vous auront conduit à maltraiter notre fille jusqu'à la perdre. Je vous préviens, Eadred, s'il lui est arrivé malheur, je vous le ferai payer très cher.

— Mais j'ai fait cela pour qu'elle comprenne la vie de ses futurs sujets. J'ai voulu la confronter à la dure réalité pour qu'elle devienne une souveraine consciente de la vie de son peuple.

— Et on peut dire qu'en termes de dureté vous avez réussi ! Maintenant, taisez-vous ! C'est votre reine qui vous l'ordonne !

Sur ces paroles arriva lord Swanson, le directeur de cabinet de la reine. Petit et trapu, lord Swanson était l'archétype même de ce que le palais d'Elven pouvait produire de plus adéquat au monde feutré de l'aristocratie anegexoise. Un aristocrate fidèle à la Couronne, à cheval sur les principes et le maintien des traditions.

— Vous m'avez fait mander, Votre Majesté ?

— Oui, lord Swanson. Je vais être brève. Mon époux a envoyé hier la princesse Pénélope en Pictie, au sein de l'institut Mac Calumn. Ce matin elle a disparu dans la forêt jouxtant les bâtiments. Vous devez la retrouver et la protéger d'un de ses camarades qui lui veut du mal. Vous avez ordre de la ramener saine et sauve. Au passage, vous vous assurerez que rien de tout cela ne transparaisse dans la presse. Faites ce qu'il faut en tous cas pour minimiser l'impact médiatique de ce qui s'est passé. Six meurtres ont eu lieu ce matin dans cet institut…

— Bien, Votre Majesté. Il en sera fait comme vous le souhaitez.

— Euh, lord Swanson, encore une chose, demanda la reine.

— Oui, Votre Altesse.

— Emmenez le roi avec vous. Il aura des choses à dire à sa fille lorsqu'il la reverra.

— Merci, Polyxène, lui souffla Eadred, reconnaissant.

— Ramenez-moi ma fille ! lui répondit Polyxène d'un ton tranchant.

La princesse courait aussi vite qu'elle le pouvait. Derrière elle, elle entendait les cris d'Adam qui la poursuivait inlassablement.

— Tu n'iras pas bien loin, princesse. Rends-toi ! Je te promets que tu ne souffriras pas. Je ferai ça rapidement, lui répétait-il dans un rire de dément.

Elle se prit les pieds dans une branche morte et chuta au sol, s'écorchant un genou au passage. Cela faisait déjà des heures qu'elle avançait dans cette forêt mais sans réussir à semer son poursuivant. La nuit allait bientôt tomber. Elle avait faim. Elle avait froid. Elle sentait que ses forces l'abandonnaient petit à petit mais ne voulait pas s'arrêter car s'arrêter, c'était mourir.

Au détour d'un sentier, elle aperçut soudain une cascade. Elle s'avança pour boire un peu d'eau avant de continuer sa course et découvrit que derrière le rideau que formait l'écoulement d'eau s'ouvrait une grotte. Elle se demanda alors si cette dernière serait une bonne cachette pour la nuit. Mais si elle n'avait pas d'issue, cela pourrait aussi lui servir de tombeau. Un bruit de branche cassée très proche d'elle la fit revenir d'un coup de ses songes. Ne réfléchissant plus, elle passa sous la cascade et entra dans la grotte pour s'y enfoncer immédiatement, espérant qu'Adam ne l'y trouverait pas.

Après avoir marché un long moment, la lumière disparaissant peu à peu, elle fut obligée de ralentir le pas et de s'agripper à l'un des murs pour avancer. La peur l'envahit au fur et à mesure que la nuit l'enveloppait. Soudain, de sa main qui tâtonnait le mur pour avancer, elle toucha un objet froid et visqueux. Au contact de sa peau, l'objet s'anima brutalement et un nuage de chauves-souris la renversa avant de se diriger vers la sortie de la grotte, la faisant hurler de terreur au passage. Elle se releva difficilement et se rendit compte que son cri avait peut-être alerté Adam. Elle ne put empêcher ses larmes de couler. Pourquoi les dieux l'avaient-ils abandonnée ? Elle qui était vouée à une grande destinée et qui avait trouvé l'amour. Elle se retrouvait aujourd'hui seule, sale et blessée au fond d'une grotte avec un homme à ses trousses et allait certainement finir égorgée, assassinée pour un crime qu'elle n'avait pas commis. Elle voulait juste sauver l'amour de sa vie. Et voilà qu'elle était prise au piège de Zorzar.

— Vous commencez donc à penser à moi en mon absence, belle demoiselle, lui dit soudain une voix qu'elle ne connaissait que trop.

— Que faites-vous là, Zorzar ?

— Je suis là car vous l'avez souhaité.

— Je n'ai rien souhaité du tout, dit-elle en pleurant. Pourquoi me tourmentez-vous ? Et pourquoi les avoir toutes tuées ?

— Parce qu'elles vous voulaient du mal comme le jeune homme qui vient de pénétrer dans cette grotte.

— Adam m'a repérée ? Que les dieux me viennent en aide !

— Les dieux ne peuvent rien pour vous mais moi si, répondit froidement Zorzar.

— Non, je vous en supplie, ne le tuez pas. Il ne sait pas ce qu'il fait. Il croit que j'ai tué sa petite amie et me voit comme une ennemie à son pays. Il se trompe mais ne le sait pas encore. Laissez-le en paix.

— Vous voulez donc que je vous laisse entre ses griffes ? Vous savez qu'il va vous tuer.

— Je n'en peux plus, Zorzar. Vous vous êtes joué de moi et m'avez dupée. Je ne veux pas être la complice de vos crimes.

— Très bien, lui répondit-il avant de s'évaporer dans un souffle.

Après avoir repris ses esprits, Pénélope se leva et entreprit de poursuivre sa traversée de la grotte quand une main l'attrapa d'un coup et la renversa sur le sol. Elle n'eut pas le temps de réagir qu'Adam s'assit sur elle à califourchon et attrapa son cou de ses deux mains. Il commença à serrer. Pénélope cria mais ne put bientôt plus émettre un son, la pression exercée par Adam étant trop forte. Elle agrippa les bras de son agresseur et tenta de les écarter de sa gorge mais sa force décrut et son souffle devint court.

— Tu vas payer pour tes crimes, traînée ! lui cria Adam, les yeux exorbités et les mains mues par la vengeance.

Pénélope s'approchait de l'évanouissement et réussit juste à murmurer dans un souffle le nom de Zorzar.

Le démon apparut alors de nouveau dans une nuée rougeoyante, éclairant les ténèbres de la grotte. Surpris, Adam lâcha Pénélope qui se releva aussitôt et se plaqua sur le mur. Adam regarda, effaré et figé par la peur, le visage cramoisi de Zorzar qui ouvrait une bouche pleine de dents aiguisées comme des couteaux. S'approchant du jeune homme, le démon l'attrapa et le souleva face à lui, lui envoyant une haleine de soufre immonde. Adam, qui tremblait de tous ses membres et ne réussissait pas à se dégager de l'emprise du démon, supplia ce dernier de le laisser en vie mais Zorzar leva une main griffue au-dessus du visage terrorisé de celui qui, quelques instants plus tôt, terrorisait lui-même Pénélope.

— Non ! s'écria Pénélope. Ne le tuez pas.

— Non ? lui répondit Zorzar. Mais pourquoi ? Il voulait te tuer il y a encore une minute.

— Oui, mais je ne veux pas de sa mort sur ma conscience.

— Je comprends, répondit Zorzar, d'un ton mielleux, desserrant son étreinte et laissant un espoir au jeune garçon. Mais le problème est qu'il m'a vu et qu'il sait désormais que nous nous connaissons. Il resserra de nouveau son emprise sur sa victime. Ne t'inquiète pas, jeune fille, je prends cet acte sur ma propre conscience. Je n'ai pas de peine à le faire puisque je n'ai pas de conscience ! finit-il dans un rire qui rappela celui du jeune Adam dans la forêt, quelques minutes plus tôt.

Dans un seul geste, le démon abattit alors sa main sur la tête du jeune homme et l'arracha d'un coup sec, faisant gicler le sang tout autour du corps décapité qu'il tenait encore entre ses mains, arrosant au passage Pénélope qui s'évanouit.

Le lendemain matin, la forêt se remplit de soldats anegexois, dirigés par lord Swanson et le roi en personne. Trois avions avaient amené les troupes et leurs dirigeants durant la nuit. Tous les membres de l'institut avaient été réveillés et interrogés sur les circonstances de l'événement de la nuit précédente. Le roi en personne avait fait arrêter le directeur de l'institut qui n'avait pas jugé utile de poursuivre les fuyards dans la forêt.

— Vous me décevez, lui dit-il avant qu'on l'emmène. Comment avez-vous pu laisser ma fille seule en forêt avec un détraqué à ses trousses ?

— Vous n'êtes que des intrus, vous autres anegexois, lui répondit le directeur. Vous ne serez jamais chez vous en Pictie. J'espère qu'Adam aura réussi à la retrouver avant vous. Si nous n'avons pu éviter que notre royaume soit envahi par les vôtres, au moins on lui aura pris sa future reine.

— Emmenez-le ! C'est un dissident. Il sera jugé pour trahison et crime de lèse-majesté ! ordonna le Roi sans un regard pour le directeur.

Les opérations de recherches débutèrent dès les premiers rayons de soleil. Eadred entra dans la partie est de la forêt des songes perdus à la tête d'une équipe de vingt hommes, pendant que lord Swanson prenait la partie ouest avec une équipe du même nombre. Chacun avança en formant une étoile, allant d'un point central vers l'ouest, en formant un demi-cercle de recherche s'élargissant au fur et à mesure de leur avancée.

Tout en marchant et scrutant la moindre trace que pourraient avoir laissée Pénélope et son poursuivant, Eadred repensa à sa discussion avec Polyxène. Il avait fait tout cela pour Pénélope. Son comportement lui était insupportable. Il lui fallait une leçon de vie pour qu'elle devienne docile et accepte de se plier à la volonté de son père. Jamais il n'aurait imaginé que cela se finisse comme ça. Et puis la voir fumer lui avait fait remonter à l'esprit des souvenirs enfouis depuis bien longtemps.

C'était il y a trente-cinq ans. Dans un des premiers avions nouvellement inventés, un dix places de la compagnie aérienne Anegex Fly One, au moteur à hélices et aux doubles ailes couvertes de toiles tendues. Eadred, alors âgé de dix ans, était accompagné de sa sœur, Isla, qui avait eu pour mission de l'escorter jusqu'à l'institut Mac Calumn.

— Je n'ai vraiment pas envie d'aller en pension ! dit le jeune garçon entre deux sanglots. Pourquoi mon père me déteste à ce point ?

— Je ne sais pas, Eadred. Peut-être qu'il préfère ses filles à son fils, lui avait répondu Isla, sur un ton badin.

— Vous croyez vraiment ? Mais qu'est-ce que je lui ai fait ? avait alors demandé le petit garçon, les yeux emplis de larmes.

— Vous êtes insolent, Eadred. Et vous n'obéissez pas. Il a pensé que cet institut vous apprendrait à vous tenir correctement.

— Vous n'êtes pas gentille Isla. Pourquoi me dire tout cela ?

— Je suis là parce que je vous aime mon frère, et que je veux vous accompagner et vous encourager. Je sais que ce sera difficile mais vous y arriverez et reviendrez fort et respectable. Vous verrez, vous rendrez père fier de vous.

— Vous croyez ? Dites, c'est vrai que vous êtes enceinte du duc ?

— Oui, c'est vrai. Je suis enceinte.

— Je n'aime pas le duc.

— Vous êtes bien catégorique. Vous n'avez jamais vraiment parlé au duc.

— Je n'ai pas trop confiance en lui.

— N'êtes-vous pas plutôt jaloux de lui parce qu'il m'a épousée ? Donc vous ne me félicitez pas sur le fait que j'attende un enfant ?

— Non.

— Cela m'attriste, Eadred, mais je ne vous en veux pas. Je suis certaine que lorsque vous ferez la connaissance de votre neveu vous l'aimerez. Vous savez, ce n'est pas parce que j'ai épousé le duc d'Elsing que je ne vous aime plus. Vous êtes mon petit frère et je vous aimerai toujours.

— Moi aussi je vous aime, Isla. Dites, pourquoi fumez-vous toujours ? Ça ne sent pas bon et je ne crois pas que c'est bon pour la santé. Vous n'arrêtez pas de tousser.

— Fumer me déstresse. Je sais que ce n'est pas bon mais je n'arrive pas à arrêter. Et puis je remplace certains produits plus toxiques par le tabac. J'arrêterai un jour mais il est trop tôt pour le moment.

— Savez-vous pourquoi notre père nous envoie tous les deux en pension ?

— Notre père ne m'envoie pas en pension, je te l'ai déjà dit. Je ne fais que t'accompagner. D'ailleurs nous arrivons. Accroche ta ceinture, nous allons atterrir.

— Je m'excuse pour ce que je t'ai dit, Isla. Je t'aime, tu sais, dit le petit garçon plein de larmes dans les yeux. Je ne veux pas y aller !

— Tu dois y aller ! dit Isla. Tu n'as pas le choix.

— Mais il va faire de l'orage. Regardez, le ciel est plein de méchants nuages. Vous ne devriez pas repartir tout de suite. Pour ce soir, restez avec moi !

— Non, elle ne peut pas, lui répondit une voix grave.

C'était le directeur de l'institut Mac Calumn, Monsieur Mac Laslow. Un homme grand et brun, assez mince et très jeune pour le poste qu'il occupait. Mac Laslow était un fidèle du roi de Pictie. Il se dégageait de lui une sévérité mêlée d'une honnêteté sans faille. Isla et son frère venaient de descendre de l'avion et l'enfant tentait une fois de plus de convaincre sa sœur de rester avec lui.

— Les règles interdisent à l'élève d'être accompagné au sein de l'institut par un membre de sa famille. Vous devrez me suivre et entrer seul dans le bâtiment, avait énoncé fermement le directeur.

— Je n'ai pas envie, avait répondu l'enfant, intimidé.

— Pourtant vous le devez, avait confirmé fermement monsieur Mac Laslow en poussant Eadred pour qu'il avance.

— Attendez une minute, était intervenu Isla. Je souhaite dire encore quelques mots à mon frère avant de partir.

Elle s'était agenouillée pour se mettre à hauteur de l'enfant qu'elle avait pris dans ses bras.

— Vous savez que je vous aime très fort, Eadred. Je suis fière de vous. Rendez-nous tous fiers de vous et soyez fort. Je sais que vous en êtes capable. Montrez à père que vous savez relever le défi qu'il vous a lancé et faites encore mieux que ce qu'il attend de vous. Un jour vous ferez de grandes choses, j'en suis sûre. Je reviendrai, Eadred. Jamais je ne vous abandonnerai.

Sur ces mots, la jeune femme était remontée très vite dans l'avion qui venait de remplacer celui dans lequel frère et sœur étaient arrivés. Le nouvel avion était un peu plus petit mais plus rapide. Il avait aussi le mérite d'avoir été préparé avant leur atterrissage et le plein de carburant avait déjà été effectué.

Eadred suivit à contrecœur le directeur de l'Institut. Tous deux s'avancèrent vers le bâtiment principal quand éclata l'orage annoncé. L'avion de sa sœur décolla sous une pluie battante.

Isla eut peur de l'orage qui venait d'éclater. Le pilote avait du mal à tenir le cap à cause des turbulences générées par la violence des intempéries. Les gardes tentèrent de rassurer la jeune femme sans succès. Elle angoissa puis paniqua. C'est alors qu'elle sentit des contractions dans son ventre. Elle n'avait pourtant pas encore atteint son neuvième mois de grossesse. Le tonnerre gronda et la foudre transperça les nuages qui se déchirèrent au passage de l'avion.

Isla était maintenant terrorisée. Il faisait noir, les gardes l'avaient allongée sur le sol. Elle cria en même temps que redoublait le tonnerre. Elle était en train de saigner, de hurler. Un éclair frappa la vitre et traversa le cockpit. Le pilote mourut sur le coup. L'avion plana un peu et commença à perdre de l'altitude. Isla avait accouché de son bébé. C'était un petit garçon. Elle le prit dans ses bras.

Sous l'effet de la dépressurisation du cockpit, une porte de l'avion s'ouvrit et les fenêtres se cassèrent. Elle essaya de protéger son bébé en l'entourant de ses bras ce qui eut pour effet d'étouffer le nourrisson. Elle pleura et les gardes blessés à cause du verre hurlèrent de terreur. L'avion s'écrasa peu après son dernier hurlement dans une prairie du nord de l'Anegex.

Le lendemain, Eadred fut appelé dans le bureau du directeur.

— J'ai une mauvaise nouvelle à vous annoncer Eadred. Votre sœur, la princesse Isla, a été victime d'un grave accident d'avion cette nuit. Elle est malheureusement décédée.

Le jeune garçon sentit le sol s'ouvrir sous ses pieds. Un poids immense se posa sur ses épaules. Il s'affaissa et voulut crier mais aucun son ne sortit de sa bouche. Le directeur, le voyant blêmir, lui parla et s'approcha de lui mais l'enfant ne voyait plus rien, n'entendait plus rien, enfermé qu'il était dans sa douleur. Il perdit connaissance.

Deux jours plus tard, il se réveilla à l'infirmerie. L'infirmière appela le directeur pour lui annoncer que l'enfant était enfin revenu à lui.

Le directeur approcha du jeune Eadred.

— Comment vous sentez-vous, mon garçon ?

— Merci de me l'avoir dit, lui répondit simplement l'enfant.

Chapitre XIII
Le complot des vampires

Éric se réveilla, l'arrière du crâne douloureux. Après quelques minutes, ses yeux finirent par s'adapter à la lumière ambiante. Il essaya de bouger mais se rendit compte qu'il était attaché dos à dos avec Thibault. Ils étaient dans une grotte, chez les elfes des forêts. Sur le côté, Éric distingua un portail doré. Grâce à ce portail, il pouvait voir légèrement l'extérieur. Ils étaient dans une prison.

— Je crois que cette journée va être longue, Éric, lui dit Thibault, qui s'était réveillé avant lui.

— C'est déjà le début de l'après-midi, grogna Éric.

— Ce que je voulais dire c'est que cette histoire va être longue à régler, souffla le jeune aubergiste.

— Tu vas voir, Thibault, tu vas être surpris. Ils arrivent, ne parle pas. Laisse-moi faire, ordonna Éric qui seul avait vue sur l'entrée de la grotte.

Trois elfes arrivèrent. Ils ouvrirent le portail. Deux d'entre eux étaient de sexe masculin. La troisième était une elfe aux longs cheveux bruns. De plus petite taille que ses congénères, elle présentait cependant une musculature ferme et longiligne.

— Que faites-vous ici humain et mutant ? dit un des geôliers sur un ton vindicatif.

— Je suis ici parce que vous êtes accusés de tuer des innocents. Le peuple de Valadorel commence à vous haïr. Bientôt ils entreront dans la forêt pour vous chasser.

— Tuer des innocents ? Vous me faites rire ! répondit l'elfe sur un ton tout aussi hargneux. La reine Polyxène a tué bon nombre d'entre nous sans raison, avec froideur. Ses armées nous ont chassés de nos terres, tuant nos femmes et nos enfants sans distinction et sans pitié !

— La reine avait peut-être ses raisons. J'ai entendu dire que des elfes avaient ourdi un complot contre elle.

— C'est faux ! De la pure propagande pour inciter le pouvoir à nous chasser !

— Mais si ce que vous dîtes est vrai, cela signifie que votre vrai ennemi n'est pas la reine Polyxène, mais ceux qui ont voulu qu'on vous chasse. Comment t'appelles-tu ?

— Ildus, répondit l'elfe aux yeux verts et aux cheveux blond cendré recouvrant ses larges épaules.

— Si vous voulez vivre en paix en Purcell, arrêtez de tuer les humains, continua Éric.

— Notre race est en voie d'extinction alors qu'eux, ils sont en pleine expansion. Nous devons défendre notre espèce, s'écria la dame elfe sur la défensive.

— Mais si vous tuez mes semblables, ils vous chasseront, intervint Thibault.

— Ferme-la ! hurla Ildus en giflant le jeune homme.

— La femme elfe s'avança à son tour et frappa en plein visage le jeune aubergiste avec une main sur laquelle elle avait laissé une bague saillante. Thibault, le visage éraflé sur toute sa diagonale, se mit à cracher du sang.

— Arrête ! ce n'est rien qu'un gamin ! s'écria Éric.

— Moi, un gamin ? Sérieusement ? répondit Thibault.

— Ferme-la ou je t'arrache la langue, cria Ildus à l'intention de l'homme.

Le troisième elfe, qui se prénommait Valast, et était resté muet jusque-là, s'avança à son tour. Il faisait une tête de plus qu'Ildus et portait des cornes de bélier assez proéminentes sur le crâne.

— Arrête, Ildus ! ordonna l'elfe aux cornes de bélier.

— Pourquoi je ne le ferais pas, Valast ? Après tout, les hommes ne font pas preuve de miséricorde envers les elfes. Pourquoi serions-nous indulgents ? Pourquoi avoir amené un mutant si ce n'est pour nous nuire ? Tuons-les ! Pour notre salut !

— Ne deviens pas comme eux, Ildus. Les hommes sont des êtres faibles et la peur commande leurs décisions. Ils nous chassent parce qu'ils nous croient dangereux et nous prennent pour leurs ennemis. Si tu tues ces deux personnes, tu ne vaudras pas mieux que les hommes et tu risques de déclencher une guerre alors qu'on n'a rien fait de mal.

— Vous n'avez rien fait ? Vraiment ? Alors où sont les habitants disparus ? demanda Éric.

— Ce sont les vampires qui ont chassé ces innocents, répondit Valast.

— Des vampires ? Ici ? demanda Éric.

— Ils se cachent, et agissent dans l'ombre. Ils nous font porter le chapeau et répandent des rumeurs auprès des colporteurs qui les ramènent à Valadorel. Et cela fonctionne car les humains croient de plus en plus que nous sommes à l'origine de ces disparitions.

— Je vous crois, répondit Éric après réflexion. Les elfes ne se nourrissent pas d'êtres humains dont la chair est très proche de la leur. Cela reviendrait quasiment à être cannibale. C'est contre leurs mœurs et traditions.

— Que connais-tu de nos traditions, mutant ? lui cracha Ildus sur un ton méprisant.

— Je les connais parce que j'ai été élevé par les elfes d'Elforest qui m'ont insufflé leurs croyances et m'ont éduqué dans le respect de leur communauté. Mon Maître, Alboried, m'a tout appris.

— Alboried ? demanda Valast, Alboried de la lignée Mandraid ?

— Oui, c'est bien ça, répondit le mutant. Tu le connais ?

— Je l'ai bien connu dans ma jeunesse. J'ai étudié moi-même à Elforest. Mais que fais-tu ici, mutant ?

— Je m'appelle Éric Letcheur. Le jeune aubergiste m'a demandé mon aide, croyant en effet que les elfes tuaient des habitants de Valadorel. J'ai souhaité vous rencontrer pour discuter car je trouvais cela troublant. Laissez-moi vous aider à vous disculper et à chasser ces vampires qui vous occasionnent du tort.

— Comment les vampires peuvent-ils capturer des citoyens alors que dans le sud le soleil se lève tôt ? Et puis pourquoi vous les avez laissés faire ? intervint Thibault sur un ton de reproche.

— Les vampires sont nombreux, ils sont discrets, ils peuvent se rendre invisibles aussi, les citoyens pensent que c'est nous parce que nous sommes les seuls étrangers présents à leurs yeux. Nous ne sommes pas intervenus car nous ne nous mêlons pas des histoires des hommes, répondit Valast.

— Où se trouve ce clan de vampire ?

— Dans les montagnes à l'est de la forêt. Vous voulez vraiment nous aider à régler cette affaire ? questionna Ildus sur un ton encore très méfiant.

— Je le souhaite vraiment, répondit Éric.

Les trois elfes s'éloignèrent pour discuter entre eux.

— J'espère qu'ils vont nous libérer, dit Thibault d'un air inquiet.

— Je t’avais dit de te taire ! lui répondit sèchement le mutant. Ils vont nous libérer s’ils ne sont pas idiots car c’est leur chance de ne pas être chassés par les hommes.

— Je n’ai pas pu m’empêcher d’intervenir, dit Thibault d’un ton penaud. Je suis désolé. Je pensais bien faire mais j’ai attisé leur haine envers les hommes.

— Ce n’est pas de la haine mais de la rancœur. Les hommes leur ont fait beaucoup de mal.

Les trois elfes revinrent. Ildus et Valast semblaient apaisés mais la femme elfe paraissait en colère.

— Nous vous libérons, annonça Valast. Mais à la moindre incartade, nous vous tuerons.

Éric fut détaché en premier. Il se leva mais Thibault était toujours entravé aux poignets et aux chevilles.

— Vous pouvez libérer Thibault aussi ?

— Non, répondit Valast.

— Mais pourquoi ? demanda Éric.

— C’est pour sa sécurité. Dans ce camp, un homme n’irait pas bien loin sans se faire écharper par un des nôtres, répondit Ildus.

— J’aurai besoin de lui, il connaît les environs. Si vous ne le libérez pas, je ne vais pas pouvoir vous aider.

— Ildus, libère-le ! Lui demanda Valast. Sois raisonnable ! Nous sommes en voie d’extinction. Dis-toi bien que les citoyens de Valadorel vont se poser des questions sur son sort.

— Bon, très bien, répondit l’elfe aux yeux verts, après un instant de réflexion. Mais préviens les autres que cet humain est de notre côté sinon ils pourraient le tuer dès qu’ils le verront. Jeune aubergiste, dit-il en se tournant vers Thibault, tu as notre sort entre tes mains, mais aussi celui de tes congénères. Dis-leur de ne pas franchir la ligne où ils seront pourchassés.

— Compris. Je passerai le message, répondit Thibault, tout en se libérant de ses liens qui venaient d'être sectionnés par Ildus.

Thibault et Éric reprirent le chemin du retour vers Valadorel, accompagnés par Valast et Ildus. Leur objectif était désormais de convaincre le premier édile de l'innocence des elfes et de l'existence d'un clan de vampires qui s'en prenait à la population.

— Les elfes sont finalement moins dangereux que ce que je pensais, dit Thibault, tout en marchant devant Éric et les deux elfes.

— Ils ne sont pas tous gentils, je te rappelle. Mais ils ont une propension à être plus raisonnables et réfléchis que les hommes, lui répondit Éric.

— As-tu un plan ? demanda Thibault.

— Oui, sinon je n'amènerais pas les elfes avec nous, lui précisa le mutant.

— C'est risqué, tu sais. L'accueil pourrait ne pas être bon. La population est remontée contre eux.

— Vous parlez beaucoup trop, Thibault, lui dit Valast.

— C'est mon défaut, je le sais, ricana l'aubergiste.

— Au moins, tu l'admets, le taquina Éric.

Devant l'entrée de la ville, le premier édile, qui avait été alerté de l'approche du mutant accompagné par des elfes et un homme de la cité, était entouré de ses gardes équipés de lances et de boucliers. Les gardes sur les murailles tenaient en joue les arrivants avec leurs arbalètes. Les visiteurs de la forêt s'approchèrent de la porte sud et s'arrêtèrent face au premier édile.

— Halte ! ordonna maître Lugard, premier édile de Valadorel.

— Monsieur le Premier Édile, quel plaisir de vous voir ! dit Thibault.

— Monsieur Billet, que fait un aubergiste avec un mutant et deux elfes ? interrogea maître Lugard d'un ton cassant.

— Maître, je sais que cela va vous paraître absurde, commença à dire Thibault, quand le premier édile s'avança vers Éric, regarda les elfes et cracha par terre.

— Pourquoi avez-vous ramené des elfes ici ? Ils ne sont pas les bienvenus ! Ce sont des monstres qui tuent nos administrés !

— Hélas ! tout est faux, monsieur le Premier Édile, répondit calmement Éric, tout en retenant Ildus, qui avait eu un mouvement agressif au crachat du Premier Édile.

— Les elfes ont tué des citoyens talentueux, ils ont aussi tué de pauvres enfants sans défense. Ce sont les seuls qui ont de la magie en eux dans le coin. Personne d'autre n'a pu commettre ces méfaits ! lança maître Lugard.

— Si vous voulez bien me laisser parler, monsieur le Premier Édile, je pourrai vous expliquer qu'ils n'y sont pour rien.

— Ce sont les elfes les coupables ! Ils doivent être châtiés ! Gardes, emparez-vous de tout ce petit monde ! s'écria maître Lugard, rageur.

Mais rien ne se passa.

Les gardes, les yeux fixes, baissèrent leurs armes. Le premier édile se retourna vers eux, inquiet. Il était bouche bée et ne savait pas quoi dire en voyant leurs regards inexpressifs, vitreux. Il en était de même pour les arbalétriers en haut de la muraille et sur les tours de guet.

— Que se passe-t-il ? Quelle est cette magie ?

— Les elfes ne mangent pas les hommes mais peuvent exercer une influence sur eux, annonça Éric. Ne vous inquiétez pas, monsieur le Premier Édile, cela est temporaire. Ils font ça pour nous permettre de parler en toute tranquillité, en évitant que les esprits s'échauffent et que les événements ne viennent à s'aggraver.

— Comment osez-vous ? s'offusqua maître Lugard.

— Ne souhaitez-vous pas que tout cela cesse sans bain de sang ? lui dit Éric.

— Que me voulez-vous ? cria le premier édile, dans un dernier élan d'autorité.

— Juste une oreille attentive, lui dit Éric.

— D'accord, céda le premier édile, dans un souffle, visiblement apeuré par ce qui se passait. Je n'ai de toute façon pas le choix.

— Merci, monsieur le Premier Édile, répondit Éric, dont la voix était restée égale. Voilà, ce ne sont pas les elfes qui sont à l'origine des disparitions mystérieuses, mais des vampires qui ont élu domicile dans les montagnes de l'est.

— Des… vampires, dites-vous ? Mais cela n'existe pas ! répondit maître Lugard.

— Si les elfes existent, ainsi que les magiciens, pourquoi pas les vampires ? intervint Thibault.

— Cela est impossible, poursuivit maître Lugard.

— Malheureusement si. Ils existent, comme les démons, les nains et beaucoup d'autres créatures qui ne vous étaient pas visibles jusqu'alors. Le monde est rempli de tellement de possibilités. Pourquoi accuser les elfes ? Ce sont des êtres créés par les dieux eux-mêmes et non par le seigneur des sénèbres ! Les elfes ne mangent pas de viande. Ils sont végétariens. Le sang de l'homme est du poison pour eux ! Les vampires sont quant à eux des êtres vils et avides de sang. Ils se cachent et interviennent dans l'ombre. Ils sont ravis de voir leurs méfaits attribués aux elfes car pendant ce temps ils peuvent opérer en toute impunité. Ne laissez pas une guerre s'installer entre les hommes et les elfes mais unissez vos forces pour lutter contre les vampires !

— Je ne crois pas que les vampires existent. Vous essayez de me berner. Je ne crois que ce que je vois et ce que je vois ce sont des elfes qui ont investi nos forêts et cherchent à nous nuire pour prendre notre ville, répondit maître Lugard, décidément difficile à convaincre.

Mais Éric comprenait la difficulté pour les hommes de croire en des phénomènes qui, il y a encore quelques années, n'existaient que dans les contes. Il ne s'en laissa pas démordre.

— Laissez-moi aller dans la montagne avec quelques hommes et des elfes, insista-t-il, et déclarez un statu quo en attendant. Les elfes ne viendront pas aux abords de la ville qui gardera ses portes fermées et les hommes n'iront pas en forêt. Je vous ramènerai une preuve et vous pourrez alors prendre une décision.

— Bien, je vous accorde un délai de trois jours, concéda maître Lugard. Si jamais vous ne m'apportez pas la tête d'une de ces choses, nous entrerons dans la forêt pour chasser les elfes et tuerons tous ceux qui opposeront une résistance à nos forces. J'ai d'ores et déjà demandé au roi Jacques son aide par l'envoi d'un bataillon qui devrait arriver dans deux jours, le roi ayant accordé son aide militaire à notre grande ville.

— Je vais me mettre en route maintenant, monsieur le Premier Édile, répondit Éric. Qu'en est-il des hommes qui peuvent m'accompagner ?

— Je ne vous confierai aucun de mes gardes, lui dit le premier édile. Vous devrez agir seul ou accompagné de qui vous voudrez. Monsieur Billet, rentrez immédiatement dans l'enceinte de la ville avant que je ne fasse fermer les portes de la cité.

— Je t'en prie, Éric, ne nous laisse pas tomber, lui demanda Thibault avant de partir. Tu es notre seul espoir pour éviter une guerre qui fera des victimes innocentes des deux côtés.

— Très bien, j'irai dans les montagnes et reviendrai avant trois jours pour apporter la preuve de l'existence des vampires. Et je le ferai sans votre aide, maître Lugard. M'accompagnerez-vous Valast ?

— Non, Éric. Nous devons nous préparer au conflit avec les hommes. Je ne crois pas que vous réussirez et je dois préparer les miens à lutter pour survivre.

— Très bien. Dans ce cas, j'irai seul, conclut le mutant, un peu dépité, se demandant comment il en était arrivé à se mettre dans cette galère.

Éric entreprit alors son voyage vers les montagnes. Elles étaient situées à l'est de la forêt et séparaient le sud-ouest de Rancef des côtes méridionales, très ensoleillées et richement boisées. Elles étaient à l'inverse hautes et le climat y était rude, à la fois froid et humide. Éric détestait le froid. Une bise glaciale accompagna très vite son voyage, l'obligeant à dormir la première nuit à l'abri dans une grotte pour se protéger, y faisant également entrer son cheval pour ne pas le laisser seul au dehors, soumis aux vents puissants.

Seuls des vampires pouvaient vivre dans ces climats inhospitaliers, leur corps supportant les variations de température.

Plus il avançait, plus le dénivelé s'accentuait. Il ne prit de pause que pour dormir un peu mais mangea en marchant car il n'avait pas de temps à perdre. Les elfes lui avaient fourni quelques denrées à se mettre sous la dent. Il se contenta donc de fruits secs et de biscuits et ne but que parcimonieusement l'eau contenue dans sa gourde. Une tempête de neige s'abattit bientôt sur lui. Il dut escalader une paroi rocheuse couverte de glace et manqua de tomber à plusieurs reprises. Arrivé au sommet de l'apic, il sentit une odeur nauséabonde. Cette puanteur ne le quitta plus. Il entendit bientôt une voix. Une voix d'ombre. Comme un chuchotement. Ça faisait plusieurs fois que cette ombre le hantait. Il continua de grimper. Il se surprit à trembler, et commença à avoir du mal à respirer. Cette voix le perturbait. Il arriva enfin sur une plaine protégée du vent par des parois rocheuses et s'allongea un peu. Il reprit son souffle, les yeux tournés vers le ciel d'un blanc laiteux. Il se releva et vit alors l'ombre. Il ne savait toujours pas si c'était l'ombre d'un homme ou d'une femme, ou l'ombre d'une créature magique. Elle criait comme si elle souffrait. Il mit ses mains sur ses oreilles, le son lui perçant les tympans. Au fond de lui, cette voix lui semblait familière. Puis soudain, les hurlements cessèrent. L'ombre était là, face à lui.

— Il faut qu'on se parle vous et moi ? Pourquoi vous me hantez ? Pourquoi ?

Mais l'ombre ne répondit pas et s'évapora.

Éric continua alors sa route. Il ne pouvait pas perdre de temps sinon les elfes allaient mourir. Il vit que l'ombre, qui avait réapparu, le suivait. Il se retournait sans cesse pour vérifier sa présence. Il avait peur mais ne cessa pas de marcher. L'ombre le suivait toujours. Il ressentait une peur irrationnelle. L'ombre cria à nouveau. Elle resta collée à ses pas, faisant monter en lui une angoisse que traduisaient ses tremblements. Pourtant il avait déjà combattu des monstres, mais là c'était différent. Cette ombre insinuait en lui une terreur profonde qu'il ne pouvait empêcher. Elle disparut de nouveau. Il s'agenouilla, haletant. Son cœur battait si fort qu'il crut qu'il allait mourir. Il se calma peu à peu car cette mystérieuse ombre avait disparu et cette sensation d'oppression et de terreur avec elle. Son esprit s'ouvrit alors de nouveau à la réalité des lieux. Il vit de la lumière au loin et entendit des cris humains. Il avança. Sur sa route, il trouva des têtes humaines enfoncées sur des piques. Il aperçut alors une sorte de palais de glace recouvert de sang dégoulinant sur sa façade. Du sang gelé.

Il s'approcha doucement devant le château de glace et observa la façade couverte de sang gelé. Il était arrivé à destination. C'était le nid de vampire qui se dressait devant lui.

Soudain, derrière lui, surgissant de nulle part, un vampire terrifiant assoiffé de sang apparut. Son grognement alerta le mutant. Il avait des yeux rouges, la peau très grise, très sombre, des dents pointues en doubles rangées et des cheveux longs et poisseux. Sentant la mort approcher derrière lui, Éric esquiva la tentative du monstre pour l'agripper et le mordre. Il se jeta alors sur le côté et se retourna immédiatement pour lancer un sort sur le vampire. Ce dernier l'évita en sautant par-dessus le mutant et se retrouva devant la porte du palais comme pour en protéger l'entrée. Il grogna tout en regardant fixement Éric d'un air mauvais.

— Qui es-tu ? lui ordonna-t-il de répondre.

— Je suis Éric Letcheur et je viens pour arrêter la tuerie que vous avez commencée à Valadorel.

— Tu n'arrêteras rien du tout, pauvre imbécile. Je suis Karakar. Tu es ici sur mon territoire et tu ne repartiras pas vivant ! répondit furieusement le monstre.

— Vous savez que les humains ne se laisseront plus faire lorsqu'ils découvriront votre existence, dit Éric.

— Nous n'avons pas peur des humains. Nos frères de sang se réveillent un peu partout dans le monde, dirigés par notre seigneur Dresskar.

— Qui est-il ? demanda Éric.

— C'est son lieutenant.

— Le lieutenant de qui ?

— Du Grand Destructeur, celui que nous servons tous. Maintenant, ça suffit. Nous t'attendions, mutant. Et mon chef de clan est prêt à te déguster.

À cet instant, deux autres vampires arrivèrent derrière Éric et se placèrent de chaque côté du mutant, désormais encerclé.

— Qui vous a prévenu ? interrogea Éric, comprenant qu'il avait été dupé.

— Ildus, bien sûr, répondit le vampire.

— Ildus ne peut pas trahir les siens, rétorqua Éric. C'est un elfe, et vous aider mènerait les siens à leur perte.

— Je crois qu'il hait trop les humains pour ne pas vouloir leur asservissement. Il m'a d'abord aidé à me cacher, puis il m'a nourri en m'amenant des humains. J'en ai transformé certains, comme ceux derrière toi. Ils font désormais partie du clan et transformeront bientôt les habitants de Valadorel. Nous augmenterons notre puissance et envahirons tous les royaumes pour préparer l'avènement du seigneur des ténèbres.

— Je ne vous laisserai pas faire ! cria Éric.

— Oh que si ! s'exclama une voix derrière Éric, moqueuse.

Ildus avait rejoint le groupe et se présenta désormais sous son vrai jour.

— Oui, Letcheur, c'est bien moi. Tu sembles surpris.

— Comment peux-tu trahir les tiens de la sorte ? s'insurgea le mutant.

— Les miens sont faibles et lâches. Ils se laissent malmener par le peuple des hommes et ne font rien pour que cela change. Nous sommes pourtant plus puissants que les hommes.

— Vous êtes aussi plus intelligents et savez qu'on n'obtient rien par la violence. Vous êtes des êtres de biens, créés par les dieux, non par le seigneur des ténèbres, répondit Éric, tentant encore de convaincre Ildus.

— Ils nous ont chassés de nos terres ! Ils ont tué nos épouses et nos enfants ! Ils nous ont ostracisés. Et c'est moi qui suis violent ? Ils ne m'ont pas laissé le choix. J'ai décidé de m'allier aux vampires pour obtenir la chute des hommes qui renient la magie des elfes et préfèrent la technologie que leur apportent ces cristaux de malheur.

— Mais après les hommes, tu sais bien que les vampires ne s'arrêteront pas là. Ils s'en prendront à ton peuple.

— Nous nous sommes unis et j'obtiendrai de mon peuple son assentiment lorsqu'il sera libéré grâce aux vampires. Je te remercie, mutant pour avoir tenté de régler le problème et je sais que tu n'as jamais cru que nous étions à l'origine de ces disparitions. Mais tu en sais trop et tu dois disparaître pour que je puisse mener à bien le plan que j'ai mis si longtemps à tisser, déclara Ildus, semblant vraiment désolé pour le mutant.

— Ne fais pas ça ! Tu peux encore revenir en arrière ! poursuivit Éric.

Ildus regarda Karakar à qui il opina du chef, comme pour mettre un terme à cette discussion inutile.

— Occupez-vous de lui, ordonna Karakar à ses vampires.

À cet instant, les deux vampires qui étaient jusqu'alors muets grognèrent et découvrirent leurs dents acérées avant de s'élancer sur le mutant. Ce dernier leur envoya de ses mains deux boules bleues lumineuses. Les deux vampires furent immédiatement réduits en cendre.

Se retournant vers Ildus et Karakar, il prépara deux nouvelles boules de feu bleu mais le vampire, plus rapide que ses congénères, lui sauta à la gorge avant qu'il n'ait eu le temps de lancer son sort. Les deux individus se renversèrent sur le sol et roulèrent l'un sur l'autre dans un combat à main nue opposant des forces égales. Éric savait qu'il allait bientôt s'épuiser au combat s'il continuait à parer les coups uniquement. Il devait trouver une faille pour prendre le dessus. C'est alors qu'il se souvint que, selon les livres anciens, les vampires étaient sensibles à la lumière vive. Il envoya aussitôt de ses yeux une lumière blanche éblouissante à la face de son ennemi qui vacilla aussitôt et se recula, comme frappé par la foudre. Profitant de l'effet de surprise, Éric se saisit de son épée et l'enfonça immédiatement dans le cœur de son adversaire, lequel s'effondra dans la foulée.

Se retournant vers Ildus, Éric se rendit compte que ce dernier avait pris la fuite. Il s'élança à sa poursuite en suivant ses traces. Bientôt, il l'aperçut et lui lança une boule de feu vert pour le renverser. Ce dernier s'écroula lourdement face contre terre et Éric le rejoint avant qu'il n'ait pu reprendre sa course. Le mutant se jeta sur lui.

S'ensuivit une bagarre dans laquelle le mutant prit vite le dessus, laissant exploser sa rage et rouant de coups l'elfe qui finit bientôt par ne plus montrer aucun signe de résistance. Éric lâcha le col de son adversaire et le laissa tomber au sol.

— Je n'ai pas trahi mon peuple, dit alors Ildus. J'ai fait ça pour le protéger. Jamais plus je ne pourrai faire confiance à un humain.

— Tu es aveuglé par ta haine et tu ne te rends pas compte que tes actes auraient pu entraîner non seulement la chute des humains mais aussi celle des elfes, lui répondit sévèrement Éric.

— Nous avons conclu une alliance… voulut poursuivre l'elfe.

— Aucune alliance ne peut être conclue avec des vampires… l'interrompit Éric. Ce sont des êtres de l'ombre, vils, sans foi ni loi, qui ne servent que leurs intérêts et sont mus par leur soif de sang, qu'il soit humain ou elfique. Tu seras jugé par les tiens pour ce que tu as fait. Je te ramène à ton clan.

— Jamais ! s'écria Ildus dans un sursaut.

Il se leva et se jeta sur le mutant qui avait entre-temps sorti son épée pour le mettre en joug. L'elfe vint s'empaler sur l'arme d'Éric et lui tomba dans les bras en le regardant dans les yeux avant que toute vie ne disparaisse de son regard.

Éric aurait préféré le ramener au camp elfique pour qu'il y soit jugé mais dut se résoudre à le laisser sur place. Il retourna près du palais de glace où il aperçut de loin plusieurs vampires autour de Karakar. Il s'en débarrassa rapidement grâce à ses boules de feu bleu et s'approcha de Karakar dont il sépara la tête du corps pour la ramener comme prévu à Valadorel.

Alors qu'il s'éloignait, un vampire plus imposant que les autres sortit du palais de glace, suivi d'une horde composée de quelques vampires fraîchement transformés. De son regard perçant, il suivit au loin le mutant qui avait déjà pourtant marché plus de quatre lieues.

— Devons-nous le poursuivre ? demanda un des sbires à Barakar, le chef de clan.

— Non, ce n'est pas la peine. J'ai senti sa puissance. Même si vous étiez dix fois plus nombreux, vous ne pourriez pas vaincre ses boules de feu, répondit froidement ce dernier. Nous levons le camp ! Les terres désolées nous attendent.

Le lendemain, alors que le soleil était haut dans le ciel, Éric arriva devant les remparts de Valadorel, accompagné de Valast et fit mander le premier édile.

— Vous êtes donc revenu, lui lança Maître Lugard après être sorti par la porte sud jusque-là fermée. Je ne pensais pas vous revoir, avoua-t-il.

— Comme promis, monsieur le Premier Édile, je vous apporte la tête du vampire à l'origine des désordres dans votre ville.

Sur cette déclaration, Éric prit le sac de jute qu'il tenait à la main et le renversa. La tête du vampire en sortit et roula jusqu'aux pieds de maître Lugard. Ce dernier, après un mouvement de recul, s'approcha de l'horrible spectacle.

— Vous pourrez constater que la bouche entrouverte de ce monstre possède plusieurs rangées de dents très pointues. Il s'agit bien là d'un vampire et non d'un être humain. Cette tête appartenait à un individu nommé Karakar, dont l'objectif était d'enlever des habitants de votre ville pour en faire des êtres à son image puis envahir votre cité pour en faire le point névralgique de l'invasion de Purcell. Heureusement, je l'ai combattu et vaincu. J'ai aussi terrassé les membres de sa horde. Il n'y a désormais plus de dangers.

— Je suis stupéfait. Je ne pensais pas que ces monstres existaient. Comment ont-ils pu pénétrer dans la ville sans y être repérés ?

— Je pense que Karakar n'a jamais eu à entrer dans votre ville. Il a dû s'en prendre à chacun des disparus alors qu'ils étaient isolés en dehors des murs de la cité.

— Mais qui me dit qu'il n'a pas reçu l'aide des elfes ?

— Maître Lugard, les vampires sont aussi dangereux pour les elfes que pour les humains. Ce sont des êtres vils qui chassent pour se nourrir ou pour développer de nouvelles hordes. Peu importe qu'ils s'en prennent aux elfes ou aux humains. D'ailleurs, ils ont tué Ildus, un des elfes qui était avec moi ici même avant-hier et qui m'a accompagné pour les débusquer. Vous ne risquez rien des elfes. Les chasser reviendrait à leur déclarer une guerre qu'ils ne veulent pas. Ils sont d'ailleurs en infériorité numérique. Leur seule volonté est de vivre enfin en paix et pouvoir commercer avec les habitants de votre ville.

— Très bien, monsieur Letcheur. Je veux bien vous croire. Nous rouvrirons les portes de la ville mais je laisserai un bataillon de réserve à chacune des entrées pour contrôler les allées et venues pour éviter que d'autres monstres ne pénètrent chez nous. J'invite votre ami elfe, Valast, à me suivre avec une délégation afin que nous organisions les rapports entre nos deux communautés. Après une période d'essai, nous verrons si aucun événement douteux ne se produit de nouveau.

— Merci, maître Lugard, intervint respectueusement Valast. Nous sommes reconnaissants aux hommes de Valadorel d'accepter un accord qui, j'en suis certain, profitera à tout le monde. Je vous suis afin de régler au mieux ses modalités.

— Voulez-vous nous accompagner, monsieur Letcheur ? demanda le premier édile.

— Je vous remercie, mais ma mission s'arrête ici. Je ne compte pas rester encore longtemps à Valadorel et ne suis donc pas concerné par les accords que vous prendrez avec les elfes. Je préfère me restaurer et me reposer un peu avant de partir.

— Très bien. Je vous remercie de votre contribution à la paix dans notre ville. Vous êtes le bienvenu à Valadorel désormais.

Une demi-heure plus tard, Éric était de retour dans l'auberge de Thibault Billet.

Assis à une table au fond de la salle principale, il dégustait un ragoût de mouton arrosé d'une bière fraîchement tirée.

Il entendit alors des citoyens qui étaient en train de parler de licornes, qui auraient été vues plus à l'est. Des cadavres de cette espèce auraient été retrouvés en lisière de la Forêt Sombre au pied de la montagne Éternelle, à la frontière entre Purcell et les territoires de l'est.

Thibault le rejoignit à sa table, tout guilleret.

— Mon ami, tu ne devineras jamais !

— Quoi donc ? répondit distraitement Éric, encore intrigué par la conversation sur les licornes.

— J'ai reçu une lettre de la cour d'Anegex. J'ai été désigné pour être chef de rang au palais d'Elven, à l'occasion des prochaines festivités organisées pour les fiançailles de la princesse Pénélope.

— Tu m'en vois ravi ! Mais qui va tenir l'auberge en ton absence ?

— Oh, le voyage devrait en tout et pour tout durer un mois. Je confierai les rênes à ma sœur Cynthia. Elle m'aide souvent à l'auberge et en connaît les moindres rouages.

— Très bien. Si tu n'y vois pas d'inconvénient, je vais aller me reposer et ensuite je partirai.

— Partir ? Déjà ?

— Oui, j'ai une nouvelle mission à l'est, à Bac sur Selle.

— Je t'ai fait préparer un bain et une chambre est à ta disposition. Tu pourras partir quand bon te semblera. Je suis heureux de t'avoir rencontré, Éric. J'espère que nous aurons l'occasion de nous revoir un prochain jour.

— Moi aussi je suis heureux de t'avoir rencontré. Merci pour ton accueil, Thibault.

— Mais, dis-moi une dernière chose. Comment as-tu fait pour voyager avec Ildus ? Sauf erreur de ma part, il ne nous tenait pas en bonne estime et était plutôt agressif à notre égard.

— En fait, c'est le seul qui a bien voulu me suivre, répondit Éric. Je n'allais pas faire la fine bouche !

Le mutant ne voulait pas dire la vérité qui aurait pu remettre en cause la nouvelle paix fragile avec les elfes. Il avait bien sûr tout dévoilé à Valast qui en avait été fort contrarié et avait versé pour son ami Ildus quelques larmes plus par honte que pour la mort de ce dernier. Tous deux avaient convenu de garder cela pour eux afin d'éviter des complications entre les hommes et les elfes. Valast avait chaleureusement remercié Éric et lui avait remis un morceau d'une de ses cornes en guise de présent, indiquant qu'il restait son obligé.

Éric partit le lendemain en direction de l'est de Purcell, vers Bac sur Selle, où il avait entendu parler du massacre de licornes.

Chapitre XIV
L'emprise de Zorzar

Le soleil brillait de tous ses éclats en cette glaciale matinée de janvier. Un froid piquant avait saisi les dernières feuilles encore présentes sur les châtaigniers, résistantes de la dernière heure.

Pénélope se réveilla doucement, bercée par le bruit d'une rivière qui coulait à proximité. Elle se sentait étrangement bien, réchauffée par la lumière, et en même temps, elle était comme soulagée d'être sortie d'un songe affreux dont elle ne réussissait pas à se souvenir des détails.

Après quelques minutes à regarder le ciel azur qui s'offrait à elle, elle reprit soudain ses esprits et se redressa d'un bond, se demandant où elle était.

Tout autour d'elle, s'offrait à sa vue le même paysage fait d'arbres dénudés sortant des buissons et des fougères, à perte de vue. Une rivière à l'eau translucide s'écoulait en contrebas de la butte où elle se trouvait.

Pénélope se leva et se rendit près de l'eau pour s'y désaltérer et se rafraîchir. Peu à peu ses souvenirs revinrent. Tout d'abord Adam qui la poursuivait dans la forêt. Puis Adam qui lui parlait de loin dans une tonalité qui le rapprochait de la folie. Puis Adam qui la saisissait par-derrière et tentait de l'étrangler. Puis enfin Adam qui se fit arracher la tête par cet être immonde qui la fixait avec un regard entendu. Puis plus rien.

Que les dieux me viennent en aide. J'ai fait un pacte avec le démon et mon destin lui appartient désormais. Que vais-je devenir ?

— Te voilà enfin réveillée, lui susurra à l'oreille une voix désormais trop intime.

Pénélope sursauta et se retourna vers Zorzar, qui était apparu à ses côtés sans un bruit.

— Qu'est-il arrivé ? Où suis-je ?

— Dans la forêt, voyons. Tu as l'air perdu.

— Où est Adam ?

— Tu ne te souviens de rien ?

— J'ai fait un cauchemar épouvantable et je me suis réveillée étendue ici, près de la rivière.

— Mais ce n'était pas un cauchemar.

— Que les dieux me viennent en aide implora alors la jeune femme, tombant à genoux et pleurant à chaudes larmes. Qu'ai-je fait ?

— Les dieux ne peuvent rien pour toi, je te l'ai déjà dit. Ils ont disparu. Et si cela peut te consoler, c'est moi qui ai tout fait.

— Je ne vous avais rien demandé ! hurla-t-elle. Comment avez-vous pu le tuer aussi sauvagement ?

— Je t'ai sauvé la vie, princesse. Tu devrais m'en être reconnaissante. Sans moi, ce garçon t'aurait étranglée et ton corps serait aujourd'hui étendu au fond d'une grotte où personne ne pourrait te retrouver, répondit calmement le démon.

— Je ne voulais pas tout ça ! s'égosilla la jeune femme.

— Tu ne peux pas échapper à ton destin ! lui asséna Zorzar, plus fermement.

— Vous m'avez piégée. Je ne maîtrise plus rien mais je sais aujourd'hui une chose ; c'est que je ne vous appartiendrai jamais. Vous ne ferez pas de moi votre marionnette. Si je dois payer une dette, alors payez-vous en me tuant !

La jeune femme se redressa alors et se posta devant le démon, les bras en croix, offerte et soumise à son funeste destin.

— Morte, tu ne me servirais à rien ! répondit alors Zorzar, les yeux rouges de colère. Tu oublies un peu vite que j'ai ramené ton bien-aimé de la mort. Tu oublies aussi que je peux à tout instant détruire tes proches. D'ailleurs à cet instant la forêt est envahie par les hommes de la reine Polyxène, dont ton père. Ils sont à ta recherche pour te ramener au palais. Je pourrais t'en débarrasser.

— Non ! Non ! Je vous en prie ! Plus de mort ! Je vous offre ma vie ! Cela ne vous suffit pas ?

— Non. Je veux plus, demoiselle. Tu t'uniras à moi et feras de ma personne le prochain roi d'Anegex. C'est la clé qui me fera entrer dans le monde des humains avant d'en prendre la tête définitivement !

— Mais vous êtes fou !

— Cesse de me répondre ainsi ! lui répondit le démon en articulant chaque syllabe et en la forçant par l'esprit à se remettre à genoux, lui insufflant une souffrance physique qui la fit s'effondrer littéralement en se tordant de douleurs. J'ai plus de pouvoirs que tu ne le penses ! Mais j'ai besoin d'une nouvelle épouse ! Tu accepteras de ton plein gré de t'unir à moi ou tu verras tous tes proches périr les uns après les autres !

— Je… vous… en… supplie, réussit à dire Pénélope entre deux spasmes de douleurs.

Zorzar fit cesser la douleur et tendit une main blanche vers la jeune femme. Cette dernière releva les yeux et vit un jeune homme d'une beauté fulgurante la regarder avec des yeux d'un bleu étincelant. Vêtu d'un costume de chasse vert émeraude et de bottes noires, il lui sourit doucement, envoyant sur elle des ondes bienfaisantes.

— Mais, mais… balbutia Pénélope, regardant autour du jeune homme et n'osant lui prendre la main.

— Aidez-moi à vous relever, mademoiselle, lui dit le jeune homme d'une voix grave, chaude et rassurante.

— Où est… ?

— Qui donc, mademoiselle ? Je vous ai trouvée seule et vraisemblablement perdue. Vous allez bien ?

— Euh… oui, je crois, répondit Pénélope en se servant de la main du jeune homme pour se relever.

— Laissez-moi vous aider. D'où venez-vous ? demanda-t-il. Je peux vous ramener si vous le souhaitez.

— Je viens de l'institut. Sommes-nous en loin ?

— À peu près deux heures d'ici à cheval. Le mien est un peu plus loin dans une clairière. Suivez-moi, je vais vous ramener.

— Mais, qui êtes-vous ? demanda Pénélope alors qu'elle suivait le jeune homme qui s'était mis en route.

— Ce dernier s'arrêta et se retourna doucement, laissant entrevoir des yeux rouges. Pénélope poussa alors un cri étouffé et se recula de terreur.

— Je suis lord Mac Grisham, lui répondit Zorzar, comte de Southgham. L'homme qui va vous ramener à votre père. L'homme dont vous allez vous éprendre et qui deviendra votre époux adoré.

— Non ! s'entêta la jeune femme, d'une voix pourtant moins assurée.

— Vous n'avez plus le choix désormais. N'oubliez pas que votre vie n'est pas la seule en jeu.

À cet instant, des cris se firent entendre au loin. Des voix masculines appelaient la jeune femme.

Pénélope, fatiguée, tant sur le plan physique que psychologique, et complètement désorientée, finit par céder au démon et lui prit la main. Ce dernier l'amena à sa monture et tous deux galopèrent vers les cris qui retentissaient dans la forêt.

Après quelques minutes de course au travers des bois, le jeune lord pictien et la jeune femme en partie évanouie débouchèrent sur une clairière où étaient massés plusieurs dizaines de gardes Anegexois.

— Qui va là ? s'époumona un des gardes.

— Laissez passer ! s'écria lord Mac Grisham. J'ai trouvé une jeune femme perdue dans la forêt. Je dois la ramener à l'institut.

— Que les dieux soient loués ! s'écria une voix autoritaire derrière les gardes. Laissez-moi passer !

Le roi Eadred sortit du rempart formé par ses gardes et s'avança vers le jeune homme, ses traits respirant l'angoisse.

— Laissez-moi la voir, gentilhomme. C'est peut-être ma fille !

Le roi s'approcha plus près et découvrit une jeune femme apeurée dont les traits se dévoilèrent derrière des cheveux blonds dénoués et pendants devant son visage. Reconnaissant sa fille, il s'empara de la jeune femme et la prit contre lui.

— Oh que je suis heureux de vous retrouver, mon enfant ! Je suis tellement désolé ! Qu'on amène une civière et mon médecin pour la prendre en charge, s'écria-t-il.

Après que sa fille eut été prise en charge et emmenée par sa garde personnelle, le roi s'adressa au jeune lord qui était descendu de cheval entre temps.

— À qui ai-je l'honneur, monsieur, lui demanda le roi.

— Lord Mac Grisham, comte de Southgham, répondit le jeune homme d'une voix à la fois chaude et autoritaire. Et vous, monsieur, qui êtes-vous ?

— Je suis le roi Eadred, répondit le monarque, péremptoire.

— Oh, Votre Altesse, répondit le jeune lord en posant un genou à terre. Veuillez m'excuser, je ne savais pas.

— Je vous en prie, monsieur, relevez-vous. Vous avez porté secours à ma fille, la princesse Pénélope. Je vous en suis reconnaissant et redevable.

— Je ne savais pas qu'il s'agissait de la princesse, Votre Majesté. Elle a à peine parlé lorsque je l'ai trouvée. Elle semblait désorientée et si fatiguée. Elle m'a juste parlé de l'institut. J'ai donc décidé de la ramener au plus vite pour qu'elle puisse y être soignée.

— Votre noblesse et votre grand cœur me touchent, monsieur, répondit le roi de manière plus protocolaire. J'espère que si vous aviez su qui elle était, il en aurait été de même.

— Sans aucun doute, Votre Majesté. Je suis votre loyal serviteur. Même si le roi Théobrad était encore il y a peu mon souverain, je suis désormais aux ordres de notre nouveau monarque.

— Je n'aurais pas mieux dit à votre place, lord Mac Grisham. Vous me plaisez, monsieur. Rendez-nous visite au palais d'Elven prochainement. J'aimerais présenter à la reine l'homme qui a sauvé son héritière.

— J'en serai honoré, Votre Majesté.

— Très bien. Pour l'heure, nous devons partir. La princesse a besoin de soins et surtout de retrouver ses appartements pour y prendre un repos nécessaire. Je vous salue, monsieur.

— Votre Majesté ! répondit de manière militaire lord Mac Grisham en s'inclinant.

La foule des gardes constituant l'équipe de recherche royale se mut alors autour du roi pour reprendre le chemin de l'institut.

— Lord Grisham-Zorzar les regarda s'éloigner, un rictus découvrant ses dents d'une blancheur immaculée, et ses yeux lançant un reflet rougeoyant.

Quelques heures plus tard, Eadred monta enfin dans son avion privé où avait été installée la princesse peu avant, sur un lit de fortune établi entre deux rangées de sièges.

Eadred attendit que les serviteurs se soient éloignés de la cabine royale pour venir s'installer sur la rangée de sièges qui faisait face au lit de sa fille.

Pénélope était en train de pleurer. Eadred souffla.

— Que s'est-il passé dans cette forêt ? demanda-t-il, autoritaire et agacé.

— Je ne sais pas, père. Je courrais, poursuivie par Adam, puis c'est le trou noir. Je ne me souviens plus de rien jusqu'à ce qu'un jeune homme vienne à mon secours.

— Je ne vous crois pas ! Et puis ces victimes retrouvées près du lac ?

— Mais je ne sais pas, père ! Ces personnes m'en voulaient d'être l'héritière. Elles me voulaient du mal car elles refusaient que la Pictie fasse désormais partie de notre royaume. Mais jamais je ne les aurais tuées. Et puis comment aurais-je fait ?

— Vous êtes la honte de la famille, vous le savez ?

— Comment pouvez-vous dire cela, père ? Je suis votre fille. Ne m'aimez-vous donc pas un peu ?

— Je vous ai amenée dans cet institut pour y recevoir une éducation stricte et proche du peuple. Une journée vous a suffi pour créer un scandale immense qu'il va falloir désormais résorber. N'avez-vous pas honte ?

— Ne vous énervez pas, père, supplia la jeune femme.

— Ah oui ? Expliquez-moi alors pourquoi je ne dois pas m'énerver ? Allez-y, expliquez-moi ? Et où est passé cet Adam ? Personne ne l'a retrouvé !

La princesse ne répondit pas. Le tonnerre venait d'éclater. Il était en train de pleuvoir alors qu'une heure auparavant le temps était clair. Elle prit peur.

— N’ayez pas peur, jeune fille ce n’est que du vent ! ironisa Eadred. Si vous commencez à avoir peur du vent, votre règne va mal se finir.

— Il est normal père, d’avoir peur d’être dans un avion quand éclate un orage, s’écria-t-elle.

— Vous avez tout gâché ! lança Eadred, méprisant.

Pénélope se redressa soudain sous l’effet de la colère. Elle regarda son père dans les yeux et laissa sortir sa rage si longtemps contenue.

— J’ai gâché quoi en fait ? Votre ascension ? Votre victoire sur la reine ? Maintenant cela suffit ! Vous avez pris avec moi des libertés qui ont failli me coûter la vie ! N’oubliez pas que je suis l’héritière ! Et tenez votre langue au risque d’être confondu pour trahison. J’ai désormais compris votre petit jeu. Je ne vous intéresse que par ce que je suis l’héritière et non parce que je suis votre fille. Ma vie vous importe peu. Maintenant, laissez-moi car je dois me reposer.

— Comment osez-vous ? s’offusqua Eadred.

— J’ai dit : laissez-moi ou j’appelle les gardes !

La tempête faisait bouger l’avion dans une série de turbulences. Pénélope s’accrocha au siège.

Eadred prit soudain peur, le souvenir de sa sœur venant d’un coup le hanter de nouveau. Il se leva pour quitter la cabine royale mais trébucha et tomba lorsqu’un éclair rouge vint frôler la carlingue. Des yeux rougeoyants apparurent au-dessus du roi. Pénélope, les voyant, s’adressa à eux.

— Non, mon bien-aimé, dit-elle. Pas maintenant. Il fera ce que je lui dis de faire ou sinon je te laisserai t’en occuper.

Les yeux rouges disparurent aussitôt et l’orage cessa immédiatement, laissant l’avion reprendre un vol sans embûche.

— Que se passe-t-il ? demanda Eadred en reprenant connaissance.

— Vous êtes tombé, père, répondit froidement Pénélope. Maintenant que vous êtes revenu à vous, sortez de la cabine et allez vous installer à l'arrière.

Étonné par la froideur et la dureté du ton de sa fille, Eadred s'exécuta, non sans rester perplexe sur le brusque changement d'humeur de cette dernière. Cet épisode en Pictie l'avait-elle transformée ?

Chapitre XV
Les découvertes de Bac sur Selle

La nuit était très avancée. Les premiers signes de l'Aube commençaient à poindre à l'horizon où, du bleu profond de l'obscurité, se détachaient doucement les contours de la Montagne Éternelle.

La ville de Bac sur Selle était encore endormie. Dans une chambre de la maison close du « Loup Affamé », une jeune femme au corps dénudé à peine recouvert d'un drap de satin avait été réveillée par les mouvements incessants de son amant qui ne cessait de bouger en transpirant abondamment.

Bien avant qu'Éric ne devienne un mutant, il avait été recueilli en Anfraen par une famille d'habitants de Kitchaho, une ville côtière proche de Brehand. Il avait été déposé au hasard devant une maison par des pécheurs qui l'avaient recueilli après le naufrage du bateau qui le transportait, pour être confié aux elfes d'Elforest. Entendant un enfant pleurer, la mère de famille avait ouvert la porte et découvert le jeune garçon prostré et grelottant de froid.

— Travis, viens voir ! s'était écriée Ava.

— Pourquoi y a-t-il cet enfant devant chez nous ? Il est si jeune ! avait interrogé le mari, stupéfait.

— Je ne sais pas, Travis, mais il a besoin d'aide. Regarde, il est effrayé.

S'agenouillant devant l'enfant, Ava s'était approchée doucement, passant sa main délicatement dans les cheveux du jeune garçon.

— Comment t'appelles-tu, mon garçon ? Où sont tes parents ?

— Amène-le sur le canapé. Il est transi de froid. Il a besoin de se réchauffer.

— Viens, mon garçon, lui avait dit doucement Ava en prenant sa main, l'entraînant vers l'intérieur de la maison.

— Comment je m'appelle ? Où suis-je ? avait dit Éric en kursellien.

L'homme et la femme s'étaient observés d'un air étrange. Ils comprenaient peu la langue d'Éric mais avaient compris qu'il était de Kursell.

— Tu es kursellien ? Tu comprends notre langue ?

L'enfant était resté interdit, ne comprenant aucun mot du langage de la jeune femme.

— Je ne comprends pas ce que vous dîtes. Qui êtes-vous, j'ai peur ! s'était-il écrié, effrayé.

— Reste-calme, mon garçon, j'ai bien compris que tu es de Kursell et que tu ne parles pas anfraenien.

Éric avait peur, il ne comprenait rien, il était angoissé, agité. Il se mit à verser de grosses larmes. Il ne se souvenait de rien, comme si sa vie venait de commencer au seuil de cette maison.

— Reste calme, lui dit la femme dans un kursellien approximatif.

— Où suis-je ? Vous parlez ma langue ?

— Oui, je parle un peu ta langue. Tu es en Anfraen, à Kitchaho.

— Comment suis-je arrivé ici ?

— Je ne sais pas, je ne peux pas te le dire.

— Comment vous vous appelez ?

— Moi, je m'appelle Ava. Tu ne te souviens plus de rien ?

— Non, madame, je ne sais même pas comment je m'appelle.

— Travis ! range tout de suite ce téléphone ! N'appelle pas la Garde ! avait-elle dit en le pointant du doigt d'une manière autoritaire.

— Mais Ava, je…

— J'ai dit…

— Très bien, j'ai compris.

Se retournant vers l'enfant en le regardant d'un air tendre, elle avait poursuivi.

— Tu vas rester chez nous pour prendre du repos et te remettre de tes émotions. Après une bonne nuit et un bon repas, ta mémoire reviendra peut-être.

Travis et Ava avaient installé Éric sur le canapé de leur salon avec un oreiller et une couverture puis étaient montés dans leur chambre en laissant la lumière allumée pour ne pas que l'enfant soit effrayé. Éric s'était endormi. Après quelques instants, une ombre s'était approchée de lui. L'enfant avait ouvert des yeux effrayés sur cette apparition dont on ne pouvait dire s'il s'agissait de l'ombre d'un homme ou d'une femme.

L'angoisse l'avait étreint inexorablement, provoquant chez lui une terreur ineffable et les cris d'épouvantes s'étaient étouffés dans sa gorge.

Éric se réveilla en sursaut.

La jeune femme dénudée aux cheveux roux était penchée sur lui, lui caressant les joues.

— Je vois que le mutant s'est enfin réveillé ! Tu étais agité dans ton sommeil. Veux-tu que j'apaise tes angoisses ?

— Va-t'en, tu as bien fait ton boulot, ton argent est sur le bureau, répondit-il en repoussant la jeune femme.

— Goujat !

— Désolé, Gwendoline. J'ai fait un cauchemar. Tu as été adorable mais j'aimerais être un peu seul maintenant.

— Bien ! je m'en vais, je te conseille de ne pas trop traîner ici.

— Pourquoi me dis-tu ça ?

— Parce qu'il y a des vampires dans le coin. Je te conseille de bien surveiller ton cheval.

Éric se rappela cette histoire avec la licorne. Il avait eu une longue conversation avec trois citoyens dans le restaurant de Thibault. Son cauchemar lui avait fait oublier cela mais ses esprits lui revenaient. La nuit était encore sombre.

— Je n'ai pas peur des vampires, j'en ai affronté il y a quelques semaines.

— Des licornes sont en train de mourir dehors. C'est bien triste, répondit la jeune femme.

— Tu sais quelque chose ? Pourquoi les licornes sont en train de mourir ? À cause des vampires ? J'en ai déjà entendu parler, mais je n'ai pas eu cette précision.

— Je ne sais pas. J'ai entendu dire que c'était peut-être à cause de la végétation qui devient de plus en plus pourrie à cause des vampires, soupçonna-t-elle.

— Il est rare que les vampires s'intéressent aux licornes, répondit le mutant, perplexe.

— Peut-être que ce ne sont pas les vampires mais des goules, les cousins des vampires. Hier j'ai discuté avec un villageois en dehors de la ville. Il pleurait.

— Pourquoi pleurait ce villageois ?

— Le villageois m'a dit avoir vu un vampire chez lui qui mangeait la licorne qu'il avait recueillie.

— Et il était sûr qu'il s'agissait d'un vampire ? C'est étonnant car les vampires ne s'attaquent qu'aux hommes ou aux elfes. Où se trouve ce villageois ?

— En dehors de la ville, à Garches sur Taren, le petit village à l'est. C'est un hameau de six maisons. Tu le trouveras à la troisième en entrant dans le village.

— Bon, très bien, je vais aller voir ce qui se passe, dit-il en lui lançant la bourse qui contenait son paiement.

À la lueur de l'aube, Éric quitta Bac sur Selle à la porte est qui venait de s'ouvrir aux premiers rayons du soleil. Quelques minutes plus tard, il entrait dans le village de Garches sur Taren. Il attacha son cheval au poteau de la troisième maison et frappa à la porte. Le soleil éclairait faiblement la rue au travers d'un brouillard qui avait du mal à se dissiper. Un homme, petit, trapu et barbu lui ouvrit la porte.

— Qui êtes-vous pour me déranger si tôt ? demanda l'homme les yeux bouffis de sommeil.

— Je suis un mutant, on m'a dit que vous aviez vu un vampire.

— C'est stupéfiant, répondit l'homme, à la fois étonné et intrigué, examinant Éric de haut en bas.

Après quelques instants de réflexion, il invita le mutant à entrer.

Éric pénétra dans la maison. La pièce principale était inondée d'une puissante lumière. Elle était dans le désordre et beaucoup d'objets jonchaient le sol. Les meubles étaient empoussiérés. Mais ce qui surprit le mutant était la licorne, trônant au milieu de la salle à manger, et de laquelle émanait une onde bienfaisante. Elle irradiait la paix et la sérénité.

— Elle est de la race blanchelieu, lui indiqua l'homme qui l'avait fait entrer.

— Elle est magnifique. Je ne pensais pas voir un jour une licorne. Ces êtres me semblaient mythologiques et issus de l'esprit des hommes.

— Jusqu'à aujourd'hui, répondit l'homme d'un ton goguenard, je ne pensais pas non plus voir un mutant. Il y a encore quelque temps, cela m'aurait paru farfelu. Mais depuis, j'ai rencontré cette licorne et aussi un horrible monstre qui a tenté de la tuer.

— Que t'est-il arrivé, ma belle ? dit Éric en s'approchant du superbe animal.

— Excusez-moi si la maison est fortement éclairée mais depuis que j'ai vu ce vampire essayer de manger ma licorne, j'ai très peur, lui indiqua l'homme. Au fait, je ne me suis pas présenté. Je suis le docteur Richard.

— La lumière ne me dérange pas, docteur. Je suis Éric Letcheur, répondit le mutant en serrant la main du médecin.

Éric caressa doucement l'animal qui le regarda dans les yeux. La licorne avait une robe blanche qui se terminait par une queue dont le crin était soyeux comme du satin et également d'une blancheur de neige. Ses yeux ne ressemblaient pas à des yeux d'équidés mais avaient une expression presque humaine et étaient d'un bleu azur.

— J'allais prendre un café. Vous en voulez un ?

— Je veux bien merci, répondit Éric, ne réussissant pas à détourner le regard de l'animal.

Éric contempla la licorne qui continuait de le regarder comme si elle tentait de communiquer avec lui. Sur son front se dressait une corne blanche et torsadée qui rendait l'animal majestueux mais aussi dangereux car sa pointe était acérée. Pourtant Éric n'avait pas peur, quand bien même il était très près d'elle.

— Vous pouvez vous asseoir, l'invita le docteur richard.

Éric s'installa à la table du docteur Richard et commença à boire le café que lui tendait le médecin dans une grande tasse.

— Vous n'êtes pas celui qui a massacré trois hommes et une femme innocente dans un village ?

— Ils n'étaient pas innocents, soupira le mutant.

— Oui j'ai entendu l'autre version. Allez savoir pourquoi mais je pense que vous êtes quelqu'un de bien. Après tout, les mutants sont décrits dans les légendes comme des justiciers au service des plus faibles n'est-ce pas ?

— Bon, ce vampire ? interrogea Éric en posant sa tasse sur la table.

— Oui, j'ai vu ce vampire essayer de sucer ma licorne mais bizarrement je ne voyais pas son visage.

— Vous n'avez pas vu son visage ? Comment ça se fait ? Il était de dos ?

— Non, non, je l'ai vu de face mais je ne voyais pas ni ses yeux, ni son nez, ni sa bouche. On aurait dit un sans visage.

— Un sans visage ? C'est-à-dire ?

— Il ne parlait pas. Il ne hurlait pas comme un animal.

— C'est peut-être juste votre imagination. C'est certainement une ombre qui nous hante tous en ce moment.

— Une ombre ? Moi, je n'ai jamais vu d'ombre. Qu'est-ce qu'une ombre ? Un fantôme ?

— Hélas, on n'en sait rien, on a très peu d'information à ce sujet. Y a-t-il d'autres villageois qui ont vu ce sans visage ?

— Oui, Letcheur. Je n'étais pas le seul à avoir vu ce monstre.

— Qui d'autre l'a vu ?

— Les autres sont morts.

— Comment ça ? Ils sont tous morts ?

— Oui, ils le sont tous, on les a enterrés il y a trois jours.

— Éric était perplexe. Un vampire qui était un sans visage. Un témoin qui était le seul à l'avoir vu car tous les autres étaient morts. Les pistes paraissaient brouillées.

— Ceux qui l'ont vu étaient mes amis, dit le docteur Richard, la voix cassée par la peine.

— Monsieur, vous allez bien ?

— L'un d'entre eux était mon fils.

— Votre fils ?

— Oui, mon propre fils. Il venait de se marier. Il a été tué en voulant sauver la licorne. C'est pour ça que je la protège. Je dois la sauver, tant pour elle que pour la mémoire de mon fils.

— Vous vous souvenez si vos amis vous ont dit où ils ont vu ce sans visage ?

— Oui, près du lac noir. C'est là que nous avons trouvé leur corps. En revenant avec leurs dépouilles, j'ai rencontré la licorne. Mon fils m'en avait parlé mais je n'avais pas voulu le croire. J'ai donc décidé de la sauver et l'ai emmenée avec moi.

— Laissez-moi le temps de sortir ma carte.

— Je vous en prie, Letcheur.

— Donc le lac se situe ici, c'est bien ça ? À l'est du village ?

— Oui, c'est bien ça. À la frontière avec les territoires de l'est. De l'autre côté du lac, personne n'y va jamais. C'est déjà le territoire sombre. Ceux qui ont tenté de l'explorer ne sont jamais revenus. Vous pensez pouvoir nous débarrasser de ce monstre sanguinaire ? Combien voulez-vous pour accomplir votre tâche ?

— Je prendrai trente pièces de rubis.

— Je pense pouvoir les réunir avec les autres villageois. À votre retour, le montant sera prêt. Que les dieux vous protègent.

— Merci pour votre prière, docteur, répondit Letcheur.

Éric traversa le village pour aller à l'Est et arriva assez vite au lac noir. Le lieu était sombre et fantomatique, alors même que le jour était levé depuis plusieurs heures. Une atmosphère pesante hantait les abords du lac bizarrement très silencieux.

Éric s'approcha de la rive. L'eau sombre et sans mouvement ne reflétait pas son visage. Si cela le stupéfia tout d'abord, sa curiosité l'incita à comprendre ce phénomène. Il regarda cette eau avec beaucoup de concentration et aperçut un mouvement au fond du lac. Précisant son regard, il se rendit compte que ce mouvement était réalisé par les déambulations de corps décharnés et grisâtres qui allaient et venaient dans l'eau sans la faire bouger, comme des âmes perdues qui cherchent leur chemin.

Éric entreprit de faire le tour du lac mais sa monture refusa bientôt d'avancer lorsqu'il approcha de la frontière des territoires de l'est.

Laissant son cheval sur place, le mutant continua son périple à pied.

La nuit tomba bientôt. Si elle apparaissait normalement plus tôt en saison hivernale, elle semblait s'être abattue encore plus vite sur ce territoire décidément glaçant. Le lac commença à geler, et la neige tomba. Le froid envahit Éric. Tout à coup, un bruit sourd interpella le mutant dans ce silence mortel.

Il se retourna rapidement mais ne vit rien et continua donc à avancer, tous les sens en alerte. Une ombre apparut devant lui à une cinquantaine de mètres. Malgré la distance et la noirceur qui entourait Éric, il put bizarrement la voir comme si elle était juste face à lui. Il sortit son épée.

L'ombre resta immobile. Éric se rapprocha de plus en plus, ne quittant pas cette apparition des yeux mais celle-ci disparut subitement pour réapparaître en une fraction de seconde face à lui, le frappant violemment d'une main griffue. Éric s'effondra sur le dos. Du sang coulait de son épaule. L'ombre n'émit aucun son. Au lieu de se jeter sur lui, elle resta là, immobile. Éric comprit alors qu'il s'agissait d'un nécromancien au pouvoir puissant et sut qu'il n'aurait pas le dessus. Les légendes noires parlaient du nécromancien comme d'un être fantomatique capable d'aspirer la vie de tout être mortel et dont le but était de vider tout lieu de sa lumière. Il lui fallait fuir ou mourir. Écoutant sa raison, il envoya de ses mains des boules de feu bleu, non en direction de l'ennemi mais en direction du lac. Celles-ci s'écrasèrent sur la glace recouvrant la surface de l'étendue d'eau et provoquèrent un remous en plus d'une lumière vive, le tout entraînant la libération de quelques-unes des âmes qui y étaient enfermées. Le nécromancien émit alors un son suraigu et se lança à la poursuite des ombres qui dérivaient au-dessus du lac. Éric en profita alors pour se relever et prendre ses jambes à son cou. Il retourna vers sa monture qu'il chevaucha en un trait de temps et s'enfuit vers l'ouest, laissant derrière lui ce sombre endroit. Bientôt, il sortit du domaine du lac noir et la neige s'arrêta, laissant apparaître un rayon de lune. Quelques minutes plus tard, il était devant la maison du docteur Richard.

Entrant brutalement dans la maison, il interpella le médecin.

— Docteur Richard ! hurla-t-il.

Le docteur arriva et constata une blessure béante sur l'épaule du mutant qui saignait abondamment.

— Entrez vite ! dit le médecin.

— Il s'assit dans un fauteuil pendant que le médecin se lavait les mains. Éric sentit sa tête tourner. La douleur était intolérable.

— Faites vite !

— J'arrive. Restez avec moi !

Le docteur Richard observa la blessure. Éric s'évanouit et glissa doucement du fauteuil, s'affaissant sur le sol.

Dans son rêve, il se promenait avec Ava dans la ville où la lumière du soleil brillait beaucoup. Il avait mal aux yeux.

— Ava, j'ai mal aux yeux.

— C'est peut-être parce que vous avez très mal dormi.

— J'ai fait un cauchemar.

— Encore un ? Ça fait beaucoup de cauchemars, je trouve, en deux semaines.

— Oui, je le sais. Peut-être que je suis étrange.

— Non, vous n'êtes pas étrange.

— J'ai entendu une fille qui n'arrêtait pas de crier et de pleurer, j'ai entendu une grosse explosion de pierres. Puis, dans le deuxième cauchemar, il y avait des démons et des monstres qui

me couraient autour comme s'ils allaient me tuer. J'ai eu très peur, tout était en feu. Cela avait l'air tellement réel !

— Rien de tout ça ne va arriver, vous comprenez ? Ce n'était qu'un rêve.

— Il est possible que les rêves se transforment en réalité, pourtant, répondit le garçon.

— Comment ça ? Pourquoi dites-vous ça ?

— Les rêves peuvent être des visions envoyées par les dieux.

Il se réveilla d'un coup, pris d'une douleur atroce.

— Où suis-je ?

— Vous êtes chez le docteur Richard. Vous avez affronté un monstre sans visage. Vous vous souvenez ? Vous avez déliré toute la nuit.

— Ah oui, je me souviens. Mais, vous m'avez soigné ?

— Oui, et heureusement que vous êtes un mutant ! Un être humain n'aurait pas survécu à cette blessure alors que vous, vous avez une faculté de guérison hors du commun. Alors, vous l'avez vu ?

— Je ne saurais dire. J'ai vu une ombre, puis en un éclair de temps elle s'est trouvée devant moi, me lacérant l'épaule avec une puissance qui m'a projeté au sol. Mais comment m'avez-vous soigné ? La douleur s'estompe très vite, trop vite même.

— Tenez, buvez, c'est du chocolat, pour adoucir le remède amer que j'y ai inséré.

— Merci, dit le mutant.

— J'ai utilisé un onguent que j'ai acheté auprès d'un magicien. Vous retrouverez le même principe actif dans le chocolat que je vous ai préparé. Si je peux me permettre d'insister, que pouvez-vous me dire sur cette ombre ?

— Je suis venu tuer ce monstre pour sauver les licornes mais j'ai retrouvé sur mon chemin l'ombre qui me hantait.

— L'ombre qui vous hante ?

— Oui. Depuis quelques mois déjà, je rencontre parfois une ombre qui me semble à la fois familière mais aussi corrompue. Jusqu'à maintenant, elle ne faisait qu'apparaître. Aujourd'hui, elle m'a attaqué et semblait plus puissante, presque réelle.

— Vous n'allez pas nous laisser avec ce monstre ? Si vous ne faites rien, la race des licornes va disparaître et j'ai peur aussi pour notre survie. J'ai l'impression que les êtres maléfiques se multiplient et deviennent une vraie menace pour nous, faisant disparaître les êtres magiques.

— Au contraire, les êtres magiques ne disparaissent pas tous. Depuis quelque temps apparaissent en masse des vampires, des ombres, des elfes aux pouvoirs magiques et les dieux seuls savent quelles autres espèces qui nous semblaient disparues. Les êtres magiques qui sont du côté de la lumière sont quant à eux pourchassés et massacrés comme les licornes. Je n'ai pas l'habitude d'abandonner une mission. Le seul moyen pour que je puisse tuer ce monstre, c'est d'utiliser la licorne en appât car elle va l'attirer.

— Cela ne me plaît guère, mais je comprends. Si elle veut bien vous suivre, j'irai avec vous. Mais vous savez ce qu'est ce monstre ?

— C'est un nécromancien. Un prince des ténèbres. Les légendes parlent de lui comme d'un lieutenant du seigneur des ténèbres. Il est puissant et se nourrit de la vie et de la lumière.

— Éric se rhabilla, et suivit le médecin qui se dirigeait vers la licorne.

— Vous êtes sûr de vouloir m'accompagner ? Cela pourrait être dangereux, voire mortel pour la licorne, comme pour vous.

— Oui. Mais si c'est pour que le village soit en paix, on n'a pas le choix.

— Viens, ma belle, dit Éric, en s'adressant à l'animal magique.

La licorne suivit d'instinct le mutant, comme si elle comprenait ce qu'on attendait d'elle. Effrayé mais déterminé, le médecin leur emboîta le pas.

Éric emmena la licorne dans la forêt, suivi par le docteur Richard. Arrivés près du lac noir, tout leur sembla paisible. L'ombre qui hantait les lieux la veille semblait avoir disparu. Éric et le docteur Richard firent le tour du plan d'eau dont la surface très sombre ne laissait plus apparaître les ombres fantomatiques effrayantes dont certaines s'étaient échappées lors de l'attaque du nécromancien. Après avoir fini leur boucle, Éric décida de laisser la licorne brouter l'herbe encore présente dans les bois, protégée par les entremêlements des arbres dénudés et des résineux dont les épines n'avaient laissé passer que peu de neige.

Éric et le docteur Richard scrutèrent les environs, cherchant le moindre détail anormal.

— Vous êtes sûr que c'est ici que cela s'est passé hier ? demanda le médecin.

— Oui, j'en suis certain. Il y avait ces ombres dans l'eau, puis cette sensation d'oppression qui m'avait envahie. Enfin, le nécromancien était apparu.

— Je ne ressens aucune sensation étrange. La nuit est paisible. Peut-être que cet être malfaisant est parti ?

— Je trouve cela très étrange, au contraire. Pourquoi venir ici ? Pourquoi en partir alors qu'il a eu le dessus sur moi hier ? Parfois, il faut savoir analyser les banalités comme des phénomènes étranges pour en extraire la signification. Qu'en pensez-vous, docteur ?

Se tournant vers le docteur Richard, Éric se rendit compte que ce dernier avait disparu. À ce moment même il entendit la licorne s'agiter. S'approchant de l'animal, il la vit à la fois avancer et reculer comme si elle était prise dans un piège invisible dont elle ne pouvait s'extraire.

La sensation d'oppression réapparut alors. Éric comprit que le nécromancien allait arriver. Des ombres sortirent de nouveau du lac. Une brume épaisse s'abattit soudainement sur l'étendue d'eau et ses environs, ne permettant pas de voir à un mètre. La licorne disparut du champ de vision du mutant. Il entendit son hennissement comme un cri de douleur dans la nuit. Voulant s'approcher d'elle en se repérant au son de son appel, son attention fut soudain attirée par le bruit sourd de l'eau dans son dos, comme si quelqu'un plongeait dans le lac. Se tournant, il aperçut un trou dans la brume surplombant le plan d'eau. Une silhouette blanche se trouvait en son centre.

— Éric ! c'est bien toi ? lui demanda la voix claire et mélodieuse du fantôme.

— Qui êtes-vous ? Que me voulez-vous ? Ne m'approchez pas ! répondit le mutant dont les mains s'illuminaient, déjà, prêtes à lancer des boules de lumière en cas d'attaque.

— Mais enfin, Éric, tu ne reconnais pas ma voix ? lui répondit le fantôme dont les traits se précisaient petit à petit.

— Par tous les dieux, montrez-vous ! Je veux voir votre visage ! s'exclama le mutant qui reconnaissait dans la voix de son interlocutrice quelque chose de familier.

La silhouette se rapprocha de lui doucement, volant légèrement au-dessus de l'eau, puis vint se camper devant lui. L'ombre fantomatique perdit sa substance vaporeuse pour se matérialiser en une jeune femme brune dont les yeux verts brillaient au milieu d'un visage à la peau de lait. Elle fixa Éric du regard. Ce dernier, les yeux écarquillés, la reconnut.

— Comment est-ce possible ? Comment peux-tu être vivante ? dit-il d'une voix mal assurée.

— J'ai toujours été là, Éric, en caressant sa joue de sa main droite, comme elle le faisait toujours avant sa disparition.

— Mélusine, c'est bien toi ? lui répondit Éric qui ne pouvait retenir les larmes qui lui montaient aux yeux.

— Oui mon bel amour, c'est bien moi. Je dois te montrer quelque chose et je n'ai pas beaucoup de temps. Tu es né pour accomplir une tâche en ce monde. Tu es quelqu'un d'important Éric.

— Qu'est-ce que tu dis ?

— N'ai pas peur, Éric, lui répondit-elle en apposant sa main sur le front du mutant.

Éric fut soudain projeté dans le passé. Il se trouvait à Brehand, en Anfraen, Mélusine à ses côtés. Ils étaient dans un couloir. Le mutant fut interpellé par les cris d'une femme derrière une porte. Il l'ouvrit et se retrouva dans une chambre où une jeune femme blonde était en train d'enfanter, soutenue par deux sages-femmes. Elle pleurait de douleur.

— Que se passe-t-il ici ? s'exclama Éric.

— Ils ne peuvent ni t'entendre ni te voir mon amour, lui répondit Mélusine. Je t'ai emmené dans ton passé. La femme que tu vois est ta mère, Gyda.

— Comment ? Comment sais-tu cela ?

— Je sais beaucoup de choses mais cela n'est pas ce qui importe. Je te l'ai dit, je n'ai pas beaucoup de temps. Regarde et vois ton destin.

La jeune femme sur le lit poussa les derniers cris de l'enfantement. Elle transpirait à grosses gouttes. Son visage semblait familier à Éric mais il ne la reconnut pas.

Tout à coup, la délivrance étant passée, laissant une des sages-femmes prendre un bébé hurlant ses premiers cris, elle braqua sur lui un regard fixe qui glaça le sang du mutant. Il ne pouvait plus bouger et ne savait pas si Mélusine était encore à ses côtés car il ne réussit pas à tourner la tête. Ses yeux brillant de manière surnaturelle, la peau du visage de Gyda se décomposa, s'approchant bientôt des traits d'un personnage qu'il reconnut mieux. Revint alors en sa mémoire un souvenir enfoui. Il revit la vieille sorcière sur le meuble dans sa chambre, l'attaquant pendant la nuit, puis se revit avec une jeune fille blonde, tous deux enfermés dans une pièce et cette sorcière les regardant fixement comme elle le faisait à l'instant.

— Me reconnais-tu enfin, Louis ? lui demanda-t-elle, reprenant les traits de la jeune femme blonde ?

Mais Éric ne pouvait lui répondre, toujours paralysé.

— Écoute bien cette prophétie !

Elle lui parla alors dans une langue que seuls ceux qui vivaient dans les territoires désolés de l'est pouvaient comprendre. Pourtant, aussi bizarre que cela puisse paraître, Éric, lui aussi, comprenait cette langue qu'il n'avait jamais apprise.

— *Le Seigneur du Mal va bientôt se réveiller. Son fils va pouvoir naître du néant afin de détruire le monde des vivants. Mais un prince venant du royaume du nord trouvera les porteurs de lumière, l'empêchant de régner à jamais sur la Terre. L'union des quatre fera revenir Azor qui viendra sauver le monde, car les dieux, cruels, l'ont abandonné. L'ultime guerre décidera qui de l'ombre ou de la lumière l'emportera.*

— As-tu compris d'où tu viens vraiment, Éric ? lui demanda Mélusine.

À cet instant, le mutant retrouva sa liberté de mouvement. Gyda avait disparu et lui et Mélusine étaient revenus dans la réalité du lac noir.

— Où se déroulait cette scène ?

— Brehand, dans le château de Gyda, épouse de Steven Crosswalk.

— Je serais donc le fils de Gyda et de cet individu ?

— Non, Éric. Tu t'es souvenu d'un autre endroit. Un lieu où tu as rencontré le fantôme de Gyda pour la première fois. C'était le château de Kursell. Ton père t'y avait recueilli.

— Tu veux dire que je suis le fils du roi de Kursell ? Tout cela est impossible, Mélusine.

À cet instant une grande ombre apparut derrière Éric. Ses yeux rouges regardaient Mélusine avec insistance.

— Je ne peux plus rester, Éric. Tu dois utiliser ton pouvoir avec conviction. La flamme blanche te sauvera. Derrière toi, Éric, cria-t-elle avant de disparaître.

Éric se retourna au moment où le nécromancien levait le bras pour le frapper comme la dernière fois. Éric esquiva l'attaque et lança des boules de lumière bleue sur l'être fantomatique au visage dénué de bouche. Ce dernier disparut. Éric regarda autour de lui, sur le qui-vive. La brume avait disparu. Il aperçut alors le nécromancien penché sur la licorne qui s'était couchée au sol. Il était en train de lui sucer le sang.

— Non ! s'écria le mutant.

Le Nécromancien leva ses yeux rouges vers Éric. Il se redressa et lui lança un tourbillon noir et toxique. Éric s'en protégea par un bouclier invisible qu'il projeta de la main gauche. Le nécromancien apparut alors sous la forme d'un humain géant couvert d'une armure noire. Ses yeux rouges étaient toujours bien visibles derrière le casque à piques, et il se targua d'un rire sardonique, sa longue cape noire, comme mue par une vie propre, entourant alors tout son corps.

— Tu connais désormais la prophétie. Je n'ai pu empêcher cette sorcière de te la dévoiler. Mon maître se réveillera bientôt. Le tien aussi. Mais cette fois, nos forces gagneront car nous serons tous unis par les ténèbres. Mieux organisés que vous, nous vous détruirons alors même qu'une grande partie d'entre vous en sera encore à nier notre existence. Mais pour l'heure tu en sais trop. Je dois te tuer. Après je m'occuperai de cette misérable sorcière qui a eu l'impudence de défier mon pouvoir. Je la ferai souffrir longtemps pour me délecter de ses tourments.

— Non ! s'écria alors Éric, en proie à une gigantesque colère.

Non seulement ses mains s'illuminèrent, mais bientôt tout son corps se para d'une lumière éblouissante. Il ne pouvait supporter que le nécromancien s'en prenne à Mélusine.

— Le néant sera ta destinée, lui cria le nécromancien en lançant de ses mains un double tourbillon noir aux volutes toxiques.

— Retournez dans l'est, lui répondit dans le même temps Éric, lançant de tout son corps une flamme banche qui anéantit l'attaque du nécromancien et s'abattit ensuite sur lui, faisant fondre son armure puis tout son corps, laissant apparaître un squelette qui s'effrita avant de disparaître en poussière.

Éric tomba alors à genoux, épuisé et hagard. Des dizaines de questions se bousculaient dans sa tête et il était bouleversé d'avoir revu Mélusine. Mais qu'est-ce que cette prophétie ? Pourquoi Mélusine était-elle partie si vite ? Était-elle seulement réelle ?

Un bruit aux abords du bois le ramena à la réalité. Non loin de lui, il aperçut la licorne. Encore allongée sur le sol, elle bougeait toujours. Le nécromancien n'avait pas réussi à la vider de son sang. Sur sa droite, des bruits de pas se firent entendre sur le sol, écrasant des branchages dessous la neige.

Le mutant se précipita dans les buissons et en sortit l'homme qui s'y cachait. Le jetant violemment sur le sol, il s'apprêta à le tuer après avoir dégainé son épée mais se rendit compte qu'il s'agissait de Thibault Billet.

— Éric, ce n'est que moi ! ne me fais pas de mal !

Éric retint son souffle puis rangea sa lame.

— Qu'est-ce que tu faisais dans les buissons ? J'aurais pu te tuer, bon sang ! Et d'ailleurs, qu'est-ce que tu fais ici ?

— Je ne savais pas où tu étais mais on m'a parlé de toi au village. Il fallait absolument que je te retrouve. Nous devons aller à Noldon en urgence !

Éric se leva puis il tendit sa main pour aider Thibault à se redresser. La phrase de Thibault vint lui rappeler quelque chose que lui avait dit Gyda. Noldon, dont parlait Thibault, était dans ce royaume du nord dont parlait la prophétie, comme si son destin était déjà écrit. Il se remémora alors les derniers mots du Nécromancien juste avant que la flamme blanche ne le terrasse.

— Zorzar est en train de réveiller notre seigneur avec son plan démoniaque. Tu ne pourras rien contre les mondes souterrains et ses alliés vampires !

De nouveau, Éric resta pensif. Le hennissement de la licorne lui fit reprendre ses esprits. Le mutant et Thibault se rapprochèrent vite de l'animal blessé. Thibault remarqua alors que les fantômes dans le lac étaient en train de disparaître.

La licorne respirait toujours, mais semblait souffrir de l'entaille que le nécromancien lui avait faite au cou. Le mutant sortit alors une de ses fioles de guérison. Il lui apposa quelques gouttes sur sa blessure et passa ses mains au-dessus, dégageant une lumière douce qui réchauffa l'animal. L'entaille se referma peu à peu puis la licorne se redressa, venant flatter le flanc du mutant de ses naseaux, en remerciement.

— Comment as-tu fait ça, Éric ? Tu es guérisseur ?

— Je ne sais pas, j'ai tenté le tout pour le tout en lui donnant quelques gouttes de mon breuvage. Ensuite, j'ai agi d'instinct en apposant mes mains. Je n'avais jamais fait cela avant, mais je savais que c'étaient ces gestes que je devais pratiquer.

Des bruits sourds interpellèrent soudain les deux hommes. Un individu, grommelant, sortit des buissons à son tour, s'approchant d'eux en maugréant.

— Que s'est-il passé, Letcheur ? Qui est cette femme brune qui m'a assommé ?

— Docteur Richard, je suis heureux de voir que vous êtes vivant, s'exclama le mutant. Laissez-moi vous présenter monsieur Billet, un ami.

— Bonjour, monsieur, répondit le docteur avec une politesse empreinte d'une note de suspicion. Pouvez-vous me dire ce qui s'est passé ici ?

— Le nécromancien est mort, répondit Letcheur.

— Vraiment ? Comment avez-vous fait ?

— Je ne sais pas encore comment j'y suis parvenu. Ce que je peux vous dire en revanche, c'est que la jeune femme brune qui vous a assommé est une amie très proche. Elle l'a fait pour vous sauver la vie.

— J'entends bien. Mais où est-elle ?

— Je ne sais pas. Elle est apparue mais le nécromancien l'a fait fuir.

— Il est vraiment mort ? demanda le docteur.

— Je le pense, oui. Mais faites attention, on n'est jamais à l'abri de son retour. On ne connaît pas l'étendue réelle du pouvoir de ces êtres maléfiques.

— Merci, Letcheur ! répondit le docteur Richard avec reconnaissance. Sans vous, nous étions tous perdus.

— Nous devons partir, lui dit Thibault.

— Mais pourquoi veux-tu que j'aille à Noldon ? demanda Éric.

— Éric, je suis allé à Noldon, comme prévu. Alors que je profitais de l'occasion pour visiter le palais d'Elven, j'ai surpris, au détour des appartements de la princesse, une conversation que je n'aurais pas dû entendre.

— Oui, et alors ?

— La princesse Pénélope suppliait un individu de la laisser en paix, et de renoncer à son projet.

— Mais encore ?

— Elle appelait cet individu Zorzar.

Tous les événements qui venaient de se dérouler défilèrent alors de nouveau dans l'esprit du mutant. Il ne pouvait plus en douter. Tout cela n'était pas un hasard. Pour découvrir la vérité, il devait se rendre en Anegex, surtout si le roi des mondes souterrains était présent dans le palais du royaume le plus puissant du continent.

— Je t'accompagnerai à Noldon, Thibault, décida Éric.

— C'est vrai ? Tu es d'accord ? Dans ce cas nous ne devrions pas tarder.

— Restez tout de même vous reposer chez moi, intervint le docteur Richard. Après tous ces événements, un repas chaud et une bonne nuit de sommeil ne seront pas superflus.

— Merci docteur, répondit Éric. Nous prendrons une nuit de repos et nous partirons dès l'aube.

Après un repas copieux et quelques verres pour arroser la victoire, tout le monde décida d'aller se reposer.

La nuit parut très calme après les événements sombres qui s'étaient produits près du lac. Pourtant, Éric ne réussit pas à trouver un sommeil apaisant.

Ses songes le ramenaient sans cesse à Mélusine et à Gyda, jusqu'à faire ressurgir des souvenirs de son passé.

La garde civile était devant la maison d'Ava. Elle était inquiète et prit Éric par la main pour l'emmener à l'intérieur.

— Madame, vous ne devriez pas approcher de cette maison, lui dit un garde, sur un ton péremptoire.

— Mais pourquoi ?

— Vous êtes en infraction. Vous avez gardé cet enfant qui n'est pas à vous, il doit aller chez les elfes.

— Non, je vous en prie, implora Ava. Je suis très attachée à lui, par pitié ! Et pourquoi doit-il aller chez les elfes ?

— Votre mari a fouillé les quelques affaires que ce garçon avait sur lui. Dans une de ses poches, il y a trouvé une lettre de mission provenant du royaume de Kursell et confiant cet enfant aux elfes d'Elforest. Ils doivent l'attendre en ce moment. Maintenant, donnez-nous cet enfant. Vous n'avez aucun droit sur lui.

Le garde voulut prendre Éric dans ses bras, l'arrachant à sa mère d'adoption. Ava se défendit et refusa de le rendre. Son mari sortit à son tour de la maison et arracha l'enfant aux bras de sa femme qui se mit à hurler de chagrin.

— Nous n'avons pas le choix, dit Travis à son épouse de manière brutale.

— Comment as-tu pu me trahir de cette façon Travis ?

L'enfant fut confié à un garde. Il avait peur. Il pleurait. Il tendait les bras vers Ava qui tomba à genoux, enserrant sa poitrine de ses bras. Les gardes montèrent dans leur voiture et celle-ci démarra, Ava courant derrière le véhicule en criant son amour à l'enfant qui ne comprenait pas ce qui lui arrivait. Il resta un moment les yeux rivés sur la lunette arrière, regardant cette femme dont la silhouette se rétrécissait au fur et à mesure que la voiture avançait jusqu'à ne plus être visible.

Chapitre XVI
Le syndrome d'hubris

Eadred pénétra dans le bureau de la reine Polyxène. Elle était occupée à écrire. Les oiseaux chantaient au-dehors, leur chant pénétrant par la fenêtre du bureau restée ouverte pour laisser entrer l'air vivifiant de cette journée de fin janvier encore figée par les affres de l'hiver. Polyxène, concentrée sur son courrier, ne fit pas attention au roi consort.

Eadred soupira. Il prit une chaise et s'assit face à la reine. Polyxène feignait toujours de ne rien remarquer, et continuait son écrit. L'homme, un peu gêné et passablement agacé, toussota pour appeler l'attention de la reine.

— Qu'est-ce que vous voulez ? dit Polyxène en écrivant sans faire attention à lui.

— Je crois qu'on devrait parler, Ma Reine.

— Vraiment ? Je crois que l'on n'a plus rien à se dire.

— Si, je le crois, pourriez-vous arrêter d'écrire ?

— Non, je suis très occupée, j'ai un royaume à diriger.

— Vous pouvez au moins me parler droit dans les yeux ?

— Non, répondit-elle froidement.

— Polyxène, ne me faites pas ça, je n'ai commis aucune faute.

Elle arrêta d'écrire, leva la tête et le toisa du regard dans un silence glaçant. Puis elle recula sa chaise qui fit un bruit sourd et croisa les bras. Elle regardait Eadred durement, droit dans les yeux, attendant des explications qu'elle ne souhaitait pas entendre. Son époux, foudroyé par ce regard bleu marine tendant vers le noir, en fut décontenancé, ne sachant par quoi commencer. Polyxène finit par intervenir.

— Aucune erreur vraiment ? Aucune faute ?

— Elle devait aller en pension !

— Les médecins m'ont dit qu'elle avait reçu des coups de poing dans le ventre, elle a des bleus sur le corps, elle a été blessée à la jambe, elle était sale, elle avait du sang sur elle.

— Je sais tout ça, soupira-t-il.

— Non, vous ne savez pas ce qu'elle a ressenti. Qu'est-ce qui s'est passé dans l'avion au retour ?

— Je ne peux pas vous le dire.

— Vraiment ? Dans ce cas, sachez que vous allez conserver le rôle qui est le vôtre parce que nous devons maintenir une apparence de famille unie aux yeux du peuple. Mais vous serez cantonné à un rôle de parade. Je vous retire toute décision, toute ingérence dans la gestion de mon royaume. Vous n'aurez même plus droit de déterminer l'organisation des repas protocolaires. Vous ne servirez qu'à la photo officielle. J'ai aussi fait aménager une suite pour vous à l'autre bout du palais et de mes appartements.

— Poly, je…

— Ne m'appelez pas Poly, JE SUIS LA REINE ! cria-t-elle comme une sentence.

— Je veux qu'on…

— NON ! LA CONVERSATION EST TERMINÉE ! poursuivit la reine, contenant difficilement sa colère.

— Elle a tué des innocentes, elle devrait être punie en conséquence.

— Sortez immédiatement de mon bureau Eadred, c'est un ordre ! Et ne vous avisez plus de traiter familièrement votre souveraine ou son héritière, sinon je vous ferais enfermer.

— Vous ne pouvez… tenta de répondre Eadred encore une fois.

— J'ai tous les droits et surtout celui de vous empêcher de nuire. Encore un mot de travers et vous finirez au cachot pour crime de lèse-majesté.

Eadred se leva brusquement. Il ne dit rien mais il regarda son épouse tout aussi fixement qu'elle l'avait fait juste avant, avec en plus un air de défi dans le regard. Il prit congé en fermant la porte brutalement. Polyxène s'emporta, jetant ses feuilles à travers la pièce mais pas la lettre qu'elle était en train d'écrire. Eadred, toujours derrière la porte, entendit qu'elle criait de rage.

Pendant ce temps, Pénélope, qui avait retrouvé ses appartements, sortit de sa chambre pour retrouver Tyler. Il y avait beaucoup de monde aujourd'hui dans les couloirs, les gardes étaient très nombreux, les gens de la cour se promenaient partout. La princesse savait que sa mère avait demandé à ce qu'elle soit surveillée pour éviter tout nouvel incident. Elle essaya donc de ne pas se faire remarquer. Elle se rendit dans les jardins, où se promenaient beaucoup de courtisans malgré le froid, y compris des amis à elle. Elle fit semblant de ne pas les avoir vus. Le portail était grand ouvert pour les visiteurs. Elle ne pouvait s'y engouffrer sans alerter la garde. Elle se rendit donc dans la grotte de la cascade où étaient cachés des vêtements d'homme, depuis longtemps insérés derrière un rocher branlant pour lui permettre de se changer et retrouver son fiancé ni vu ni connu. Elle enfila le pantalon et la veste noirs et cacha sa robe derrière le rocher. Après avoir accroché la cape sombre à son cou et fourré ses cheveux noués dans une coiffe de feutre, elle remonta sa capuche et se dirigea vers les grilles puis quitta enfin le palais sans que personne ne fasse attention à elle.

Elle se dirigea alors vers l'est de la ville et prit un sentier sur la droite de l'ancienne porte de Noldon East. Elle longea un chemin qui serpentait entre des jardins cultivés par les citadins et arriva aux abords de la forêt de Blackwood. Sans une hésitation elle s'enfonça entre les arbres centenaires et se dirigea vers le centre de la forêt. Le retour dans cette nature sauvage n'était pas sans lui rappeler son séjour dans les bois des songes perdus. Une frayeur s'insinua en elle et provoqua des frissons le long de sa colonne vertébrale mais elle continua quand même, mue par le désir profond de retrouver celui qu'elle aimait. Elle arriva bientôt aux abords d'une maison abandonnée. Son toit était éventré par les affres du temps et ses murs étaient enserrés de lierre.

Elle y entra. Après quelques pas dans le corridor, elle s'avança dans ce qui devait être autrefois la salle à manger, et l'aperçut. Son amant n'était plus le beau jeune homme brun aux yeux sombres dont elle était tombée amoureuse. Il avait un visage de lion, plein de poils bruns, ses yeux étaient comme dénués de pupille. Ses cheveux et sa barbe entouraient tout son visage. Il était terrifiant mais la princesse n'avait pas peur. Tyler se leva brusquement en la voyant.

— Pénélope ? Mais où étais-tu ?

— Mon père m'avait envoyée en pension en Pictie. C'était horrible, on m'a insultée, on m'a harcelée, mon père m'a dit que j'étais une ratée, que je ne suis pas digne d'être l'héritière du Trône.

— Je suis désolé, répondit l'homme mi-bête, mi-humain. Si j'avais su tout cela, je me serais rendu. J'aurais demandé audience à ta mère.

— Il ne faut surtout pas que tu viennes les voir, Tyler. Ils te condamneraient et tu serais exécuté. Et puis, ce n'est pas à cause de toi. Ils ne savent pas pour nous deux. Mon père a voulu me dompter pour que je devienne sa marionnette lorsque je serai reine. Mais je ne me laisserai pas faire.

— C'est affreux ce que tu me dis là, Pénélope. Ton père devrait te chérir et t'encourager plutôt que d'agir ainsi. Il devrait souhaiter ton bonheur.

— Tyler, j'ai quelque chose à te dire, lui susurra-t-elle en touchant son ventre.

— Oh ! Au nom de tous les dieux ! s'écria le mi-homme en comprenant.

Il s'approcha et toucha le ventre de sa bien-aimée doucement car il avait peur de la blesser à cause de ses griffes. Il ne dit pas un mot et resta bloqué, froid. Il se leva, ne la regarda pas et leva les yeux au ciel.

— Tyler, tu me fais peur. Qu'est-ce qui se passe ?

— Ce bébé sera un monstre Pénélope. J'en ai bien peur.

— Non, il ne sera pas un monstre, Tyler ! s'écria la jeune femme. Il sera notre enfant ! Le fruit de notre amour.

— Mais comment le bébé pourrait-il être normal puisque moi-même je deviens un monstre.

— Parce qu'il représente notre amour, Tyler.

— Pénélope, tu dois te rendre à la réalité. Il n'y pas de nous. Jamais personne n'acceptera l'union d'une bête et d'une princesse. Que deviendra cet enfant alors que notre amour est voué à l'échec ?

— Tu ne peux pas dire ça, Tyler. Tout ce que j'ai fait, je l'ai fait pour toi. Je ne me suis pas sacrif…

— Que dis-tu ? Un sacrifice ?

— Non, rien.

— Si. Tu as parlé d'un sacrifice. Que ne m'as-tu pas dit ? Réponds !

— Tu me fais peur ! dit-elle en fondant en larmes.

— Non, ma douce étoile ne pleure pas. Ça va aller, lui dit-il en la prenant contre lui. Mais tu dois me dire toute la vérité.

— Je ne peux pas, Tyler.

— Il le faut. Que se passe-t-il ?

— Tu ne me croiras pas, insista-t-elle.

— Écoute-moi bien, Pénélope, lui dit Tyler en lui prenant le visage entre ses mains. Tu m'as toujours dit la vérité. Jamais je ne mettrai en doute tes propos. Nous formons une équipe tous les deux. Alors, dis-moi ce qui se passe ? Je sens bien que tu es bouleversée.

— Le soir de notre dispute, tu as été renversé par un camion… et… tu es mort, lâcha-t-elle.

— Comment ? s'exclama le demi-homme.

— Une ombre est alors apparue. J'étais désemparée. Je te tenais dans mes bras. Tu étais couvert de sang.

— Mais, mais… bégaya Tyler qui tentait de se remémorer le déroulé de la soirée.

— Elle m'a proposé de te ramener à la vie. J'étais si désespérée. Je lui ai donné de mon sang et elle a accompli ce miracle.

— Oh ! Que les dieux nous protègent ! Mais qui était cette ombre ?

— C'était Zorzar.

— Zorzar, dis-tu ? Tu parles du démon des légendes ?

— Ce n'est pas une légende, Tyler, répondit la princesse en ravalant ses sanglots. Il existe bel et bien. C'est le roi des mondes souterrains.

— Mais qu'est-ce qu'il veut ? demanda-t-il en prenant de nouveau la princesse dans ses bras.

— Rien à propos de toi, Tyler. Il veut se servir de moi pour diriger le royaume. Il dit que je lui appartiens. Et il a fait des choses horribles, Tyler, finit-elle par avouer. Il a tué des gens autour de moi.

— Ce n'est pas possible. Il doit y avoir quelque chose à faire pour s'en débarrasser.

— Je ne sais pas, Tyler, mais jamais il ne réussira. Je ne vais pas tomber dans son piège.

— Mais qu'a-t-il exigé en retour de son aide ?

— Sur le fait, rien. Mais depuis, il me traque et veut que je devienne son épouse. Si je refuse, il vous tuera tous.

— Tous ?

— Oui. Toi, mes parents et tous ceux que j'aime. C'est un démon, Tyler ! Un démon !

— Nous trouverons un moyen de nous en débarrasser, Pénélope. Je te le promets. Il ne nous séparera pas. Je n'accepterai pas qu'il vous fasse du mal, à tous les deux, poursuivit le jeune homme en posant de nouveau sa main sur le ventre de Pénélope.

— Tu ne sais pas à quel point il est puissant, Tyler.

— Quand bien même, je me dresserai devant lui, s'exclama l'homme à tête de lion.

— Je dois retourner au palais, Tyler, mais promets-moi de ne rien faire dans l'immédiat, lui dit-elle. Nous trouverons une solution. Mais nous ne devons pas agir sans réfléchir.

— Je te le promets, lui dit Tyler. Je t'aime ma douce étoile.

— Je t'aime aussi mon beau soleil, lui répondit la princesse.

Ils s'embrassèrent, puis la princesse quitta la maison abandonnée pour aller rejoindre le palais sans se faire remarquer.

Eadred entra par surprise dans la salle du Conseil. Tous ses membres se levèrent et se mirent au garde-à-vous.

— Votre Majesté ! quel plaisir de vous voir, dit Lislite, le Premier ministre, dissimulant son embarras.

— Mon ami, je voudrais vous parler en privé. Est-ce possible ?

— Mais Sire, nous sommes en pleine réunion du Conseil Restreint, et nous attendons la reine.

— Vous avez bien un moment pour votre roi, répondit froidement Eadred.

Après s'être tous lancé un regard convenu, les conseillers quittèrent la salle du Conseil de mauvais gré.

— Je sais que le roi et la reine ont le droit d'assister au Conseil, commença lord Lislite, mais ils n'ont pas le droit de rejeter les autres.

— Le roi peut donner des ordres aux conseillers, si je ne m'abuse, répondit Eadred, et puis je ne les ai pas rejetés. Tout du moins, pas directement.

— De quoi voulez-vous me parler en privé ? demanda Lislite.

— C'est au sujet de ma fille.

— Quelle coïncidence ! On en a parlé aujourd'hui.

— Qu'est-ce que les autres en ont pensé ?

— Ils sont assez divisés. Certains disent qu'une enquête doit être menée et que si votre fille est coupable, elle doit être punie. D'autres disent que non car c'est l'héritière et qu'aucune preuve ne vient vraiment accabler la princesse.

— Je suis du côté de ceux qui veulent la punir.

— Avez-vous parlé de ce sujet à la reine ?

— Elle l'a rejeté. Je n'ai pas eu le temps d'aborder le sujet. Je voulais vous dire aussi que j'en ai assez d'être dans son ombre.

— Je vous comprends, mais commençons par votre fille. Comment voulez-vous la punir pour ce crime ?

Eadred s'assit en bout de table.

— Ma fille sera punie, elle n'aura plus rien dans sa chambre, plus de lit, plus de robes, plus de vêtements, plus de bijoux. Je sais que ça peut paraître dur, mais il faut qu'elle apprenne à ne plus être faible. Je veux qu'elle devienne dure.

— Pourquoi cela ?

— Je ne veux pas qu'elle soit faible car je ne veux pas qu'elle devienne comme moi, qu'elle fasse des erreurs générées par l'envie et le désir de possession. Je veux qu'elle devienne une femme forte.

— Je crois que vous devriez la laisser tranquille Votre Majesté. Ce n'est rien qu'une adolescente qui portera un lourd fardeau après le décès de sa mère.

— Et s'il y avait un autre héritier ?

— Comment ça, un autre héritier ? De quoi parlez-vous ? interrogea Lislite, intrigué et méfiant. Je n'ai pas connaissance d'un autre héritier.

— Oh si ! vous l'êtes, depuis le début !

— Les rumeurs que j'ai entendues quelques semaines après votre mariage sont vraies ? vous avez vraiment trompé la reine ?

— Oui, quand je suis parti en voyage, peu après notre union. Je n'arrivais pas à accepter de passer en second plan. Je vous rappelle que notre union a mis fin à la guerre de succession en alliant nos deux familles. Cependant, je me suis retrouvé dans son ombre alors que dans d'autres circonstances, je serais devenu le roi légitime.

— Pourquoi m'avoir dévoilé ce secret ?

— Car vous êtes mon ami et je sais que vous détestez la reine à cause de sa froideur.

— Il est vrai parfois que notre reine me met en colère mais pas au point de la détester. Je reste fidèle à la Couronne, quelle que soit la personne qui la porte. Qui est la mère ?

— Je ne peux pas vous le dire, vous n'allez pas me croire.

— Qui est sa mère ? répéta froidement Lislite.

— Une elfe.

— Une païenne, comment avez-vous pu vous compromettre avec une païenne ? Le pire dans tout ça, c'est que vous avez donné naissance à un être hybride et que vous avez en tête d'en faire un héritier présomptif.

— Je sais que j'ai fait une grosse erreur, mais j'aimais cette femme au moins aussi fort que je détestais la famille de la reine. Si jamais les elfes découvraient qu'un bâtard de sang royal d'Anegex était en vie, cela risquerait d'entraîner une lutte âpre entre les deux peuples pour déterminer lequel des deux héritiers serait en droit de monter sur le Trône, d'autant que mon fils est plus âgé que sa demi-sœur.

— La reine a-t-elle connaissance de cet enfant ?

— Non, bien sûr. Mais cet enfant doit un jour régner sur l'Anegex et pour cela, je dois le marier à sa demi-sœur pour unir leur destin. Je veux qu'il devienne le roi légitime et Pénélope aura la place de reine consort. Tu peux entrer, Lars, s'exclama Eadred en direction de la porte dérobée au fond de la salle du Conseil.

Lars entra ; des cheveux longs blonds entouraient un visage émacié aux traits fins au centre duquel brillait un regard terrifiant. Ses yeux d'un vert de sphène lançaient des étincelles à chaque regard.

— Comprend-il notre langue, Mon Roi ?

— Parfaitement bien. N'est-ce pas, Lars ?

— Je maîtrise parfaitement votre langue, monsieur le Premier ministre. Ne vous en déplaise, si je suis moitié elfe, je ne suis pas pour autant un animal dénué de cervelle.

— Excellent ! Veuillez m'excuser, Monseigneur, si je vous ai blessé. Je vois que vous êtes d'une instruction irréprochable et doté d'un caractère bien trempé.

— Impressionné ? interrogea Eadred.

— Oui, mais pour sa survie il doit rester caché pour le moment. Si la reine apprenait son existence, sa vie serait en danger.

— Il en est hors de question. Mon fils n'est pas faible. Il peut prendre le pouvoir et…

— Il ne peut pas prendre le pouvoir par la force, Votre Majesté. C'est un demi-elfe. Le peuple déteste ce monde. Et les membres du Conseil se rallieraient tout de suite à la reine et à son héritière.

— Il le peut ! Il suffit de se débarrasser de la reine et d'obliger la princesse à lui prêter serment.

— Mais on parle de votre épouse et de votre fille !

— Mon épouse, vous dites ? Elle n'est rien pour moi et n'a jamais constitué que l'objet d'un accord de paix pour lequel j'ai dû me sacrifier ! Elle ne me parle jamais, elle me traite comme un enfant. Pourtant vous avez vu comme j'ai réussi à négocier le traité de paix avec la Pictie ! Elle n'a jamais su reconnaître ma vraie valeur et ce que je peux apporter à notre nation. Non, il est décidément trop tard pour continuer cette mascarade. Ma conversation avec elle tout à l'heure a fini de me convaincre. Elle doit disparaître pour notre bien à tous.

— Non, je ne participerai pas à cette conjuration ! Je suis loyal à la reine. ! s'exclama Lislite.

— Lars, approchez, s'il vous plaît ? poursuivit calmement Eadred. Seriez-vous heureux ici ?

— Oui, je serais heureux de rester auprès de vous et de vous servir.

Le regard de Lislite se concentra sur Lars, puis revint vers Eadred. Son esprit imaginait toutes les combinaisons possibles sur l'avenir de la monarchie et les possibilités que pourrait offrir l'entrée d'un être semi-magique dans la famille royale. Mais il restait avant tout un fidèle serviteur de la reine. Il resta quelques instants silencieux puis s'adressa respectueusement au roi.

— Je ne compte pas renverser la reine, je suis très proche d'elle, mais je garderai votre secret, je suis un homme d'honneur, dit le Premier ministre.

— Vous avez mon respect, Lislite, intervint le roi. Lars, vous pouvez partir. Allez dans mes appartements, les gardes vont vous accompagner.

Lislite se leva doucement de sa chaise et s'avança vers la fenêtre pendant que Lars sortait de la pièce. Il contempla un peu les extérieurs puis, pris d'une colère sourde, il s'empara d'une chaise qu'il jeta au sol de manière agressive. Il se retourna vers le roi et tapa du poing sur la table. Eadred ne fut pas surpris par son emportement.

— Vous me mettez dans une situation impossible Mon Roi ! Je ne peux pas trahir la reine mais je ne veux pas vous trahir non plus.

— Allons, allons, Georges ! Vous êtes trop émotif ! Je crois que vous savez où vont vos intérêts. Elle vous a empêché de voir votre famille il y a des années si je ne me trompe pas, bien avant notre mariage. Vous étiez du côté de ma famille et prisonnier de ses sbires. En plus vous êtes du côté de la magie non ? Je me trompe ?

— Vous ne vous trompez pas. Mais comment savez-vous ?

— J'ai mes sources, Georges. Vous avez du sang de magicien qui coule dans vos veines. Vous aussi, vous êtes un être hybride. Vous avez dû le cacher car vous savez que le pouvoir et la puissance nous viennent des cristaux qui nous apportent la technologie nécessaire à créer et déployer de nouvelles armes et une logistique de pointe. La reine vous ferait pendre pour vos origines mais moi je n'ai rien contre cela. Je pense que magie et technologie ont chacune leur place dans notre monde. La reine a envahi les territoires des elfes puis des magiciens en Anegex. Je me demande pourquoi elle vous a nommé Premier ministre ?

— Étant proche de votre famille, elle a toujours pensé vous faire montre de sa bonne volonté en me nommant à la tête du Conseil Restreint. J'ai depuis démontré ma loyauté envers la Couronne.

— Pourtant, vous allez devoir faire un choix. Je vous propose de pouvoir de nouveau vivre en pleine lumière, sans cacher vos origines. Mieux encore, nous ferons revenir les peuples qui composaient jadis cette terre. La liberté que nous leur offrirons apportera de leur part une reconnaissance éternelle, d'autant qu'un être hybride gouvernera en leur nom.

— Que voulez-vous ?

— Si nous manœuvrons bien, la reine me concédera une partie de ses pouvoirs. Un partage équitable qui me permettra de m'affirmer sur le plan international.

— Ce n'est pas possible Votre Grâce. Le Conseil refusera de laisser faire cela au nom de notre constitution.

— Qui vous dit que nous demanderons son avis au Conseil ? Je pourrais décréter l'état d'urgence et prendre les pleins pouvoirs en prétextant une tentative de meurtre sur ma personne ou sur celle de la reine. Ainsi, les membres du Conseil auront les mains liées. La garde royale me suivra les yeux fermés et le peuple prendra peur de cet attentat. Si la reine se met sur mon chemin, nous la tuerons. Sa seule chance de survie sera de s'agenouiller devant moi et me donner une partie de ses pouvoirs.

— Je dois y réfléchir.

— Bien ! Je vois que vous êtes plus calme désormais. Vous commencez à comprendre où va votre intérêt et surtout que mes projets ne sont pas irréalisables. Je vous laisse quelques heures pour vous décider. N'oubliez pas ! Vous devez choisir votre camp !

Eadred sortit de la salle du Conseil, laissant un Premier ministre en proie à une profonde tempête intérieure.

L'après-midi s'étira doucement sur le palais. La reine Polyxène, toujours dans son bureau, était concentrée sur les rapports que venaient de lui apporter ses différents services de veille nationale. Certains événements attisaient sa curiosité. On parlait de vampires découverts à Thinksborrow après une enquête sur des meurtres violents avec exsanguination. Dans le sud du pays, des nains avaient été vus, descendant de la montagne Pearl, complètement apeurés par de soi-disant monstres des cavernes qui auraient surgi de nulle part et commencé à s'emparer de leurs congénères pour les dévorer. Dans le nord du pays, des ombres effrayantes auraient été aperçues au détour de plusieurs cimetières. Ces événements étaient à la fois surréalistes et inquiétants, d'autant que les mêmes phénomènes apparaissaient dans les autres royaumes. Perdue dans ses pensées, la reine fut interpellée par des cris provenant des appartements de la princesse.

Elle se rendit aussitôt dans les appartements de sa fille pour découvrir que des servantes vidaient intégralement ces derniers.

— Que se passe-t-il ici ? s'insurgea Polyxène.

Une intendante s'approcha, penaude devant la reine. Après une révérence assez marquée, elle répondit à la souveraine.

— Nous avons reçu l'ordre du roi de vider intégralement les appartements de la princesse et de mettre le tout en garde-meuble royal.

— Cessez cela immédiatement ! Remettez tout en place ! Désormais, prévenez-moi de tous les ordres reçus de sa majesté et attendez mon assentiment pour les exécuter ! Où est-il ?

— Dehors, Votre Majesté, en train de s'exercer au tir à l'arc.

Elle rejoignit Eadred dans le jardin, mue par la colère.

— Vous vous amusez bien j'espère ? questionna-t-elle, d'un ton cassant.

— Oui, je m'amuse très bien. Et vous, Ma Reine ?

— Je ne m'amuse pas du tout ! J'en ai assez de vous voir vous comporter comme un enfant Eadred !

— Est-ce que j'ai bien entendu ?

— Oui ! parfaitement.

— Venez, allons discuter ailleurs. Cette conversation n'intéresse pas les valets.

— Non ! Bien au contraire ! Votre comportement envers la princesse est intolérable, à la fois en tant que père et souverain !

— Souverain ? Souverain de quoi ? Pouvez-vous me le dire ? Et ne me dites pas quel comportement adopter vis-à-vis de cette gamine pourrie gâtée et incapable de régner à cause de votre incompétence !

— Silence !

Eadred s'avança alors vers elle, en la toisant du regard, puis il posa sa main sur sa gorge et commença à serrer. Il était en train de l'étrangler.

— Que font vos valets à l'instant ? lui dit-il froidement. Ils interviennent ? Non, bien sûr, car je suis leur roi et ils n'oseront pas m'empêcher de vous tuer si je le veux.

— Eadred, arrêtez, réussit à dire péniblement la reine qui commençait à étouffer et ne réussissait pas à s'extirper des mains de son époux.

— Vous êtes seule, ma chère. Ne l'oubliez pas. Cessez de me considérer comme un sous-fifre ou vous pourriez le regretter un jour.

Il finit par la lâcher. La reine peina à reprendre sa respiration. Après quelques instants, elle reprit sa contenance habituelle et le regarda froidement.

— Vous me faites peur, Eadred. Non pas que j'ai peur de vous, non. J'ai peur pour votre santé mentale. Je dois prendre une décision très importante à votre sujet. En attendant, je crains fort que vous ne deviez nous quitter pendant un moment, pour vous reposer. Vous serez assigné à résidence dans vos appartements en attendant.

Elle le quitta, restant droite et hautaine. Après une centaine de mètres, elle finit par poser la main autour de son cou, encore douloureux. Inquiète, elle rentra à l'intérieur du palais. Eadred la regarda s'éloigner. *Ma pauvre épouse. Si puissante et si frêle. Je pensais que vous comprendriez qui est le maître véritable. Malheureusement, vous vous entêtez. Cela vous perdra.*

Chapitre XVII
Le passé d'Éric

Elforest, 1013 après le Grand Blast

Éric avait douze ans. Après être passé par les services de l'immigration, il était enfin arrivé chez les elfes d'Elforest après un long voyage. En sortant de la voiture qui l'avait amené, il fut impressionné par le spectacle qui se dévoilait devant lui. Tout était verdoyant. Une lumière rayonnante se reflétait sur les dorures des toits de l'école. L'institut était un château surmonté d'un donjon situé à l'intérieur d'une cour carrée. Il y avait un grand parc dehors avec beaucoup d'arbres qui reflétaient eux aussi étrangement la lumière. Les gardes amenèrent Éric à l'accueil. Il vit une jeune fille aux cheveux bruns retenus en queue de cheval par un ruban rouge. Elle s'appelait Mélusine Fainers. Son regard de biche transperça le cœur du jeune garçon.

— Excuse-moi, lui dit-elle avec un regard espiègle. Je crois que tu as une tâche sur ton pull. Le directeur est très strict sur la propreté des tenues. Mais ne baisse pas les yeux. Comment tu t'appelles ?

— Merci, je ne n'avais pas vu la tâche, répondit l'enfant en ramenant maladroitement le pli de son manteau sur la tâche pour la dissimuler.

— Je m'appelle Mélusine Fainers. Enchantée de te connaître, lui répondit la jeune fille en lui tendant la main.

Éric hésita à tendre la sienne.

— N'aie pas peur, je ne vais pas te manger, dit-elle d'un ton délicieusement affectueux qui finit par convaincre le jeune garçon qui lui serra la main.

— Moi, je m'appelle Éric Letcheur.

— D'où viens-tu ?

— Je ne sais pas. Le bateau sur lequel je me trouvais s'est échoué et je n'ai aucun souvenir de mon passé à part mon nom qui figurait sur une lettre que j'ai trouvée dans ma poche.

— Tu as perdu la mémoire ?

— Oui.

La dame de l'accueil sortit alors de son bureau et héla Mélusine d'un ton autoritaire.

— Mélusine, vous ne devriez pas être en cours ?

— Si, madame, répondit l'intéressée. J'étais en cours de sortilège. Mais une camarade m'a blessée par accident en lançant une boule de feu qui a frôlé mon bras.

— Vous devriez plutôt aller à l'infirmerie dans ce cas, poursuivit la dame de l'accueil.

— Je le sais, je dois vous demander quelque chose avant.

— Je n'ai pas le temps Mélusine, je dois m'occuper de l'entrée de ce jeune homme dans notre institut. Je vois d'ailleurs que vous avez fait connaissance. Maintenant, filez, Mélusine.

— J'espère qu'on se reverra bientôt, dit Mélusine à Éric avec un clin d'œil complice.

La dame de l'accueil remplit les documents tendus par le garde qui accompagnait l'enfant. Lorsque ce dernier prit congé, Éric ne put retenir un soupir de soulagement, ayant eu peur des hommes en uniforme depuis qu'ils l'avaient arraché à Ava. La dame de l'accueil se tourna vers l'enfant.

— Éric, je suis Véra Dordred. Je m'occupe de l'accueil et de l'intendance de cet établissement. Si tu es d'accord, je vais te faire visiter l'institut et je te présenterai ensuite à notre directeur. Suis-moi.

Elle emmena le jeune garçon visiter toute l'école. Les couloirs se succédèrent, ainsi que les salles de classe et les laboratoires servant au développement des facultés magiques des élèves. En passant devant l'un d'eux, Éric reconnut Mélusine, en pleine démonstration de lancement de boule bleue. Impressionné, il se tourna vers Véra.

— Je vais apprendre à faire ces choses-là ?

— Si tu en as l'aptitude, tu apprendras.

Vera aperçut alors la tache sur le pull de l'enfant. Elle décida de lui expliquer les règles essentielles de l'institut.

— Voici les règles importantes à retenir pour t'intégrer à cette école. Plus vite tu les retiendras et les appliqueras, mieux ce sera.

Ne pas déranger les professeurs pendant leurs pauses.

Ne pas crier, ni courir, ni lever les yeux au ciel quand un adulte parle.

Ne pas parler avec des non magiques.

Ne pas prendre de drogue.

Ne pas aller dans les dortoirs des filles.

Ne pas déclencher l'alarme incendie.

Toujours se présenter dans une tenue impeccable.

Elle le fixa du regard puis elle regarda la tâche.

— Tu devrais aller aux toilettes pour nettoyer cette tache, Éric. Puis tu me rejoindras ici.

— Mais où sont les toilettes ?

— Au bout de ce couloir, lui dit-elle en lui désignant du doigt la direction à prendre.

Éric s'avança jusqu'au bout du couloir, hésitant. Se tournant pour voir Véra, il se rendit compte qu'elle avait disparu. Il décida d'entrer dans les toilettes. À l'intérieur, une grande pièce couverte de faïences blanches se divisait entre des cabines d'un côté et des urinoirs de l'autre. Au fond s'étalait toute une série de lavabos surmontés de miroirs sur toute la longueur du mur. Au-dessus, de larges fenêtres permettaient à la lumière du jour de pénétrer dans les lieux. Pour l'heure, la pièce était déserte. Pourtant, Éric entendit des bruits de pas et des chuchotements.

L'angoisse l'étreignit mais il s'avança tout de même vers les lavabos pour nettoyer son pull. Alors qu'il commençait à faire couler l'eau, il entendit des bruits de griffes sur les murs. De la buée envahit les fenêtres qui devinrent opaques. Une ombre apparut soudain sur le miroir. Éric ne bougea plus, tétanisé par la peur.

L'ombre sortit du miroir, s'allongeant sur le mur et s'étirant sur les portes des cabines. La lumière s'éteignit brutalement et l'ombre d'une femme apparut devant la porte d'entrée des toilettes. Éric s'était retourné pour suivre l'ombre qui longeait les cabines jusqu'à ce qu'elle sorte du mur, face à lui. Il n'arrivait pas à crier.

L'ombre s'avança vers lui, glissant sur le sol. Il la fixait, toujours incapable de bouger. Lorsqu'elle arriva face à lui, elle tendit une main sur le front du jeune garçon qui perdit toute notion de l'espace et du temps pour se retrouver de nouveau face au miroir sans savoir comment il s'était retourné. Dans ce miroir, il voyait toujours cette ombre derrière lui. Mais derrière cette ombre, au loin, sur le mur d'entrée des toilettes, une autre ombre était apparue, plus grande et massive, et portant des cornes. Le tonnerre gronda au-dehors, alors que quelques minutes plus tôt, le soleil brillait dans un ciel sans nuage. L'enfant, les yeux écarquillés par la peur, sentit sa gorge se serrer, ne réussissant plus à déglutir. L'ombre aux cornes sortit du mur pour apparaître sous les traits d'un personnage terrifiant, griffu, et dont les yeux rouges fixaient l'enfant sans ciller.

Dans le couloir, Vera et le directeur de l'institut, qu'elle était allée chercher précipitamment, tambourinèrent à la porte. Une odeur nauséabonde sortit du dessous de celle-ci, alertant les deux adultes sur ce qui se passait à l'intérieur. Sans réfléchir plus longtemps, l'homme et la femme se prirent la main et unirent leur pouvoir pour envoyer au travers de la porte un flux de lumière et d'amour. Luttant contre la noirceur de ce qui se tramait à l'intérieur des toilettes, ils réussirent avec peine à tenir bon. Plusieurs professeurs, alertés par l'atmosphère pesante qui avait envahi l'institut, vinrent se joindre à eux pour unir leurs efforts.

Soudain, la porte céda et laissa pénétrer la lumière à l'intérieur des locaux.

Les ombres avaient disparu ainsi que la puanteur qui se dégageait de la pièce.

Vera se précipita vers le jeune Éric qu'elle trouva recroquevillé sous un lavabo.

— Que s'est-il passé, mon enfant ?

Mais le jeune garçon n'arrivait pas à parler. Il se jeta dans les bras de la femme elfe et laissa enfin couler ses larmes.

— Emmenez-le à l'infirmerie, ordonna le directeur à Vera. Cet enfant vient d'avoir la peur de sa vie. Il doit se reposer et être apaisé. Nous l'interrogerons plus tard.

— Bien, monsieur le directeur, répondit Vera en soulevant le garçon avec délicatesse avant de s'éloigner.

Se tournant vers les autres professeurs, le directeur s'adressa à eux de manière solennelle.

— Jamais une ombre n'était entrée dans notre institut. Celle qui a pénétré ici était très puissante. Je pense que ce n'est pas un hasard si sa venue coïncide avec l'arrivée de cet enfant.

— Une ombre, vous dites ? questionna, interloqué, le professeur de soins magiques.

— Oui, une ombre. Et pas n'importe laquelle. Au vu de la puissance et de la puanteur dégagées par elle, il doit s'agir d'un proche du roi des mondes souterrains. Soyez sur vos gardes. Pour l'heure, retournez à vos cours et rassurez les élèves.

À l'infirmerie, Vera aida Éric à s'allonger sur un lit. L'enfant était encore sous le choc, tremblant de tous ses membres. Le front en sueur, il avait les yeux dans le vide. Vera lui déposa un linge humide sur le front et lui caressa les cheveux doucement.

— Tu n'as plus rien à craindre. Les ombres sont parties. Tu es ici en lieu sûr, lui dit-elle d'une voix douce.

Sortant de sa torpeur, l'enfant plongea son regard dans celui de la dame de l'accueil.

— Je ne serai jamais tranquille, répondit-il. Elles me suivent. Déjà sur le bateau, ce sont elles qui l'ont fait chavirer. Puis chez Ava et Travis, l'une d'elles est venue me trouver. Elles m'ont suivi jusqu'ici. J'ai peur, madame.

— Tant que tu auras peur, elles te suivront. Tu dois les affronter pour en finir avec elles. Mais tu n'es pas encore prêt. Ici, tu vas apprendre. Et un jour, tu sauras comment te dresser contre elles.

— Vous en êtes certaine, madame ?

— Oui, j'en suis sûre, lui répondit Vera. Mais tu dois être assidu et volontaire dans ton apprentissage. Nous t'aiderons.

Sur ces mots entra le directeur. S'avançant d'un pas décidé vers l'enfant et la dame elfe, il prit une chaise et s'installa devant le lit.

— Bonjour Éric. Nous ne nous sommes pas encore rencontrés. Je suis Showin Vitalis, le directeur de cet établissement. Ce qui s'est passé dans les toilettes n'est pas ta première expérience avec les ombres, n'est-ce pas ?

— Non, monsieur le directeur, répondit l'enfant intimidé.

— Bien. Nous allons devoir te faire participer à des cours de protection contre le mal, normalement délivrés en troisième année. Ces cours te seront donnés après tes heures normales, en cours particulier, et par moi-même. Je t'apprendrai à ériger des barrières de protection pour éviter que tu sois vulnérable face à ces spectres venus des mondes souterrains. En attendant, est-ce que tu te sens mieux ?

— Oui, monsieur le directeur.

— Bien. Dans ce cas, madame Dordred va t'emmener en classe. Il est préférable que tu commences à t'intégrer au plus tôt. En fin de journée, on t'amènera au dortoir pour que tu t'y installes. Vera, veillez à lui trouver une tenue et emmenez-le au cours des premières années.

— Ne serait-il pas préférable de lui laisser encore un peu de temps de repos, après ces événements ?

— Non. Il doit apprendre très vite à s'endurcir, s'il veut pouvoir rapidement être en mesure de lutter contre ce genre d'apparitions.

— Bien, monsieur le directeur.

Un peu plus tard, Éric, vêtu d'un costume bleu sombre et de chaussures neuves en cuir noir, s'avança derrière Vera au-devant d'une porte d'un des couloirs réservés aux cours. Après avoir frappé à la porte, madame Dordred entra dans la salle de classe où étaient assis une vingtaine d'élèves devant un professeur dégarni aux oreilles pointues sur lesquelles se dressaient des poils hirsutes d'un roux délavé.

— Je suis désolée de vous déranger professeur mais je vous présente votre nouvel élève, Éric Letcheur.

— Enchanté, Éric, dit le professeur Tellaghien. Avancez vers moi afin de saluer vos nouveaux camarades.

Éric avança doucement, intimidé.

— Je dois vous prévenir qu'il est très angoissé, intervint Vera Dordred.

— Comme tous les nouveaux, répondit le professeur, regardant la dame de l'accueil d'un air entendu. Ne vous inquiétez pas, madame Dordred, je me charge de lui.

— Bien, je vous laisse donc, répondit Vera en refermant la porte.

— Éric. Avance-toi et présente-toi à tes nouveaux camarades.

Le jeune garçon, se tortillant les mains derrière le dos, semblait comme pétrifié par l'angoisse. Il avait du mal à déglutir et ses jambes semblaient comme du coton.

Soudain, il aperçut, parmi les élèves, la jeune fille qu'il avait rencontrée en arrivant à l'institut. Assise au fond de la salle, Mélusine le regardait de ses yeux doux qui l'avaient ensorcelé lors de leur rencontre. La douceur de ses traits accompagnait cette aura de bienveillance qui l'avait empli un peu plus tôt dans la journée d'une douce chaleur. Reprenant confiance en lui, Éric s'avança face à ses camarades et se lança d'une voix plus assurée.

— Bonjour, je m'appelle Éric Letcheur. Je viens de l'autre continent. J'ai pris le bateau pour venir jusqu'ici mais ce dernier a sombré peu avant notre arrivée. J'ai été recueilli par des gens très gentils qui ont pris soin de moi jusqu'à ce qu'on me retrouve. J'ai perdu la mémoire lorsque le bateau a coulé, mais j'avais dans la poche une lettre de mission qui précisait que je devais venir ici pour étudier. Les gardes m'ont donc amené ici aujourd'hui.

La jeune fille brune aux yeux de biche lui sourit ainsi que la jeune rousse assise derrière elle. Éric, stimulé par ces sourires angéliques, afficha lui-même un sourire de contentement qui s'effaça presque aussitôt lorsqu'il aperçut une ombre sur le mur du fond de la salle de classe. Il s'agissait cette fois-ci de l'ombre d'un homme.

Mélusine lut la panique dans ses yeux. Il commençait à transpirer. Des gouttes perlèrent à son front. L'ombre de l'homme glissa sa main sur la fenêtre puis de longs doigts commencèrent à apparaître. Éric était pétrifié, livide.

— Éric, tout va bien ? demanda le professeur.

L'ombre disparut dans la lumière de la fenêtre. Éric reprit ses esprits.

— Oui, Monsieur.

— Très bien. Va t'asseoir près de Karissa, là-bas, au fond. Il reste une place libre, lui indiqua monsieur Tellaghien.

Éric s'assit à côté de la jeune Karissa Kualtress, jeune rousse piquante aux yeux vert émeraude. Mélusine se retourna vers le jeune garçon.

— Ça va aller, ne t'inquiète pas. Tu as envie de retrouver la mémoire ?

— J'en ai envie, j'ai envie de savoir d'où je viens.

— Je vais te prêter un livre qui s'appelle l'histoire des cristaux de pouvoir.

— Qu'est-ce que c'est, les cristaux de pouvoir ?

— Ce sont les objets cosmiques qui donnent un pouvoir absolu aux rois et aux reines.

— Vous pouvez arrêter de bavarder, s'il vous plaît ?

— Pardonnez-nous, professeur, répondit Mélusine avec un petit sourire.

— Puis-je savoir quel livre vous avez sorti ?

— L'histoire des cristaux de pouvoir, monsieur Tellaghien.

— Les cristaux de pouvoir, vous dites ?

— Oui, professeur.

— Il est interdit de parler des cristaux de pouvoir dans cette école, ils sont maudits, ils corrompent les hommes, et finiront par nous détruire.

Karissa parla à son tour en levant la main.

— Professeur pourquoi on ne doit jamais parler des cristaux de pouvoir s'ils sont si dangereux ? Pourtant c'est important, ne croyez-vous pas ?

— Karissa, votre question est pertinente mais comme je vous l'ai dit, nous ne devons pas parler des cristaux.

Un autre élève, Théosorus, leva le doigt à son tour.

— Monsieur le professeur, comment nous éviter le danger sans nous le présenter. C'est comme dire à quelqu'un qu'il ne doit pas mettre sa main au feu sans lui expliquer ce qui pourrait lui arriver.

— Mon père m'a dit une fois que les cristaux étaient une bénédiction, intervint un autre élève du nom d'Axel.

— Bien, devant l'intérêt que vous portez tous à ce sujet, je crois que je n'ai pas d'autre choix que de vous parler de ces maudits cristaux, soupira le professeur. Mais sachez qu'après cela, je ne veux plus en entendre parler.

Un long silence s'installa alors dans la classe. Les élèves étaient très à l'écoute du professeur, avides de connaissances. Il ne lui restait qu'une heure pour raconter l'histoire des cristaux de pouvoir.

— Un jour, commença-t-il, un objet céleste tomba sur notre planète, venant du fin fond de la galaxie. En pénétrant dans notre système solaire, cet objet s'était en partie désintégré. Heureusement, d'ailleurs, car sa taille était assez impressionnante. S'il avait heurté notre planète en l'état, il l'aurait sans nul doute détruite, au moins en partie. Le reste de cet objet céleste s'écrasa ici même, détruisant la première forêt existante avant Elforest. Les dirigeants de l'époque envoyèrent des hommes à la découverte de ce qui avait créé cette catastrophe. Au centre d'un cratère géant, ils découvrirent les restes d'une boule de pierre fendue, dans laquelle une source lumineuse attira leur regard. Cette source lumineuse provenait de cristaux de couleurs distinctes. Après les avoir ramenés au seigneur Palams, ils furent étudiés. Très vite les savants de l'époque développèrent des facultés incroyables et étendues de compréhension et d'étude de notre monde, faisant bondir notre évolution technique rapidement. À tout le moins, plus rapidement que si elle avait suivi le cours normal de l'évolution jusqu'alors constatée. Les seigneurs comprirent très vite l'intérêt de détenir une telle technologie qui leur permettait de faire évoluer à la fois tous les secteurs économiques et engranger des richesses importantes, mais aussi de faire évoluer les moyens techniques de dissuasion et d'agression en créant des armes de plus en plus perfectionnées. Ils se disputèrent donc les cristaux. Les différents royaumes entrèrent en guerre contre l'Anfraen pour obtenir le précieux trésor. Après d'âpres luttes, le petit-fils du seigneur Palams, Frédéric Premier, décida que tout cela suffisait. Il entreprit de faire réaliser de nouvelles armes et des moyens de transport évolués qui lui permirent de réaliser une guerre éclair et de prendre le dessus sur les autres royaumes. Cependant, l'existence même des cristaux pouvait à tout moment remettre en cause une paix si durement établie. Il fut donc décidé par le traité de Vessailis, de mettre en place l'Union des Huit Royaumes. Parallèlement, Frédéric Premier promit de ne pas utiliser les cristaux et de les enfermer dans un coffre scellé et gardé pour éviter qu'ils ne soient dérobés. Ce traité permit de maintenir longtemps la paix entre les hommes. Mais l'influence des cristaux avait déjà agi.

Il y a peu, vous le savez, la famille royale de Palams a été décimée. La république d'Anfraen a été proclamée par lord Steven Crosswalk, qui a décidé de sortir les cristaux de leur chambre forte. Pour éviter que les autres royaumes n'interviennent dans les affaires intestines de l'Anfraen, il a distribué une partie des cristaux à chaque royaume. Les dirigeants de tous les pays concernés ont cédé aux sirènes du pouvoir. Les cristaux sont désormais libres et leur influence a grandi au sein de chaque royaume, libérant de nouveau l'évolution technologique et influençant notre monde vers un avenir incertain.

— Monsieur, demanda Karissa, si les cristaux donnent une puissance technique mais qu'ils sont équitablement distribués, n'est-ce pas un bienfait pour l'humanité et les peuples elfiques ? Ainsi, il n'y aura plus de guerres pour s'emparer des cristaux puisque chacun en a un.

— Vous oubliez un détail, Karissa. L'Anfraen a conservé plusieurs cristaux alors que les autres royaumes n'en ont qu'un seul. Ils pourraient un jour revendiquer d'autres cristaux et cela pourrait de nouveau déclencher des conflits. Et puis, il y a autre chose. Les elfes ont ressenti, depuis la libération des cristaux, comme une énergie traversant tous les continents. Cette énergie, vieille de plusieurs centaines d'années, est en complète contradiction avec celle des cristaux de pouvoir. Les Anciens disent que la vieille magie refera surface un jour, libérant des peuples disparus jusqu'alors. Certains sont inoffensifs, quand d'autres sont maléfiques.

— Maléfiques, professeur ? Que voulez-vous dire ?

— Certains Anciens parlent d'une prophétie dont je ne connais pas la teneur exacte. Mais il se dit que les guerres des anciens âges pourraient ressurgir et faire s'affronter de nouveau le bien et le mal.

— Monsieur ? intervint Éric. Pensez-vous que les ombres sont une manifestation du mal dont vous parlez ?

— Pourquoi me demandez-vous cela, Éric ? répondit le professeur, un peu gêné.

— Parce que je vois des ombres, monsieur.

— Vous voyez des ombres ? Eh bien, cela est intéressant. Quand les voyez-vous ?

— J'en vois une à cet instant.

— Il y a une ombre dans la classe ?

— Juste derrière vous, professeur, répondit Éric, d'une voix tremblante.

— Impossible, je ne ressens personne derrière moi, répondit le professeur, se tournant tout de même pour vérifier.

— Elle est sur le tableau derrière vous. Elle est en train de vous regarder.

— Voyons, ne dites pas de bêtises. Personne ne voit d'ombre derrière moi et nous ne ressentons absolument rien. Vous essayez de faire peur à tout le monde. Sachez, les enfants, que lorsqu'une ombre se manifeste, s'en suit une série de phénomènes…

Soudain, la lumière de la classe commença à subir des baisses de tension, stoppant net le professeur dans ses déclarations. Les élèves prirent peur.

— Tout va bien, les enfants, ce n'est qu'un problème électrique.

À cet instant, la lumière s'éteignit totalement. Dehors, des nuages d'un noir profond vinrent assombrir le ciel. Une odeur pestilentielle monta aux narines de chaque membre de la classe.

Le professeur ordonna aux élèves de quitter la salle. Tout le monde sortit sauf Éric et Mélusine qui s'était tournée vers lui comme attirée par un aimant. Elle était angoissée et n'arrivait plus à bouger. Elle vit que le cou d'Éric commençait à devenir noir. Il prit le poignet de Mélusine dans sa main et le serra très fort. Il la regardait mais ce n'était plus vraiment lui. Le professeur tenta de rallumer la lumière et s'aperçut que les deux élèves étaient restés assis à leur place.

— Mélusine, tout va bien ? Éric ?

— Qui êtes-vous ? dit Éric, dont la voix avait changé.

Le jeune garçon avait bizarrement la voix très grave. Il pleurait du sang. Le professeur resta tétanisé par la peur, ne sachant que faire, la situation lui échappant totalement.

— Laissez ce garçon tranquille, lança-t-il à l'entité qui occupait le corps d'Éric. Au nom de la lumière, je vous ordonne de quitter cet établissement !

Un rire sardonique s'empara d'Éric dont les yeux rougis de sang fixaient le professeur.

— Tu vas mourir ! Toi et tes congénères elfes viendrez grossir les légions d'esclaves des mondes souterrains.

Un souffle violent vint soudain faire exploser les fenêtres vers l'intérieur. La porte d'entrée de la salle de classe se ferma violemment alors que d'autres professeurs en approchaient pour venir au secours des deux élèves et du professeur. Des visages fantomatiques apparurent sur les murs. Toute la lumière s'éteignit soudainement, le soleil étant désormais caché par les sombres nuages. À l'entrée de la classe, à l'endroit où le professeur se tenait pendant le cours, des yeux rouges apparurent. Mélusine, qui ne pouvait toujours pas bouger, ferma les paupières. Elle entendit des voix mais ne comprit rien à la langue utilisée. Elle rouvrit les yeux et vit le professeur face au regard rouge, en proie à de violents spasmes. Elle fixa alors ardemment les yeux rouges. Elle ne ressentait plus la main d'Éric fermée sur son poignet. Sa peur disparut brutalement. Elle se leva, et s'écria « assez ! », puis tout se ralluma. Les ombres avaient disparu. Le soleil était réapparu. Elle vit Éric allongé sur le sol, ainsi que le professeur. Elle appela les autres professeurs dans un cri d'effroi et s'évanouit à son tour.

Après quelques jours, Éric n'avait toujours pas retrouvé la mémoire. Ses premières leçons de sorcellerie et d'entraînement avaient été très ardues et pénibles, surtout avec les événements des derniers jours. Les élèves ne lui avaient plus parlé après l'agression des ombres dans la classe du professeur Tellaghien, hormis Mélusine et Karissa. Mélusine savait très bien que ce n'était pas de sa faute si une ombre avait pris possession de son corps. Karissa avait compris aussi, après une bonne explication de sa meilleure amie. Les autres élèves avaient pris peur et évitaient le jeune homme comme s'il portait une maladie contagieuse.

Lui-même n'osait pas parler de ce malheur et s'isolait des autres. Il entendait toujours des voix quand il allait dans sa chambre.

Ce jour-là, les cours avaient débuté par une séance de lutte magique, au cours de laquelle chaque élève devait se confronter à un autre élève de la classe à tour de rôle. Le premier lançait un sort et le deuxième devait parer le coup, puis le second lançait un sort qui était paré par le premier. Ces échanges avaient donné lieu à une véritable curée dont la victime avait été Éric, chaque élève lui lançant un sort en même temps que le partenaire d'Éric dans la lutte, ne lui laissant aucune chance de parer les coups provenant de plusieurs élèves en même temps. Axel avait pris particulièrement du plaisir à martyriser le jeune garçon. Éric s'était fait humilier. Il se sentait découragé, rejeté. Il n'était ami qu'avec Mélusine et Karissa. Les professeurs ne s'étaient pas occupés de lui, ne sachant comment intervenir face aux événements. Il était dans son coin, seul, assis au pied d'un arbre. Karissa s'approcha de lui.

— Faut pas te laisser faire, Éric, lui dit-elle.

— Laisse-moi, Karissa. Je préfère rester seul. Et puis si on te voit me parler, tu vas aussi te faire chahuter par les autres.

— Non. Premièrement, je me moque de ce que pensent les autres. Deuxièmement, je comprends ta situation. Il faut que tu te défendes Éric.

— Je n'arrive pas à contrôler mes pouvoirs. Hier j'ai failli blesser un élève avec un jet de glace, alors que je devais juste l'arroser d'eau.

— Je crois que le professeur a choisi avec qui tu dois te battre, aujourd'hui.

— Vraiment ? Et avec qui voudrait-il que je me batte ?

— Axel.

— Je ne peux pas, il va encore m'humilier devant tout le monde, se lamenta l'apprenti mutant.

— Ne te laisse pas déborder par la peur, Éric. Je suis sûre que tu peux y arriver. Lorsque je suis arrivée dans cette école, je ne savais pas non plus me servir de mes pouvoirs. Beaucoup de camarades savaient déjà canaliser les leurs car ils avaient eu une éducation familiale et des cours privés. Ils se sont ouvertement moqués de moi mais je ne me suis pas laissé faire. J'ai utilisé ma rage pour travailler deux fois plus et j'ai très vite rattrapé mon retard. Je les ai obligés à me respecter.

Les deux élèves furent interrompus par le professeur Braghotan, qui appela Éric, l'invitant à reprendre le cours de lutte magique après la pause.

Le jeune garçon se leva et se dirigea vers ses camarades, doutant de pouvoir y arriver de nouveau. Son regard croisa celui de Karissa qui lui fit un signe de tête entendu, puis il croisa celui de Mélusine, qui lui décocha alors un sourire dont la chaleur l'envahit comme lorsqu'il s'était présenté à la classe entière. Éric reprit tout de suite confiance en lui. Il se tourna alors vers son adversaire et lui jeta un regard d'acier. Tout le monde se recula hormis Axel avec sa chevelure dorée et son épée en fer. Le professeur montra à Éric les armes qu'il devait utiliser. Il prit une épée et un bouclier. Il regarda ses armes, en mesurant les contours, puis il les jeta au sol. Tout le monde regardait attentivement, y compris Mélusine qui était avec les autres camarades. Le professeur croisa les bras.

— Je n'ai pas besoin d'armes, dit Éric.

— Pourtant vous ne contrôlez pas encore assez vos pouvoirs, affirma le professeur Braghotan.

— Je peux le faire, insista le jeune garçon.

— Bien, si vous vous blessez, vous serez en retenue.

— Professeur, s'il combat à main nue, alors moi aussi, affirma Axel, en jetant ses armes sur celles d'Éric.

— Que le combat commence ! lança le professeur.

— Alors, tu as la trouille, le possédé ? dit Axel en ricanant.

— Non, répondit froidement Éric, sans ciller des yeux.

Tous deux se toisaient tout en se mouvant de manière circulaire, comme deux gladiateurs dans une arène.

Soudain, Axel frappa Éric en plein visage, puis lui donna un coup de pied en plein ventre. Éric tomba au sol mais se releva aussitôt. Il essaya de donner des coups de poing à son adversaire mais n'y arriva pas. Axel lui envoya quelques claques qui firent vaciller Éric mais ce dernier se reprit et réussit de plus en plus à esquiver les attaques de son adversaire. Axel, ne réussissant plus à toucher Éric, s'agaça et l'insulta. C'est alors qu'Éric le frappa tout d'un coup en plein visage. Axel tomba en arrière et s'étala de tout son long sur le sol. Dans la foule des élèves qui entouraient les deux combattants, des voix commencèrent à encourager Éric. Axel, humilié et en colère, jeta un trait de lumière orange sur Éric, sort strictement interdit en cours car mortel à coup sûr. Éric se protégea contre la lumière avec un bouclier de glace. Les élèves se reculèrent, indignés par le comportement d'Axel et stupéfaits par le bouclier utilisé par Éric. Le professeur ne pouvait rien faire lors d'un duel, car cela pouvait provoquer plus de dégâts et la règle lui interdisait d'intervenir sauf en cas de mort imminente. Le bouclier de glace disparut. Les deux combattants se défièrent du regard. Alors qu'Axel lançait à l'encontre de toutes les règles un nouveau trait de lumière orange, Éric, répondit cette fois-ci par un trait ultra lumineux qui contra la lumière orange puis enveloppa cette dernière et la fit refluer vers Axel, devenant au fur et à mesure une flamme que personne n'avait vue depuis la nuit des temps : la flamme blanche. Lorsqu'elle atteint Axel, la flamme entoura le garçon qui hurla de terreur. Éric se rendit alors compte qu'il allait tuer son adversaire et cessa immédiatement de projeter la flamme dont l'arrêt projeta Axel dans les airs. Éric n'en revenait pas. Il regarda ses mains. Tous les élèves étaient stupéfaits. Après un silence de quelques instants, une clameur s'empara de la classe qui porta aux nues le jeune Éric Letcheur, porteur de la flamme blanche.

Mélusine essaya de s'approcher d'Éric mais ce dernier, relevant des yeux effrayés de ses mains, s'enfuit pour se cacher. Il avait peur de ses pouvoirs, surtout de la flamme blanche. Il courut à perdre haleine à travers le bois qui entourait l'institut. Après une demi-heure de course, il aboutit à l'orée du bois sur une plage de sable blanc, face à l'océan. De la flamme blanche sortait encore de ses mains. La rage le disputant à la peur et au désespoir, il projeta au-dessus de l'océan tout ce qu'il pouvait de cette flamme comme pour s'en débarrasser. La flamme blanche s'envola dans le ciel vers la lumière et tomba en pluie d'étoiles sur l'océan.

Après ce combat victorieux, Éric avait conquis le respect de ses camarades. Revenu épuisé de sa fuite au bord de l'océan, il évita du mieux possible les membres de l'institut pour se terrer dans sa chambre.

Malheureusement, il ne put s'enfermer dans sa solitude que peu de temps.

Après le repas du soir auquel il n'avait pas participé, Éric vit revenir ses compagnons de chambrée parmi lesquels Axel.

Ce dernier avait été lourdement sanctionné après le combat pour avoir tenté de tuer Éric en utilisant un pouvoir interdit. Ses camarades l'avaient évité copieusement.

Venant se camper devant Éric, allongé sur son lit, Axel le regarda, gêné, puis entreprit de s'excuser.

— Je te félicite, Éric. Tu as combattu comme un lion et tu ne t'es pas laissé abusé par mon comportement. Je te présente mes excuses pour avoir utilisé les boules de feu orange. Je ne sais ce qui m'a pris. Une rage folle que je n'ai pu contrôler.

— T'inquiète pas, Axel. Je ne suis pas en reste moi non plus. J'ai failli te tuer aussi, lui répondit Éric, étonné de la réaction d'Axel. Il pensait que ce dernier lui en voudrait à mort pour l'humiliation qu'il lui avait infligée.

— Mais tu ne l'as pas fait. Tu as réussi à te contrôler. Tu as été plus fort que moi sur tous les plans. Je ne pensais pas que tu étais si puissant, continua Axel.

Les autres compagnons de chambre vinrent à leur tour présenter leurs félicitations, qui de lui lancer une accolade, qui de lui serrer la main.

Si Éric était rassuré d'avoir enfin acquis le respect de ses camarades, il était néanmoins gêné par ce pouvoir qui lui faisait peur. Il ressentait encore cette nausée qui était montée de ses entrailles lorsqu'il avait déchaîné sa flamme blanche. Il s'interrogea beaucoup sur l'origine de ce pouvoir qu'il ne contrôlait pas bien.

Pourquoi ai-je ce pouvoir ? Pourquoi suis-je poursuivi par les ombres ? Qui suis-je ? Autant de questions qui le taraudaient.

Axel l'interrompit soudain dans ses pensées.

— Je sais que je n'ai pas été juste avec toi mais est-ce que tu veux bien être mon ami ?

— Hein ? Euh, oui, bien sûr ! répondit Éric.

— Tu pensais à quoi ?

— Rien de spécial. Je suis fatigué, c'est tout.

— Tu as des nouvelles de ta famille ? Même si tu as perdu la mémoire, ils auraient pu te trouver. C'est peut-être même eux qui t'ont envoyé ici ?

— Non, je n'en ai pas. Je ne comprends pas bien. S'ils m'ont envoyé ici, pourquoi ils ne se manifestent pas ?

— C'est vrai. C'est assez bizarre. Et tu ne te souviens vraiment de rien ?

— De rien du tout avant le naufrage du bateau qui m'a amené ici.

C'était l'heure du couvre-feu. Il était vingt-deux heures. La lumière s'éteignit. Les cinq garçons de la chambrée se saluèrent et allèrent se coucher immédiatement. Le règlement, très strict, interdisait de veiller après l'extinction des feux et tout contrevenant risquait une punition sévère, voire une mise à l'isolement en cas de récidive.

Éric n'arrivait pas à trouver le sommeil malgré la fatigue. Il entendait la pluie frapper la fenêtre. Il vit les ombres des arbres sur les murs qui bougeaient au gré du vent. Soudain, des hurlements de loups résonnèrent au loin, suivis par le grondement du tonnerre. Éric sentit que l'atmosphère changeait. Il avait trop souvent vécu ce phénomène pour ne pas comprendre ce qui se passait. Il refusait d'être confronté de nouveau aux ombres. Il ferma alors les yeux pour s'isoler du monde extérieur. Des images se formèrent alors dans son esprit. D'abord floues, elles devinrent plus nettes peu à peu. Il distingua une petite fille blonde aux yeux clairs. Elle avait le regard à la fois doux et inquiet. Elle avait en elle un pouvoir immense et lui jeta soudainement de la glace sur le front. Mais ce qui était étrange était que cette glace venait de ses doigts. Il entendit une femme qui interpellait la jeune fille blonde par son prénom : Alice. Cette dernière le regarda dans les yeux comme pour l'appeler, mais elle resta muette. Éric rouvrit alors les yeux. Il se sentit agité par ce songe comme s'il s'agissait d'un souvenir perdu. N'arrivant pas à dormir, il sortit le livre sur les cristaux de pouvoir que Mélusine lui avait prêté. Il alluma de ses doigts une petite boule de lumière qu'il laissa virevolter sous les draps pour lire.

Les cristaux ont des pouvoirs particuliers que les humains n'ont pas encore découverts. Dans les premières années qui ont suivi le Grand Blast, les cristaux de pouvoir ont été détenus par les Anfraeniens. Plus précisément, le roi Arthur. La légende dit que les cristaux de pouvoir viennent du monde des morts.

L'orage sévissait à l'extérieur et fit monter l'angoisse qui étreignait Éric au prononcé du mot « mort ». Il continua quand même de lire.

L'espace est-il un monde où les âmes plongent dans les ténèbres ? Depuis que les cristaux de pouvoir sont tombés sur la terre, des ombres s'envolent dans le monde mais plus la technologie est exploitée, plus la magie se cache. Mais pas les ombres.

Il y a plusieurs sortes de couleurs de cristaux comme le rubis qui a été offert à l'Anegex, l'ambre qui est toujours en Anfraen suite au décès mystérieux du Roi Arthur Premier, puis le saphir qui a été offert au Royaume de Kursell, et le vermeil qui a été donné au Royaume de Purcell. Certains cristaux ont disparu et les autres sont restés la propriété de l'Anfraen sans que l'on sache lesquels.

Il eut mal au cœur. La porte de la chambrée s'ouvrit. Il leva les yeux et fixa le mur dans le couloir mais il ne vit rien. Tout était noir. Cependant, il entendit des chuchotements. Puis des coups sur le mur.

Il se leva et se dirigea vers le couloir. Tout était sombre mais il perçut un mouvement. Il fixa ses yeux droits devant lui et distingua enfin un démon. Ses yeux rouges permettaient de percevoir sa silhouette. Le démon marchait doucement, comme s'il n'avait pas vu Éric. Il se rapprocha, ses yeux rouges fixés devant lui. Lorsqu'il croisa Éric, qui était resté pétrifié, il se tourna brutalement vers le jeune garçon, lequel tomba au sol. Ne réussissant pas à crier, Éric finit tout de même par se relever. Le démon l'observait. Il était terrifiant. Il toucha avec sa main le visage du jeune garçon. Éric vit des visages bouger sur les murs. Ils avaient des yeux noirs et émettaient des bruits sourds. Le démon projeta Éric contre le mur. L'enfant réussit enfin à hurler. Tout disparut soudainement. Axel et ses camarades se précipitèrent dans le couloir et virent Éric allongé au sol.

— Éric, tout va bien ? s'enquit Axel, s'agenouillant près du jeune garçon.

— Non. Ils sont revenus, lui dit Éric.

— Qui ça ?

— Les ombres. Je n'en peux plus. Je vais devenir fou.

Le directeur apparut alors à son tour. Prenant Éric par les épaules, il l'aida à se relever et renvoya les autres dans leur chambre.

— Tu es quelqu'un de spécial, Éric, lui déclara le directeur Vitalis. Tu attires les démons mais pour une bonne raison. Je vais devoir t'installer seul dans une chambre pour que tes camarades ne soient pas en danger. Tu dormiras désormais dans l'aile des professeurs. J'ai un bureau qui sert de remise entre ma chambre et celle du professeur Malkor. Je ferai dès demain débarrasser cette pièce qui deviendra ta chambre. Ainsi, en cas de problème, nous serons là pour te protéger jusqu'à ce que tu saches toi-même affronter ces ombres.

Les années se suivirent au rythme des cours et incursions des ombres au sein d'Elforest. Si Éric ne supportait toujours pas leur venue, les ombres lui faisaient désormais moins peur, faisant partie de son quotidien.

L'apprenti mutant atteignit bientôt ses dix-huit ans. Il s'était fait des amis comme Mélusine, Karissa, Axel, Ben, Carl et Sarah. Il était très attaché à Sarah et bien sûr à Mélusine.

C'était la dernière année d'étude à l'institut. Certains avaient choisi la voie de la magie au bout de trois années d'études communes quand d'autres étaient destinés à devenir mutants. Les magiciens étaient voués à être envoyés aux quatre coins de l'Union des Huit Royaumes afin de conseiller les dirigeants et les grands de ce monde.

Les mutants étaient, quant à eux, destinés à chasser les monstres pour débarrasser les peuples de ces calamités malfaisantes. Les monstres étaient souvent tapis dans l'ombre et peu de personnes croyaient en leur existence. Pourtant ils existaient bel et bien et hantaient les populations qui en avaient fait des légendes.

Si Mélusine et Karissa étaient devenues de jeunes magiciennes puissantes, Éric, Axel et quelques autres garçons s'étaient dirigés vers la formation de mutant. Ils devaient désormais finir leurs études par leur transformation.

Celle-ci consistait en un examen au cours duquel ils allaient devoir braver leurs peurs les plus enfouies. S'ils réussissaient, ils pourraient avoir accès à la potion de transformation qui les rendrait physiquement plus forts et imposants.

Les ombres hantaient toujours Éric. Il n'avait toujours pas retrouvé la mémoire. Ses songes étaient toujours peuplés de rêves qui lui semblaient être des souvenirs sans pour autant qu'il réussisse à les imbriquer les uns aux autres ni vraiment à les comprendre. Il avait fini par cesser de chercher à renouer les fils de son passé. Il se disait que ça ne servait plus à rien de chercher et préférait suivre son chemin. Ils avaient perdu beaucoup de camarades de classe lors des années qui s'étaient succédé au gré des échecs aux différents examens. Ceux qui avaient échoué étaient tout simplement renvoyés dans leur foyer.

Après le succès remporté par ses amies magiciennes à leur dernier examen, les faisant accéder au stade ultime de maîtresses dans l'art des sortilèges, ce fut au tour des futurs mutants d'affronter leur dernière épreuve.

Toute l'école était rassemblée devant la salle des épreuves. Cet espace se présentait comme une grande salle de spectacle entourée de gradins sur lesquels vinrent s'installer les membres de l'école. Au centre se déployait une arène dans laquelle un portique d'entrée menait à un tunnel au bout duquel se présentaient deux sorties. L'une était la sortie de la victoire, l'autre représentant l'échec.

Plusieurs élèves mutants étaient déjà passés, certains avec succès, alors que d'autres avaient malheureusement échoué et seraient renvoyés chez eux.

C'était au tour d'Axel de passer, Éric étant le dernier à prétendre à devenir mutant.

Le directeur appela Axel et le présenta à toute l'assemblée selon les us et coutumes du passage final.

— Mesdames et Messieurs, voici désormais Axel Rouange, qui prétend être prêt à devenir mutant ! Axel, êtes-vous prêt à affronter l'ultime épreuve qui révélera votre aptitude ?

— Oui, monsieur le directeur ! Je suis prêt ! répondit fièrement le jeune prétendant.

— Vous devrez entrer par le portique unique. Vous y trouverez vos plus grandes peurs et devrez les affronter sans savoir où se situe la sortie. Si ces peurs vous envahissent, vous ne pourrez plus vous repérer et ne trouverez pas la lumière qui vous indiquera la sortie. Vous apparaîtrez alors au portique de l'échec et devrez abandonner l'institut et retourner chez vous sans pouvoir jamais retenter l'expérience. Vous pouvez toujours renoncer et vous préparer une année de plus. Souhaitez-vous vraiment affronter le portique aujourd'hui ?

— Oui, je le veux, répondit fièrement Axel.

— Dans ce cas, entrez. Et n'oubliez pas ! Vous devez suivre la lumière !

Le jeune homme entra alors par le portique et disparut aussitôt, comme happé par un portail magique. Les minutes s'écoulèrent dans un silence religieux. Ses amis, inquiets, attendaient fiévreusement sa réapparition. Après un temps qui lui parut interminable, Éric vit soudain apparaître son ami à la sortie des victoires. Axel avait réussi son épreuve. Une liesse s'empara de l'assemblée qui acclama le vainqueur qui avait droit désormais à la potion de transformation. Celle-ci apparut soudainement dans la main droite du jeune guerrier. Il avala la mixture cul sec et en un trait de temps ses muscles gonflèrent tout autant que sa taille augmenta. Une pilosité abondante apparut sur son torse et ses bras et une barbe drue entoura un visage dont les yeux devinrent vert émeraude et d'une brillance étrangement magique.

— Notre nouveau mutant ! mesdames et messieurs, s'écria le directeur, fier de son nouveau membre, sous les cris du public.

Puis, le dirigeant de l'institut d'Elforest demanda le silence par des gestes à destination du public.

Il fit signe à Éric d'approcher.

— Mesdames et Messieurs, voici désormais Éric Letcheur, qui prétend être prêt à devenir mutant ! Éric, êtes-vous prêt à affronter l'ultime épreuve qui révélera votre aptitude ?

— Oui, monsieur le directeur ! Je suis prêt ! répondit fièrement le jeune prétendant.

— Vous devrez entrer par le portique unique. Vous y trouverez vos plus grandes peurs et devrez les affronter sans savoir où se situe la sortie. Si ces peurs vous envahissent, vous ne pourrez plus vous repérer et ne trouverez pas la lumière qui vous indiquera la sortie. Vous apparaîtrez alors au portique de l'échec et devrez abandonner l'institut et retourner chez vous sans pouvoir jamais retenter l'expérience. Vous pouvez toujours renoncer et vous préparer une année de plus. Souhaitez-vous vraiment affronter le portique aujourd'hui ?

— Oui, je le veux, répondit le prétendant.

— Dans ce cas, entrez. Et n'oubliez pas ! Vous devez suivre la lumière !

Éric s'avança vers le portail sans peur mais avec une certaine appréhension. Avant d'y entrer, il tourna son regard vers Mélusine. Les deux jeunes gens se contemplèrent et leurs yeux parlèrent pour eux, témoins d'un amour encore inavoué. Puis il s'avança de nouveau et comme Axel avant lui, il disparut d'un coup comme happé par le portail.

Il se matérialisa aussitôt de l'autre côté du portique. Il vit, à travers l'entrée désormais derrière lui, la salle des épreuves et son public mais eux ne pouvaient plus le voir. Se tournant vers l'intérieur du tunnel, Éric s'étonna de ne pas découvrir ce qu'il pensait être une caverne mais plutôt un vaste terrain vague recouvert de brume. Ni d'un côté ni de l'autre, il ne vit de murs qui pourraient constituer les parois du tunnel à franchir. C'est comme s'il avait été envoyé dans un autre monde, pour le moment relativement calme. *N'oubliez pas ! Suivez la lumière !*

se rappela le jeune prétendant. Regardant autour de lui, en haut comme en bas, il finit par apercevoir un petit point lumineux au fond du terrain vague. Il décida de le suivre et effectua son premier pas dans l'intérieur du portique. C'est alors que son environnement changea instantanément. La brume et la faible lumière entourant le terrain vague disparurent pour laisser place à un ciel d'orage empli de nuages menaçants. L'atmosphère changea pour laisser place à une sensation qu'Éric ne connaissait que trop bien, une peur sournoise qui s'insinua dans ses veines à lui glacer le sang. Il comprit vite que ses peurs les plus enfouies étaient ces ombres qui allaient sans nul doute apparaître. L'obscurité tomba soudainement sur le terrain vague qui s'était entre-temps entouré de rochers et était dépourvu de toute vie tant végétale qu'animale. Les nuages menaçants avaient envahi le ciel et des éclairs vinrent zébrer les quelques endroits que les nuages n'avaient pas encore obscurcis. Bizarrement, aucun bruit n'était perceptible.

Subitement, des ombres passèrent devant les rochers et s'étirèrent sur le sol vers Éric. Ce dernier se sentit paralysé par la peur, comme lorsqu'il avait douze ans. D'autres ombres apparurent partout autour de lui. Éric savait qu'il devait réagir, sinon la peur allait définitivement l'envahir et il serait projeté vers le portique de l'échec. Reprenant ses esprits, il respira à fond et se prépara à attaquer. Non, il ne pouvait pas échouer aujourd'hui. S'il perdait, il serait rejeté de l'institut. Où irait-il ? Lui qui n'avait plus de famille. Et puis, que penserait Mélusine s'il échouait ? Enfin, ces ombres qui l'avaient si souvent harcelé ne pouvaient avoir le dernier mot. Il devait une bonne fois pour toutes les chasser définitivement. Il fit apparaître sur chacune de ses mains des boules de feu bleu dont la lumière était destinée à chasser les spectres. Ouvrant les yeux après avoir pris une profonde inspiration, il s'élança dans un tourbillon de lancers.

Tournant sur lui-même, il envoya dans une rage folle le plus grand nombre de boules de feu bleu sur tout ce qui se trouvait autour de lui. La plupart des ombres disparurent et le terrain vague et ses rochers furent éclairés d'une lumière éblouissante qui finit de chasser les ombres malfaisantes.

N'oubliez pas ! Suivez la lumière ! se souvint de nouveau le jeune élève. Relevant la tête vers le ciel et regardant au loin, il aperçut de nouveau la petite lumière blanche à peine visible et entreprit de la suivre. Après avoir fait quelques pas, son élan fut brisé par la présence d'un intrus dans le portique.

— Tu crois aller où comme ça, Éric ! Lui lança une ombre qui apparut derrière lui.

Éric se retourna et reconnut l'ombre aux cornes et aux yeux rouges.

— Vous parlez ! Enfin ! Qui êtes-vous ? Depuis toutes ces années, allez-vous me dire pourquoi vous me poursuivez comme ça ?

— Tu ne sais donc rien ? Pourtant tes pouvoirs auraient dû t'interpeller ! répondit le démon.

— Que voulez-vous dire ? Et qui êtes-vous enfin ?

— Je suis le roi des mondes souterrains. Mon nom est Zorzar. Tu es un héritier des pouvoirs anciens et à ce titre je ne peux te laisser vivre. L'élu ne peut rester une menace pour notre grand seigneur !

— Que voulez-vous dire ? Je ne suis l'élu de rien ! Je ne comprends pas ! Qui est le grand seigneur ?

— Je pense qu'il ne sait vraiment rien ! intervint une deuxième ombre qui venait d'apparaître. Mon aimé, vous voyez bien qu'il est encore innocent. Ne vous embêtez pas à lui donner d'explication. Éliminez-le tout de suite. Nous serons enfin débarrassés. Je me demande pourquoi vous avez attendu autant de temps.

— Silence Kétébel ! Je suis le seigneur des mondes souterrains. À ce titre je fais ce que bon me semble. Je veux savoir s'il est vraiment l'élu !

— Il a le pouvoir. Il est donc l'élu ! poursuivit Kétébel.

— Il peut détenir ce pouvoir sans être celui que désigne la prophétie, la coupa Zorzar.

— Tuez-le ! Je vous en prie. Nous n'avons que trop attendu, cracha Kétébel.

Pendant ce temps, Éric, qui avait aperçu de nouveau la lumière, décida de laisser les deux ombres discuter et s'éclipsa imperceptiblement. Il avança de plus en plus vite tout en veillant à ne pas alerter ses poursuivants.

— Cela suffit, Kétébel ! Je dois d'abord interroger ce…

Zorzar s'aperçut de la fuite du jeune Éric. Son visage se déforma de haine et ses yeux passèrent du rouge profond à un rouge flamboyant. Déployant des ailes immondes faîtes d'une toile de chair sombre et d'une armature osseuse aux embouts terminés de pointes acérées, il s'élança dans le ciel sombre du portique suivi par Kétébel qui avait aussi fait apparaître ses propres ailes, d'un rouge sang mettant en valeur des yeux d'un jaune étincelant.

Ils arrivèrent en vue du jeune élève et fondirent sur lui tels des rapaces sur leur proie. Éric, en désespoir de cause, et même s'il abhorrait utiliser ce pouvoir, fit appel à la flamme blanche. Il lança sur ses poursuivants de ses deux mains tendues vers le ciel, un jet puissant de cette flamme qui vint percuter Zorzar et Kétébel dans leur descente, les faisant basculer et tomber au sol. N'attendant pas qu'ils se relèvent, Éric poursuivit son chemin vers la lumière et se trouva projeté à la sortie des vainqueurs. Sous les cris de joie de ses amis et du public, Éric se retourna vers le portail par lequel il était passé. Réalisant qu'il avait échappé au roi des mondes souterrains, il se sentit enfin soulagé et s'avança vers le directeur qui s'approcha de lui et lui fit l'accolade due aux vainqueurs. La potion se matérialisa dans sa main droite et Éric la but d'un trait comme Axel avant lui. Ses muscles se mirent à gonfler et il grandit d'un coup alors qu'une barbe sombre apparaissait sur son visage et que ses yeux se coloraient aussi d'un vert émeraude brillant. Le Public exulta et Mélusine se précipita vers lui. Alors qu'elle s'apprêtait à lui tomber dans les bras, les deux ombres infernales sortirent du portail, faisant vaciller tout ce qui se trouvait sur leur passage. Kétébel percuta Mélusine qui s'effondra avant d'avoir atteint Éric. L'apparition des ombres aux ailes effrayantes entraîna une panique générale. Les spectateurs tentèrent pour la plupart de prendre la fuite dans une bousculade indescriptible. Le directeur, d'abord incrédule, reprit ses esprits et appela tous les professeurs à la rescousse.

Éric se précipita sur Mélusine. Sans connaissance, la jeune femme présentait des plaies au visage et du sang coulait de sa bouche. Reposant doucement la tête de la jeune femme au sol, Éric sentit une colère sourde poindre en lui. Il se releva face aux deux créatures qui volaient au-dessus de l'arène. Les professeurs lancèrent des attaques sur le roi des mondes souterrains et sa compagne sans réussir à les atteindre.

Soudain, Zorzar fondit sur le directeur, enfonçant ses griffes dans le cou de sa victime. Le corps du pauvre homme fut mis en pièce dans un jet de sang et des cris de douleurs qui foudroyèrent de terreur les professeurs encore présents. Kétébel repéra vite le jeune Éric devenu mutant et se lança sur lui.

La colère du jeune homme était telle que son corps se transforma en un trait de temps en torche blanche. Kétébel s'arrêta en plein vol, effrayée par ce phénomène. Elle et Zorzar se regardèrent. Comprenant que le phénomène face à eux était trop puissant pour être dominé, ils montèrent vers le plafond de la grande salle pour s'en échapper. Éric envoya alors un puissant jet de flamme blanche qui fit exploser le toit de la salle et permit à ses ennemis de s'échapper.

Totalement épuisé par ce qu'il venait de réaliser, le mutant s'effondra à son tour, à bout de forces.

Il se réveilla dans un lit. Une lumière douce éclairait la pièce et une odeur de violette et de bergamote chatouillait délicieusement ses narines. Reconnaissant le parfum de Mélusine, il se redressa brusquement. La jeune magicienne était assise à ses côtés, dans un fauteuil sur lequel elle s'était endormie.

Après l'avoir regardée un moment, Éric se leva. Il avait un mal de tête lancinant. Il se regarda dans le miroir et vit le résultat de sa transformation. Il fut effrayé par son nouveau corps.

— Éric ? Comment vas-tu ? demanda Mélusine qui s'était éveillée à son tour.

— Où sommes-nous, Mélusine ?

— On n'est plus dans l'école. Le directeur est mort, il a été tué par un de ces monstres. On nous a mis à disposition une petite maison dans la forêt.

— Combien de temps ai-je dormi ?

— Tu as dormi deux jours. Comment te sens-tu ?

— Je suis encore un peu nauséeux et ma tête me fait un mal de chien. Mais toi, comment vas-tu ? Je t'ai crue perdue.

— Karissa m'a vite remise sur pied grâce à un sort de guérison.

— Que s'est-il passé ? Je me souviens que ces monstres se sont échappés mais je ne sais rien de ce qui s'est passé ensuite.

— Tu as fait voler en éclat le toit de la salle des épreuves, puis, selon Karissa, tu t'es effondré. Vraisemblablement tu étais épuisé par tous tes efforts. Outre le directeur, deux professeurs ont été tués par les monstres. L'école est en deuil. Les épreuves étant finies, les élèves sont retournés dans leur famille et les élus attendent leur affectation. Le directeur adjoint aura des questions à te poser. Personne n'a compris ce qui s'est passé. À part les prétendants, rien ni personne n'est jamais sorti du portail. Tu sais quelque chose ?

— C'étaient les ombres qui me poursuivaient depuis mon enfance. Ils m'ont enfin parlé. Ils ont dit que j'étais l'élu et que je devais mourir. Ils se sont présentés comme Zorzar, le roi des mondes souterrains et Kétébel, sa compagne.

— Rien que ça ! Que les dieux nous viennent en aide ! Je ne sais pas comment tu as pu leur échapper. Je ne suis pas restée consciente longtemps mais même après leur fuite, lorsque j'ai repris connaissance, j'ai pu sentir leur puissance. Éric, il faut vraiment que tu cherches à comprendre cette histoire d'élu.

— Il n'aura pas besoin de chercher. Je sais ce que cela signifie, intervint le directeur adjoint, monsieur Perplay.

— Monsieur le directeur adjoint, intervint Mélusine en se levant et en faisant une petite révérence.

— Monsieur Perplay, que voulez-vous dire ? interrogea Éric directement.

— Je connais la prophétie. Elle parle d'un élu doté de pouvoirs provenant du plus profond des âges et qui détruira le seigneur des ténèbres.

— Mais, je ne peux pas être cet élu. Je ne suis au courant de rien, poursuivit le mutant.

— Ce qui est certain, reprit Paul Perplay, c'est que tu ne sais pas qui tu es ni d'où tu viens et tu es doté d'un pouvoir que nous n'avions plus vu depuis des siècles. La flamme blanche était un pouvoir qui appartenait à Azor, le sauveur de notre monde. Je ne sais pas pourquoi tu le détiens. Une chose est sûre. Tu as démontré que tu pouvais l'utiliser avec une puissance incroyable. Il te faut découvrir ton origine afin de comprendre pourquoi tu as ces pouvoirs et si tu en détiens d'autres.

— Mais comment dois-je m'y prendre ?

— Tu ne peux pas rester ici. Nous ne sommes pas assez puissants pour protéger l'institut et ses membres des êtres qui se sont manifestés. Nous risquons de voir l'école se vider de ses élèves. Certaines familles ont déjà décidé de retirer leurs enfants par peur de les perdre.

— Je suis désolé, monsieur le directeur adjoint. Je ne voulais en aucun cas nuire à l'institut.

— Je sais, Éric. Les gens fuient ce qu'ils ne comprennent pas. Au pire, ils cherchent un bouc émissaire. Tu pourrais vite faire office de responsable dans ce qui s'est passé. Il faut que tu prennes vite en main tes nouvelles fonctions. Tu commenceras donc par aller en Eorfren pour te faire la main auprès des villages et des tribus qui ont besoin de tes services en tant que mutant. Puis tu iras voyager à travers les royaumes en quête de missions et tu en profiteras pour enquêter sur tes origines. Sache que la prophétie parle de quatre porteurs. Leur union est nécessaire pour canaliser ensemble un pouvoir aussi puissant que celui d'Azor.

— J'irai avec lui ! intervint Mélusine.

— Non ! répondit fermement le directeur adjoint. Tu es désormais une magicienne et tu dois respecter ton serment. Ton premier travail sera d'infiltrer les chasseurs de la main verte. C'est un groupuscule dont le noyau est situé proche d'ici, à Kitchaho. Ils cherchent à nuire aux magiciens et aux mutants. Certains des nôtres ont disparu et j'ai bien peur que ce soient ces chasseurs qui les aient enlevés, voire pire. Nous avons besoin de tes talents pour les infiltrer. Tu n'es pas encore connue et ils ne se méfieront pas de toi.

— Très bien, monsieur le directeur adjoint. Quand dois-je partir ?

— Demain, Mélusine. Je te laisse la journée pour faire tes adieux à tes amis. Quant à toi, Éric. Si tu es remis, ton départ ne devra pas être différé. Tu dois nous quitter au plus vite.

— Très bien, monsieur le directeur adjoint. Je vais préparer mes affaires et suivrai vos directives. Je partirai en même temps que Mélusine.

Le reste de la journée, Mélusine et Éric passèrent une partie de leur temps à se promener dans la forêt. Ils ne voulaient pas se quitter mais ne pouvaient aller à l'encontre des directives qui leur avaient été données. Arrivant près d'une clairière bordée par un ruisseau, Éric se décida à prendre la main de Mélusine.

— Je ne te l'ai jamais dit mais tu dois savoir quelque chose.

— Oui, lui dit-elle, plongeant son regard dans le sien.

— Mélusine, depuis le premier jour de notre rencontre, je ne me suis jamais senti aussi bien qu'avec toi. Lorsque nous sommes séparés, je ne pense qu'à toi. Je sais que demain sera difficile car nos chemins devront prendre des directions différentes mais rien ni personne ne me détournera de mes sentiments pour toi. Je t'aime Mélusine.

— Éric, si tu savais comme j'attendais ce moment depuis longtemps. Moi aussi je t'aime. Je n'arrive pas à imaginer que nous allons être séparés.

— Où que tu sois je te retrouverai Mélusine. Ce qui m'aide à accepter cette situation est qu'étant loin de toi, j'éloignerai le danger aussi.

— Mes missions ne seront pas toujours sans danger. La première est d'ailleurs délicate, lui répondit la magicienne.

— Je sais que tu réussiras Mélusine. Tu es puissante et aussi d'une extrême intelligence.

— Mais j'ai peur aussi. Et je ne veux pas te quitter, lui répondit la jeune fille.

Tous deux s'étreignirent et s'échangèrent un long baiser qui scella à jamais leur amour.

Le lendemain, Mélusine partit pour sa première mission. Après avoir attendu plusieurs dizaines de minutes qu'Éric vienne lui dire au revoir, elle se décida, ne voyant pas le jeune homme arriver, à saluer ses amis avant de partir.

— Tu vas réussir Mélusine, lui dit Karissa. Mais je suis inquiète. Tu as l'air si triste.

— Lorsque tu verras Éric…

— C'est donc ça ! Vous vous êtes enfin déclarés l'un à l'autre.

— Mais comment le sais-tu ?

— Il n'y avait que vous pour ne pas le voir. Tout le monde savait que vous étiez amoureux. Ce gros bêta d'Éric n'est pas venu te dire au revoir. Compte sur moi pour lui tirer les oreilles.

— Merci, Karissa, répondit Mélusine. Tu es une amie chère. Dis-lui que je ne lui en veux pas. Les adieux sont toujours difficiles.

— Je lui dirai. Mais je lui tirerai aussi les oreilles. Compte sur moi ! répondit fermement la magicienne rousse.

Mélusine prit la route sur un hongre à la robe d'un brun profond. Après quelques centaines de mètres au pas, elle élança son cheval au galop, sortant du domaine de l'institut pour prendre la route qui menait vers l'ouest.

Un quart d'heure plus tard, au détour d'un bosquet, elle arriva à un carrefour qui séparait la route qui menait au domaine de l'institut des routes du nord, de l'est et de l'ouest. Alors qu'elle s'engageait sur la route de l'ouest, Mélusine se retrouva nez à nez avec un individu encapuchonné, surmontant un étalon blanc qui bloquait le passage.

— Tu pensais partir sans moi, jeune et belle magicienne ? Lui demanda l'individu.

— Éric, c’est toi ? Je pensais que tu ne voulais pas me dire au revoir.

— Non seulement je ne voulais pas te dire au revoir mais en plus je t’accompagne, Mélusine. Comme je devais partir, je ferai un détour par l’ouest avant de prendre la route du sud.

— Éric, je suis tellement heureuse !

Mélusine, qui était descendue de cheval, se jeta dans les bras de son homme. Ce dernier retira sa capuche et embrassa langoureusement sa bien-aimée.

La route qui devait les mener à Kitchaho s’ouvrait devant eux. Le trajet devait leur prendre trois jours à cheval. Tout le long du chemin, ils profitèrent du temps qui leur était accordé pour parler, essentiellement de leur avenir, et pour s’étreindre dès qu’ils en avaient l’occasion. Les soirées s’effectuèrent au coin d’un feu improvisé et les nuits furent l’occasion d’étreintes plus intimes.

À la fin du deuxième jour, ils atteignirent une petite bourgade du nom de Sarkans, à quelques lieux de Kitchaho. Ils savaient que leur voyage arrivait bientôt à sa fin et souhaitaient, avant de se quitter, profiter d’une chambre et d’un bon repas.

Ils décidèrent de s’arrêter dans une auberge à la périphérie de la ville. La « jument verte » était un établissement sans prétention qui offrait tout de même un intérieur soigné et propre. Accueillis par un aubergiste dodu et souriant, les deux amoureux, après avoir effectué une toilette plus que nécessaire après deux jours de route à cheval, s’installèrent à une table au fond de la salle commune.

La semaine étant avancée, l’auberge n’était pas très bondée. Un groupe d’individus entra, composé d’hommes à l’allure puissante et dotés d’arbalètes et de dagues de chaque côté de leurs pantalons. S’installant sur la table centrale, ils commandèrent un repas et chacun une chope de bière avant de scruter de manière circulaire l’intégralité de la salle commune.

Leurs regards s'arrêtèrent sur Éric, dont les yeux trahissaient ce qu'il était devenu.

Afin de ne pas attirer plus l'attention, ce dernier proposa à Mélusine de se retirer dans leur chambre et demanda à l'aubergiste de leur y servir leur repas directement. Après avoir refermé la porte derrière eux, Éric ne cacha pas son inquiétude à Mélusine.

— Tu as vu ces individus ? Lorsqu'ils m'ont vu, leur regard est devenu menaçant. J'ai senti leur haine monter. Je pense que nous n'avons pas été assez prudents. Tu devrais rebrousser chemin.

— Éric, tu plaisantes j'espère ? Je ne peux pas rebrousser chemin. J'ai une mission à accomplir et je la mènerai jusqu'au bout, répondit la magicienne avec fermeté.

— Dans ce cas, je t'accompagnerai.

— Tu ne peux pas. Avec ton physique je serai démasquée tout de suite.

— Je ne peux pas te laisser tomber comme cela dans la gueule du loup, s'inquiéta Éric.

— Je suis une magicienne Éric. Ne l'oublie pas. Et je suis puissante en plus. Je saurai me défendre seule comme une grande, lui répondit-elle avec un sourire narquois.

— Tu te moques de moi mais je m'inquiète vraiment pour toi.

— Je sais mon amour, mais il s'agit de notre dernière soirée. Tu ne vas pas la gâcher pour quelques types un peu glauques qui t'ont regardé de travers, non ? Allez, viens. Prends-moi dans tes bras.

— Tu n'as pas faim ?

— Le repas peut attendre. Moi je ne peux pas attendre plus longtemps pour te sentir contre moi.

La nuit qui s'en suivit fut une longue danse amoureuse entre les deux amants qui savaient qu'ils ne se reverraient plus avant longtemps.

Le lendemain matin, lorsque Mélusine se réveilla, Éric était déjà prêt. Il avait fait apporter le petit déjeuner dans leur chambre pour ne prendre aucun risque. Assis sur le lit, il contemplait la jeune femme dont les cheveux bruns dénoués tombaient en boucles sur sa poitrine.

— Tu as bien dormi, mon amour ? demanda Éric à sa belle.

— Oui, très bien. Je ne pensais pas dormir aussi bien alors que nous devons nous séparer mais en fait, notre nuit dans cette chambre avec ce confort m'a vraiment permis de prendre du repos.

— Je t'aime, Mélusine. Ne l'oublie jamais.

— Je t'aime aussi, Éric. Ne t'inquiète pas. Tout se passera bien. Je dois investir ce groupe terroriste incognito, rassembler des informations compromettantes et ramener le tout à l'institut pour les confondre. Je devrais pouvoir m'en sortir sans me faire prendre et ensuite je serai libérée de cette mission.

— C'est vrai, tu as raison. Et puis tu es une magicienne assez puissante pour te sortir de toutes les situations.

Deux heures plus tard, les deux amoureux étaient sur le chemin de Kitchaho. Ils arrivèrent près d'un bois après lequel Éric devait prendre la route du Sud.

À l'ombre des arbres, les deux amants se prirent pour la dernière fois dans les bras et s'embrassèrent longuement. Les adieux étaient difficiles mais chacun savait ce qu'il avait à faire et leur mission devait être remplie. Alors qu'ils se séparaient pour prendre chacun une direction opposée, plusieurs individus sortirent de derrière les buissons et entourèrent la magicienne et le mutant.

— Je t’avais dit qu’ils étaient amants. Si elle est avec un mutant c’est qu’elle doit en être un aussi dit l’un des hommes.

— En tous cas si elle n’est pas une créature magique, ce n’en est pas moins une traînée qui s’acoquine avec des monstres, rétorqua un second.

Mélusine et Éric se retournèrent et se regardèrent. Ils avaient reconnu parmi ces hommes qui les entouraient, certains de ceux qui étaient hier dans l’auberge.

— Nous ne voulons pas d’ennui messieurs, laissez-nous partir et vous n’aurez pas de problèmes, lança Éric.

— Pas de problèmes ? répondit l’un des hommes en riant. Nous, on n’a pas de problèmes. Par contre, vous, vous en avez un gros !

— Laissez au moins partir cette jeune femme, poursuivit Éric. Vous en avez après les créatures magiques et j’en suis une. Par contre, elle est tout ce qui a de plus normal.

— Non ! s’écria un homme qui sortit à son tour de derrière les buissons. C’est une traînée qui couche avec vous. Pour cela elle mérite le même sort ! La mort !

Éric reconnut instantanément Travis, l’homme qui l’avait accueilli avec son épouse Ava, après que son bateau se fut échoué.

— Travis ? C’est bien vous ?

— Comment connais-tu mon nom, sale mutant ?

— Mais enfin, vous ne me reconnaissez pas ? Le petit garçon apeuré que vous avez accueilli après que son bateau s’est échoué ? Éric, Éric Letcheur.

— Je me souviens de ce petit garçon. Tu ne lui ressembles pas ! C’est encore un tour de ta magie puante ! Sale mutant ! Comment fais-tu ? Tu arrives à lire dans mes pensées c’est ça ?

— Vous me prêtez trop de pouvoirs Travis. Je suis un mutant c'est vrai. Mais je suis là pour aider les populations à lutter contre les monstres. Je ne suis pas votre ennemi.

— Menteur ! Vous êtes tous des personnages sournois. Vous avez souillé cette jeune femme. Elle devra répondre à son tour de sa trahison. Elle sera lavée de votre souillure par le feu !

Les individus s'approchèrent de Mélusine pour s'en emparer mais celle-ci, n'ayant plus le choix, mit en place une protection invisible la séparant, elle et Éric de leurs agresseurs, et dévoilant ainsi sa nature.

— Sorcière ! Sorcière ! C'est une sorcière ! s'écria Travis. Ils ont essayé de nous berner. Cela prouve leur perfidie et leurs mensonges. Il faut les châtier !

— Vous ne pourrez pas passer la protection ! s'exclama Mélusine. Si vous tentez de le faire, vous serez réduits en cendre. Vous voulez essayer ?

Les hommes n'osaient pas avancer mais ils entourèrent les deux êtres magiques qui ne pouvaient pas s'échapper non plus. Mélusine pouvait tenir cette protection mais pour combien de temps ?

Les chasseurs de la main verte décidèrent de s'installer sur place en attendant une occasion de fondre sur leurs prisonniers. Les heures passèrent et Mélusine sentait que ses forces commençaient à décliner. Si la protection disparaissait, elle ne pourrait pas combattre une douzaine d'hommes à la fois. Éric pourrait s'en charger, bien sûr, mais le risque était que Mélusine soit blessée pendant le combat. Il ne le voulait pas et cela paralysait toute tentative de sa part, ses attaques ne pouvant traverser le bouclier.

Travis s'était éclipsé pendant un laps de temps assez long. Lorsqu'il revint, c'était avec deux prisonniers. Il s'agissait d'une femme et d'un enfant. La femme semblait avoir été passée à tabac plusieurs fois. Quant à l'enfant, il était apeuré, les mains ligotées derrière le dos.

Travis jeta la femme à genoux au sol devant Mélusine et Éric.

— Sorcière ! Retire cette barrière ! ordonna-t-il à la prisonnière !

Elle leva les yeux vers Mélusine et la regarda, des larmes coulant sur ses joues.

— Dépêche-toi ou je tue ton fils ! dit-il en plaçant un couteau sur la gorge de l'enfant.

Mélusine regarda la femme et lui fit signe de faire ce qu'il demandait. Elle ne pouvait se résoudre à être à l'origine de la mort d'un enfant devant sa mère.

La femme comprit le message et utilisa ses pouvoirs pour faire disparaître le bouclier.

— Prépare-toi, Éric, le bouclier va disparaître, déclara Mélusine d'un ton empressé.

— Comment ? D'accord, dit-il, des boules de feu orange apparaissant à chacune de ses mains.

Après quelques instants, la barrière disparut.

— Merci, dit Travis en égorgeant l'enfant.

La mère hurla mais n'eut pas le temps de réagir. Un des chasseurs abattit une masse sur sa tête. Éric lança immédiatement ses boules de feu et tua deux des assaillants mais dut s'arrêter tout de suite. Travis ayant attrapé Mélusine, il la tenait par les épaules et lui avait placé le couteau ayant servi à tuer l'enfant sous la gorge.

— Arrête, mutant ! Ou je tue ta sorcière !

Éric enrageait mais dut s'arrêter. Avoir fait tous ces efforts pour devenir ce qu'ils étaient devenus et mourir dès la première mission ! Cela lui semblait improbable et pourtant c'était bien ce qui allait se passer.

Alors que tout semblait perdu, une odeur nauséabonde apparut brusquement. Des nuages sombres envahirent le ciel au-dessus du bois. Encore une fois les ombres approchaient. Éric se dit que pour une fois il était presque content de les voir arriver.

Les chasseurs furent stupéfaits de ce qui se passait et regardaient partout autour d'eux.

— Quelle est cette magie, mutant ! Cesse ou je la tue.

— Ce n'est pas moi qui fais cette magie mais des créatures qui veulent notre mort à tous. Allez-vous nous tuer pour mourir ensuite ou allez-vous nous libérer pour que nous fassions front commun contre les ombres des mondes souterrains ?

— Je ne te crois pas ! Tu mens ! s'époumona Travis.

— Tu peux ne pas me croire mais tu n'as plus beaucoup de temps pour te décider. Bientôt nous périrons tous.

Des ombres apparurent de chaque côté du bois. Les hommes situés près des buissons furent les premiers atteints par ces êtres malfaisants, qui, au premier contact, les tuèrent juste en les touchant, avalant leur âme au passage. Travis, devant ce spectacle horrible, lâcha Mélusine qui remit immédiatement en place un bouclier de protection entourant cette fois-ci les hommes encore vivants en plus d'Éric et d'elle-même.

— Je vous l'avais, dit Travis. Vous voyez que nous ne vous voulions pas de mal. Sinon le bouclier aurait juste été pour nous.

Travis se tourna vers Éric avec un regard mauvais. Même s'il ne pouvait que constater que les deux êtres magiques les avaient protégés, lui et ses hommes, sa haine aveuglait ses facultés d'analyse.

Soudain apparut Kétébel, qui s'avança doucement vers le bouclier.

— Ton bouclier est puissant, magicienne, dit-elle en s'adressant à Mélusine avec un sourire. Mais l'est-il assez pour la reine des mondes souterrains ?

Elle s'avança alors et traversa sans encombre la barrière de Mélusine qui disparut à nouveau. Éric décida alors d'utiliser sa flamme blanche et l'envoya sur Kétébel qui accusa le coup et fit un pas de côté pour ne pas rester dans la ligne de mire du mutant, laissant la flamme blanche anéantir une partie des ombres qui s'avançaient derrière elle.

Elle déploya ses ailes immondes dégoulinantes de sang et s'envola dans les airs, tournant autour de la cime des arbres avant de fondre sur sa proie. Éric, qui devait lutter contre Kétébel, ne vit pas que pendant ce temps, Travis, débarrassé de la menace des ombres, avait sorti un couteau de sa poche et attaquait Mélusine. Celle-ci réussit à éviter le coup en se jetant sur le côté. Mais alors qu'elle tentait de se relever, Travis lui enfonça son couteau dans la jambe.

Pendant ce temps, Éric luttait âprement contre Kétébel qui tenta à plusieurs reprises de l'atteindre avec ses griffes et fut sans cesse repoussée par la flamme blanche.

Travis chevaucha Mélusine qui n'avait pu se relever, et tenta de retirer le couteau de la jambe de la magicienne pour l'achever mais elle réussit avant lui à le retirer et l'envoya au loin. Il décida donc de la tuer à main nue. Enserrant son cou, il serra de ses deux mains, assis à califourchon sur sa victime.

Kétébel, après être remontée dans les hauteurs du bois, tenta une dernière fois de fondre sur Éric pour le tuer. C'est alors que ce dernier déploya toute son énergie et lança une salve de flamme blanche de ses deux mains vers la cime des arbres. Les sapins et les chênes ne résistèrent pas à l'attaque et volèrent en éclats sur toute leur hauteur. Kétébel fut projetée dans le ciel par les différents débris arrachés par la flamme blanche. Elle préféra ne pas revenir à la charge et se laissa tomber au sol où elle se transforma en une espèce de flaque noire qui pénétra la terre afin de rejoindre son royaume.

Éric, enfin soulagé, se tourna vers Mélusine. Plus personne n'était dans le bois. Les chasseurs encore en vie s'étaient enfuis, effrayés. Il aperçut le corps de sa bien-aimée gisant au sol. Se précipitant sur elle, il la prit dans ses bras et tenta de la réveiller. Il aperçut les traces autour de son cou et le sang sur sa jambe. Il ne put s'empêcher de hurler. Il la serra dans ses bras, en proie au désespoir, quand soudain une lueur rougeoyante apparut comme un halo de lumière autour de Mélusine. Surpris, Éric ne sut que faire. Il l'appela, la suppliant de ne pas le laisser. C'est alors que le corps de la magicienne s'évapora en milliers de points lumineux qui s'élevèrent au-dessus du mutant qui contempla ce spectacle, les yeux ruisselants de larmes. Les points lumineux tels des lucioles d'un rouge flamboyant, finirent par se rassembler et firent apparaître un phénix, lequel fit battre ses ailes devant le mutant, le regardant intensément, puis s'envola vers le ciel, disparaissant bientôt de la vue d'Éric qui tomba à genoux, fou de douleur.

Après de longues minutes à rester prostré, hébété, et sans force, le froid de la nuit et le vent qui montait ramenèrent peu à peu Éric à la réalité. Sa bien-aimée n'était plus désormais. Mais dans son esprit, il ne pouvait s'empêcher de ressasser les événements récents. L'image de Travis égorgeant un enfant innocent juste parce qu'il était de sang magique. L'image de cette mère tuée brutalement par une masse à côté de Travis dont le rictus n'avait pas quitté le visage. Puis la mort de Mélusine. Il ne savait pas ce qui s'était réellement passé car il était trop occupé à se battre contre Kétébel. Cependant, le visage de Travis le hantait. Remplaçant peu à peu son désespoir par la haine et le désir de vengeance, Éric se releva et fixa d'un regard déterminé le chemin qui le mènerait inexorablement à Kitchaho.

Après deux jours de marche (ayant perdu sa monture lors des événements qui avaient vu la mort de Mélusine), le mutant arriva dans cette petite ville côtière alors que le soleil se couchait.

Passant par des chemins discrets, en dehors des grands axes, pour éviter de se faire repérer, surtout par des adeptes de la main verte, Éric aboutit enfin devant la maison de la famille qui l'avait recueilli petit, après son naufrage.

Scrutant la devanture, il aperçut de la lumière à l'étage. La rue était calme. En cette période, le froid était encore assez vif et la plupart des habitants de ce quartier pavillonnaire étaient déjà couchés. Il n'y avait pas âme qui vive dehors.

Éric se demanda encore ce qu'il allait faire. Si Travis était pour lui un homme à abattre, que dire du reste de sa famille ? Ava avait été si gentille avec lui. Et leur fille n'était pas responsable des agissements de son père.

Il finit par décider de pénétrer dans la maison. Il ne pouvait comme cela attendre que Travis en sorte et sa haine avait fini par le submerger.

Il décida de faire le tour du pavillon en passant par le jardin et s'aperçut que la porte arrière donnant sur la cuisine n'était pas fermée. Discrètement, il entra dans la maison. Une neige fine et délicate commençait à tomber. Le rez-de-chaussée était plongé dans le noir. S'avançant vers le corridor, il entendit des voix à l'étage. À la voix d'une jeune femme qu'il ne reconnut pas, répondit la voix de Travis, plus douce que celle qu'il avait entendue dans le bois, mais bien reconnaissable.

— Dis papa ! Maman a dit qu'elle rentrait vers quelle heure ?

— Elle ne devrait pas tarder, Ella. Elle m'a promis que sa partie de poker avec ses amies ne se terminerait pas après vingt-trois heures. Tu devrais dormir, tu auras tout le temps demain de lui parler de ton projet de camping avec tes amis. De toute façon, je t'ai dit que j'étais d'accord. À partir du moment où Cooper t'accompagne, je n'ai pas de souci à me faire sur ta sécurité. C'est un bon garçon. En plus, depuis qu'il est entré dans mon groupe de la main verte, j'ai eu l'occasion de faire plus ample connaissance avec lui. Je suis content que vous vous fréquentiez.

— Merci papa. Tu as raison, je vais dormir, mais je suis tellement excitée que j'ai très envie d'en parler à maman.

— Bonne nuit, Ella.

— Bonne nuit, papa !

Éric s'aperçut que la lumière d'une des chambres s'était éteinte tout de suite après l'échange. Il monta délicatement les marches de l'escalier et s'avança dans le couloir qui desservait les pièces de nuit.

Il s'approcha de la chambre dont la lumière était encore allumée, se rappelant qu'il s'agissait de la chambre parentale. Ses yeux, normalement vert émeraude, devinrent noirs. Il se rapprocha de la porte quand soudain celle-ci s'ouvrit sur Travis, qui sursauta en voyant le mutant devant lui.

— Qui êtes-vous ?

— Vous ne me reconnaissez pas ?

— Non ! répondit Travis en reculant vers la lumière de sa chambre.

Éric s'avança dans la chambre, dévoilant son visage à Travis.

— Je ne l'ai pas tuée, s'écria Travis. J'ai eu peur et je me suis enfui.

— Menteur ! Je sais que vos hommes s'étaient enfuis avant vous. Cela ne peut être que vous. Avouez ou je tue toute votre famille !

— Pitié, laissez ma fille tranquille. Elle n'y est pour rien !

— Comme la pauvre femme que vous avez fait exécuter après avoir égorgé son fils !

Sur cette entrefaite apparut Ella dans l'encadrement de la porte. Elle s'avança en poussant encore un peu plus la porte, la faisant grincer au passage. Surpris par le bruit, Éric se retourna et envoya comme par réflexe une boule de feu orange qui tua instantanément la jeune femme sous les cris éberlués de son père.

— Non ! s'écria Travis en fonçant sur Éric après s'être emparé d'un sabre disposé sur une commode de sa chambre.

Éric se retourna et évita de justesse la lame que le père désespéré avait fait fondre sur lui de ses deux mains. Lui envoyant son poing au milieu du visage, le mutant déséquilibra Travis qui tomba à la renverse, laissant échapper son arme. Éric s'en empara aussitôt et la pointa sur le torse de son ennemi.

— Je ne voulais pas tuer votre fille. Et je le regrette. Mais vous m'avez pris la femme que j'aimais et tué aussi d'autres innocents qui ne vous avaient rien fait si ce n'est ne pas être comme vous. Vous méritez de connaître les mêmes souffrances.

— Vous voulez savoir si c'est moi qui ai tué votre sale sorcière ? s'écria alors Travis. Eh bien, oui c'est moi. Et je ne regrette rien. Je me suis engagé il y a fort longtemps auprès de la main verte et je suis fidèle à notre dirigeant, Ethan Crosswalk. Depuis que la famille royale a été décimée par un de ses membres qui était porteur de cette souillure qu'est la magie, nous traquons tous les êtres magiques pour les éradiquer. Vous connaîtrez un jour le même sort et nous débarrasserons Elforest de cette magie puante et de cet institut qui est un organisme criminel !

— Comment pouvez-vous être si imprégné de haine ? Vous faites honte à votre peuple. Je désire vous tuer du plus profond de mon être mais je vais vous laisser en vie. Maintenant que votre fille est morte, vous devrez vivre avec son sacrifice. Vous êtes responsable de ce qui lui est arrivé. Vos idées extrêmes nous ont conduits à cet instant. Vous n'aurez pas assez de votre vie entière pour expier vos crimes. Mais je sais que vivre avec la mort de votre fille sur la conscience sera pire que la mort elle-même.

— Je ne vous donnerai pas ce plaisir, répondit Travis.

En un trait de temps, il se releva brutalement alors qu'Éric tenait encore la lame sur son torse, laissant celle-ci le pénétrer et le traverser entièrement.

Éric, surpris, lâcha l'arme et se recula instinctivement, laissant le corps retomber lourdement sur le sol. Alors qu'il s'approchait de Travis, Éric le vit expirer dans un rictus tel celui qu'il avait sur le visage lorsqu'il avait égorgé la jeune magicienne.

Après quelques instants à regarder le corps de son ennemi gisant sur la moquette de sa chambre désormais souillée de son sang, Éric se reprit et décida de quitter les lieux.

Il descendit quatre à quatre les marches de l'escalier et se dirigea vers la porte de la cuisine. En arrivant devant celle-ci, il fut surpris de la voir s'ouvrir sur Ava qui rentrait de sa soirée.

D'abord, elle poussa un cri de stupéfaction en se trouvant nez à nez avec le mutant. Puis, malgré sa transformation, elle le reconnut tout de suite.

— Éric, c'est toi ?

— Oui, Ava. C'est moi.

Un silence s'insinua entre les deux individus pendant qu'elle le regardait des pieds à la tête.

Apercevant des traces de sang sur ses vêtements, Ava étouffa alors un cri en apposant ses deux mains devant sa bouche.

— Qu'est-ce que tu as fait, Éric ? réussit-elle à dire.

— Je suis désolé, Ava. Il a tué l'amour de ma vie et d'autres innocents. Je ne voulais pas être entraîné dans cette histoire mais il ne m'a pas laissé le choix.

— Ella… chuchota-t-elle.

— Je… je suis désolé, Ava, lâcha Éric dans un souffle.

Les bras lui tombant le long du corps, Ava regarda fixement le mutant, comme sonnée par ce qu'elle venait de comprendre.

Puis elle se dirigea vers le salon, comme un automate. Éric se retourna et la suivit du regard.

Elle ouvrit le tiroir du buffet et s'empara d'un pistolet.

— Qu'est-ce que vous faites, Ava ? demanda plus fermement Éric en laissant apparaître sur chacune de ses mains deux boules de feu bleu.

Ava leva son regard triste vers Éric. Des larmes coulaient le long de ses joues. Elle lui sourit. Puis elle disposa le canon de l'arme vers sa tempe gauche.

Comprenant ce qu'elle allait faire, Éric s'élança pour l'en empêcher mais le coup partit avant qu'il n'ait pu atteindre Ava. Elle s'écroula dans ses bras, morte.

Il la déposa sur le sol, délicatement.

— Je suis désolé, Ava, pleura-t-il. Je ne voulais pas vous faire de mal. Pourquoi ai-je encore tant de souffrances en moi ?

Puis, dans un souffle, il quitta la pièce et s'élança hors de la maison, s'éloignant du carnage en courant à en perdre haleine, le cœur toujours aussi lourd.

La vengeance n'est jamais la solution et n'apporte pas l'apaisement recherché. Parfois il faut pardonner. Il faut savoir contrôler sa colère sinon la lumière peut s'éteindre en nous. Ne reste alors que les ténèbres.

Chapitre XVIII
Les masques rouges

Sirpa, 1021 après le Grand Blast

Les citoyens se promenaient tranquillement dans les rues de Sirpa près de la cathédrale de la Blanche Lumière, la plus belle de Rancef.

La douceur inhabituelle en cette période faisait fondre la neige qui libérait peu à peu trottoirs et chaussées. La circulation était dense en cette fin d'après-midi. La lumière baissait peu à peu, laissant la place à la nuit hivernale. Les lumières de la ville permettaient aux véhicules modernes et aux voitures à chevaux de circuler plus facilement dans une cohue indéfinissable.

Thomas devait rentrer à Vessailis, mais avant, il comptait profiter de cette fin d'après-midi. Il avait besoin de se poser quelque part pour réfléchir et se reposer un peu. Depuis la mort de son fils, il était en proie à un désespoir qui le tenaillait et dont il ne réussissait pas à se libérer. Il avait pourtant une mission et devait reprendre ses esprits pour se concentrer sur son devoir. Il décida de s'installer en terrasse du café situé face à la cathédrale. Le « point de vue » était une auberge très en vogue dans la capitale. Il avait l'habitude d'y venir le dimanche avec sa femme et son fils il y a encore quelques années. L'époque des jours heureux lui semblait si lointaine désormais.

Après avoir commandé un chocolat chaud arrosé de crème chantilly, la boisson préférée de Lucas, il contempla le spectacle qu'offrait la cathédrale, dont les lumières venaient de s'allumer à la tombée du jour.

Des badauds se promenaient sur le parvis où un manège à chevaux en bois faisait la distraction des petits et des grands. Des hommes et des femmes accompagnaient leurs enfants qui tenaient à leur main, qui une barbe à papa, qui une pomme d'amour, achetées au vendeur installé près du monument religieux.

Cette image d'Épinal lui rappelait les jours heureux. Lui, se promenant au bras de la femme de sa vie. Lui, un peu plus tard, accompagnant son épouse dont le ventre s'était arrondi ou plus tard encore, lorsqu'il avait offert à Lucas sa première sucrerie.

Ses pensées vagabondaient, lui apportant une douce chaleur dans le cœur, suivie immédiatement d'un pincement lui rappelant la disparition des êtres aimés.

Perdu dans ses souvenirs, il ne vit pas surgir aux quatre coins du quartier bondé de monde, des individus habillés de noir et portant un masque de fer de couleur rouge.

Soudain, les terroristes tirèrent sur le manège. Le bruit de pétarade sortit brutalement Thomas de ses songes. Un client assis près de lui s'effondra, atteint à la tête. Thomas eut le réflexe de se jeter au sol, attrapant au passage sa table pour s'en servir de bouclier. Les déflagrations se poursuivirent sur le parvis de la cathédrale, bientôt accompagnées de bruit d'explosions. Des maisons prirent feu après avoir été la proie de grenades.

C'était une véritable scène de guerre qui se déroulait brutalement au centre de la capitale.

Bientôt, ce fut la cathédrale qui prit feu. Des individus masqués s'étaient introduits à l'intérieur, faisant un véritable bain de sang avec les fidèles et les visiteurs du dimanche.

Thomas profita de l'accalmie sur la terrasse du « point de vue » pour se précipiter à l'intérieur du café. Les clients encore en vie s'étaient rués également dans les locaux, qui descendant au sous-sol, qui montant dans les étages pour échapper aux rafales.

Arrivèrent très vite sur place plusieurs dizaines de camions de policiers qui entamèrent immédiatement une bataille rangée avec les terroristes.

Thomas, toujours au rez-de-chaussée du « point de vue », pleura en voyant brûler la cathédrale de la Blanche Lumière. Dans leur tentative d'échapper aux forces de l'ordre, deux hommes au masque de fer pénétrèrent soudain dans le café, entraînant la panique des réfugiés. Les premières rangées d'hommes et de femmes s'effondrèrent sous les premières rafales de balles. Thomas s'empara alors de son pistolet et tira une balle en plein front d'un des deux hommes dont le masque de fer explosa sous l'impact.

Le deuxième homme, n'ayant plus de chargeur, attrapa son couteau et fonça vers Thomas en criant d'une voix haineuse « pour la dame rouge ! ». Il essaya de le poignarder en plein cœur. Thomas, esquivant le coup, lui écrasa son poing sur le masque de fer, se blessant les phalanges. La douleur l'envahit et lui fit baisser la garde un court moment, assez pour que le terroriste, qui avait perdu son arme, le frappe si fort que Thomas fut éjecté à l'extérieur du café. Avant de perdre connaissance, il aperçut autour de lui un amoncellement de cadavres. Le silence s'était abattu dans ce quartier encore si vivant il y a quelques minutes, brisé uniquement par les cris et les pleurs des personnes blessées. Thomas s'enfonça alors dans un coma profond.

Jacques VI se réveilla enfin d'un long sommeil après son malaise. Sa tête lui faisait mal. Ses draps étaient trempés de sueur. Il aperçut Fabien à son chevet.

— Combien de temps ai-je dormi mon frère ?

— Vous avez dormi deux jours.

— Deux jours ! dit-il en se redressant soudain. Qu'est-ce que j'ai loupé ?

— La reine d'Anegex est rentrée chez elle. Elle a prié pour vous.

— Vous ne me dites pas tout, je le vois. Allons, parlez !

— La cathédrale de la Blanche Lumière a été brûlée par des hommes masqués de fer qui ont commis un véritable carnage dans le quartier. Votre ami Thomas Dellale est à l'hôpital de Sirpa ; il a été blessé par un de ces criminels.

— Quel malheur ! s'écria le Roi en retombant sur sa couche. Quoi d'autre ?

— L'enquête sur notre mère a débuté. La plupart des valets de ses appartements ont été interrogés. Nous n'en savons pas plus pour le moment.

— Je veux qu'on me laisse seul, je ne me sens pas encore très bien. Et j'ai besoin de réfléchir. Faites appeler mon valet de chambre. Je souhaiterais me changer et qu'on refasse mon lit. Je prendrai encore un peu de repos.

— Mon frère, pardonnez-moi mais le peuple s'inquiète de votre état. Les murs du palais ont transpiré. Tout Vessailis et tout Sirpa sont au courant de votre malaise. Des rumeurs commencent à se répandre sur votre fragilité et votre difficulté à régner face à l'adversité.

— Je dois encore me reposer mon frère. Il le faut. Je ne pourrai pas affronter tout cela maintenant. Je le sais. Je compte sur vous pour trouver une excuse auprès des courtisans. Donnez-moi encore du temps.

— Très bien. Mais sachez que bientôt je ne pourrai plus rien pour contrecarrer la rumeur. Je vous laisse donc mon frère. Faites-moi appeler lorsque vous serez prêt à affronter de nouveau le monde et votre charge.

Fabien sortit de la chambre de son frère. Jacques laissa alors sortir sa tristesse et pleura l'incendie de la cathédrale de La Blanche Lumière, ce monument qui avait vu son couronnement et celui de ses aïeux. Cette catastrophe n'était pas survenue par hasard. On cherchait à affaiblir son pouvoir, à le discréditer.

Fabien rejoignit le Premier ministre, Gabriel Rayard, qui l'attendait dans l'antichambre.

— Comment va le roi ? s'enquit le Premier ministre.

— Il est faible, il est triste d'avoir appris l'incendie de la cathédrale.

— A-t-il décidé de prendre les choses en main ?

— Pas encore. Il souhaite se reposer et compte sur moi pour trouver une excuse auprès de ses courtisans.

— Cela ne peut pas durer. En agissant ainsi, il fait montre de faiblesse et prête le flanc à tous ses détracteurs. Si rien n'est fait, nous courons à la catastrophe.

— Que voulez-vous dire ?

— Les criminels qui s'en sont pris à la cathédrale sont bien organisés. Ils souhaitent renverser le pouvoir en place. Le peuple a perdu plus que la cathédrale. Des innocents sont morts, avec parmi eux bon nombre d'enfants. Si le roi ne montre pas d'empathie envers son peuple et surtout s'il ne montre pas une force et une fermeté à toute épreuve dans la résolution de ce crime et dans la recherche de la vérité sur l'assassinat de votre mère, il perdra la confiance du peuple. Sa légitimité pourrait en être entamée.

— Pourquoi vous dites ça ? Mon frère est roi par la grâce des dieux. Il ne peut être destitué. Il saura faire face.

— Il est juste un homme, monsieur, comme vous.

— Un homme ? Vous vous rendez compte de ce que vous venez de dire ? Vous pourriez être passible de crime de lèse-majesté en parlant ainsi !

— Oui. Je me rends surtout compte que depuis la mort de votre mère, vous seul restez debout et vous substituez aux obligations de votre frère. Il me semble que vous auriez dû être à sa place.

— Je ne suis que son frère cadet. La loi est la loi. Et je suis fidèle à mon frère.

— Cela va plus loin que votre frère. Si vous voulez me suivre dans mon bureau, nous serons plus tranquilles pour parler.

Ils arrivèrent dans son bureau, fenêtres et portes closes. Chacun s'installa dans un fauteuil.

— Sachez, monsieur, que je suis un fidèle partisan de votre famille, déclara le Premier ministre en servant un verre de scotch au frère du roi.

— Vous m'en voyez ravi. Si je me fiais à vos paroles, je pourrais en douter.

— N'en doutez pas un instant. Cependant, le royaume a besoin d'un homme fort à sa tête. Jusqu'à sa mort, c'est votre mère qui agissait dans l'ombre de votre frère. Aujourd'hui c'est vous. Souhaitez-vous que cela continue ? Voyez ce que le roi a fait en si peu de temps. Le peuple se détourne de lui. Beaucoup pensent que les dieux l'ont abandonné, et par là même, le royaume. Il nous faut reprendre la main si vous voulez que votre famille se maintienne sur le Trône.

— Et que suggérez-vous ?

— Il faut savoir que le roi va très peu à l'église le dimanche, ça met bien sûr très en colère le Haut Dignitaire de la Blanche Lumière mais aussi le Très Saint-Père.

— Mais que pouvons-nous y faire ?

— Des bruits courent sur un éventuel départ du Très Saint-Père pour un autre royaume. L'Altosola lui aurait déjà fait des propositions, lui proposant le palais des anciens rois. Il aurait déjà été rénové et baptisé palais de la Blanche Lumière.

— Ceci ne peut se faire. Notre peuple considérerait son départ comme un abandon ! s'indigna Fabien.

— C'est bien cela qui me préoccupe. Si le Très Saint-Père quitte Purcell pour Altosola, la Couronne perdra encore en prestige et en puissance alors que notre voisin verra une aura religieuse venir couronner son renouveau. J'ai cependant une solution radicale qui permettrait de sauver notre royaume et votre famille.

— Quelle est cette solution ? Vous me faites peur.

— Le Haut Dignitaire, avec l'aval de ses pairs, est d'accord pour accepter l'abdication de votre frère et vous couronner à sa place.

— Comment ? s'écria Fabien, regardant autour de lui comme si des intrus pouvaient surprendre leur conversation.

— Vous m'avez bien entendu. Cela pourrait se passer en douceur. Lors de la prochaine messe qui aura lieu dans cinq jours en la basilique royale, vous prononcerez un discours destituant le roi en place, à sa demande, puis vous serez couronné roi. Dès que ce sera fait, nous assignerons Jacques VI à résidence sans qu'il puisse échanger avec l'extérieur, tant qu'il n'aura pas officiellement signé les documents officiels de son abdication. Ainsi, vous serez le nouveau roi et pourrez agir enfin pour affermir le pouvoir de la couronne et botter hors du pays tous les opposants qui ont osé braver les dieux en s'attaquant à votre famille.

— Je vous l'ai dit. Mon frère est roi de par la grâce des dieux. Je ne pourrai jamais lui faire cela. Je serais maudit.

— Les dieux ont abandonné le roi. Il n'a plus de lumière en lui. L'incendie de la cathédrale de La Blanche Lumière en est un signe. Et pourquoi votre mère est décédée pendant que le roi était en sommeil ?

— Si la cathédrale de La Blanche Lumière a brûlé, c'est par l'intervention des hommes et non celle des dieux.

— Mais qui a dirigé l'intervention des hommes si ce ne sont les dieux en colère ? Ne voyez-vous pas ce que même le Très Saint-Père a vu, lui qui souhaite quitter notre royaume alors que tous ses prédécesseurs ont toujours élu domicile ici ? Si vous ne le faites pas pour vous, faites-le pour le royaume, pour votre famille. Redorez le blason de vos aïeux.

— Vous avez peut-être raison finalement, concéda Fabien. Mais rien ne devra être intenté contre la vie de mon frère.

— Je suis heureux de vous entendre revenir à la raison.

— Oui, vous m'avez convaincu, monsieur.

Le Premier ministre se leva alors et se mit à genoux devant Fabien.

— Je suis donc heureux d'être le premier à vous rendre grâce et à vous présenter mes hommages, Votre Majesté.

Fabien sortit du bureau, en proie à un trouble qui mélangeait la culpabilité à l'avidité.

— Vous avez bien travaillé, complimenta la comtesse de la Vieule qui sortait de l'antichambre du bureau de Gabriel Rayard et venait enlacer son amant.

— Il a mordu à l'hameçon, répondit le Premier ministre. Il n'a pas été long à convaincre, tout compte fait. Sa vanité nous a beaucoup aidés.

— Notre plan est désormais lancé, répondit Adèle de la Vieule. Mes soldats ont bien travaillé à Sirpa. Bientôt, le roi sera discrédité et remplacé par son frère qui vous mangera dans la main. Nous aurons alors les mains libres pour nous emparer du cristal et prendre définitivement le pouvoir. La famille royale sera définitivement rayée de la carte.

— Vous êtes impitoyable, lui répondit Gabriel Rayard tout en l'enlaçant.

— Ma vengeance est à la mesure de ce que ma famille a vécu, conclut la comtesse tout en se laissant embrasser le coup, les yeux noirs de haine.

Chapitre XIX
Tous les chemins mènent à Noldon

Le jour se levait à peine lorsque Éric et Thibault quittèrent Garches sur Taren.

Thibault avait réussi à convaincre son ami de passer par Valadorel afin de trouver une embarcation qui les mènerait vers l'océan puis l'Anegex.

Durant les jours de marche qui s'ensuivirent, le jeune aubergiste ne cessa de presser le mutant de questions afin de mieux comprendre son pouvoir et ses origines, se heurtant très souvent à un mur de silence.

En effet, outre le fait qu'il détestait s'épancher sur sa vie, Éric était particulièrement pensif, ne cessant de ressasser ce qui s'était passé aux abords du lac sombre. Tout d'abord l'apparition de Mélusine l'avait particulièrement secoué. Il ne pouvait s'empêcher de se dire que s'il s'agissait bien de Mélusine, c'est qu'elle était vivante quelque part. Ou peut-être qu'il s'agissait d'une ruse du nécromancien. Oui, mais si tel était le cas, pourquoi avoir utilisé l'image de Mélusine ? Et surtout comment avait-il eu connaissance de son lien avec la magicienne ? Si au contraire elle était bien vivante, pourquoi ne pas l'avoir recherché plus tôt ? À cela s'ajoutait cette prophétie qui ferait de lui l'élu. Cela ne pouvait être. Il ne le voulait pas. Depuis la disparition de Mélusine, Éric s'en était tenu à combattre des monstres sans penser au lendemain. Il s'en voulait toujours de ne pas avoir réussi à la protéger mais aussi d'avoir donné libre cours à sa vengeance qui lui avait fait tuer deux êtres innocents. Toutes ces questions le taraudaient et le laissaient de mauvaise humeur.

— Tu ne veux vraiment pas me dire d'où tu viens Éric ? Je pourrais t'aider à retrouver tes origines si tu le souhaites. Après tout nous sommes amis.

— Pour la dernière fois, Thibault, j'aimerais pouvoir réfléchir en silence. Et puis, nous ne nous connaissons que depuis trop peu de temps pour que l'on puisse parler d'amitié. Je t'ai aidé à Valadorel mais en cela je n'ai fait que mon travail.

— Ne sois pas si grognon, Éric, je ne cherche qu'à t'aider. C'est vrai que je suis un peu curieux mais après tout c'est normal. Tu détiens des pouvoirs extraordinaires et tu as un caractère très secret. Tout cela entretient ton mythe et donne envie d'en savoir un peu plus, tu comprends ?

— Je t'expliquerai peut-être un jour comment j'ai acquis tous ces pouvoirs mais pour le moment, j'aimerais juste un peu de calme, répondit Éric passablement agacé.

— Très bien. D'accord. Mais profites-en vite car nous approchons de Valadorel. Tiens, regarde, là-bas, au loin, on aperçoit déjà les étendards de la ville qui flottent en haut de la tour de guet de l'hôtel du premier édile.

Éric leva les yeux face à lui et aperçut en effet l'étendard au lion de la ville de Valadorel. Étrangement, un autre étendard flottait à ses côtés. Après s'être un peu plus rapprochés de la ville, les deux voyageurs découvrirent étonnés qu'il s'agissait de l'étendard bleu horizon des elfes des forêts.

Après une heure de marche, ils arrivèrent enfin aux portes de la ville.

— Bien le bonjour, gardes ! s'exclama Thibault en approchant du groupe de soldats en faction devant l'entrée nord.

— Oh ! Bien le bonjour maître aubergiste. Cela fait longtemps ! Comment vous portez-vous ?

— Très bien, merci. Je reviens ici avec mon ami Éric Letcheur afin de trouver un navire qui veuille bien nous transporter en Anegex.

— Oh oui, je me souviens de vous, monsieur Letcheur. Je suis heureux de vous revoir. Monsieur le premier édile sera ravi de vous recevoir.

— Nous ne comptons pas rester longtemps en ville, monsieur, répondit Éric. Nous sommes assez pressés d'embarquer.

— Vous pouvez vous rendre directement au port. Vous verrez, il y a beaucoup plus de bateaux que lors de votre départ. Nos échanges avec les elfes ont permis une ouverture importante avec l'extérieur et le commerce est florissant. Je suis sûr que vous trouverez une embarcation pour l'Anegex rapidement.

— Merci bien, répondirent en cœur les deux voyageurs en pénétrant dans la ville.

Très vite, ils s'aperçurent du changement opéré à Valadorel. Depuis que le conflit avec les elfes était terminé, la population qui allait et venait montrait une évidente diversité. Outre des humains et des elfes, Éric et Thibault eurent la surprise de voir des nains et des magiciens déambuler dans la ville sans que personne n'en soit choqué. Les échoppes s'étaient multipliées et la population semblait s'être considérablement accrue, entraînant nombre de chantiers de construction de-ci de-là. La ville était complètement métamorphosée en une cité vivante et colorée où semblait régner une certaine quiétude si ce n'était la ferveur des échanges entre les commerçants et leur clientèle tant sur les marchés que devant les boutiques.

Arrivés sur le port, Éric et Thibault constatèrent que ce dernier était noir de monde. Beaucoup de navires étaient à quai, des marins occupés à extraire les marchandises de leur ventre plein à craquer, ici des fruits exotiques, là des ballots de soie de couleurs variées, mais aussi d'autres produits venant des différents royaumes de l'Union.

Valadorel semblait s'être métamorphosée en une cité marchande, riche et prospère, le tout en quelques semaines.

Le son des trompettes attira soudain leur attention sur un navire flambant neuf dont les abords étaient revêtus de tentures aux couleurs de la ville et sur la proue duquel était dressée une tribune surmontée d'un dais recouvert lui aussi de tentures aux couleurs de la cité.

Sur ce promontoire se tenait tout en grâce le premier édile entouré de ses conseillers.

Les matelots s'empressaient d'amarrer le navire au quai alors que ce dernier venait de revenir au port.

Descendant de l'embarcation, le dirigeant de Valadorel aperçut Éric et Thibault qui le regardaient faire son entrée au milieu d'une haie constituée de citoyens tous flanqués d'un chapeau arborant le lion de Valadorel.

— Éric Letcheur, quel plaisir de vous revoir ! Approchez ! Messieurs dames, laissez passer le sauveur de la cité ! Voici revenu celui par lequel notre ville connaît sa plus grande félicité !

Éric et Thibault s'avancèrent au milieu d'une foule qui applaudit au rythme de leur avancée vers le premier édile.

Arrivés devant le dirigeant de la ville, les deux voyageurs esquissèrent un timide salut en se penchant brièvement.

— Regardez, monsieur Letcheur, ce que vous avez réussi à initier en menant à bien votre mission ! C'est miraculeux. La fin des hostilités et de la fermeture des portes de la ville a redonné confiance aux habitants et a revigoré considérablement le commerce.

— J'en suis ravi pour vous, monsieur le Premier Édile. J'ai constaté la présence des elfes mais aussi d'autres communautés au sein de Valadorel.

— Oui, en effet, nous avons ouvert notre ville au commerce international et avec lui sont arrivés les nains et les magiciens, qui ont entendu parler d'une ville du sud où il fait bon vivre en toute quiétude les uns avec les autres. Cela a réussi à notre cité qui est en train de grossir. Nous sommes aujourd'hui amenés à construire au-delà des remparts pour permettre l'installation de nouveaux habitants et de nouvelles échoppes. Évidemment nous avons proposé à tous les elfes qui le souhaitent de venir s'installer à Valadorel. C'est grâce à eux et à leur réseau commercial que la ville s'est aussi vite développée. Et pourtant il n'y a pas longtemps que la paix est intervenue entre nos communautés. Nous venons d'inaugurer le bateau principal de notre cité, la Grande Caliopée, qui dirigera la flotte chargée de protéger les navires commerciaux et touristiques à l'avenir. Qu'en pensez-vous ?

— C'est un très beau navire, répondit Letcheur. À ce propos, savez-vous si un bateau est prêt à appareiller pour l'Anegex ?

— Vous voulez vous rendre en Anegex ? C'est une destination bien triste de nos jours. Je ne devrais pas dire cela mais depuis un certain temps, beaucoup d'elfes et de nains fuient ces contrées, chassés par l'armée de la reine Polyxène. Certains d'entre eux, outre les elfes des forêts que vous connaissez bien, sont d'ailleurs venus jusqu'ici pour y trouver refuge.

— Vous m'en voyez désolé, monsieur le Premier Édile. Je suis sûr qu'ici ils pourront reconstruire une vie paisible et contribuer à la grandeur de votre cité.

— J'ai organisé un banquet afin de fêter la Grande Caliopée. Voulez-vous vous joindre à nous ? Ce serait un honneur.

— Avec plaisir, répondit Thibault, dont l'estomac commençait à gronder.

— Ce serait également un honneur, monsieur le Premier Édile, reprit Éric, mais nous sommes pressés. Une mission urgente à mener. Nous devons absolument prendre un bateau dans les meilleurs délais.

— J'en suis bien marri ! Mais laissez-moi vous aider, répondit tristement le dirigeant valadorellien. Igor ! s'exclama-t-il.

Arriva alors un marin au costume flambant neuf dont le chapeau bleu azur était orné d'un lion rouge et d'un cercle blanc, symbolisant respectivement Valadorel et les elfes des forêts.

— À vos ordres, monsieur le Premier Édile ! s'écria Igor au garde-à-vous.

— Maintenant que nous avons inauguré notre bateau, nous devrons attendre la fin de la construction de la flotte pour le mettre en service définitivement. En attendant, je vous confie une mission de la plus haute importance. Vous transporterez ces messieurs en Anegex. En mon absence, considérez monsieur Letcheur, ici présent comme le commandant de bord. Prévenez votre équipage d'être prêt au plus vite.

Éric et Thibault furent stupéfaits de cette offre et en restèrent bouche-bée.

Se tournant vers les deux compères, le premier magistrat de la ville les gratifia d'une accolade.

— Vous offrir mon bateau pour votre voyage est la moindre des choses que je puisse faire pour vous remercier de votre aide. Sans vous, nous nous serions sans doute enfoncés dans une guerre qui nous aurait conduits à la perte de milliers d'hommes et à une déconfiture programmée de notre économie.

— C'est trop d'honneurs, monsieur le Premier Édile. Qui plus est, j'ai été payé pour mon travail, répondit Letcheur, un peu gêné.

— Voyez autour de vous comme notre ville est resplendissante ! répondit le magistrat. Le prix que vous avez perçu est bien trop bas, je peux désormais vous le dire, pour régler la dette que nous avons envers vous. Laissez-moi vous faire ce cadeau.

— Je vous remercie donc, concéda Éric

— Moi également, poursuivit Thibault.

— Que les dieux vous protègent. Allez en paix, termina le premier magistrat avant de reprendre son entrée solennelle en ville.

Deux heures plus tard, l'équipage enfin prêt, le bateau largua les amarres et s'élança sur le fleuve en direction de l'embouchure de Salgar, à l'ouest du royaume de Purcell pour prendre la mer vers le royaume d'Anegex.

Éric et Thibault bénéficièrent des quartiers résidentiels du premier édile, une cabine située en dessous du poste de pilotage tout en bois ciré composée d'un bureau face à une baie vitrée donnant sur la proue du navire. Une table et des chaises fixées au sol pour éviter de bouger au gré du roulis permettaient de prendre un repas servi à heures fixes par les cuisines situées à côté du poste de pilotage.

La cabine disposait en outre de quatre couchettes (permettant de recevoir une famille) toutes ornées d'un rideau d'un jaune ocre garantissant l'intimité pendant le sommeil et d'une salle de bains séparée disposant d'une cabine de douche et d'une baignoire avec un hublot donnant vue sur bâbord.

Après les ablutions nécessaires à la suite d'un long voyage, Thibault décida de rester un peu en cabine pour se reposer pendant qu'Éric remontait sur le pont pour prendre l'air avant le repas.

Éric regarda les berges du fleuve Édola défiler devant ses yeux. Le navire avançait assez rapidement mais cela laissait le temps au mutant de contempler le paysage de cette région humide et boisée où se croisaient bon nombre d'espèces d'oiseaux aux couleurs aussi surprenantes que chatoyantes.

Lorsque l'après-midi toucha à sa fin, le navire arriva enfin à l'embouchure de Salgar. Après avoir passé un chenal escarpé contournant un îlot posé en plein milieu du fleuve, le bateau s'engagea sur un bras menant directement vers la mer, l'autre côté de l'îlot étant constitué d'un bras venant mourir dans des marécages vierges de toute vie humaine, devenu le royaume des oiseaux et autres espèces aquatiques.

Thibault rejoignit Éric alors que le soleil commençait à entamer sa lente chute vers l'autre côté du point d'horizon.

— Le soleil couchant est magnifique par ici, n'est-ce pas, Éric ?

— Oui, Thibault. Ce spectacle réussit à me détendre. Malgré tout je n'arrive pas à faire le vide dans mon esprit. Le passé me hante. Je n'ai jamais repris la mer depuis que j'ai traversé l'océan pour revenir à Kursell.

— Ah bon ? Tu veux dire que tu es arrivé à Kursell puis tu as voyagé en Purcell mais sans revenir dans ton pays une seule fois ?

— Mon pays ? Quel pays ? Je ne sais d'où je viens mais je sais que je ne suis pas anfraenien. On m'a envoyé tout jeune en Anfraen pour suivre l'éducation de l'institut d'Elforest. Mais je ne sais pas de quel royaume je suis parti. Mon bateau a subi un naufrage et j'ai échoué sur les côtes d'Anfraen, miraculeusement en vie. J'ai ensuite étudié dans cette école où je suis devenu mutant. Mais jamais je ne me suis souvenu de ma vie avant le naufrage. Quelques bribes sont bien revenues à mon esprit sans jamais pour autant me permettre de reconstituer le puzzle de ma vie.

— Je suis désolé pour toi, Éric. J'imagine qu'il n'y a rien de pire que de ne pas savoir d'où l'on vient, et qui sont nos parents. Tout être a besoin de racines pour construire son avenir.

— C'est vrai. Moi, mes racines sont nées à Elforest. J'y ai rencontré des amis et des êtres chers. J'en ai perdu certains. Et je suis seul désormais.

— Tu n'es plus seul, Éric. Je suis ton ami.

— Merci, Thibault.

Après un long silence à contempler l'astre solaire plonger ses derniers feux dans l'océan, Thibault tenta à nouveau d'interroger son ami.

— Tu sais d'où te viennent tes pouvoirs ?

— Non, je les avais en moi lorsque je suis arrivé à Elforest mais c'est l'institut qui m'a aidé à les développer.

— Je suis content que tu aies ces pouvoirs, Éric. Je trouve vraiment abject ce qui se passe dans bon nombre de royaumes en ce moment. Les créatures magiques sont partout harcelées, chassées, alors qu'elles ont toujours fait partie de notre monde. Je pense que tout cela est dû à ces cristaux qui amènent la technologie dans la plupart des royaumes. La science s'oppose à la magie alors qu'elles devraient toutes deux se compléter. Je ne sais pas si ces cristaux sont vraiment une bonne chose pour notre monde. La magie est essentielle à notre univers. Elle permet de maintenir un équilibre. Si cet équilibre est rompu, qu'adviendra-t-il de nous ?

— La magie a beaucoup reculé ces dernières décennies, répondit Éric avec intérêt. Mais depuis peu, elle réapparaît. Malheureusement, avec elle, des phénomènes étranges et terribles surviennent également. Des créatures hideuses et mauvaises surgissent et cela rend les peuples méfiants, voire hostiles à toute forme de magie. Ce qui m'inquiète est vraiment le côté sombre de ce qui survient. Si les licornes et autres elfes peuvent être une bénédiction, que dire de la multiplication des vampires, de l'apparition de nécromanciens, voire de Kétébel ?

— Kétébel ? Tu veux dire la Kétébel des légendes ?

— Ce n'est pas une légende. Elle a bel et bien existé, jusqu'à ce que je la détruise.

— Tu as détruit la reine du royaume des mondes souterrains ? Décidément tu es quelqu'un d'incroyable Éric, ricana Thibault, qui ne le croyait qu'à moitié.

— Tu m'as bien parlé de Zorzar ? Si Zorzar existe, pourquoi pas Kétébel ?

— C'est vrai, tu as raison, consentit Thibault, plus sérieux. Tu as donc déjà vu Zorzar ?

— Oui, je l'ai déjà vu, il y a maintenant longtemps. Et j'espérais ne jamais le revoir. S'il est en Anegex, ce n'est pas pour rien. Il doit avoir un objectif précis.

— S'emparer du Trône ?

— Oui, mais cela ne peut pas constituer son objectif principal. Il voit plus loin, j'en suis sûr. Cela a certainement un rapport avec la prophétie.

— Celle dont tu m'as parlé à Garches sur Taren ?

— Oui. Le nécromancien était un lieutenant. Il parlait toujours de son maître. Serait-ce Zorzar ? Je ne sais pas. Peut-être que Zorzar est lui-même un lieutenant. Il nous faut découvrir cela. Dis-moi Thibault, comment as-tu su que la princesse Pénélope parlait à Zorzar ?

— Je l'ai entendue prononcer son nom lorsque j'ai surpris leur conversation. J'ai attendu qu'elle s'en aille pour sortir de l'endroit où je m'étais caché. Mais j'ai dû attendre encore, car après son départ, j'ai entendu comme des chuchotements. Il n'y avait personne dans ce couloir pourtant. J'ai cru que j'entendais des voix mais il s'agissait bien de chuchotements.

— Tu as compris ce qu'ils disaient ?

— Non, pas vraiment, à part quelques mots. Ils parlaient de l'est. J'ai entendu aussi le nom de Zorzar et un autre nom dont je ne me souviens pas très bien.

— Tu es sûr ? Essaie encore de te souvenir.

— Attends, un instant, ça finissait en « ète », je crois. Ça devait être Lévète ou Dévète.

— Djélvète !

— Oui c'est ça !

— Si c'est bien ce que tu as entendu, cela promet un avenir sombre sur toutes nos contrées.

— Pourquoi ?

— J'ai lu un livre sur l'histoire des cristaux lorsque j'étais jeune. C'était un livre un peu sulfureux et interdit. Ce qui était intéressant était que ce livre relatait l'histoire du monde et du Grand Blast.

— Tu m'intéresses là, lança Thibault, tout ouïe.

— Il indiquait qu'avant sa chute, Thranis avait conçu un fils, non pas pour lui succéder mais pour devenir son premier lieutenant lorsqu'il aurait conquis le monde. Finalement, il n'a pas réussi son projet funeste et il a été tué mais rien ne dit ce qu'est devenu son fils.

— Quel est le lien avec notre conversation ?

— Son fils s'appelait Djélvète !

— Ah ! En effet. Si j'ai entendu ce nom, ce n'est pas une coïncidence.

— Non et ce qui m'interpelle aussi est que tu as réussi à entendre des chuchotements d'ombres.

— Il n'y a rien d'extraordinaire à cela.

— Sauf que tout le monde ne peut pas entendre ces chuchotements. Deux raisons peuvent amener à les entendre. La première est que les ombres qui parlent veulent être entendues. Dans ce cas, leur cible entend ce qu'elles disent. En général, elles se servent de cette possibilité pour effrayer leur victime, ce qui ne semble pas être le cas en ce qui te concerne puisque personne ne t'a vu. En plus, lorsqu'elles se sont éloignées, tu n'as plus rien entendu. Il me semble évident que tu n'as pas été repéré.

— Très bien. Et l'autre raison ?

— Les ombres sont entendues par les créatures magiques.

— Tu veux dire que je suis une créature magique ? Voyons, cela n'a pas de sens. Je n'ai aucun pouvoir. Et je ne suis qu'un aubergiste dont la seule qualité est de préparer des mets réputés dans les Huit Royaumes.

— Peut-être disposes-tu de pouvoirs que tu ne soupçonnes pas. Cela reste une éventualité à creuser.

— Tout ceci est étrange. Cela fait beaucoup de questions et peu de réponses, s'inquiéta Thibault.

— Notre mission en Anegex sera, entre autres, de démêler tout ça. En attendant, est-ce que tu sais te battre ?

— Euh, oui. Enfin, je pense. J'ai déjà dû intervenir dans mon auberge pour mettre fin à des rixes. Je sais me servir de mes poings quand il le faut.

— Oui, très bien. Mais je veux dire, est-ce que tu sais manier l'épée ?

— Non. Je n'ai jamais appris. J'ai déjà essayé mais cela s'arrête là. Je ne suis pas quelqu'un de violent et j'exècre tout ce qui ressemble de près ou de loin à une arme.

— Sauf que si tu dois te défendre contre Zorzar ou d'autres créatures, posséder une arme te sera très utile. Je veux bien te donner quelques leçons de maniement de l'épée pour que tu puisses te défendre face à toute éventualité.

— D'accord je veux bien. Mais un pistolet ne serait pas plus pratique ?

— Non. Les créatures diaboliques ne craignent pas les balles. Il faut leur trancher la tête pour être sûr de s'en débarrasser.

— Ah ! C'est réjouissant. Bon, ben alors, va pour l'épée, répondit Thibault un peu dégoûté.

— Dans ce cas, nous allons prendre notre repas et faire une bonne nuit de sommeil. Demain, dès l'aube, je t'enseignerai ta première leçon.

Le lendemain, dès les premières lueurs du soleil, les deux amis étaient de nouveau sur le pont, en tenue légère, manches retroussées. Le temps était au beau fixe et la mer était calme. Malgré tout, le roulis faisait chalouper le bateau de gauche à droite et de droite à gauche, ce qui ne permettait pas de maintenir fermement ses deux jambes au sol.

— Matelot ! s'écria Éric. Amenez-moi un bâton de bois !

— Un bâton de bois ? demanda Thibault. Pour quoi faire ?

— Avant de manier l'épée, on apprend toujours avec un bâton de bois afin d'esquisser les premières figures sans risquer de se blesser.

— Mon grand-père était réputé pour être une fine lame. J'ai toujours entendu dire qu'il avait appris avec une vraie lame ! Je pense que je pourrais faire de même, se vanta Thibault.

— Tu es bien confiant, Thibault. Tout le monde doit apprendre avec une épée de bois. Ton grand-père n'a pas dû déroger à la règle même si ses faits d'armes lui ont construit une légende dorée.

— Je maintiens que je ne m'entraînerai pas avec une épée en bois. Matelot ! Ramenez-moi une vraie épée, s'il vous plaît, demanda Thibault.

— Bon, très bien, répondit Éric. Si tu le veux vraiment mais c'est à tes risques et périls.

Le matelot ramena les armes aux deux amis. La curiosité rameuta bientôt une partie de l'équipage autour des deux protagonistes.

— Nous allons commencer par une première figure : la parade. Tu dois parer les coups que je vais lancer. Il te faut garder des jambes souples. Tu es droitier, je vois. Donc tu tiendras ton corps en appui sur ta jambe droite et ta jambe gauche viendra en retrait en arrière en contre-appui. Tu dois pouvoir t'avancer facilement pour parer mais aussi combattre. Essayons !

Éric lança une première frappe, assez douce, que Thibault para du premier coup d'une main ferme.

— Tu as vu ? s'exclama Thibault. Du premier coup !

— Oui, très bien. Ce doit être la chance du débutant. Maintenant, je vais insister. Prépare-toi !

Éric s'engagea dans une deuxième frappe, stoppée encore par Thibault mais continua avec une autre frappe. Contre toute attente, Thibault para cette dernière avec une assurance étonnante.

— Je ne comprends pas, s'étonna Éric. Tu m'as dit hier que tu ne savais pas manier l'épée. Pourtant on dirait que si.

— Je ne comprends pas moi-même. Je t'assure que je n'ai jamais appris, répondit Thibault, circonspect. Cependant, lorsque tu frappes, c'est comme si je savais exactement quoi faire.

— Je vais essayer de nouveau. Si tu n'arrives pas à suivre, dis-le et j'arrêterai.

— D'accord, mais fais attention quand même, répondit Thibault, timidement.

— Prépare-toi. En garde !

Éric se lança dans un assaut d'une plus grande violence. Les premiers coups furent parés par Thibault qui resta dans un premier temps sur la défensive. Au fur et à mesure, prenant de l'assurance, il commença à lancer des coups et réalisa des figures assez complexes, donnant du fil à retordre à Éric. Ce dernier ne se laissa pas démonter et tenta de nouveau de frapper en utilisant également des figures faisant appel aux jambes et aux bras. S'abaissant pour parer une attaque de Thibault, il en profita pour lui faire un crochet-patte, envoyant son adversaire au sol. Il pensait alors avoir mis fin au combat mais Thibault se redressa soudainement sur ses jambes sans avoir fait appel à ses bras. Une lueur de fauve apparut dans ses yeux et il s'élança contre Éric, se jetant dans les airs en effectuant une pirouette au-dessus du mutant, il atterrit derrière lui et se retourna en un éclair de temps pour frapper. Éric eut juste le temps de parer le coup en croisant le fer avec l'épée de Thibault. Tous les deux s'empoignèrent, leurs épées croisées entre eux.

— Arrête, Thibault ! Cela suffit ! Reviens ! lui cria Éric.

Mais Thibault semblait comme possédé. Il repoussa Éric qui tomba violemment. S'apprêtant à poursuivre son attaque, il fut stoppé par un matelot qui lui renversa un seau d'eau sur la tête.

Thibault sembla alors se réveiller d'un songe et laissa tomber son épée.

Il regarda Éric, stupéfait, encore sur le sol.

— Je… je… suis désolé Éric. Je ne sais pas ce qui s'est passé.

— Thibault, je crois que nous avons trouvé un de tes pouvoirs. Tu ne peux pas te battre comme cela sans avoir appris. Ou alors tu as fait appel à tes dons pour y arriver.

— Je t'assure que je n'ai rien fait, Éric.

— Tu étais comme possédé, en état de transe. Je sais que tu ne l'as pas fait volontairement. Il va falloir que tu apprennes à maîtriser ton pouvoir, si tu ne veux pas blesser quelqu'un qui t'est proche.

Penaud, déconcerté, Thibault s'enfuit dans sa cabine afin de reprendre ses esprits.

Quelques instants plus tard, Éric vint le rejoindre afin d'avoir une discussion avec lui. Il le découvrit assis sur sa couchette, la tête enfouie dans les mains.

— Tu vas bien, Thibault ?

— Je ne comprends pas Éric. Hier encore, je pensais être quelqu'un de tout à fait banal. J'étais tout juste reconnu pour mes recettes de cuisine, et aujourd'hui je suis un être différent, capable de manier une épée comme un maître d'armes alors que je n'ai jamais appris, capable d'entendre les chuchotements des ombres et je ne sais quoi d'autre encore. Je suis terrifié, Éric. Et tellement désolé d'avoir failli te blesser.

— Tu ne dois pas t'en vouloir. Cela fait beaucoup en un seul jour. Mais n'est-ce pas important de découvrir cela et de chercher à comprendre qui tu es réellement ? Finalement nous sommes plus proches que nous le pensions. Nous chercherons tous les deux à découvrir qui nous sommes et d'où nous venons.

— Mais je sais d'où je viens !

— En es-tu vraiment sûr ? Viens. Nous allons prendre un repas bien mérité. Nous méditerons ensuite sur ce qui nous attend à Noldon.

Dans la forêt de Blackwood, Pénélope s'engagea en toute discrétion dans le sentier qui la mènerait au repère de Tyler. Elle n'en pouvait plus de se cacher. Sa grossesse ne passerait pas inaperçue encore très longtemps et le père de son enfant devenait chaque jour un peu plus animal. Elle ne voyait pas d'issue à sa situation. Elle suivait son chemin, perdue dans ses pensées, quand soudain une voix la ramena à la réalité.

— Bonjour Princesse, belle matinée n'est-ce pas ?

Pénélope sursauta et stoppa net sa marche. Elle se retourna pour répondre à la voix qu'elle avait reconnue et qu'elle aurait souhaité ne jamais avoir entendue.

— Que faites-vous là, Zorzar ? Je n'en peux plus de vos intrusions dans ma vie. Pourquoi me faire peur à chaque fois que vous apparaissez ?

Zorzar sortit de l'ombre, sous les traits du beau lord Mac Grisham, comte de Southgam.

— C'est comme cela que vous accueillez l'homme qui vous a sauvé la vie dans la forêt des songes perdus ?

— Quelle que soit la forme que vous prenez, votre présence est pour moi une torture. Vous êtes fourbe et malfaisant. Jamais je ne pourrai m'allier à vous.

— Vous êtes donc décidée à laisser mourir, Tyler ?

— Ne le tuez pas ! Non ! s'écria Pénélope.

Pendant ce temps, Tyler, interpellé par les éclats de voix, était sorti discrètement et s'approcha à pas de loups de sa bien-aimée et de l'homme qui l'accompagnait.

— Je peux tout arranger, vous savez ? susurra Zorzar d'une voix mielleuse.

— En transformant Tyler en animal ? En renversant ma mère ? En prenant le contrôle de l'Anegex ? Oui, je sais. Mais c'est trop ! Trop cher payé !

— Vous serez la nouvelle Kétébel, Pénélope ! Vous aurez le pouvoir et permettrez à Tyler de survivre. Votre territoire s'étendra et vous régnerez aussi sur le royaume des mondes souterrains. Et puis, dès que j'aurai eu ce que je veux, rien ne vous empêchera de prendre Tyler pour amant, ajouta-t-il sur un air de feinte complicité.

— Vous êtes écœurant ! répondit Pénélope.

— Réfléchissez bien, princesse. Vous êtes à la croisée des chemins. Vous pouvez avoir le pouvoir, l'amour, la richesse. Mais vous pouvez aussi tout perdre : votre amour, votre position et… votre enfant.

— Mon enfant ! Il n'a jamais été question de la vie de mon enfant ! hurla-t-elle.

— C'est ma décision ! s'exclama Zorzar, reprenant l'apparence du démon à la face rouge et aux yeux noirs. Je vous laisse le choix ! Mais sachez que, quelle que soit la voie que vous choisirez, le prix à payer sera élevé ! D'un claquement de doigts, je peux mettre fin à votre vie, telle que vous la connaissez maintenant ! Mais il me faut une réponse ! clama le démon en levant la main, rapprochant son pouce de son majeur pour mieux représenter l'image à la jeune femme désœuvrée.

Pénélope tomba alors à genoux, le visage entre ses mains.

— Accepte ! Pénélope ! s'exclama alors Tyler, sortant des sous-bois.

Zorzar et Pénélope se tournèrent vers le semi-animal, surpris. Se relevant, Pénélope se jeta dans les bras de Tyler.

— Comment peux-tu dire une chose pareille, mon amour ?

— Tu n'as pas le choix, lui répondit son jeune amant. Je trouverai une solution, lui dit-il tout bas en la prenant dans ses bras. Fais ce que tu as à faire. Cette situation ne peut plus durer et comme il le dit, si tu tergiverses encore, tu risques de tout perdre.

Les deux amants se regardèrent intensément. Tyler lui fit un signe approbateur de la tête et repartit vers son repère, la laissant seule face à son destin.

— Très bien, dit-elle à Zorzar en se retournant, vaincue. Puisque de toute façon vous obtiendrez finalement ce que vous désirez, j'accepte vos conditions mais j'y mets une condition supplémentaire.

— Laquelle, princesse ?

— Laissez ma mère en vie. La renverser est une chose mais je ne supporterai pas d'être à l'origine de sa mort.

— Très bien, lui répondit Zorzar. Dans ce cas nous scellerons notre pacte dans le sang.

Lui prenant le poignet, il l'entailla d'une de ses griffes. Pénélope retira vivement son bras des mains de Zorzar, lequel s'entailla à son tour le poignet. Puis il attrapa de nouveau le bras de la princesse et le glissa sur le sien afin de mélanger leur sang.

— Que cette union soit la source de notre nouvelle puissance ! Pénélope, vous serez désormais ma Kétébel, reine des mondes souterrains et prêtresse de la mort. Vous régnerez à mes côtés sur le monde des vivants et sur le monde des ombres. Qu'il en soit ainsi, au nom de notre seigneur et maître ! *Alloua D'arakkonam bienne do Mästria !*[3]

Le vent monta soudain au cœur de la forêt de Blackwood. Un tourbillon prit naissance aux pieds des deux êtres unis par ce nouveau lien sans pour autant les projeter dans les airs. Ce tourbillon se fraya un chemin jusqu'à la cime des arbres et un rayon lumineux d'une intensité éblouissante se forma alors, montant aux cieux et redescendant entre les deux époux pour pénétrer le sol jusque dans les profondeurs du royaume souterrain. La nouvelle épouse du roi des mondes souterrains sentit soudainement en elle un changement profond, lui donnant une assurance qu'elle n'avait pas jusque-là. Elle ressentit la moindre particule de vie autour d'elle, respira la moindre odeur provenant de la forêt et de la terre. Elle entendit le moindre bruit, de la fourmi jusqu'au brouhaha lointain de la ville. Elle vit les choses plus intensément.

— Que m'arrive-t-il ?

— Tu es devenue mon double, ma belle. Tu n'as certes pas mes pouvoirs mais tu as ma force. Tu ressens donc tout intensément, lui répondit Zorzar, de nouveau sous la forme de lord Mac Grisham. Viens avec moi. Nous devons présenter ton nouvel amour au roi et à la reine. Plus vite ce sera fait, plus vite nous célébrerons notre union selon les rites de votre monde. Ainsi, ton enfant sera légitimé et nous pourrons prendre enfin les rênes de ton royaume.

— Ma mère, la reine, a organisé un banquet en mon honneur et elle a invité tous les seigneurs de l'Anegex et de la Pictie. C'est ce que j'étais venu dire à Tyler.

— Et qu'est-ce que je dois savoir ?

---

[3] Au nom de notre Seigneur et Maître en langue ancienne des terres désolées.

— Elle doit choisir parmi les princes un époux idéal, mettant en concurrence le prince de Pictie auquel mon père m'avait promise.

— C'est une très bonne occasion pour me présenter à sa majesté. Après tout, j'ai contribué à sauver sa fille, et en tant que noble pictien, j'ai toutes mes chances d'être élu comme prétendant.

— Et si ma mère en nomme un autre ?

— Il ne vivra pas assez longtemps pour te mettre la bague au doigt, tout comme le prince héritier de Pictie. Un accident est si vite arrivé.

— Très bien, mon époux. Rentrons au château. Je dois me préparer pour les festivités.

Tyler regarda les deux époux partir. Il sentit la rage monter en lui comme une force inexorable qui l'envahit. Ses poils et ses dents se mirent à pousser d'un coup, envahissant son visage pour les uns et sortant de sa bouche pour les autres. Il était près de sa transformation définitive. Avant de perdre son humanité, il devait mettre fin à ce scénario macabre tant pour lui que pour sa bien-aimée, mais aussi pour le royaume tout entier. Attendant encore quelques minutes pour mettre une distance entre lui et les époux maudits, il finit par les suivre vers le château. Ce soir, il tuerait Zorzar ou il mourrait. Mais en aucun cas, il ne laisserait la vie de Pénélope tomber en ruine sans réagir.

Il comprenait maintenant qui avait jeté sur lui ce sort abject qui le transformait. S'il était revenu à la vie grâce à Pénélope, il n'en demeurait pas moins que son existence telle qu'elle avait toujours été s'apprêtait à disparaître définitivement. Son sacrifice sauverait l'amour de sa vie et leur enfant.

Dans le bureau privé du roi, Eadred s'entretenait avec Lars de son plan pour renverser la reine. Son fils illégitime ne semblait pas convaincu.

— Vous êtes contrarié, Lars ? Ne dites pas le contraire, je le vois.

— Je comprends votre impatience, père, de me faire connaître à la Cour comme étant votre fils. Mais cela ne va-t-il pas se retourner contre nous ? Après tout, me présenter à la reine sans qu'elle en soit avertie, et ce devant tout le monde, risque de la ridiculiser. Ce n'est pas le meilleur moyen d'entrer dans ses bonnes grâces.

— Je n'en suis plus au stade d'entrer dans ses bonnes grâces. Elle m'a signifié qu'elle ne pouvait plus me supporter. Elle menace de m'exiler. Si nous n'agissons pas maintenant, nous perdrons toute chance de vous imposer à la Cour et de reprendre le dessus. Ne soyez pas faible, mon garçon.

— Vous vous trompez, père, je ne suis pas faible. Je vais me présenter devant la reine puis me proposer comme cavalier à la princesse. Je serai votre digne fils. Je m'inquiète juste pour vous et pour notre lignée. Après tout il s'agit de notre va-tout. Si la reine se met en colère, elle pourrait me faire arrêter et vous chasser.

— C'est vrai. Mais je suis convaincu qu'elle ne le fera pas en public. Je serai peut-être exilé mais elle devra faire bonne figure face à toute la noblesse. Ainsi, elle ne pourra pas vous chasser, d'autant que j'ai des partisans qui me sont fidèles. Ce sera alors à vous de jouer. Pas question d'épouser ma fille puisqu'elle est votre demi-sœur mais vous aurez à cœur de la compromettre pour qu'elle tombe en disgrâce. Ensuite, vous prendrez sa place dans le cœur de la reine et me rappellerez auprès de vous lorsque vous aurez les choses en main.

— J'espère que cela fonctionnera, père. Discréditer l'héritière est assez simple mais prendre sa place dans le cœur de la reine sera plus difficile.

— Vous saurez comment faire. Buvez ses paroles. Louez son courage et sa grande efficacité dans le gouvernement de ses peuples. Ne la contredisez jamais et surtout, dans un premier temps, dénigrez votre père qui n'a pas su s'occuper de vous. Montrez-vous triste de notre relation distordue sans pour autant paraître faible et larmoyant. La reine aime les hommes de cœur mais aussi ceux qui savent se montrer courageux et fidèles.

— Bien, père. Je ferai comme il vous plaira.

— Nous entretiendrons une correspondance secrète et vous me tiendrez informé de vos avancées lorsque je serai en exil. Je compte sur vous, mon fils. Ne me décevez pas. Bien, je dois y aller maintenant. Il me faut me préparer pour cette soirée.

— À ce soir, père, répondit laconiquement Lars en voyant le roi sortir de la pièce.

Se tournant vers le miroir pour contempler sa tenue, il fixa son reflet d'un regard pénétrant.

Si tu crois que je vais te faire revenir lorsque tu seras en exil, tu te trompes lourdement, Eadred. Tu m'as d'abord rejeté, puis ignoré, avant de me faire revenir dans tes bonnes grâces juste pour assouvir tes desseins. Je te hais, père. Je prendrai le pouvoir et t'enverrai croupir en prison lorsque tu ne me seras plus d'aucune utilité.

Un rictus se forma alors sur ses lèvres, rappelant vaguement celui d'Eadred.

Chapitre XX
Le bal des dupes

Après avoir débarqué dans un port de la côte sud du royaume d'Anegex, Éric et Thibault s'étaient mis en chemin immédiatement pour Noldon, non sans que le mutant n'attirât l'attention sur lui, les êtres magiques étant tous suspects aux yeux des habitants.

Sur la route qui les menait vers la capitale, ils avaient d'ailleurs rencontré bon nombre d'elfes mais aussi des nains qui avaient décidé de quitter cette terre devenue hostile avant d'en être définitivement chassés.

— C'est bien triste de voir tous ces gens partir, laissant tout de leur vie derrière eux, se plaignit Thibault.

— Au moins, ils ont encore l'essentiel : leur vie et la volonté de la rendre meilleure dans une contrée plus accueillante, poursuivit Éric.

— Je ne comprends pas la reine ! Après tout ils font partie de son royaume. Ils ont contribué à sa construction et il y a encore peu ils acclamaient Polyxène comme leur reine, avec fierté.

— Ce sont les cristaux, Thibault. Chaque cristal donne à son possesseur un pouvoir spécial. Il apporte des connaissances développées en technologie. Ces connaissances amènent une modernité soudaine qui chasse les anciennes légendes et renvoie la magie dans l'ombre. Quand on ne possède pas de pouvoirs, si on vous donne les clés de la connaissance et de la technologie, plus besoin de l'aide de la magie. Tous ces êtres en font les frais, et sont rejetés non seulement parce qu'on n'a plus besoin d'eux mais surtout parce qu'on en a peur car ils sont différents. Ceci est le début d'une nouvelle ère. Bientôt notre religion aussi sera mise au ban de ce monde qui n'aura plus besoin de croire en ses dieux. Les hommes penseront être eux-mêmes maîtres de leur destin. Alors, pourquoi s'embarrasser de dieux que l'on n'a jamais vus de toute façon ?

— C'est oublier rapidement ce que la magie et les dieux ont apporté. Des connaissances, une philosophie, des règles de vie où prime le respect de chacun.

— Pour la reine et ses partisans, les êtres magiques ne font plus partie de leur monde. Seul le cristal qu'elle possède compte.

— Cela promet des jours sombres, conclut Thibault, las de cette discussion.

Sur ces mots, ils arrivèrent au cœur de la capitale, fatigués mais pressés également de découvrir ce qui se tramait dans le palais royal.

Entrant dans l'arrière-cour du palais, celle qui donnait accès aux cuisines, Thibault fut hélé par un de ses commis de cuisine.

— Maître Thibault, où étiez-vous passé ? Le grand hostelier de la reine est en colère ! Nous sommes en retard pour le banquet de ce soir !

— Mais voyons, répondit Thibault, très calme, le banquet était prévu bien avant mon départ ! J'ai tout organisé et préparé. Les commandes ont été lancées, les ordres donnés. Vous savez tous quel rôle jouer. Tout va bien se passer. Le grand hostelier est un vieux bougon ! Avancez en cuisine et annoncez-moi ! J'ai amené du renfort !

Le jeune commis fit demi-tour aussitôt et s'élança vers les cuisines sans demander son reste.

— Du renfort ? demanda Éric.

— Il faut bien te faire pénétrer dans les lieux, non ? Tu ne pourras jamais entrer dans le palais et encore moins assister au banquet sous ta vraie identité. Déjà qu'il va être difficile de cacher ce que tu es.

— Mais je ne sais pas cuisiner !

— Tu seras mon second. Tu n'auras pas besoin de cuisiner. Tu relaieras mes ordres auprès de la brigade, et accessoirement, tu m'aideras à effectuer quelques tâches subalternes. Je vais te faire amener une livrée pour que tu entres dans ton rôle.

— Euh, tu veux dire que je vais devoir exécuter tes ordres ?

— Si tu as une meilleure idée, ne te prive pas ! Dis-moi ? Comment, en tant que créature magique, comptes-tu entrer au palais et approcher tous les personnages importants ? Tu sais bien qu'ici, tu ne serais pas en odeur de sainteté.

— C'est vrai, tu as raison, et ne t'inquiètes pas pour mes yeux, je peux changer leur couleur.

— C'est vrai ? Dans ce cas, n'hésite pas ! Fais-le tout de suite ! Nous arrivons aux cuisines et je ne voudrais pas que tu fasses fuir tout le monde.

Éric s'arrêta alors et ferma les yeux un moment. Thibault le regarda, s'attendant à voir apparaître une trace d'utilisation de la magie mutante mais rien ne se produisit. Pourtant, lorsque Éric rouvrit les yeux, ces derniers apparurent parfaitement humains, d'un brun clair naturel avec des pupilles non dilatées d'un noir profond.

— C'est incroyable ! On dirait vraiment un humain ! Bon, très baraqué, mais un humain quand même.

— Merci ! répondit Éric, un brun amusé.

— Maintenant, entrons !

Lorsqu'ils pénétrèrent dans les cuisines, ils firent face à un ballet incessant d'allées et venues entre commis, maîtressauciers, maîtres-charcutiers et plongeurs. Une énorme cheminée avait son âtre occupé par deux énormes cerfs en train de rôtir, piqués sur une broche énorme qui tournait doucement au-dessus du feu. Toute une volée de cuisinières s'acharnait à beurrer et garnir des toasts des mets les plus raffinés les uns que les autres.

Des consommés de saveurs différentes cuisaient lentement sur les énormes pianos pendant que les pâtissiers finissaient de décorer leurs œuvres gustatives. Des commis étaient chargés de peler les fruits et d'éplucher les légumes destinés à la cuisson pour accompagner les viandes et les charcuteries déjà préparées.

Les cuisines apparurent à Éric comme une véritable fourmilière où chacun trouvait sa place et avait son rôle à jouer.

Après avoir regardé de manière circulaire l'ensemble du tableau qui se présentait à lui, Thibault se lança lui aussi dans la mêlée.

— Maître Champaign ! lança-t-il au cuisinier chargé des viandes ! Où sont les cochons de lait ! J'avais prévu trois plats imposants pour ces bêtes qui seraient présentées en troupeau ! Où sont-ils ?

— Oh Maître Thibault, répondit le cuisinier. Je suis vraiment désolé mais les bêtes ont été livrées avec un jour de retard. Wilfried est en train de terminer leur préparation dans la cuisine d'été, pour libérer la place à nos travaux. Il aura terminé pour ce soir, ne vous en faites pas.

— J'espère bien ! Et où sont les fraisiers pour la mousse légère à la menthe de Valdest, cette recette typique de Rancef qui a été personnellement demandée par la reine ?

— Ici, Maître Thibault, répondit un des cuisiniers, penaud.

— Mais où est la crème qui doit finir les gâteaux ?

— Je ne comprends pas Maître Thibault. Elle a tourné. J'ai pourtant fait comme vous me l'avez indiqué.

— Avez-vous utilisé des ustensiles préalablement refroidis ? Dites la vérité !

— Euh, j'ai oublié, Maître Thibault.

— Ce n'est pas possible, il faut tout faire soi-même ici ! Mettez des ustensiles dans la chambre à glace. Tout de suite !

Le pâtissier courut se charger de sa besogne, tête basse et tremblant.

— Dis donc, Thibault ! Tu as une âme de chef ! intervint Éric, impressionné et un rien amusé.

— Éric, va me chercher la crème épaisse en chambre froide. Immédiatement ! Lui répondit Thibault en se tournant vers son ami ! Et qu'on m'amène ma livrée et une livrée pour mon second.

La suite de l'après-midi se poursuivit sur le même rythme. Les plats se succédèrent et les garnitures vinrent les compléter, sur un pas cadencé par la baguette du chef d'orchestre Thibault Billet. Éric suivait les ordres sans rechigner et s'amusait même de voir comment se mettait en place le travail des cuisines comme s'il s'agissait d'une action militaire organisée et dirigée de main de maître.

Le début de la soirée s'annonça lorsque les dernières mises en bouche furent enfin prêtes.

— Très bien, s'exclama Thibault Billet ! Vous avez tous bien travaillé. Maintenant c'est au tour des valets de pied d'entrer en scène. Éric, suis-moi, nous allons revêtir nos livrées. Nous avons prévu l'installation d'un bar éphémère sur le thème de l'exotisme. Il sera placé au centre de la salle de bal où les invités pourront déguster divers cocktails de ma composition. La reine a demandé que ce soit moi qui me charge du service. Elle souhaite me présenter comme son cuisinier purcellien. Tu m'aideras car je ne pourrai pas m'en occuper seul. Théodore ! Tu prendras ma place aux cuisines pour veiller à ce que tous les plats qui en sortent soient conformes à mes exigences tant en saveur qu'en cuisson ! Je compte sur toi !

— Bien, Maître Thibault, répondit le cuisinier presque au garde-à-vous.

Au second étage du palais, dans ses appartements, la princesse Pénélope revêtit une robe rouge taillée à la mode de Rancef. Un corsage orné de dentelles offrait un décolleté plongeant sur une poitrine que la grossesse avait déjà rendue un peu plus voluptueuse. Puis la robe s'évasait vers le bas en un jeté de soie brodée de pierres précieuses qui l'alourdissait, permettant une tenue impeccable. Des pantoufles en peau de lapin recouvertes d'un duvet de zibeline rouge finissaient d'habiller ses jambes couvertes de bas de soie blanche. Une étole également faite de zibeline rouge terminait la tenue en apportant un peu de chaleur à la jeune femme. Ses cheveux, préalablement bouclés, étaient remontés en un chignon d'où sortaient quelques mèches qui recouvraient un diadème piqué de diamants.

Elle se contempla dans le miroir. Si elle semblait déterminée et arborait un maintien qui convenait à son rang, ses yeux trahissaient toutefois une tristesse intérieure dont elle ne pouvait se départir. Elle se demandait quel serait son avenir. Réussirait-elle à se pardonner la décision qu'elle avait prise ? Pourtant, elle n'avait pas eu vraiment le choix. Elle aurait été prête à se sacrifier, pour son enfant, pour Tyler, pour sa mère.

Mais si elle avait refusé le marché de Zorzar, ce sont ces trois personnes mêmes qui auraient succombé. Essayant de penser qu'elle pourrait peut-être changer le cours des choses, elle s'apprêtait à quitter sa chambre lorsque son père entra sans frapper.

— Père, que faites-vous là ? Ne devriez-vous pas déjà être en bas pour accueillir les premiers invités ?

— Je voulais vous parler avant, Pénélope.

— Que voulez-vous me dire de si urgent ? Je pense que nous nous sommes déjà tout dit, vous ne croyez pas ?

— Je tiens à m'excuser, Pénélope.

— Vous excuser ? Pourquoi ? Pour m'avoir rejetée ? Battue ? Reniée ? Ou les trois à la fois ?

— Ne soyez pas cynique, Pénélope. Vous savez que j'étais en colère. Je ne voulais que votre bien. Je n'ai jamais eu droit au chapitre sur la façon de vous éduquer et je n'ai rien pu vous apprendre de mes principes familiaux.

— Au vu de ce qui s'est passé dernièrement, j'avoue, père, ne pas regretter cet enseignement.

— Je voudrais vraiment que nous fassions la paix. Je vous le dis encore, je suis désolé. Je ne vous empêcherai plus de vivre comme vous le souhaitez.

— Vraiment ? Dans ce cas, j'accepte vos excuses, père. Quant à obtenir de moi un rapprochement, je pense qu'il faudra du temps. Je ne peux oublier ce que j'ai enduré ces derniers temps.

— Je comprends, Pénélope. J'ai aussi autre chose à vous avouer. Je tiens à être désormais transparent. Je ne veux plus de secrets entre nous.

— Parlez, père, lui répondit la fille héritière, inquiète.

— Voilà, malgré le mariage, jamais je n'ai réussi à oublier l'humiliation de ne pas être devenu le souverain légitime, des dissensions sont très vite apparues entre votre mère et moi après notre union.

— Je sais déjà tout cela. Mais où voulez-vous en venir ?

— À cette époque, je me suis beaucoup disputé avec votre mère. Nous étions presque au bord de la rupture.

— Je ne le savais pas.

— Ne jamais se plaindre, ne jamais rien dire, ne jamais expliquer. Ce sont les mots d'ordre de notre famille. Ou plutôt de la famille de votre mère. Bref, j'ai eu une liaison à l'époque. Cela n'a pas duré longtemps mais assez pour que de cette liaison naisse un enfant.

— Un enfant ! Vous voulez dire que…

— Vous avez un demi-frère Pénélope. Et il est ici ce soir, pour vous rencontrer.

— Comment ? Mais cela ne se peut. Vous ne pouvez pas me mettre devant le fait accompli ! Et la reine ?

— Elle sera bientôt au courant de son existence. Elle va certainement m'exiler prochainement. Mais je voulais vous le dire personnellement. Je ne voulais pas que vous l'appreniez par quelqu'un d'autre que moi.

— C'est trop ! Père ! C'est trop violent ! Pas maintenant ! Pas aujourd'hui !

— Pourquoi pas aujourd'hui ? Je ne comprends pas.

— Peu importe. Je ne veux pas le voir, père. Ne me le présentez pas ou je ne sais pas de quoi je serais capable !

— Pénélope, c'est peut-être ma seule chance de vous voir ensemble ce soir. Je vous en prie, soyez raisonnable.

— Vous me demandez d'être raisonnable alors que vous avez fauté ! Vous avez trahi votre épouse, votre reine, mais aussi votre fille. Vous m'avez maltraitée et vous me demandez d'être raisonnable ! Vous devriez avoir honte ! Je vous déteste !

— Assez ! s'insurgea Eadred. Je vous rappelle que je suis encore le roi. Vous me devez le respect. J'ai essayé d'être tendre et prévenant avec vous mais cela n'amène à rien de bon. Que dois-je faire pour que vous m'obéissiez ?

— Alors c'est ça ! Vous ne croyez pas un mot de ce que vous m'avez déclaré tout à l'heure ! Vous cherchiez juste à m'amadouer ! Vous êtes répugnant !

Ne pouvant plus se contenir, Eadred s'avança vers sa fille et leva sa main pour lui flanquer une gifle. Mais son geste fut stoppé net. Figé sur place, le roi ne pouvait plus bouger. Les yeux de sa fille devinrent complètement noirs, glaçant les sangs d'Eadred.

— Désormais, vous ne me toucherez plus. Vous ne m'approcherez plus. Vous ne me parlerez plus. N'essayez même pas de me présenter votre bâtard. N'essayez plus rien contre moi ou pour moi. Si vous tentez quoi que ce soit, vous n'aurez pas le temps de prendre une nouvelle respiration que votre âme sera déjà damnée, livrée au royaume des mondes souterrains, asséna Pénélope.

Le roi fut soudain libéré de l'emprise de sa fille.

— Que s'est-il passé ? Mais qui êtes-vous, Pénélope ?

— Je ne suis plus Pénélope. Je suis Kétébel, reine du royaume des mondes souterrains, prêtresse de la mort. Agenouille-toi, mortel, si tu veux éviter mon courroux !

Ces mots prononcés d'une voix d'outre-tombe finirent de pétrifier le roi qui s'affala plus qu'il ne s'agenouilla, sous le poids de la terreur.

— Tu ne révéleras à personne ce que tu viens d'apprendre. Sinon, tu perdras ton rang, tes biens, et jusqu'à ton honneur. Maintenant, quitte cette chambre et n'oublie pas. Je ne veux plus avoir à faire à toi.

Eadred s'empressa de se relever et quitta la pièce dans la précipitation. Il courut vers son bureau où il s'assit pour reprendre ses esprits et se servir un verre de whisky. Ses plans étaient désormais vains. Il ne pouvait plus rien tenter au risque de perdre sa couronne, ses biens et son honneur. Son fils ne lui servait plus à rien. Mieux valait donc s'en débarrasser tout de suite et éviter le courroux de ce monstre qui s'était emparé de sa fille. Il ne pouvait se résoudre à abandonner le pouvoir comme cela mais il n'avait pas le choix. Des forces bien trop fortes lui faisaient face. C'était décidé, Lars devait quitter le palais ce soir sans avoir été présenté et lui-même partirait demain en Pictie se réfugier à l'abri, loin de cette Kétébel. Après tout, la reine voulait qu'il parte et les laisse en paix. Eh bien, il allait leur donner ce qu'elles voulaient quoiqu'il advienne de Polyxène. Se levant brusquement, Eadred se dirigea d'un pas décidé vers les appartements de son fils. Dans les couloirs il fit appel à deux gardes pour l'accompagner. Il arriva bientôt devant la chambre de Lars. Hésitant un peu, il finit par se lancer et entra à la volée chez son fils. Ce dernier était en train de finir de se préparer. Il avait enfilé ses chausses et finissait de nouer sa cravate.

— Lars, venez avec moi, je vous en prie, demanda Eadred d'un ton qu'il avait du mal à gérer.

— Que se passe-t-il, père ?

— Les plans ont changé. Je vous expliquerai. Suivez-moi.

— Très bien, père, mais vous me faites peur. Pourquoi ces gardes ?

— Pour assurer notre protection.

Lars suivit son père, muet. Les quatre individus descendirent les escaliers de service qui menaient à l'arrière du palais. Là, Eadred s'avança au-dehors, dans la nuit, vers une des sorties annexes du palais. Arrivés à la grille arrière, Lars, tremblant, s'avança vers son père.

— Allez-vous me dire ce qui se passe ?

— Vous devez partir, Lars. Et ne jamais revenir.

— Co… comment ? Mais c'est une plaisanterie !

— Pars et ne reviens jamais. Si je devais te revoir, sache que je ne pourrai plus te protéger.

— Me protéger ?

— Tu es en danger. Si tu t'approches de la famille royale, tu mourras.

— Mais père, faites quelque chose. Cela ne se peut !

— Gardes !

Sur son ordre, les gardes attrapèrent le jeune homme et le jetèrent hors du palais sans ménagement, puis refermèrent les grilles autour desquelles ils passèrent une chaîne fixée par un cadenas.

— Père ne faites pas ça ! Ne me laissez pas !

Eadred regarda son fils droit dans les yeux et se retourna sans un mot, avant de rejoindre le palais.

— Vous me le paierez ! s'insurgea Lars. Vous ne m'avez jamais aimé. Je n'étais qu'un pion dans votre jeu. Je me vengerai, vous m'entendez ? Je me vengerai !

Le jeune homme, fou de rage, se tourna, transi de froid, vers la rue qui longeait le parc du château. La pluie commençait à tomber et il n'avait même pas une veste sur les épaules. Il décida de se rendre à l'entrée du palais pour tenter d'y pénétrer par la grande porte. Peut-être que les ordres n'avaient pas encore été donnés pour l'empêcher d'entrer. Arrivé devant la grille principale, il entra en catimini dans la cour d'honneur. Le ballet des voitures commençait à devenir de plus en plus dense, déposant des couples en habit de soirée, des comtes, comtesses, ducs et duchesses des différents coins du royaume, comprenant maintenant la Pictie.

Lars se cacha derrière une des colonnes qui soutenait le pavillon central de l'entrée du palais. La nuit étant déjà tombée, personne ne le repéra dans son habit sombre. Il attendit, cherchant une occasion d'entrer sans interpeller quiconque.

Les voitures commençaient à se suivre au pas, créant un embouteillage à l'entrée du palais. Soudain, il aperçut un véhicule transportant un homme seul. Il s'agissait du jeune comte de Browcester, noble désargenté mais venant d'une illustre famille. Habituellement jamais convié à rencontrer les Grands du royaume, il semblait avoir fait l'objet d'une invitation ce soir. La reine n'avait pas lésiné sur le nombre d'invités qui devaient assister au banquet. Il s'agissait d'asseoir son autorité et d'adouber la princesse et l'homme qui aurait la chance d'emporter son cœur, ou à tout le moins, son assentiment, pendant les festivités.

N'écoutant que la rage qui l'animait, Lars tenta le tout pour le tout. S'approchant de la voiture, il frappa à la fenêtre.

— Monsieur le Comte ! Monsieur le Comte !

— Qui va là ? demanda le comte en ouvrant sa portière.

— Je suis le valet personnel de sa majesté le roi. Il demande à vous voir dans les meilleurs délais, en toute discrétion. Pouvez-vous me suivre s'il vous plaît ?

— Mais, quelles sont ces manières ? Cela ne suit pas le protocole. Et puis je ne vous ai jamais vu monsieur. Laissez-moi donc ! Je parlerai au roi en temps voulu.

— Je vous en prie, cela concerne la princesse. Le roi souhaite vivement vous donner sa main. Il veut vous la présenter avant son entrée officielle.

Le jeune comte, interpellé par la possibilité de toucher enfin la gloire pour sa famille et de voir les projecteurs se braquer sur lui, ne résista pas longtemps à cet excès d'orgueil qui venait flatter sa vanité. Descendant de voiture, il suivit le jeune homme à l'arrière du palais. Après être sorti de la vue du ballet des voitures, Lars se retourna brutalement vers le comte et le frappa violemment en plein visage, renversant ce dernier. Passant derrière lui, il lui prit la tête entre les mains et la tourna d'un coup sec, brisant les vertèbres cervicales du jeune noble qui rendit son dernier soupir. Il s'empara ensuite du carton d'invitation glissé dans la poche de la veste du comte de Browcester en tirant le cadavre dans un buisson non loin de là. Vérifiant sa mise, il repartit d'un pas décidé vers l'entrée du palais.

La voiture du comte était presque arrivée à hauteur du perron d'honneur. Lars profita de son passage pour en ouvrir la portière, à la stupéfaction du chauffeur.

— Monsieur le comte m'a demandé de venir chercher une écharpe de soie qu'il a laissée dans la voiture.

— Très bien, monsieur, répondit le conducteur sans prêter plus attention à son interlocuteur.

Lars ressortit de la voiture au moment où elle arrivait au niveau du perron. Il s'avança et sortit le carton d'invitation du comte qu'il présenta aux valets s'occupant de l'accueil. Le comte n'étant pas très connu, son subterfuge fonctionna à merveille et il passa sans encombre, se trouvant vite à l'intérieur du palais. Sans hésitation, il se dirigea vers la salle de bal où étaient conviés tous les invités.

Éric et Thibault s'étaient installés dans le bar circulaire qu'avait fait confectionner le chef pour la soirée. En bois recouvert de bambous et de feuillage artificiel, l'ensemble faisait penser à une paillote du sud de Purcell. Les décorations étaient agrémentées de fruits exotiques et de coquillages provenant d'Eorfren.

L'objectif de Thibault était évidemment de donner comme un air de vacances à cette soirée, y apporter le soleil de toute la côte sud de Rancef, pour égayer le bal.

Les invités étaient déjà nombreux. Les tenues des femmes rivalisaient de couleurs rehaussées par les bijoux les plus étincelants. Leurs accompagnants étaient d'une grande élégance, revêtant le smoking en vogue à la mode de l'Anegex. Les hommes étaient assez nombreux car chaque famille avait amené un fils à marier d'âge avec la princesse. Toutes les grandes familles de la noblesse étaient présentes mais la grande bourgeoisie était aussi représentée ainsi que la noblesse de robe. Même si chacun discutait et riait de bonne grâce, l'ambiance était un poil tendu. Tout le monde attendait la souveraine et sa fille. Chacun espérait repartir ce soir avec une promesse d'union qui ferait monter sa famille au plus haut sommet du pays.

Éric et Thibault servaient différents cocktails à base de fruits rouges ou de fruits jaunes fraîchement pressés. Tous les alcools se suivaient dans la confection de ces jus aux saveurs exotiques, de la vodka à la Tequila en passant par des breuvages issus du terroir de Thibault, Valadorel étant connue pour la culture des prunes et des noix.

Pendant qu'il servait les invités, Éric ne manqua pas de scruter chacun d'entre eux, cherchant à travers les regards s'il décelait la présence de Zorzar. Il scruta aussi les murs qui entouraient la salle de bal, cherchant des ombres qui bougeraient sans suivre de manière symétrique les déplacements des invités.

Rien ne lui paraissait anormal pour le moment.

— Je ne vois rien de troublant Thibault, dit-il à son ami.

— Patience, Éric, la reine n'est pas encore arrivée et sa fille se montrera bien après. Je pense que si nous devons déceler quelque chose, ce sera à ce moment précis.

Un homme seul s'approcha du bar et s'adressa à Thibault pour lui commander un cocktail.

— Dites-moi, mon brave, avez-vous de la tomate ?

— De la tomate ? Monsieur, bien entendu. Que souhaitez-vous ?

— Je voudrais un bloody killer, s'il vous plaît. Vous connaissez ?

— Un doigt de whisky, une mesure de tequila et un jus de tomate poivrée, c'est bien ça ?

— C'est cela en effet.

— Je n'en ai jamais confectionné mais j'en ai entendu parler. C'est un cocktail qui ne se boit que rarement car il est assez corsé. Vous êtes certains d'en vouloir monsieur… le baron ?

— Baron ? Non, comte de Southgham, je vous prie. Et si je vous l'ai commandé, c'est que c'est ce que je souhaite.

— Excusez-moi, monsieur le Comte. Je vous prépare cela tout de suite, répliqua Thibault, faussement confus.

Derrière lui, Éric, qui venait de servir une margarita à une vieille baronne échevelée au sourire édenté, se figea soudain, alerté par une odeur nauséabonde, assez faible mais perceptible tout de même. Il regarda autour de lui, cherchant l'origine de cette odeur qui lui semblait familière.

— Tu as senti, demanda-t-il à Thibault ?

— Quoi donc ?

— Cette odeur nauséabonde.

— Non. C'est peut-être un des invités qui n'a pu se retenir de…

— Non, je connais cette odeur. Il est là, Thibault. Pas très loin, mais là. Il masque sa présence mais je reconnaîtrais cette odeur entre mille. Ouvre l'œil.

— C'est peut-être l'individu à qui je viens de servir un bloody killer.

— Un quoi ?

— Un cocktail rare, car très corsé. Peu de gens réussissent à le boire sans être ivres rapidement. En plus, cet homme était particulièrement antipathique. Pas désagréable en soi, mais il m'a fait une drôle d'impression.

— Il est où ?

— Il est parti dans la foule, par là-bas. Mais on ne peut pas le voir là. Et puis c'était un homme. C'est le comte de Southgham.

— Si tu le revois, appelle-moi.

— D'accord mais je ne pense pas que c'était lui. Sinon j'aurais senti l'odeur nauséabonde tu ne crois pas ?

— Cette odeur était légère, subtile. Je l'ai sentie car elle est gravée en moi, Thibault. Peut-être ne la sentirais-tu pas même s'il passait à côté de toi au point de te frôler. Dis-le-moi quand tu l'aperçois.

— D'accord, Éric.

Un gong retentit à ce moment, annonçant l'arrivée de la famille royale. Les lumières générales s'allumèrent. Les invités se retirèrent de part et d'autre de la salle laissant un passage se former entre eux menant de l'entrée de la salle de bal jusqu'aux trônes installés à l'autre bout de la grande pièce. Les miroirs fixés tout autour de la pièce renvoyèrent les lumières, faisant comme un halo général sur l'ensemble des convives.

La reine Polyxène apparut enfin, au bras de son époux, le roi Eadred. Vêtue d'une robe couverte d'or fin, les cheveux remontés en chignon, elle portait sur la tête une fine couronne d'apparat au centre de laquelle brillait un cristal blanc étincelant. Elle avança, le menton relevé, dans une dignité plus impériale que royale, au bras d'un roi vêtu d'un complet bordeaux en velours. À côté de la reine, il semblait absent. La tête presque entrée dans les épaules, il avait un regard vitreux et semblait se mouvoir comme un automate. En passant à côté de son fils, qu'il avait fait jeter dehors peu de temps auparavant, il ne se rendit même pas compte de sa présence.

Les deux époux royaux avancèrent doucement, la reine saluant çà et là les membres de la Cour et les Grands du royaume. Passant au centre de la salle, à côté du bar improvisé, elle aperçut maître Thibault debout devant sa paillote, avec à ses côtés son second, et s'arrêta quelques instants.

— Maître Billet, je suis particulièrement satisfaite de votre travail. Votre bar improvisé est charmant et les mises en bouche semblent succulentes et particulièrement raffinées dans leur présentation. J'espère que la suite sera du même acabit et éblouira nos invités.

— Vous m'honorez, Votre Majesté, répondit le chef en se fendant d'une révérence et d'un sourire satisfait.

— Mais qui est cette personne qui vous accompagne ?

— Mon second, Votre Majesté. Éric Letcheur.

— Oui c'est ça ! Vous me faites penser, monsieur Letcheur, au roi de Kursell. Vous lui ressemblez étrangement. Plus étonnant encore, vous portez le même patronyme.

— Mon nom se prononce de la même manière mais ne s'écrie pas comme le nom de la famille royale de Kursell, Votre Altesse.

— Ah ? Très bien. Votre ressemblance est tout de même des plus troublante.

La reine reprit son chemin, toujours accompagnée du roi Eadred, toujours aussi hagard. Arrivés au trône, ils se placèrent chacun devant leur fauteuil. Puis la reine s'adressa à l'ensemble des convives.

— Mesdames et Messieurs, représentants des forces vives de notre royaume. Je suis heureuse de vous recevoir ce soir en mon palais d'Elven. Je tiens à vous annoncer dans un premier temps que l'armée a enfin débarrassé de l'est du pays, les elfes des montagnes qui s'étaient alliés aux nains pour empêcher notre progression dans leurs territoires. Ces traîtres ont été vaincus et la plupart ont péri lors des opérations. Les autres ont pour la plupart été emprisonnés. Pour le reste, ils ont quitté ou sont en passe de quitter notre royaume. Je serai désormais intransigeante avec toute créature suspecte de comploter contre la Couronne et soupçonnée d'utiliser un quelconque pouvoir pour nuire au royaume. Je déclare ouverte désormais, l'ère de l'ordre et de la vérité scientifique. Trop longtemps nous avons subi la présence de créatures, pour la plupart dans l'ombre, mus que nous étions par la crainte qu'elles nous inspiraient. Ce temps est révolu. Le temps de la technologie et de la science s'ouvre désormais et nous en sommes les maîtres. La peur a changé de camp. Cette soirée sera en partie dédiée à fêter cet événement. L'autre événement important est l'ouverture officielle du carnet de bal de la princesse Pénélope. Ce soir, elle sera la véritable reine de ce bal avant de prendre un jour la place de reine dans le royaume.

Chaque homme souhaitant inviter la princesse à danser et proposant de lier sa famille à la nôtre devra venir se présenter devant moi. La princesse décidera elle-même si elle souhaite accorder une danse au prétendant. Sachez que j'apprécie chaque famille ici présente. Un refus ne doit pas être considéré comme un affront. Un seul homme aura la chance de convoler un jour avec ma fille. Tous les autres seront donc évidemment déçus. Pour autant, ils auront d'innombrables autres occasions de me prouver leur bravoure et leur loyauté. Maintenant je vous prie, Mesdames et Messieurs de laisser place à votre future souveraine, ma fille, Pénélope Lancestral.

La foule se divisa de nouveau en deux, laissant apparaître un couloir pour la princesse Pénélope. Cette dernière apparut à l'entrée de la salle de bal juste après le retentissement d'un nouveau gong. Avançant doucement, elle se présenta, comme sa mère, menton relevé et enveloppée dans une dignité toute royale.

— Elle est vraiment très belle, chuchota Éric à Thibault.

— Oui, très. Et très fière aussi. Mais c'est étrange, on dirait que quelque chose a changé en elle, comme si elle était plus forte, plus fière, mais plus triste aussi, qu'auparavant.

Éric regarda de manière un peu plus appuyée la princesse qui s'avançait toujours en direction du trône. Une odeur nauséabonde réapparut, subtile et discrète, lorsque la princesse passa devant le bar central.

Le silence dans la salle était assourdissant. Passant devant Lars, Pénélope ne vit pas qu'il sortait à cet instant un couteau. La haine du jeune homme pour son père et pour la reine était telle qu'il souhaitait absolument leur faire mal, quand bien même il serait pris après son forfait. Il s'avança, couteau en main, alors que les gens se bousculaient pour approcher la princesse de plus près. Alors qu'elle se trouvait à deux doigts de lui, il se décida à tendre son bras muni de l'arme pour la poignarder, mais n'eut pas le temps d'exécuter son geste. Une force inconnue pénétra ses entrailles et serra d'un coup son cœur, jusqu'à l'écraser dans sa poitrine. Le jeune homme s'effondra après le passage de la princesse, créant l'émoi dans la foule des courtisans. Éric avait senti l'odeur pestilentielle au moment où Lars avait été terrassé. Voyant le jeune homme tomber, il comprit que son malaise n'était pas un accident. Alors que de jeunes pages intervenaient pour emporter le malheureux, Éric regarda dans la foule à la recherche de Zorzar.

Ses yeux rencontrèrent soudain ceux du comte de Southgham et pénétrèrent le regard de l'individu.

Instantanément, Éric et Zorzar se reconnurent.

Troublé, Zorzar se recula dans la foule et disparut derrière les convives. Éric, ne tenant pas en place, sortit précipitamment du bar pour s'élancer à sa poursuite.

— Que fais-tu, Éric ? s'exclama Thibault.

— Il est là, répondit Éric, s'éloignant déjà.

Thibault s'élança à son tour derrière son ami.

Pendant ce temps, le malaise s'étant dissipé après l'évacuation de Lars, les invités avaient repris place derrière la princesse qui était arrivée devant la reine. Après une brève révérence, elle s'installa sur son siège, à droite de la souveraine. En se retournant pour s'asseoir, elle aperçut au loin Zorzar qui sortait de la salle de bal. Son allure était trop rapide. Elle aperçut que deux individus le suivaient et s'engouffraient dans l'entrée de la salle de bal. Les courtisans avaient déjà refermé le passage qui l'avait conduite à sa place.

— Vous êtes vraiment très belle, mon enfant, lui dit la reine tendrement.

— Je vous remercie mère, répondit Pénélope d'un air distrait.

— Vous allez bien ? Vous avez l'air contrariée.

— Non, mère. Tout va bien. Je suis juste un peu nerveuse.

— C’est compréhensible. C’est pour vous une grande soirée.

À côté, le roi était toujours aussi impassible, n’osant regarder sa fille de peur d’être foudroyé. Il n’avait même pas réalisé que le corps emmené par les pages était celui de son fils.

La musique reprit, entraînant les invités, qui dans une danse, qui dans une conversation.

— Souhaitez-vous que l’on commence les présentations ? demanda la reine.

— Si vous voulez bien, mère, je souhaiterais pouvoir me restaurer un peu avant. Je n’ai pas salué ma grand-mère et ma tante. Je les vois, vers l’entrée. Si vous le permettez, je souhaiterais leur parler un peu. J’en profiterai pour manger et nous pourrons ensuite commencer.

— Très bien, ma fille. Ne soyez pas trop longue. Les présentations prendront du temps.

— Ou pas, mère, si mon choix est fait rapidement, répondit Pénélope dans un sourire complice.

Sur ces mots, la fille-héritière se leva et s’avança dans la foule, non pas pour saluer sa famille, comme elle l’avait indiqué, mais pour sortir et découvrir ce qui se tramait avec Zorzar.

Ce dernier sortit du palais par une porte dérobée sur l’arrière. S’avançant dans une allée de graviers, il réfléchit à la situation. Ce n’était pas un hasard si Éric Letcheur était ici. Il devait être en mission pour l’empêcher de réaliser ses desseins. Cela ne pouvait être. Il n’avait pas fait tous ces efforts pour rien. Après avoir enfin décidé cette dinde de princesse à accepter son marché, il ne pouvait laisser ce mutant compromettre ses plans. Cependant, il devait agir vite et en toute discrétion. Il ne pouvait montrer pour le moment sa vraie nature à tout le monde. Il était trop tôt. Démasqué, il serait empêché par nombre de partisans de la reine. Sans compter les créatures magiques qui barreraient sa route, quand bien même Polyxène les avait affaiblies. Il devait se débarrasser du mutant et faire disparaître son corps pour ne laisser aucune trace. S'il réussissait, le grand maître serait content qu'il ait réalisé d'une pierre deux coups. À la fois, s'emparer du Trône d'Anegex et détruire l'élu.

Alors qu'il était encore dans ses pensées, Éric surgit derrière lui, suivi par Thibault.

— Zorzar ! s'écria le mutant.

Pendant ce temps, Tyler, qui s'était introduit dans les jardins du château, passa devant le pont qui menait sur l'île du lac d'où venait Pénélope lorsqu'elle le rejoignait. S'arrêtant quelques instants, son cœur s'emplit de mélancolie en repensant aux instants heureux avec la princesse. Décidément, sa vie ne pouvait continuer ainsi. Laisser la femme qu'il aimait aux mains du monstre pendant que lui-même se transformait en bête était une hérésie qu'il ne pouvait admettre. Reprenant ses esprits, il poursuivit son chemin vers le palais. Il démasquerait Zorzar devant la Cour entière et le tuerait pour qu'enfin il puisse prouver sa bravoure à la reine et vivre avec Pénélope.

Zorzar se retourna vers Éric et Thibault, ses yeux devenant d'un noir profond. Son visage devint d'un rouge luisant, dégoulinant de sang.

— Tu n'as pas peur, mutant. Je dois reconnaître que tu es courageux.

— Que fais-tu ici, Zorzar ?

— J'exécute les ordres du grand maître. Mais qui as-tu amené ? Tu aurais dû laisser cet humain derrière toi. C'est dommage maître Billet, mais je ne peux laisser de témoins.

— Qui est ton maître Zorzar ?

— À quoi bon t'expliquer puisque je vais te tuer ? Tu as beau être l'élu, tu ne pourras me vaincre, mutant.

— Essaie donc de me terrasser, vil démon. Peut-être me sous-estimes-tu ? Je pourrais te détruire comme j'ai détruit Kétébel.

— Elle n'avait pas mes pouvoirs, répondit Zorzar, en colère. Tu vas connaître ma vengeance, mutant. Tu n'aurais pas dû t'attaquer à moi !

Sur ces mots, en un éclair de temps, il se transporta devant le mutant qu'il attrapa par le cou afin de l'étrangler d'une main.

Éric, d'abord surpris, envoya dans le ventre de son ennemi deux boules de feu orange, destinées à le détruire. Zorzar lâcha prise et se recula face à cette attaque mais ne fut en rien détruit, encore moins égratigné comme le serait tout être vivant.

Éric en profita pour instaurer un bouclier magique entre lui et le démon.

— J'ai appris à dompter ma peur et à ne plus fuir face à l'ennemi, Zorzar. Cette fois-ci tu ne m'auras pas et je ne te laisserai pas t'échapper. Que veux-tu à la princesse ?

— C'est ma nouvelle Kétébel. Bientôt, je deviendrai le maître de l'Anegex et j'offrirai ce royaume au grand maître.

— Tu ne feras rien, monstre, répondit Éric en faisant appel en même temps à la flamme blanche.

Tyler, arrivé près du palais, entendit les cris des protagonistes. Il s'approcha et aperçut Zorzar en proie à un combat face à un mutant. N'écoutant que son courage, il sortit de son étui un long couteau qu'il destinait à son ennemi.

— Tu ne pourras pas me tuer avec cette arme, s'esclaffa Zorzar à destination du mutant. Tu n'es pas encore assez puissant.

Pénélope qui était sortie elle aussi sur le chemin en gravier approcha doucement des duellistes. Cachée par un bosquet, elle n'intervint pas mais regarda, médusée, le combat que se livraient Zorzar et le mutant.

— Disparais ! s'écria Éric en lançant sa flamme blanche des deux mains, faisant tomber ainsi le bouclier.

Le jet lumineux percuta le démon de plein fouet mais ce dernier résista et réussit même à avancer. Plus puissant que ne l'était Kétébel, la flamme blanche lui donnait du fil à retordre, entamant un peu sa peau qui roussissait sous l'effet de l'attaque, mais il continuait à avancer vers le mutant, les deux bras en protection devant lui. Mentalement, il s'attaqua au cœur du mutant comme il l'avait fait pour Lars peu de temps auparavant.

— Cela suffit ! s'écria le monstre. Tu vas mourir. Je n'ai pas de temps à perdre.

Profitant de ce moment pour intervenir, Tyler s'élança sur Zorzar et lui planta son couteau entre les deux omoplates, faisant cesser instantanément la pression sur le cœur d'Éric qui tomba un genou au sol. Malheureusement, cette attaque n'eut aucun autre effet sur le démon qui se retourna et attrapa la semi-bête par le cou et lui rompit les os d'une pression rapide, laissant retomber Tyler, mort sur le sol.

Pénélope, à la vue de la scène, resta pétrifiée. Zorzar avait tué Tyler, sans se soucier du marché conclu avec elle. Elle sentit la rage monter en elle.

Le démon se tourna vers Éric pour en finir une bonne fois pour toutes, mais c'est une scène surprenante qu'il découvrit. Le jeune cuisinier qui accompagnait le mutant avait lui aussi fait appel à la flamme blanche. Ses traits étaient déformés par la colère. La puissance qui émanait de cet être était dix fois plus grande que celle du mutant.

— Cela ne se peut. Qui es-tu ?

— Je suis celui par la main duquel tu vas périr, démon ! s'écria Thibault, lançant sur Zorzar toute la puissance qu'il pouvait.

Ce dernier disposa ses bras en croix et lança sur son adversaire une vague noire et nauséabonde, comme l'avait fait le nécromancien sur Éric à Garches sur Taren. Les deux attaques s'entrechoquèrent. La vague noire résista un peu avant de refouler vers le démon. Ce dernier tint bon mais sentit qu'il ne pourrait pas résister longtemps. C'est alors que Pénélope sortit de l'ombre, s'avançant vers son époux diabolique. La voyant arriver derrière ses deux ennemis, Zorzar ne put s'empêcher de laisser un sourire diabolique s'inscrire sur son visage, le rendant encore plus hideux. Avec sa nouvelle Kétébel, il savait que son combat était gagné.

Pénélope continua d'avancer, regardant Zorzar fixement, sans ciller. Elle s'arrêta soudain et leva un bras dans la direction du démon. Entre elle et lui, Éric était en train de se relever et aperçut l'ombre d'une personne derrière lui, sur le sol, le dépassant.

Alors qu'il se retournait, la nouvelle Kétébel lança une attaque puissante qui passa à côté du mutant sans le toucher et vint se fondre avec la flamme blanche sur Zorzar. Elle aussi lançait une flamme blanche qui vint renforcer l'attaque de Thibault. Devant la puissance des deux attaques, le démon ne put plus contenir sa défense et finit par céder, recevant d'un coup d'un seul l'attaque puissante de Thibault et l'attaque de Pénélope. Jeté en arrière, il retomba sur le sol, violemment. Après quelques instants, il se releva et envoya un rire sardonique à ses adversaires.

— Vous ne m'avez pas eu ! Je suis trop puissant !

Mais son corps commença à partir petit à petit en poussière, doucement, mais inévitablement. Pénélope, Thibault et Éric le regardèrent sans mot dire, comme un juge regarde un condamné après le prononcé de la sentence.

Se rendant compte de ce qui lui arrivait, Zorzar cessa de lutter et leva les yeux vers ses adversaires.

— Vous ne l'arrêterez pas ! Le seigneur des ténèbres se réveille. Il sera bientôt assez puissant pour vous anéantir tous. Il viendra et engloutira vos royaumes et vos cités. Vous deviendrez ses esclaves. Vous ne vous en sortirez pas cette fois-ci !

Sur ces derniers mots, Zorzar disparut dans une volute de poussière qui s'envola dans le ciel de Noldon.

Pénélope, libérée de l'emprise de Zorzar, se précipita sur le corps de Tyler. Ce dernier, avec la disparition de Zorzar, avait repris sa forme humaine. Prenant sa tête dans ses bras, la princesse hurla sa douleur, berçant le père de son enfant tout en pleurant.

Éric et Thibault, défaits par cette âpre lutte, se regardèrent comme s'ils étaient revenus de l'enfer.

— Tu m'as sauvé, Thibault. Sans ton intervention, Zorzar aurait pu me tuer rapidement. Mes défenses étaient tombées. Merci.

— Je n'aurais pas laissé ce monstre parvenir à ses fins, Éric. Et les amis sont faits pour s'entraider n'est-ce pas ?

— Qui êtes-vous ? s'écria une voix derrière eux.

Se retournant, les trois combattants s'aperçurent qu'une partie de la Cour était dans le jardin, la reine à leur tête. Alertés par les cris et les lueurs provenant des jardins, ils s'étaient déplacés, pensant à un feu d'artifice.

Thibault et Éric se tournèrent vers la reine et s'agenouillèrent devant elle.

— Nous sommes désolés, Majesté, se lança Thibault. Nous avons dû lutter contre un ennemi mortel qui en voulait à la princesse.

— Il suffit ! j'ai vu et entendu ce qui s'est passé. Je vous demande qui vous êtes ?

Éric reprit alors son allure normale, faisant réapparaître ses yeux d'un vert émeraude scintillant.

— Je suis Éric Letcheur, Votre Majesté, mutant de mon état.

— Je suis Thibault Billet, Votre Majesté, cuisinier émérite et, accessoirement, créature magique.

La princesse accourut vers sa mère et s'agenouilla à son tour, les yeux toujours emplis de larmes.

— Je suis votre fille, Majesté. Ces hommes m'ont sauvé d'un grand péril. Mais ils ont aussi sauvé la Couronne d'un péril encore plus grand. Malheureusement, ils n'ont pu sauver l'amour de ma vie, dont le corps gît dans l'allée. Je vous implore de m'écouter, mère. Zorzar, le roi des mondes souterrains s'était emparé de ma personne. Il comptait vous détrôner et prendre les rênes du pouvoir sur votre royaume.

Un murmure d'étonnement s'empara de la foule.

— Je ne peux croire à tout cela et pourtant je l'ai entendu prononcer son discours. Qui est le seigneur des ténèbres dont il parlait ?

— C'est le fils de Thranis ! Votre Majesté ! répondit Lislite, le Premier ministre qui apparut à son tour.

— Thranis ! Cela me dit quelque chose, s'interrogea la reine.

— Bien sûr, Votre Majesté, c'est le fils du dieu du mal, dont parlent les légendes. Celui par lequel le Grand Blast est arrivé lors de sa lutte contre Azor.

— Mais ce ne sont que des légendes !

— Il semblerait que non, Votre Majesté. Comme vous avez pu le constater, tout ceci est vrai. Comme vous le savez, je suis moi-même un magicien et…

Une clameur s'élança de la foule, à l'annonce du Premier ministre.

— Le Premier ministre est un magicien. Mensonges ! Pourquoi ce mensonge !

— Mensonge ! Dites la vérité ! Au nom du peuple !

— La princesse aussi a utilisé des pouvoirs ! Qu'est-ce que tout cela veut dire ?

Les gardes s'approchèrent pour faire barrage entre les courtisans et la reine.

— Le Premier ministre est en effet un magicien repenti, lança-t-elle à la foule. Je l'ai gardé à mon service car il nous est fidèle et loyal. Ce qui vient de se passer mérite réflexion. Je demande à tous les invités de se retirer. Immédiatement ! Je recevrai les délégations que vous constituerez en audience afin de fournir toutes les explications nécessaires à ce qui vient de se passer. Je vous promets transparence et honnêteté. Maintenant, retirez-vous !

Face aux soldats qui se rapprochaient, les courtisans et tous les invités partirent peu à peu, laissant finalement la reine seule avec Eadred, Pénélope, Lislite, Éric et Thibault.

— Maintenant, dites-moi ce que je dois savoir.

— Une prophétie annonce qu'un élu viendra se dresser contre le seigneur des ténèbres quand il se réveillera et s'avancera vers le monde des vivants pour l'engloutir. Ce qu'a dit Zorzar semble corroborer cette prophétie, répondit le Premier ministre.

— Votre Majesté. Votre royaume est désormais en sécurité, Zorzar étant vaincu, intervint Éric. Mais vous aurez besoin des créatures magiques pour vous protéger. Il faut modifier votre politique. Si vous chassez toute magie de votre royaume, la seule technologie ne pourra pas faire face au déferlement qui s'annonce. Unis, nous pourrons vaincre. Désunis, nous serons tous engloutis les uns après les autres.

— D'autres royaumes sont-ils menacés ?

— Tous le sont. Si Zorzar a pu s'approcher de vous, d'autres lieutenants du mal le font certainement ailleurs.

— Pénélope. Qui est ce jeune homme étendu sur le sol ?

— Je vous l'ai dit, mère, c'est… il était l'amour de ma vie… et le père de mon enfant.

— Comment ? Tu attends un enfant ? Cela est trop pour moi. J'en ai trop entendu pour ce soir. Gardes, amenez cet homme dans un des salons. Que son corps soit lavé et préparé pour des funérailles. Monsieur Letcheur, Monsieur Billet, vous avez mérité du repos. Qu'on leur prépare des appartements dans l'aile réservée aux invités. Je vous recevrai demain pour reprendre cette discussion. Je souhaite que vous soyez présent dès l'aube, monsieur le premier ministre, pour me seconder dans les décisions à prendre. Maintenant, allons tous prendre un peu de repos.

Le roi Eadred avait assisté à tous les échanges aux côtés de la reine. Peu de temps avant, il avait été informé que la victime de la salle de bal n'était autre que son fils. Défait, il n'eut pas la force d'intervenir, se sentant complètement déstabilisé. Tous ses desseins avaient été anéantis en une soirée et il lui apparut qu'il avait définitivement perdu sa fille et le soutien de la reine. Son avenir politique était réduit à néant. Il n'avait rien vu ni compris de ce qui se tramait sous ses yeux. Il ne souhaitait plus que partir. Quitter ce lieu et se reposer.

Éric et Thibault se retrouvèrent quelques instants plus tard dans une grande suite située dans l'aile gauche du palais, deux chambres en enfilade qui donnaient sur une salle de bains et des commodités. En temps normal, les deux amis auraient été éblouis par la beauté des lieux. Le parme des tentures et du linge de lit était rehaussé par les dorures et les stucs qui ornaient les murs. Dans la salle de bains, une baignoire en ivoire recouverte d'un fin liseré de feuilles d'or donnait la réplique à une cabine de douche à la robinetterie dorée. Tout dans cette chambre renvoyait à la grandeur et à la richesse du pays, jusqu'au tableau représentant la reine à la chasse, que l'on retrouvait dans chaque suite dédiée aux invités.

Mais ce soir, les deux amis étaient perturbés. Tout d'abord, si Zorzar avait été éliminé, il n'en demeurait par moins que ses déclarations avant de disparaître faisaient froid dans le dos. Ce seigneur des ténèbres existait bel et bien, selon ses dires, d'autant que le nécromancien l'avait déjà cité en Purcell. Dans ce cas, qui était l'élu ?

— C'est peut-être toi, dit Éric à Thibault.

— Mais non, voyons. Il y a deux jours je n'étais encore qu'un simple cuisinier, certes célèbre, mais simplement humain. Et aujourd'hui je serais l'élu de la prophétie ?

— Tu as fait preuve de beaucoup de courage et tu as produit une flamme blanche plus puissante que la mienne alors que je la pratique depuis l'âge de douze ans. Cela me rend perplexe.

— Peut-être mais si tu veux bien, j'aimerais que l'on avance pas à pas dans toute cette histoire. Cela fait déjà beaucoup en deux jours et j'ai compris une chose. C'est que nous sommes loin de tout comprendre.

— Une personne pourrait nous en dire davantage.

— Qui donc ?

— Mélusine.

— Mélusine ? La magicienne qui t'a aidé au bord du lac ?

— Oui. Comment a-t-elle su que j'y étais ? Et est-elle vivante ? Je ne sais quoi penser mais je suis sûr d'une chose. Il faut la retrouver. Non seulement elle doit savoir beaucoup de choses et en plus elle nous aidera.

— Et accessoirement tu la retrouveras, ajouta Thibault sur un ton badin.

— Hein ? Euh pourquoi tu dis ça ?

— Parce que j'ai compris que tu nourrissais pour elle des sentiments plus forts que l'amitié, nigaud. Tu ne me l'as pas dit mais j'ai deviné.

— Bon, il est tard, je vais me coucher. Demain, nous devrons affronter la reine. Je ne sais pas ce qu'elle va décider nous concernant mais j'ai très envie de quitter ce royaume, soudainement.

— Ne t'inquiète pas, je suis convaincu qu'elle ne nous sera pas hostile.

C'est non pas dans la salle de conférence ni la salle de réception, que la reine reçut ses invités, mais dans son bureau. La pièce, plus intimiste, bien qu'assez grande, était moins protocolaire que les salles officielles. Lorsque Éric et Thibault y pénétrèrent, après avoir pris un copieux petit déjeuner et profité de leur salle de bains pour se rafraîchir et changer de tenue, ils y trouvèrent Lislite et la reine déjà en grande conversation.

— Asseyez-vous, messieurs, leur dit la reine.

— Bien, Votre Majesté, répondit Thibault, respectueux.

— Lislite, répétez-leur ce que vous venez de me dire.

— Oui, bien sûr, Votre Majesté. Voilà, j'ai fait des recherches cette nuit et il me semble que vous n'avez pas éliminé Zorzar. Il a été touché fortement mais la façon dont il s'est évaporé montre qu'il n'est pas mort.

— Vous en êtes certain ?

— Oui, car il n'y a qu'une façon de le détruire définitivement. C'est de le terrasser dans son royaume. Vous l'avez affaibli et il s'y est retranché. Il mettra très longtemps avant de pouvoir revenir sur Terre mais il n'est pas détruit. Je voulais que vous le sachiez. Quant à la prophétie, tout porte à croire que l'élu dont il parlait est une personne capable de canaliser la flamme blanche. Or, hier, vous nous avez montré que vous savez la canaliser tous les deux, ainsi que la princesse. Savez-vous s'il existe d'autres personnes comme vous dans le monde ?

— Jusqu'à hier, je pensais être le seul, répondit Éric, songeur.

— Et vous, Maître Billet, si j'ai bien compris, vous n'avez découvert vos pouvoirs que très récemment, poursuivit, impassible, le Premier ministre.

— Oui c'est bien ça, répondit Thibault.

— Dans ce cas nous ne sommes pas plus avancés. Peut-être que l'un de vous trois est l'élu. Peut-être que ce dernier est présent ailleurs.

— Cela ne nous avance pas beaucoup, monsieur le Premier ministre, répondit le mutant.

— C'est vrai, vous avez raison. Mais je voulais vous faire part d'autre chose. Depuis plusieurs mois, mes espions dans chaque royaume me font remonter des phénomènes étranges. Des hordes de vampires ont fait leur apparition en Purcell. Des Ours polaires sont sortis des eaux sur la côte sud de l'Iberista. Des licornes sont sorties des forêts et des nains surgissent de partout. Tout cela est plus qu'étrange. C'est comme si les êtres fantastiques de nos contes et légendes revenaient à la vie. Cela entraîne des désordres un peu partout et une peur des populations qui va grandissante.

— La magie n'a jamais disparu mais quelque chose la pousse à apparaître de manière visible, conclut Éric. Et cela n'arrive pas par hasard.

— Je le pense aussi, répondit le Premier ministre. La façon dont cela se produit me laisse à penser que c'est un phénomène réactionnel. La magie dans son ensemble réapparaît car une force se réveille à l'est. Mes espions m'ont indiqué qu'au-delà des montagnes de la Perdition, à l'est du royaume de Kursell, une activité avait été enregistrée, alors que jusqu'à maintenant, il ne s'agissait que de terres désolées, sans âme qui y vive. Je suis sûr que tout cela est lié.

— Merci, monsieur le Premier ministre répondit la reine. Voilà, j'ai réfléchi à tout ce que vous m'avez dévoilé depuis hier. Je ne peux pas changer de politique et effectuer un virage à cent quatre-vingts degrés d'un coup d'un seul. Cela ruinerait la confiance que mon peuple me porte. Cependant, je dois tenir compte des derniers événements. Je vais donc faire une pause dans la mise au pas des créatures magiques, sans pour autant promulguer une amnistie générale. J'ai discuté avec ma fille durant la nuit. Il s'avère qu'elle possède les mêmes dons que vous. Elle va les travailler, avec l'aide de Lislite, mais en toute discrétion. Par contre, messieurs, j'ai besoin d'hommes de confiance pour traquer l'ennemi et ses sbires et protéger mon royaume. C'est pourquoi je vous propose d'entrer à mon service en tant qu'hommes liges de la reine. Vous serez honorés et récompensés pour vos services. Qu'en pensez-vous ?

Les deux amis se regardèrent et, sans se concerter, comprirent qu'ils étaient d'accord sur une réponse commune. Éric prit alors la parole.

— C'est un honneur, Votre Majesté, que la proposition que vous nous faites. Et je comprends que vous souhaitiez protéger votre royaume avant tout autre. Mais la menace est mondiale. Partout, la magie réapparaît et avec elle des créatures menaçantes et aux bottes des terres de l'est. Nous en avons rencontré une il y a peu en Purcell. Un nécromancien qui se disait lieutenant du seigneur des ténèbres et qui a prononcé les mêmes menaces que Zorzar. Nous nous devons de traquer ces êtres et remonter à la source du mal partout où nos recherches nous emmèneront. C'est pourquoi nous devons rester libres d'aller et venir. C'est le meilleur moyen de protéger l'Anegex, croyez-moi.

— Je me doutais que vous ne seriez pas d'accord. Lislite ?

— Je pense, Votre Majesté, qu'ils ont raison. Ils doivent découvrir qui est l'élu et débusquer les lieutenants des terres de l'est pour découvrir où se cache le seigneur des ténèbres. Si nous avons un moyen de l'éliminer avant qu'il ne réapparaisse définitivement dans nos royaumes, il ne faut pas le laisser filer.

— Nous en savons encore trop peu sur tout cela, intervint Éric. Il nous faudra de l'aide. Je compte partir aujourd'hui afin de retrouver une amie magicienne qui pourra nous apporter son soutien et nous en apprendra beaucoup sur la prophétie et sur le seigneur des ténèbres, ajouta Éric.

— Très bien, concéda la reine après quelques minutes de réflexion. Dans ce cas, laissez-moi vous apporter mon aide. Je vous ferai préparer ce qu'il faut pour votre voyage et vous fournirai le matériel dont vous aurez besoin. En cas de difficulté ou de besoin, n'hésitez pas à joindre Lislite. Il va vous communiquer un moyen de l'avertir et d'échanger avec lui où que vous soyez. Je vous demanderai juste en retour de me fournir vos informations afin que nous soyons prêts à toute éventualité. Êtes-vous d'accord ?

— Oui, Votre Majesté. Si vous le permettez, nous souhaitons maintenant nous retirer pour préparer notre départ.

— Très bien, qu'il en soit ainsi. Que les dieux vous protègent ! répondit la reine. *Et qu'ils protègent notre monde*, se dit-elle plus bas.

Les invités partis, Lislite s'adressa de nouveau à sa souveraine.

— Votre Majesté, quels sont vos ordres ?

— Préparez notre armée, en toute discrétion. Nous devons être prêts à toute éventualité mais je ne veux pas affoler l'opinion. Nous allons relâcher la pression sur les créatures magiques. Faites venir les représentants des elfes et des nains afin que nous ayons une discussion franche avec eux. Et surtout, veillez sur ma fille. Il faut qu'elle apprenne rapidement à se servir de ses pouvoirs.

— Bien, Ma Reine. Si vous le permettez, je vais me retirer et me mettre au travail immédiatement.

— Encore un instant. La voiture est prête pour le roi ?

— Oui, Votre Majesté. Il partira ce matin pour l'ouest. Le château de Pentting Hall est prêt pour le recevoir. Officiellement, il y sera en convalescence. Officieusement, nous le tiendrons sous bonne garde.

— Il aurait fallu que je le fasse éliminer, Lislite. Il pensait que je ne savais rien de ses desseins à mon égard. Il m'a trahi et a souhaité me renverser. Pire, il s'en est pris à sa propre fille. Elle a déjà trop souffert. Je dois agir. Mais je ne suis pas prête à le condamner pour le moment. C'est quand même le père de ma fille et je ne peux faire ce que je veux. Sa famille pourrait en prendre ombrage et faire sécession avec la mienne. Cela nous conduirait à une nouvelle guerre civile, ce dont le royaume n'a aucunement besoin. Veillez à ce qu'il ne communique avec personne lorsqu'il sera enfermé à Pentting Hall.

— Bien, Votre Majesté.

Éric et Thibault eurent tôt fait de préparer leurs affaires. Avant de quitter le palais d'Elven, Éric obtint la permission de s'entretenir avec Pénélope.

— Votre Altesse, je tenais à vous remercier pour votre intervention d'hier. Sans vous, Thibault Billet n'aurait pu venir à bout de Zorzar.

— Si j'avais su avant que je détenais ces pouvoirs, je l'aurais terrassé plus tôt. Peut-être aurais-je pu sauver Tyler.

— Je suis vraiment navré pour la disparition de votre ami. Il devait vraiment vous aimer pour s'en prendre à Zorzar de la sorte. Il n'avait aucune chance.

— Zorzar m'a manipulée. Il m'a harcelée et menacée jusqu'à ce que j'accepte de devenir sa reine. Sans ces pouvoirs je n'aurais peut-être jamais réussi à m'en sortir.

— Sans l'amour qui existait entre vous et Tyler, jamais vous n'auriez réussi. C'est cet amour qui a fait surgir votre rage de vaincre. En fait, c'est grâce à Tyler que vous avez vaincu Zorzar.

— Merci monsieur, pour votre compassion. Mais je suis encore emplie de tristesse et complètement désorientée.

— Je le comprends, Votre Altesse. J'ai moi-même perdu celle que j'aimais, à cause de Kétébel, et de vils individus persuadés que les magiques devaient être détruits.

— Vous m'en voyez navrée, monsieur.

— Je comprends donc ce que vous ressentez à l'instant. Mais Zorzar ne vous a pas tout pris. Vous avez encore en vous quelque chose que Tyler vous a laissé. Prenez soin de vous et de votre enfant. Laissez le temps faire son œuvre. Il ne guérit pas les blessures mais les rends moins douloureuses.

— Merci, monsieur Letcheur.

— Je vais vous laisser maintenant. Encore une chose : apprenez à vous servir de vos dons. Vous possédez la flamme blanche, comme Thibault et moi, ce qui fait de nous des êtres à part. Ce pouvoir pourrait être la clé de nos destinées et nous pourrions en avoir un grand besoin à la fin.

— Je comprends. La prophétie.

— Oui, la prophétie.

— Dans ce cas je ne vous dis pas adieu mais au revoir, monsieur Letcheur.

— Au revoir, Votre Altesse, répondit Éric avec une révérence.

Quelques heures plus tard, Éric et Thibault étaient de nouveau sur un navire. Le soleil commençait déjà à s'enfoncer à l'ouest dans les eaux glacées de l'océan De Profundaelis. Le bateau faisait cap vers l'Anfraen. Éric voulait absolument obtenir des réponses à toutes ses questions. Seuls ses amis de l'institut pourraient lui en fournir.

Alors qu'il regardait l'horizon, Thibault s'approcha de lui.

— Tu penses à elle ?

— Comment le sais-tu ?

— Dans ces moments-là, je ressens une profonde mélancolie émanant de toi.

— Je dois savoir si elle est encore vivante. Tu comprends ?

— Je comprends bien sûr. C'est important. Il est important aussi que nous trouvions des réponses à nos questions en ce qui concerne la prophétie. Nous sommes désormais trois à détenir la flamme blanche. Si ce que tu dis est vrai, il faudra trouver rapidement le quatrième porteur si on veut avoir une chance de vaincre le seigneur des ténèbres.

— J'espère que mes amis d'Elforest pourront nous aider, soupira Éric.

Pendant ce temps, bien à l'est, une jeune femme brune avait réussi à sortir de sa geôle après avoir lancé un sort à ses gardes. Alors qu'elle s'apprêtait à atteindre la porte d'entrée de la forteresse dans laquelle elle était prisonnière depuis plusieurs années, la herse s'abattit devant elle. Se retournant, elle se trouva face au nécromancien.

— Tu croyais aller où comme ça, Mélusine ? lui demanda-t-il d'un ton railleur.

— Vous ne pourrez me garder ici éternellement ! Je trouverai un moyen de sortir !

— Tu as beaucoup de pouvoir et une forte résistance, c'est vrai, répondit le nécromancien pendant que des gardes venaient entourer la magicienne. Mais tu ne pourras jamais m'échapper. Et si tu es encore en vie et en bonne santé, c'est parce que le maître le veut ainsi. Il a des projets pour toi. Mais dès qu'il m'en donnera l'autorisation, je te briserai. Après quoi, tu me supplieras de te donner en pâture à mes grypoghorres pour mettre fin à tes souffrances.

La jeune femme fut traînée dans toute la cour et de nouveau enfermée dans une geôle. Mais cette fois-ci, elle fut attachée à une roue tenue debout par magie, les bras et les jambes en croix.

Alors que le nécromancien s'en allait, emplissant la pièce de son rire fou, une larme perla le long de la joue de la jeune femme. Elle savait qu'elle était un appât pour son bien-aimé. Il ne devait pas tomber dans le piège. Pour autant, elle souhaitait ardemment qu'il la retrouve et la délivre de cet enfer.

À SUIVRE…

Imprimé en France
Achevé d'imprimer en mai 2024
Dépôt légal : avril 2024

Pour

Le Lys Bleu Éditions
40, rue du Louvre
75001 Paris